Endlich
AB INS WOCHENENDE

...

1 Jahr – 52 Ziele
IN DEUTSCHLAND

⁺KUNTH⁺

Im Werdenfelser Land in Oberbayern, wo das Alpenmassiv die Landschaft prägt, ist der Himmel nahe – sofern man auf einen der imposanten Berge steigt. Der höchste davon misst beinahe 3000 Meter: die Zugspitze.

Die Sonne geht auf über der Seebrücke von Sellin und verheißt einen herrlichen Sommertag auf Rügen.

In der idyllischen Wasserlandschaft der Mecklenburger Seenplatte ist das kühle Nass ein wahres Eldorado für jegliche Art von Freizeitaktivitäten.

Die untergehende Sonne zaubert ein liebliches Licht auf die iyllische Winterlandschaft im Thüringer Wald.

AB INS WOCHENENDE!

Deutschland ist schön. Deutschland ist unglaublich vielfältig. So vielfältig, dass man mühelos 52 Wochenenden im Jahr so abwechslungsreich gestalten kann, als würde man jedes Mal in ein anderes oder fernes Land reisen. Und das Beste: Mit den vier so unterschiedlichen Jahreszeiten in unseren Gefilden wechseln die möglichen Aktivitäten und Angebote zusätzlich.

Nichts ist vergleichbar mit dem Frühlingsgefühl, wenn die ersten Vögel zwitschern und die Luft uns samtig um die Wangen streichelt. In den Städten stellen die Cafébesitzer die Tische wieder auf die Straße und wir genießen die ersten Sonnenstrahlen mit Ausflügen ins wiedererwachte Grün.

Der Sommer kommt mit lauen Abenden daher, die uns jungen Wein feiern lassen und uns selbst. Es riecht nach Freiheit und Freibad, und irgendwo ist immer jemand am Grillen. Unser Leben spielt sich jetzt draußen ab, und wir genießen endlos lange Tage.

Im Herbst weht uns die frische Luft um die Nase, wir atmen tief durch, trotzen dem Wind und erfreuen uns an dem Farbspektakel, das Mutter Natur veranstaltet. Nun ist die richtige Jahreszeit für spannende Premieren in den Theatern, für Essen bei Kerzenschein in den Gourmettempeln, für Erntedankfeste und trubelige Jahrmärkte.

Und der Winter? Wenn er sich stilecht zeigt und das Land in weiße Watte packt, beginnt für viele die schönste Zeit des Jahres. Es locken Weihnachtsmärkte mit Lebkuchenduft, schneeschwere Waldwege, auf denen jeder Schritt knirscht, und sternenklare Nächte. Wem das zu beschaulich ist, der bewegt sich auf Pisten oder wagt einen Ausflug in die Karnevalshochburgen der Nation, wo schon seit November die fünfte Jahreszeit angebrochen ist.

Wie gesagt, Deutschland ist schön und vielfältig. Man muss nur wissen, wo und wann man die 52 Wochenenden, die das Jahr bietet, am besten verbringen kann. Lust auf Kunst, Kultur, Kino und Weltstadtflair? Dann nichts wie ab nach Berlin im Februar! Ostseefeeling im Herbst – wie wär's mit einem Ausflug ins Fischland-Darß-Zingst? Oder soll es Wandern im Süden im Frühling sein, dann ist das Berchtesgadener Land mit dem einzigen alpinen Nationalpark Deutschlands eine Option.

Gleich, wohin und zu welcher Jahreszeit es gehen soll – zum Tanz der Kraniche in Mecklenburg-Vorpommern, zu Weinverkostungen in die Pfalz oder auf einen Trip nach Hamburg, das Buch porträtiert 52 Ziele in Deutschland, die mindestens eine Wochenendreise wert sind – mit vielen Tipps und passend zur Jahreszeit.

Links: Deutschland bietet eine faszinierende Vielfalt an Möglichkeiten, ein Wochenende zu verbringen, beispielsweise Schiffeschauen in der Beachbar »Strand Pauli« in Hamburg mit einem coolen Drink in der Hand.

Rechts oben: Wer selbst aktiv sein möchte, rudert mir den Kanu auf Flüssen, Seen oder durch eine Klamm.

Rechts unten: Auch im Winter gibt's tolle Outdoor-Vergnügungen wie bei einer Hüttengaudi im Allgäu.

INHALT

FRÜHLING

16	#01	Altes Land
24	#02	Berchtesgadener Land
30	#03	Eifel
36	#04	Fichtelgebirge
42	#05	Hamburg
50	#06	Harz
58	#07	Lübeck
64	#08	Regensburg
72	#09	Rothenburg ob der Tauber
78	#10	Sächsische Schweiz
84	#11	Schwarzwald
90	#12	Schwerin
96	#13	Trier

SOMMER

104	#14	Bamberg
110	#15	Bodensee
118	#16	Chiemgau
124	#17	Heidelberg
130	#18	Leipzig
136	#19	Lüneburger Heide
144	#20	Mecklenburgische Seenplatte
150	#21	Münster
160	#22	Am Niederrhein
164	#23	Rügen und Usedom
172	#24	Stuttgart
178	#25	Am Wattenmeer
184	#26	Wiesbaden

HERBST

192	#27	Allgäu
200	#28	Bergisches Land
206	#29	Blaues Land
212	#30	Deutsche Weinstraße
218	#31	Fischland-Darß-Zingst
226	#32	Frankfurt am Main
232	#33	München
240	#34	Oberlausitz
246	#35	Ruhrgebiet
252	#36	Ruppiner Land
258	#37	Speyer
242	#38	Sylt
264	#39	Würzburg

WINTER

280	#40	Berlin
288	#41	Bremen
294	#42	Dresden
302	#43	Düsseldorf
308	#44	Erzgebirge
314	#45	Freiburg im Breisgau
322	#46	Köln
328	#47	Mainz
334	#48	Nürnberg
340	#49	Potsdam
346	#50	Rostock
352	#51	Thüringer Wald
358	#52	Zugspitzland

366	Register
367	Bildnachweis
368	Impressum

Rechts: Schon bei der Eröffnung des größten und berühmtesten Warenhauses in Berlin am 27. März 1907 sprachen die Berliner nur vom »KaDeWe«, das Abkürzen war gerade in Mode gekommen.

FRÜHLING

Endlich Frühling – an der weiß-rosa Blütenpracht von Apfel- und Birnbäumen wollen sich die Augen gar nicht genug sattsehen.

#01 ALTES LAND

Von seiner schönsten Seite zeigt sich das Alte Land während der Apfelblüte, dann verwandelt sich das größte zusammenhängende Obstanbaugebiet am Elbstrom zwischen Hamburg und Nordsee in ein einziges Blütenmeer. Im Herbst lockt es mit bunter Apfelpracht. Zu entdecken gibt es auch zwischen diesen Zeiten reetgedeckte Fachwerkhäuser, Windmühlen, gemütliche Cafés und Hofläden und die schmucken Hansestädte Stade und Buxtehude. Die gesamte Region zwischen Elbe und Weser ist ein Wasserreich mit Nordseestrand, unzähligen Wasserläufen und geheimnisvollen Moorlandschaften, die man im Künstlerdorf Worpswede auf Leinwand bewundern kann.

● STADE

Hübsche Bürgerhäuser, wunderbar erhaltene Fachwerkgebäude und der Hansehafen mit Schwedenspeicher bieten Geschichte pur. Die Stadt blickt auf eine 1000-jährige Vergangenheit zurück und ist doch nicht verstaubt.

ALTSTADT

Durch die von Wallanlagen umgebene Altstadt schlängelt sich der kleine Fluss Schwinge. Auf Kopfsteinpflaster geht es vom historischen Pferdemarkt mit dem Zeughaus aus dem 17. Jahrhundert die Poststraße entlang, vorbei am denkmalgeschützten Hökerhus. Ein Treffpunkt für Jung und Alt ist der Fischmarkt.

LÖWENAPOTHEKE

Schon zur Schwedenzeit gab es in dem Patrizierhaus eine Apotheke. Noch gut erhalten sind die typische Diele eines Kaufmannshauses der Hansezeit sowie einige Arbeitsgeräte der Apotheke aus dem 17. Jahrhundert.

MUSEUM SCHWEDENSPEICHER

Das Museum im ehemaligen schwedischen Provianthaus wurde 2011 erneuert. Man sollte Zeit mitbringen, um die Geschichte Stades, der Elbe sowie der Hanse zu erkunden.

JORK

Jork im »Herzen des Alten Landes« ist im Frühjahr ein blühendes Paradies aus Obstbäumen. Von Hamburg gerade einmal rund 30 Kilometer entfernt, liegt der Ort inmitten von Obstplantagen und bezaubert durch seine gut erhaltenen Fachwerkhäuser, Obsthöfe und Kirchen. Das romantische Flair macht Jork zum Touristenmagneten. Ein Höhepunkt ist die schöne Borsteler Mühle »Aurora« aus dem Jahr 1859. In dem restaurierten und denkmalgeschützten Galerieholländer ist heute ein Restaurant untergebracht.

BUXTEHUDE

Die Märchenstadt, in der nach einem plattdeutschen »Schnack« Hunde mit dem Schwanz bellen und Igel und Hase »up de lütje Heide bi Buxtehude« um die Wette liefen, hat gute 1000 Jahre Geschichte vorzuweisen. Noch heute ist der alte Festungsgraben, der Viver, erhalten, der die Altstadt mit ihrem Kopfsteinpflaster, ihren restaurierten Fassaden und kunstvoll verzierten Fachwerkgiebeln abgrenzt. Kein Wunder, dass die Stadt Besucher aus nah und fern zum Flanieren und Schauen anlockt. Weitere Anziehungspunkte sind der alte Hafen an der schiffbaren Este, der die älteste künstlich angelegte Hafenanlage Nordeuropas ist, und die gotische Backsteinbasilika St. Petri.

● HADELN UND WURSTER HEIDE

Die Geschichte der Geest- und Moorgebiete Hadeln und Wursten südlich der Elbe und ihrer Mündung im heutigen Landkreis Cuxhaven reicht weit in die Steinzeit zurück. Im Mittelalter war sie geprägt durch die freiheitsliebenden Bauern, und erst im 19. und im 20. Jahrhundert erlangten Zentren wie Bremerhaven und Cuxhaven erstes städtisches Flair. Heute ist die historische Landschaft mit ihren stolzen Fachwerkhäusern vor allem durch die

Links: Die Fleetkahnfahrten im Burggraben rund um die Stader Innenstadt sind nicht nur bei Touristen sehr beliebt.

ALTES LAND

WARUM IM FRÜHLING?
Egal, ob Apfel- oder Kirschbäume, überall leuchtet die Natur im Alten Land weiß und rosa. Schon 1981 haben sich die Einheimischen gedacht: Diese Pracht muss gefeiert werden! Und so findet alljährlich am ersten Wochenende im Mai das berühmte Blütenfest statt. Die frische Frühlingsluft animiert zudem, aufs Fahrrad umzusteigen und das durchweg flache Land sportlich zu erschließen. Wie wär's also mit einer zünftigen Radtour an Ostern nach Jork oder an die Nordseeküste, um den frischgeborenen Lämmchen bei ihren munteren Sprüngen zuzuschauen?

Landwirtschaft mit Weiden für Milchvieh und die Fischerei mit kleinen Häfen geprägt. Allerdings lebt der durch zahlreiche Wasserläufe trocken gelegte Landstrich heutzutage hauptsächlich vom florierenden Bädertourismus. Zu den beliebtesten Zielen zählen das über 1000 Jahre alte Bad Bederkesa mit seiner Burg aus dem 12. Jahrhundert und den Moorrand-Seen sowie Otterndorf mit seinem Schöpfwerk und dem Museum für Gegenstandsfreie Kunst.

OTTERNDORF
Diese niedersächsische Kleinstadt ist ein Schmuckkästchen: Am südlichen Ufer der Elbe und an der Medem gelegen, entführt das beschauliche Nordseebad in seine jahrhundertealte Geschichte. In der Altstadt finden sich kleine Gassen und Plätze, die von hübschen historischen Fachwerkhäusern gesäumt werden. Sehenswürdigkeiten wie das Gelbe Barockgiebelhaus, das Rathaus aus dem Jahr 1583 oder das Schloss im Park – heute Amtsgericht – sind wahre Augenweiden. Das Strandbad samt Grünstrand erstreckt sich nordwestlich der Altstadt an der breiten Elbmündung. Hier kann man nicht nur die vorbeifahrenden Schiffe beobachten, sondern findet auch ideale Bedingungen zum Segeln und Surfen vor. Im Osten der Stadt ist der waldreiche Höhenzug der Wingst auszumachen, im Süden prägt die weite Marsch das Landschaftsbild. Diese lässt sich auf Rad- und Wanderwegen oder auch per Boot auf verschiedenen Wasserwegen erkunden.

SCHLOSS RITZEBÜTTEL
Das Schloss wurde um 1340 ursprünglich als Turmburg errichtet und ging Ende des 14. Jahrhunderts in Hamburger Besitz über – und das für mehr als 500 Jahre, denn so lange gehörten Cuxhaven und Schloss Ritzebüttel zu Hamburg. Ebenso lange residierten die Hamburger Amtmänner in dem Schloss. Im 18. Jahrhundert kam ein barocker Vorbau hinzu. Im Zuge des sogenannten »Groß-Hamburg-Gesetzes« ging das Amt 1937 an das Land Preußen über und das Schloss erhielt einen neuen Besitzer. Heute zählt Ritzebüttel zu den ältesten erhal-

Links oben: Der Obstanbau im Alten Land blickt auf eine jahrhundertelange Tradition zurück. Berichte über die ersten Obstgärten gibt es schon aus dem frühen 14. Jahrhundert.

Links unten: Fachwerkhäuser in Otterndorf.

tenen Profanbauten der Norddeutschen Backsteingotik in der Region und beherbergt unter anderem ein Restaurant, Ausstellungsräume und ein Trauzimmer.

BAD BEDERKESA

Bad Bederkesa ist Luftkurort und Moorheilbad und liegt eingebettet in eine wald- und wiesenreiche Landschaft am Bederkesaer See sowie am Hadelner und Bederkesa-Geeste-Kanal. Unterwegs mit dem Boot auf dem Schifffahrtsweg Elbe-Weser oder mit dem Fahrrad auf dem Weser-Radwanderwegenetz kann man hier gut einen Stopp einlegen. Der Name Bederkesa geht auf Ritter Bederich zurück, dessen Nachfahren die schmucke Burg am Ufer des Sees bauen ließen. Diese beherbergt das Museum Burg Bederkesa, das archäologische bis neugeschichtliche Funde zur Kulturgeschichte aus dem Landkreis Cuxhaven zeigt. Während in der Moor-Therme Erholung und Badespaß angesagt sind, bietet der Ort architektonische Highlights wie das Alte Amtshaus oder eine Windmühle aus dem 19. Jahrhundert.

AHLENMOOR

Trotz Torfabbau, Trockenlegung und Besiedelung in den letzten Jahrhunderten finden sich im Ahlenmoor bis heute natürliche Reste des Hochmoors. Es gehört mit einer Fläche von rund 40 Quadratkilometer zu den größten Mooren Niedersachsens. Einige Gebiete werden inzwischen renaturiert. Durch das Moor führen drei Rundwege: Der »Moorrundweg«, der »Rundweg um die Seen« und der »Moorerlebnispfad«. Ein Erlebnis für Jung und Alt ist die fast sechs Kilometer lange Fahrt mit der Moorbahn durch das Naturschutzgebiet. Wer sich noch weiter informieren möchte, der sollte das MoorInformationsZentrum (MoorIZ) mit seiner interaktiven Ausstellung besuchen.

TEUFELSMOOR

Das Teufelsmoor gehörte einst zu den größten Mooren Nordwestdeutschlands, seine Torflagen erreichten bis zu elf Meter Tiefe. Es ist eine Landschaft mit geheimnisvoller Schönheit. Zur Zeit der Besiedlung im 17. und 18. Jahrhundert achtete aber wohl niemand auf Ästhetik. Arbeitsame Menschen stachen Torf und legten ein Kanalsystem an, um das Teufelsmoor trockenzulegen. Bis in die 1980er-Jahre hinein wurde das Moorgebiet entwässert, um es für die Landwirtschaft tauglich zu machen. Erst danach hat ein Umdenken eingesetzt. Nach und nach werden nun Flächen wieder bewässert und andere stillgelegt, damit wenigstens ein Stück dieser ganz besonderen Landschaft erhalten bleibt. Die schönste Art, die endlos weite Moorlandschaft zu entdecken, ist vom Wasser aus – mit Kanu, noch besser auf einer historischen Torfkahn-Tour.

AUSGEHEN

BUXTEHUDE: ENTLEIN // Veganes Frühstück, Panini, hausgemachte Snacks und Leckereien auch zum Mitnehmen und coole Drinks genießt man 365 Tage im Jahr im Entlein, mit schönem Außenbereich an einem Teich am Stadtrand.
// www.entlein-buxtehude.de/

BUXTEHUDE: HODDOWS GASTWERK // Die Küche setzt hohe Ansprüche an sich selbst. Frische Zutaten und eine Mischung aus Tradition und kreativer Innovation sind die Schlagworte. Das Ambiente ist gehoben, das Verhältnis von Preis und Leistung angemessen.
// www.hoddows-gastwerk.de

WORPSWEDE: CAFE SCHEIBNER // Für eine verdiente Pause nach so viel Kunst ist das Café genau richtig: tolle Kuchenauswahl, Frühstück und kleine Speisen, auch vegan.
// www.cafe-scheibner-in-worpswede.de

OSTERHOLZ-SCHARMBECK

Osterholz-Scharmbeck nennt sich stolz die »Gartenstadt des Teufelsmoors«. Von einer bedeutenden Gründung der Bremer Erzbischöfe, einem Benediktinerinnenkloster, der Keimzelle des Ortes, zeugt die St.-Marien-Kirche in Osterholz. Die romanische Basilika ist in ihrer mittelalterlichen Gestalt erhalten. In Scharmbeck verdienen die historischen Gebäude des Guts Sandbeck besonderes Interesse. Gleiches gilt für die Biologische Station Osterholz, die Wissenswertes rund um das Moor liefert und auch geführte Wanderungen durchs Teufelsmoor anbietet. Beliebte Ausflugsziele für Groß und Klein sind der Tiergarten Ludwigslust und im Sommer der Ohlstedter Quellsee mit Badestrand.

WORPSWEDE

Fasziniert von der Landschaft, dem Himmel, den Farben und der magischen Lichtstimmung ließen sich Ende des 19. Jahrhunderts in dem abgelegenen Dorf im Teufelsmoor junge Kunstmaler nieder und gründeten die Künstlerkolonie Worpswede, unter ihnen Paula Becker, die später Otto Modersohn ehelichte, Clara Westhoff, Heinrich und Martha Vogeler, Fritz Mackensen und Fritz Overbeck. Sie wurden schnell zu einem Begriff in der Kunstszene und zogen weitere Künstler an. Nach dem Zweiten Weltkrieg lebte das Künstlerdorf wieder auf und ist bis heute Inspirationsort für viele Kreative und Kunsthandwerker. Vier Kunstmuseen führen mit ihren Sammlungen und Sonderausstellungen durch die bewegte Geschichte des Künstlerdorfs. Außerdem zeigen auch zahlreiche Ateliers, Werkstätten und Galerien interessante Gegenwartskunst und Bildhauerei. Ein echter Hingucker ist auch die eigenwillige Architektur vieler Häuser im Dorf wie das Rundhaus »Käseglocke« von Edwin Koenemann.

ÜBERNACHTEN

JORK: PENSION HAUSCHILDT // Der Obstbau ist im Alten Land allgegenwärtig. Wer hautnah dabei sein möchte, sollte eine Übernachtung auf einem Obsthof buchen. Möglich ist das beispielsweise in der liebevoll geführten Pension des Obsthofs Hauschildt.
// www.pension-hauschildt.de

OTTERNDORF: HOTEL AM MEDEMUFER // Das Haus liegt direkt gegenüber der Sole Therme des Ostseebads und bietet modernen Komfort, gute Küche und gemütlichen Garten.
// www.hotel-am-medemufer.de

WORPSWEDE: HOTEL BUCHENHOF // Wer sich in Worpswede auf die Spurensuche der Künstlerkolonie macht, muss auch in der Nacht nicht darauf verzichten. Das von einem der Gründer, Hans am Ende, erbaute Wohnhaus präsentiert sich heute als Hotel Buchenhof im erhaltenen Stil der Jahrhundertwende.
// www.hotel-buchenhof.de

SHOPPING

BUCHHANDLUNG FRIEDRICH SCHAUMBURG
Die traditionsreiche Buchhandlung in Stade, mehrfach für ihr Sortiment ausgezeichnet, lockt außer mit literarischen Schätzen mit ihrer historischen Einrichtung.
// www.schaumburg-buch.de

WOCHENMARKT JORK
Eine gemütliche Atmosphäre und frische Produkte aus der Region bietet der Wochenmarkt in Jork jeden Freitag von 14 und 18 Uhr.

ALTES LAND

AUF KEINEN FALL VERPASSEN

○ **GESCHICHTE ENTDECKEN IM KRANICHHAUSMUSEUM IN OTTERNDORF**

Es fällt ins Auge, dieses beeindruckende Gebäude mit der barocken Fassade und dem markanten Kranich auf dem Dach. Das Kranichhaus ist Symbol für den Wohlstand Otterndorfs und zählt zu den bedeutendsten Baudenkmälern links der Niederelbe. Seit 1964 ist hier das »Museum des alten Landes Hadeln« untergebracht. Eine Dauerausstellung zeigt Objekte der Alltagswelt der Region von der frühen Neuzeit bis etwa 1850, darunter eine Sammlung des Otterndorfer Silbers.

○ **ALTLÄNDER BLÜTENFEST IN JORK FEIERN**

Alljährlich am ersten Maiwochenende findet in Jork eines der größten Events im Alten Land statt: die Krönung der Blütenkönigin. In ihrer traditionellen Tracht repräsentiert sie die Region bei diversen Anlässen. Die Inthronisation wird gebührend mit einem großen Volksfest gefeiert.

○ **PICKNICK UNTER OBSTBÄUMEN**

Ein Bollerwagen mit frischem Brot, Marmelade, Wurst, Käse und allem, was noch zu einem üppigen Frühstück gehört, dazu ein traumhaftes Plätzchen zwischen blühenden Obstbäumen. Ein Picknick auf einem Hof im Alten Land ist ein tolles Erlebnis!

○ **DEM MUSEUM ALTES LAND EINEN BESUCH ABSTATTEN**

Wie lebten die Menschen früher im Alten Land mit dem ständigen Kampf gegen Wasser und verheerende Sturmfluten direkt vor der Haustüre? Anschaulich vermittelt das sehenswerte Museum in Jork Fakten zum Deichbau und wie die Altländer früher ihren beschwerlichen Alltag bewältigt haben, auch wie sie die Mechanisierung gegen Ende des 19. Jahrhunderts vorangebracht hat. Gezeigt werden Möbel und Trachten, Gerätschaften, Maschinen, alte Traktoren und frühere Verkehrsmittel wie das Karriol.

○ **FAHRRADTOUR IM TEUFELSMOOR**

Vier Etappen führen mitten durch die rund 600 Quadratkilometer des Teufelsmoors. Ein Rundweg beginnt beispielsweise in Bremen und führt über Grasberg, Gnarrenburg und Worpswede zurück nach Bremen. Wer Lust und Zeit für weitere Ausflüge hat, kann auf Entdeckungsfahrt nach Bremervörde gehen oder 21 Kilometer auf den Spuren von Torf und Glas radeln.

Mystische Landschaft im Teufelsmoor.

#02 BERCHTESGADENER LAND

Deutschlands südöstlichster Winkel ist eine Landschaft wie aus dem Bilderbuch: schroffe Berge mit kühler, klarer Luft, darunter liebliche Täler mit stillen Seen. Nicht umsonst haben seit der Romantik zahllose Maler immer wieder versucht, diese Symphonie von Farben und Licht in ihren Werken einzufangen. Ergänzt wird dieses Bild von den vielen Sagen und Legenden, die sich hier um die Berge ranken, vor allem dem Watzmannmassiv in den Berchtesgadener Alpen. Dort befindet sich auch Deutschlands einziger alpiner Nationalpark rund um den Königssee mit einer Vielzahl an abwechslungsreichen Wander- und Klettertouren.

Oben: Bayerisches Postkartenidyll: Über saftigen Almwiesen ragt die kleine Wallfahrtskirche Maria Gern empor, im Hintergrund zeigt sich der Watzmann im Morgenrot.

Links: Majestätisch thront »König Watzmann« mit seinen Nebengipfeln – die der Sage nach die versteinerte Frau und Kinder des Herrschers sind – über Berchtesgaden.

● BAD REICHENHALL

Salz hat die Stadt einst bedeutend gemacht. Seit keltischer Zeit werden Salzlager aus dem Berg herausgewaschen – so noch in der Alten Saline mit dem Salzmuseum zu sehen. Seit dem 19. Jahrhundert kommt man zur Alpen-Sole-Kur nach Reichenhall, worauf die Bauten der Gründerzeit hinweisen. Sehenswert ist St. Zeno, Bayerns größte romanische Kirche.

KÖNIGLICHER KURGARTEN

Der Kurgarten von Bad Reichenhall gilt als einer der schönsten Europas. Der Heilgarten wurde 1861 nach Plänen des Hofgartendirektors Carl Joseph von Effner mit Konzertrotunde, Wandelhalle und Gradierhaus angelegt sowie einer Vielzahl an einheimischen und exotischen Pflanzen.

GRADIERWERK

Das Herzstück des Kurgartens ist das Gradierwerk. In dem alten Gebäude aus der Kaiserzeit rieseln während der Sommermonate täglich rund 400 000 Liter Sole über Wände aus Schwarzdornzweigen. Auf diese Weise wird eine heilkräftige salzhaltige Luft erzeugt.

HÖGLWÖRTH

Wie eine Wasserburg erhebt sich auf einer Halbinsel im Höglwörther See das ehemalige Augustiner-Chorherrenstift. Im 11. Jahrhundert gegründet, erlebte es nach einer Zeit des Verfalls im 17./18. Jahrhundert eine neue Blüte. Ein Meisterwerk ist die Klosterkirche im Rokokostil mit ihrem prachtvollen Kirchenraum (1689), der üppig mit filigranen Wessobrunner Stuckaturen dekoriert wurde.

WARUM IM FRÜHLING? In den Berchtesgadener Alpen befindet sich Deutschlands einziger alpiner Nationalpark, der viele Wandertouren ermöglicht. Wer nur rasch den Ausblick genießen will, nimmt die Bergbahnen. Im Frühling ist die Luft klar und frisch, die Natur erwacht zu neuem Leben, während der Schnee auf den höchsten Gipfeln noch glitzert. Jetzt wird es höchste Zeit, zu Fuß oder auf dem Fahrrad dem Winterspeck den Kampf anzusagen! Die Touren führen vorbei an Krokussen und leuchtend grünen Almwiesen. Und auch das Brauchtum erwacht aus dem Winterschlaf – mit Maibaumaufstellen und Palmbuschenbinden.

BERCHTESGADEN
Vor überwältigender Bergkulisse duckt sich Berchtesgaden in einen Talkessel. Heute zählt der Besuch des Schaubergwerks zu den beliebtesten Touristenattraktionen. Weitere Sehenswürdigkeiten des seit dem 12. Jahrhundert bestehenden Orts sind das prächtige »Hirschenhaus« mit Lüftlmalerei am Marktplatz, das Königliche Schloss und die Stiftskirche.

MARKTPLATZ
Den zentralen Platz säumen mittelalterliche Bürgerhäuser, die einst wohlhabenden Holzwaren- und Spielzeugherstellern gehörten. Blickfang ist in ihrer Mitte der Marktbrunnen aus dem Jahr 1558.

HIRSCHENHAUS
Das vom Ende des 16. Jahrhunderts stammende ehemalige Gasthaus »Zum Hirschen« beeindruckt mit wunderbarer Lüftlmalerei an der Fassade. Die Fresken entstanden im Jahr 1610 und zeigen Affen, die menschliche Untugenden nachahmen. Der seitliche Rundturm wurde dem Hirschenhaus erst 1894 angefügt.

STIFTSKIRCHE ST. PETER UND ST. JOHANNES
Die Stiftskirche des Augustiner-Chorherrenstifts ist im Kern ein dreischiffiges gotisches Langhaus, ihre Doppelturmfassade stammt jedoch aus romanischer Zeit. Die üppige Innenausstattung aus Marmor zeugt vom Reichtum und der Macht der Fürstpröbste. Sehenswert ist besonders der frühgotische Chor, der 1283 bis 1303 erbaut wurde. Die Türme mussten nach einem Blitzeinschlag 1866 neu errichtet werden.

NATIONALPARK BERCHTESGADEN
Hoch, wild und einsam gibt sich der einzige Alpen-Nationalpark in Deutschland an der Grenze zu Österreich. 250 Kilometer Wanderwege erschließen diesen einzigartigen Naturraum, in dem die Natur ganz sich selbst überlassen ist. In der Stille oben kann man sich ganz auf die Landschaft einlassen mit den bizarren Gipfeln des Watzmannstocks, Hochkalters und Hagengebirges. Man lauscht den Rufen der Alpendohlen und erspäht mit Glück und Fernglas Murmeltiere, Gämsen und Steinböcke.

In den Alpen leben wieder große Rudel von Steinböcken. Sie waren Mitte des 19. Jahrhunderts ganz verschwunden, wurden aber erneut angesiedelt.

BERCHTESGADENER LAND

Schnell rauscht das Wasser durch die Wimbachklamm im Nationalpark Berchtesgaden, die mit Holzstegen gut erschlossen ist.

KÖNIGSSEE UND OBERSEE

Der Königssee ist einer der schönsten Seen der bayerischen Alpen. Mit seinem tiefen smaragdgrünen Wasser liegt er wie in einem Fjord eingebettet zwischen den Bergen von Watzmann und Jenner. An der Nordseite befindet sich Schönau, der Hauptort des Sees. Auf dem Gewässer sind nur Elektroboote erlaubt, sodass über dem See eine unvergleichliche Stille liegt, die den Besucher die Hektik des Alltags vergessen lässt. Boote bringen die Gäste das ganze Jahr nach St. Bartholomä mit seiner eindrucksvollen Wallfahrtskapelle und zum Obersee. Der Obersee liegt, von einem Moränenwall getrennt, einen knappen Kilometer südlich des Königssees und ist über einen Wildbach mit ihm verbunden. Bedingt durch die Tiefe des Sees von über 190 Meter, friert er im Winter in der Regel nicht zu. Nur etwa alle zehn Jahre ist es möglich, zu Fuß von Schönau nach St. Bartholomä zu laufen – das letzte Mal war der See ganze 29 Tage im Jahr 2006 zugefroren. Ein Spektakel bietet der Almabtrieb am Königssee, da hier die Kühe mit dem Boot über das Gewässer gebracht werden müssen. Am Westufer werden sie dann für eine Parade geschmückt.

STEINERNES MEER

Die vielen schroffen Gipfel, die sich südlich des Königssees aneinanderreihen, werden als Steinernes Meer bezeichnet. Es erstreckt sich zwischen dem Watzmann und dem noch mächtigeren Hochkönig im Salzburger Land. Charakteristisch ist, dass die dicht stehenden Gipfel – der höchste ist das Selbhorn mit 2655 Meter – eine relativ ähnliche Höhe haben und nur wenig über die verkarstete Hochebene herausragen. Im Inneren des Gebirgsstocks gibt es rund 800 bekannte Karsthöhlen. Die Abstürze sind sowohl zum Königssee hin wie im Süden zum Saalfeldener Becken äußerst steil und schroff.

WATZMANN

Der Watzmann ist unbestritten der König der Berchtesgadener Alpen. Mit einer Höhe von 2713 Meter und seiner markanten Form thront er über dem Berchtesgadener Land. Die Überschreitung der drei Hauptgipfel – Hocheck, Mittelspitze und Südspitze – gilt als eine der anspruchsvollsten Bergtouren im bayerischen Alpenraum: Insgesamt 2100 Höhenmeter müssen dazu überwunden werden, und mehrere Stellen verlangen Klettergeschick. Die Ost-

AUSGEHEN

BAD REICHENHALL: B306 DIE KLOSTERKLAUSE // Die Küche der Klosterklause dreht sich vor allem um gutes Fleisch. Steaks und Burger werden hier regelrecht inszeniert. Nicht fehlen darf dazu das frisch gezapfte Bier.
// www.b306-steakhouse.com

BERCHTESGADEN: SPIESBERGER'S ALPENKÜCHE // Die einzigartigen Watzmannpralinen erhält man nur hier! Als Nachfolger des traditionsreichen Café Spiesberger bietet das Restaurant im Haus der Berge in Berchtesgaden traditionelle Kost von Kaiserschmarrn bis Kasspatzn in modernem Ambiente.
// www.spiesberger-alpenkueche.de

Auf seine Weise ein »König« unter den bayerischen Bergen ist der Watzmann. Um den Schicksalsberg ranken sich viele Geschichten.

wand, mit 1800 Meter die höchste durchgehende Felswand der Ostalpen, ist der Traum und gleichzeitig auch oft der Albtraum für viele Alpinisten. Die Durchsteigung dieser Wand ist technisch nicht sehr kompliziert, aber die Länge der Tour und die schwierige Orientierung machten den Berg zum Schicksalsberg von über 100 Bergsteigern, die seit der Erstbesteigung hier den Tod fanden. Eine artenreiche Flora und Fauna zeichnet das Massiv ebenfalls aus, seltene alpine Pflanzen wie das Wilde Alpenveilchen, die sonst in den bayerischen Alpen nicht mehr vorkommen, gedeihen hier.

SHOPPING

FUSSGÄNGERZONE BAD REICHENHALL
Von Salz bis Mozartkugeln – die Fußgängerzone Bad Reichenhalls lädt zum gemütlichen Einkaufsbummel durch 200 charmante Läden und Boutiquen ein.
// Ludwigsstraße und Poststraße

HOFLADEN HOFHAMMER
Samstagvormittags werden selbst gemachte Nudeln, Marmeladen, Honig und vieles mehr verkauft. Der Hofladen ist auch einer der Direktvertreiber des »Berchtesgadener Rupertikörberl« voller regionaler Spezialitäten.
// Alte Reichenhaller Str. 16 in Teisendorf

ÜBERNACHTEN

BISCHOFSWIESEN: UNTERSTÖBERL
// Urlaub auf dem Bauernhof – nicht nur für Kinder ein Traum. Zur Wahl stehen zwei gut ausgestattete Ferienwohnungen im ländlichen Stil. Tiere zum Streicheln und Kinderparadies lassen keine Langeweile entstehen.
// www.unterstoeberl.de

BERCHTESGADEN: NATURHOTEL REISSENLEHEN
// Entspannung steht an erster Stelle. Mit einem umfangreichen Wellnessangebot und ruhiger Lage mit Panoramablick über die Berge verspricht der Aufenthalt Entschleunigung pur.
// www.reissenlehen.de

BERCHTESGADEN: ALPINHOTEL
// Ein perfekter Ausgangspunkt für Wanderungen und aktive Touren durch die Region ist das Alpinhotel Berchtesgaden. Es ist trotz der alpinen Rustikalität modern gestaltet und verfügt über 18 Zimmer.
// www.alpinhotel.de

BERCHTESGADENER LAND

AUF KEINEN FALL VERPASSEN

○ WANDERUNG DURCH DEN NATIONALPARK BERCHTESGADEN

Um seinen Aufenthalt in diesem idyllischen Flecken zu planen, sollte man mit einem Besuch im Nationalparkzentrum in Schönau beginnen. Seit 1978 gehört der 210 Quadratkilometer große Süden des Berchtesgadener Landes zum ersten und bislang einzigen Nationalpark in den deutschen Alpen – und seit 1990 zum von der UNESCO ausgewiesenen Biosphärenreservat. So kann man hier ungestört majestätische Adler, Rotwild, Gämsen, Steinböcke und Murmeltiere beobachten. Auch viele Insekten, Reptilien und Amphibien leben im Nationalpark.

○ FASZINATION SALZ IM SALZBERGWERK BERCHTESGADEN

In Berchtesgaden kann man sich im noch aktiven Salzbergwerk auf die Spurensuche nach dem »Weißen Gold« begeben. Seit 1517 wird es hier abgebaut. In dem Besucherbergwerk werden täglich alle 15 Minuten spannende Führungen angeboten, die etwa eine Stunde dauern. In Bergmannskluft geht es erst mit einer Grubenbahn und dann über zwei Rutschen rasend flott hinab in die unterirdische Welt, wo farbenprächtige Salzkristalle und eine Floßfahrt über den Spiegelsee warten. Hier lernt man die Bedeutung des Salzhandels und die Arbeitsbedingungen unter Tage kennen.

○ DAS ECHO AUF DEM KÖNIGSSEE HÖREN

Der Königssee ist untrennbar verbunden mit einem der schönsten akustischen Phänomene – dem Echo. Jede Bootsfahrt wird dafür bereitwillig unterbrochen. Früher wurden vor der Echowand Böller gezündet, heute erklingen dafür Trompeten oder Flügelhörner, der Berg wirft die Melodie zuverlässig zurück.

○ WIMBACHTAL UND WIMBACHKLAMM ERKUNDEN

Das zwölf Kilometer lange Hochtal liegt zwischen den Gebirgsmassiven des Watzmanns und des Hochkalters. Am Taleingang befindet sich die romantische Wimbachklamm. Über Jahrmillionen hat sich der Wildbach hier einen Weg durch das Gestein gebahnt und eine einmalige Naturschönheit mit unzähligen Wasserfällen geschaffen. Der hintere Teil des Tals bis zu den Palfelhörnern wird von einem bis zu 300 Meter mächtigen Schuttstrom geprägt.

○ ZU DEN WALLFAHRTSKIRCHEN PILGERN

Maria Gern ist eine bäuerlich barocke Wallfahrtskirche, daneben ein Wirtshaus – bayerischer geht's nicht! Sehenswert auch die Kirchen Maria Himmelfahrt in Ramsau und Mariä Heimsuchung in Marktschellenberg.

Diese Kulisse macht den Königssee zum Top-Ausflugsziel

NATURPARADIES IM ALPENRAUM

1978 wurde der Nationalpark Berchtesgaden als einziger hochalpiner Nationalpark gegründet. Das Herzstück ist der Königssee mit den Bergen des Hagengebirges, des Watzmannstocks, des Hochkalters und der Reiteralpe.

Obwohl der Nationalpark von 250 Kilometer Wanderwegen erschlossen wird, ist das Gebiet bis auf die touristischen Hotspots am Königssee, St. Bartholomä und dem Jenner eher einsam. So kann man ungestört majestätische Adler, Bartgeier, Rotwild, Gämsen, Steinböcke und Murmeltiere in ihrer natürlichen Umgebung beobachten und beim Wandern seltene Pflanzen wie Frauenschuh, Edelweiß und Zwergprimel entdecken.

Im Nationalparkzentrum »Haus der Berge« in Berchtesgaden bekommt man auch Infos zu den geologischen Phänomenen des Parks wie über den Funtensee, das Wimbachtal oder den Blaueisgletscher.

🌐 Infos: www.haus-der-berge.bayern.de

#03 EIFEL

Die Eifel mit ihren erloschenen Vulkanen und geheimnisvollen Kraterseen zählt zu den ältesten und geologisch interessantesten Gebirgen der Welt. Heute sieht man der Eifel ihr feuriges Temperament auf den ersten Blick nicht mehr an. Doch noch vor 10 000 Jahren fauchte und zischte hier die Erde so gewaltig, dass man glauben konnte, der Leibhaftige persönlich sei am Werk. Denn das gemütliche Mittelgebirge zwischen Aachen, Trier und Koblenz ist ein Kind der Vulkane, die diese Landschaft in Jahrmillionen geformt haben. Maare nennt man die kreisrunden Seen, die im Grunde nichts anderes als umgedrehte Vulkankegel sind. Die Feuerberge haben eine zerklüftete Hochebene geschaffen, die von Bergrücken wie dem Hohen Venn durchzogen werden. Die starke Erosion hat indes dafür gesorgt, dass kein Gipfel höher als 750 Meter in den Himmel wächst.

Oben: Das Schalkenmehrener Maar ist mit 550 Meter Durchmesser das größte der drei Dauner Maare. Und das, obwohl ein Teil des ursprünglichen Doppelmaars, von Asche bedeckt, zu einem Moor wurde.

Links: Der Wasserfall Dreimühlen bei Ahütte tropft über eine mit Moos bewachsene Sinterterrasse.

● NATURPARK VULKANEIFEL

Der Naturpark Vulkaneifel ist rund 980 Quadratkilometer groß. Der vulkanische Ursprung ist das große Plus der Region. Er hat typische Kegel, Maare, erkaltete Lava und Mineralwasserquellen hinterlassen. Im ganzen Land gibt es keinen Ort, an dem solche geologischen Spuren in dieser Dichte zu finden sind. Noch vor rund 11 000 Jahren waren die Vulkane aktiv. Aus erdgeschichtlicher Sicht handelt es sich also um eine sehr junge Landschaft. Doch nicht nur die geologische Seite ist höchst interessant und sehenswert, auch die Natur ist es. Unvergleichlich präsentiert sich die Gegend beispielsweise im Frühjahr, wenn wilde Narzissen weite Wiesen in leuchtendes Gelb tauchen. Ebenfalls einen Besuch wert ist das Vogelschutzgebiet Sangweiher mitten im Herzen des Naturparks.

MAARE DER VULKANEIFEL

Die Vulkaneifel ist bekannt für ihre berühmten Kraterseen, Maare genannt. Besonders sehenswert sind die drei Dauner Maare, die sich auf engstem Raum zusammendrängen; das kreisförmige, über 70 Meter tiefe Pulvermaar bei Gillenfeld und das Ulmener Maar, das als jüngstes Eifelmaar erst 9500 Jahre alt ist.

EIFEL

WARUM IM FRÜHLING? In den Nationalparks werden kleine Tierkinder flügge oder tollen über die grünen Wiesen. Doch die Stars in der Natur sind traditionell die Narzissen. In leuchtendem Gelb übersäen sie die Wiesen, ein Schauspiel, das sich auf Spaziergängen und Radtouren gleichermaßen bewundern lässt und durch das Narzissenfest gebührend gefeiert wird. Auf Burg Satzvey finden außerdem die Ritterfestspiele statt und an vielen Orten öffnet die Kirmes. Rund um die Osterfeiertage findet man zahlreiche Veranstaltungen, besonders für Kinder werden spaßige Ostereiersuchen organisiert. Ansonsten lohnt es sich auch, den Frühling aktiv zu nutzen, um den letzten Rest vom Winterspeck loszuwerden.

Ganz oben: Der Laacher See lädt zur Ruderpartie ein.

Oben: Die Bibliothek im Benediktinerkloster Maria Laach ist ein kulturgeschichtliches Denkmal.

Links: Die Wasserburg Satzvey bei Mechernich stammt aus dem 12. Jahrhundert.

ADENAU

Die »Perle der Nordeifel« beeindruckt durch ihre prächtigen Fachwerkbauten am Marktplatz und im historischen Buttermarktviertel. Außerdem sehenswert sind das Eifeler Bauernhausmuseum und das Zunftmuseum. Es lohnen auch der Aussichtsberg Hohe Acht und die Burgruine Nürburg einen Abstecher.

MARIA LAACH

Am südöstlichen Rand des Laacher Sees steht die 1093 gegründete Benediktinerabtei Maria Laach, deren Kirche zu den herausragenden Schöpfungen der romanischen Stilepoche gehört. Nach über 110 Jahren Bauzeit wurde sie um 1230 vollendet. Der reich gegliederte Bau entspricht dem Typus der Doppelchorkirche mit zwei Vierungstürmen, die jeweils von zwei Türmen flankiert sind. Ein Meisterwerk spätromanischer Steinmetzkunst ist das »Paradies«, ein Vorhof mit Bogengängen und einem wunderschönen Löwenbrunnen. Die übrigen Klostergebäude wurden nach einem Brand 1855 wiederaufgebaut.

VULKANPARK BROHLTAL-LAACHER SEE

Aus dem Inferno des gewaltigsten Vulkanausbruchs in der jüngeren europäischen Erdgeschichte wurde vor 13 000 Jahren der 53 Meter tiefe Laacher See geboren, das größte Maar der Eifel. An seinen Rändern tritt noch immer Kohlendioxid aus. Im Vulkanpark ermöglichen Geopfadrouten Einblicke in die Erdgeschichte einer Landschaft, die mit ihren Wäldern, Tuffsteinbrüchen und Basaltkegeln auch zum Wandern einlädt.

SCHLOSS BÜRRESHEIM

Im Nettetal, nordwestlich von Mayen, dem städtischen Zentrum der Eifel, erhebt sich weithin sichtbar Schloss Bürresheim, das um 1200 als mittelalterliche Wehranlage entstand, in der Barockzeit zum Schloss ausgebaut wurde und bis 1921 bewohnt war. Die Inneneinrichtung ist noch weitgehend erhalten.

WITTLICH

Zentrum der Altstadt ist der Marktplatz mit den barocken Bürgerhäusern, der ehemaligen Posthalterei und dem Rathaus mit seiner eindrucksvollen Spätrenaissancefassade. Eine Besichtigung lohnt die ehemalige Synagoge (1905) mit einer Ausstellung zur Geschichte der jüdischen Gemeinde.

KYLLBURG

Inmitten der Kyllburger Waldeifel liegt der Ort Kyllburg. Hauptsehenswürdigkeit in der gut erhaltenen Altstadt ist die gotische Stiftskirche aus dem 13. bis 16. Jahrhundert mit ihren kostbaren Buntglasfenstern im Chor.

AUSGEHEN

HILLESHEIM: CAFÉ SHERLOCK // Nichts an diesem Café ist gewöhnlich, wie im gesamten Haus dreht sich hier alles um kriminelle Klassiker. So wird hier im Orient-Express-Abteil oder am Miss-Marple-Tisch ein Mafiatoast serviert oder eine Tasse »Chocolat Poirot« getrunken. Natürlich sind auch die Ausstattung und Dekoration den großen Schriftstellern und ihren Detektiven gewidmet.
// www.kriminalhaus.de/cafe.htm

DREIS BEI WITTLICH: SONNORA // Wenn Kochen zur Kunst wird: Exquisite Speisen im edlen Ambiente lassen sich hier genießen, ausgezeichnet wurde das Restaurant südwestlich von Wittlich mit drei Michelin-Sternen.
// www.hotel-sonnora.de/restaurant

DAUN: BRAUERS 800°C // Nach einer Wanderung kann man hier mit feinen Grillspezialitäten und Burger vom 800 Grad heißen Grill den Energielevel schnell wieder auftanken.
// www.landart-hotel-vulkaneifel.de

NATURPARK SÜDEIFEL
Das Gebiet ist Teil des länderübergreifenden Deutsch-Luxemburgischen Naturparks und bietet als besondere Attraktion den grenzüberschreitenden »Felsenweg«, der durch bizarre Felsenlandschaften und ganz ursprüngliche Wälder führt. Bemerkenswert ist hier die ungewöhnliche Vielfalt von Orchideen. Spektakulär präsentieren sich die Stromschnellen der Prüm und die Teufelsschlucht.

ÜBERNACHTEN

DAUN: SCHLOSSHOTEL KURFÜRSTLICHES AMTSHAUS // Das romantische Eifelschloss in Daun bietet fürstliches Wohlfühlambiente und edel ausgestattete Zimmer. Im hauseigenen Spa mit Beautyfarm kann man sich verwöhnen lassen.
// www.daunerburg.de

MEERFELD: NATURPURHOTEL MAARBLICK // Inmitten eines Maarkraters findet sich das Naturpurhotel. Hier stehen Erholung und Genuss ganz oben, dazu gehören biologisch angebaute und regionale Zutaten ebenso wie die Inneneinrichtung aus Naturholz.
// www.naturpurhotel.de

MAYEN: ZUM HOCHSCHEID // Zum Hochscheid ist Reiterhof und Ferienpension in einem. Umgeben von viel Natur ist es der ideale Ausgangspunkt für Wanderungen und Ausritte, morgens bekommt man durch das Frühstück die nötige Energie dafür. Für jedes Niveau wird auch Reitunterricht angeboten.
// www.zumhochscheid.de

SHOPPING

STADTBUMMEL
Für ausgiebige Shoppingtouren und gemütlichen Stadtbummel eignen sich vor allem die Innenstädte von Adenau, Gerolstein, Hillesheim und Prüm.

LUZERATH: SCHREINEREI KASPARI
In der Schreinerei Kaspari werden nicht nur Türen und Fenster gefertigt, sondern auch etwas ganz Besonderes: Handtaschen aus Holz. Was zunächst befremdlich klingen mag, entpuppt sich als Designerstücke, mit denen man (oder wohl eher frau) sicherlich einiges Aufsehen erregen wird.
// www.schreinerei-kaspari.de

AUSFLÜGE

● **BAD BERTRICH**
Einen Tag für Gesundheit und Entspannung – dafür ist die Vulkaneifel-Glaubersalztherme mit ihrem mineralreichen, 32 Grad warmen Wasser und Erlebnissaunen ein passendes Ausflugsziel, vor allem an Regentagen.

● **TEUFELSSCHLUCHT**
Eine Landschaft von Urgewalten geformt: Mit bizarren Felsformationen, steilen Felswänden mit Nischen und Höhlen und Weiher ist der »Felsenweg 6« der spannendste Wanderweg im Naturpark Südeifel und Abenteuer pur.

● **ALTENAHR**
Im wildromantischen Ahrtal ist schon vieles nach der Flutkatastrophe 2021 instand gesetzt worden oder erhalten geblieben wie die Burgruine Are mit der Aussicht auf den Fluss, ebenfalls der Rotweinwanderweg über der Ahr.

EIFEL

AUF KEINEN FALL VERPASSEN

○ **DIE GELBE PRACHT BEI DER NARZISSENBLÜTE BEWUNDERN**
Knapp 300 Hektar werden Jahr für Jahr in der Eifel von den gelben Blüten regelrecht überschwemmt. Sie sind die ersten Boten des Frühlings und werden dementsprechend auch sehnsüchtig erwartet; nicht nur im Internet werden fleißig Prognosen aufgestellt, wann sie endlich erblühen. Wenn sie dann sprießen, wird das ausgiebig gefeiert, mit dem Narzissenfest, das immer im April, aber stets in einem anderen Ort ausgerichtet wird. Damit sich auch kommende Generationen noch an den Narzissenwiesen erfreuen können, wurden sie bereits 1976 unter Naturschutz gestellt.

○ **LANDSCHAFTSTHERAPEUTISCHER PARK RÖMERKESSEL**
Wenn Menschen keinen Kontakt mehr zur Natur haben, treten vermehrt Erkrankungen auf. Pflanzen können helfen, einer solchen Entwicklung vorzubeugen. Der im Mai 2012 eröffnete Landschaftstherapeutische Park in Bad Bertrich am Rand des Naturparks Vulkaneifel ist auf dieses Ziel abgestimmt. Erholungsuchende erwartet ein Lava- und ein Bewegungsgarten.

○ **BEI EINER KRIMI-WANDERUNG MITLAUFEN**
Eifel-Krimis haben eine große Fangemeinde. In der Krimi-Hauptstadt Hillesheim werden spannende Krimi-Wanderungen angeboten. Bei diesen Touren entdeckt man auch Sehenswertes in der Umgebung, so zum Beispiel den Wasserfall Dreimühlen. Mehrere Bäche fließen an diesem Naturdenkmal zusammen und fallen über von Laubmoosen bewachsenes Kalksintergestein hinab.

○ **BIRRESBORNER EISHÖHLEN**
Seit 1938 stehen die Mühlsteinhöhlen etwas außerhalb von Birresborn unter Denkmalschutz. Hier hat man früher den Eifelbasaltschlacken in harter Arbeit Mühlsteine abgetrotzt. Den Beinamen Eishöhlen haben sie, weil es hier im Winter große Eiszapfen zu bestaunen gibt.

○ **MINERALQUELLEN-RADWEG**
Die Vulkaneifel ist berühmt für ihr Mineralwasser. Auf einem 31 Kilometer langen Radwanderweg zwischen Ahrdorf und Daun kann man einige Quellen erkunden. Auch Maare und Tuffgestein liegen auf der Strecke. Diese ist auch bei nicht so guter Kondition zu schaffen.

Sehnlichst im Frühling erwartet – die Narzissenblüte in der Eifel.

#04 FICHTELGEBIRGE

Im Grenzgebiet von Sachsen, Bayern und Tschechien liegt das Fichtelgebirge mit seinem 1020 Quadratkilometer umspannenden Naturpark. Als »Nabel Deutschlands« oder »Herzbrunnen Europas« wurde das Fichtelgebirge früher bezeichnet. Dies hat offenbar mit den Quellen von vier Flüssen zu tun, die in alle Himmelsrichtungen abfließen: die Saale nach Norden, die Eger nach Osten, die Naab nach Süden und der Weiße Main nach Westen. Viele Nebenflüsschen sowie Fischzuchtteiche und Weiher, die die ehemaligen Hammerwerke und Mühlen versorgten, schaffen vielerorts ein angenehm frisches Ambiente. Das hufeisenförmige Gebirge spannt sich von der Porzellanstadt Schönwald über Weißenstadt mit seinem beliebten See bis zur historischen Stadt Marktredwitz. Zu seinen Füßen liegen die malerischen Orte Marktleuthen und Wunsiedel – und natürlich die Wagnerstadt Bayreuth.

Als typischer Stammhocker trägt der Waldkauz, der tagsüber in Bäumen dicht am Stamm ruht, ein rindenfarbenes Gefieder. Der mittelgroße, kompakt gebaute Kauz zählt zu den häufigsten Eulenarten Mitteleuropas.

● **NATURPARK FICHTELGEBIRGE**

Der gesamte Gebirgsrücken, der die Form eines riesigen, nach Nordosten geöffneten Hufeisens aufweist, gehört ebenso dazu wie der höchste Berg Frankens, der 1052 Meter hohe Schneeberg. Da ist es nicht überraschend, dass Felsen eines der beherrschenden Themen der Region sind. Eindrucksvolle Steinblöcke thronen neben schlanken hohen Türmen, beide überwiegend aus Granit. Die Natur kommt nicht zu kurz. Das Fichtelgebirge ist eine waldreiche Region. Auch Moore sind hier zu finden. Eger und Röslau sowie kleine Nebenflüsschen plätschern fröhlich vor sich hin. Auf den Felsen gedeihen seltene Flechten und Moose. In waldigen Höhen sprießen Arnika und Bärwurz, sie sind aber im Vorkommen bereits eingeschränkt. Das Auerhuhn hat hier sein Revier, das so ziemlich einzige außerhalb der Alpen. Biber, Fischotter und Eisvogel sind im Park ebenfalls heimisch.

EGERTAL

Die Eger entspringt am Schneeberg in rund 750 Meter Höhe. Von dort fließt sie 316 Kilometer bis zur Elbe, in die sie mündet. Die Naturpark-Info in Weißenstadt ist ein guter Start für eine Tour durch das Egertal. Der Fluss bewältigt enge Passagen wie den Thus mit seinem Wasserfall. Dann wieder kann sich sein Bett ausbreiten.

OCHSENKOPF

Mit 1024 Meter ist der Ochsenkopf die zweithöchste Erhebung im Fichtelgebirge – und ein kleines Freizeitparadies. Zwei Seilbahnen führen hinauf. Auch eine Sommerrodelbahn gibt es, die mit zehn Kurven und 140 Meter Höhenunterschied für viel Spaß sorgt. Wer sich sportlich betätigen will, kann die beschilderten Mountainbikewege nutzen. Die Mitnahme von Fahrrädern in der Süd-Seilbahn ist möglich.

FELSENLABYRINTH LUISENBURG

Ein eindrucksvolles Granitmeer ist das Felsenlabyrinth Luisenburg. Ein Rundweg durch schmale Schluchten und zu Aussichtspunkten erschließt das geologische Gebiet mit seinen 300 Millionen Jahre alten Felsen. Im Sommer finden hier Theaterfestspiele statt.

SCHAUSTEINBRUCH SELB

Die Granitsteinbrüche waren ungeliebte Eingriffe in die Natur, schweißtreibende Arbeitsplätze, aber auch Wirtschaftsmotor. Sie sind untrennbar mit der Geschichte der Region verbunden. Eine Vorstellung davon, wie der Betrieb in einem Steinbruch ausgesehen hat, bekommt man in Selb-Häuselloh. Die Anlage kann dank eines Vereins besichtigt werden.

FREILANDMUSEUM GRASSEMANN

In Warmensteinach ist in einem typischen Einfirsthof aus dem 17. Jahrhundert ein Museum untergebracht, das die Lebensweise der Menschen zur damaligen Zeit zeigt. Holzwirtschaft und Bergbau sind weitere Themen. Im Freien gibt es einen Rundweg mit 17 informativen Stationen.

FICHTELGEBIRGE

WARUM IM FRÜHLING?
Überall schmücken bunte Osterbrunnen die Straßen und vertreiben die letzten Gedanken an Schnee. Auch die Wanderwege befreien sich von Matsch und Eis und erste Blumen säumen die Pfade durchs Gebirge. Im Frühjahr wird zudem auch musikalisch einiges geboten, beispielsweise das Musikantenfest im Dorf Kleinschoppen. Einen ganzen Tag im Mai wird musiziert, getanzt und gefeiert – und das für einen guten Zweck. Die Spenden gehen an regionale Hilfsprojekte. Außerdem werden auch allerhand Fahrgeschäfte und kulinarische Spezialitäten geboten.

BAYREUTH
Wagner und die Markgräfin Wilhelmine verhalfen der Stadt am Main zu überregionalem Ruhm: Die Markgräfin baute ihre Residenzstadt zum Schmuckkästchen aus, der Musiker machte einen »grünen Hügel« vor den Toren zum Pilgerort für Opernfreunde aus aller Welt. Gemeinsam mit ihren Hofbaumeistern Joseph Saint-Pierre und Carl von Gontard schuf Wilhelmine das »Bayreuther Rokoko«, das sich vor allem durch fantasievolle Innendekors auszeichnet. Wilhelmines Opernhaus war es auch, das 1870 Richard Wagner nach Bayreuth führte, was der Stadt in der Folge bei Musikfreunden Weltruf einbrachte.

ALTSTADT
Das Zentrum des alten Bayreuth ist die Maximilianstraße, ein lang gezogener Straßenmarkt, der heute Fußgängerzone ist. Das westliche Ende dominiert die schöne Mohrenapotheke von 1610. Ältestes Gebäude ist die spätgotische Stadtkirche.

Oben: Der La-Spezia-Platz in Bayreuth: Die Stadt unterhält eine Partnerschaft mit La Spezia in Ligurien.

Links: Rund um Ostern schmücken viele Gemeinden ihre Brunnen festlich bunt.

FICHTELGEBIRGE

Rechts: Hauptattraktion für die meisten Besucher des Neuen Schlosses von Bayreuth ist der Sonnentempel im Hofgarten der Eremitage. Die Fassade ist mit bunt bemalten Glasschlacken und Kristallen verziert. Auf der Kuppelhaube glänzt ein goldener Sonnenwagen mit dem Gott Apollo.

NEUES SCHLOSS UND EREMITAGE

Bayreuths Geschichte wurde über Jahrhunderte durch die Fürsten von Brandenburg-Bayreuth geprägt. Doch erst Markgraf Christian Ernst (1661–1712) und nach ihm die preußische Prinzessin Friederike Sophie Wilhelmine, Schwester Friedrichs des Großen, verliehen Bayreuth jenen verführerischen Glanz aus Barock und Rokoko, der schließlich auch Richard Wagner in seinen Bann ziehen sollte. Das Alte und das Neue Schloss, das Markgräfliche Opernhaus, die Eremitage und die beiden Schlösser »Sans-pareil« und »Fantaisie« sind die illustren Hinterlassenschaften einer prachtvollen Ära.

AUSGEHEN

FICHTELBERG: AM FICHTELSEE // In zwei Wirtsstuben lässt es sich gemütlich beisammensitzen. Die Küche liefert regionale Spezialitäten aus frischen Zutaten. Morgens lockt das Fichtelseefrühstück.
// www.hotel-am-fichtelsee.de

MARKTREDWITZ: KULTCAFÉ // Morgens mit einem ausgiebigen Frühstück in den Tag starten, mittags mit Suppe oder Snacks stärken, am Nachmittag Kuchen schlemmen – alles möglich im Kultcafé in der Innenstadt.
// https://de-de.facebook.com/KultCafe

BAYREUTH: DÖTZER RESTAURATION // Die Küche besticht durch eine Mischung aus fränkisch und mediterran. Besonders beliebt sind die Weinabende, bei denen sich alles um den guten Tropfen dreht. Die ersten Sonnenstrahlen kann man auf der Terrasse genießen.
// www.doetzers.de

SCHLOSSKIRCHE UND SCHLOSSTURM

Auch die sehenswerte Schlosskirche mit ihrem pastellfarbenem Innenraum wurde von Markgräfin Wilhelmine nach dem Brand des alten Schlosses in Auftrag gegeben. Im Turm, der als Wahrzeichen Bayreuths gilt, windet sich ein Karrenweg um die eigentliche Treppe.

RICHARD-WAGNER-FESTSPIELHAUS

Das Festspielhaus aus Ziegelstein mit Fachwerkmuster wurde von Richard Wagner selbst entworfen und ganz auf seine Bedürfnisse zugeschnitten, nachdem er das Bayreuther Opernhaus als zu klein verworfen hatte.

BAYREUTHER FESTSPIELE

Die dem musikalischen Werk Richard Wagners gewidmeten Festspiele sind ein gesellschaftliches Ereignis, zu dem sich jedes Jahr zwischen Ende Juli und Ende August die Prominenz aus Politik und Kultur trifft. Sie wurden von Wagner selbst begründet und fanden erstmals 1876 statt. Die Akustik des Festspielhauses zählt zu den besten der Welt. Alljährlich finden 30 Vorstellungen von Werken Wagners statt.

Bayreuth: Das Prachtstück eines barocken Opernhauses ließ das Markgrafenpaar Friedrich und Wilhelmine von Brandenburg-Bayreuth in den Jahren 1746–1750 erbauen.

SHOPPING

WEISSENSTADT: SACK'S DESTILLE
Fichtelgebirge in der Flasche: Die Destille verkauft Schnäpse, die ausschließlich aus Naturprodukten in eigener Produktion hergestellt werden. Von Kümmel über Waldbeeren bis Bärwurz – nicht nur als Mitbringsel bestens geeignet.
// www.sacks-destille.de

TRAGWELT BAYREUTH
Ledertaschen, Koffer oder ausgefallene Geldbeutel findet man in der Bayreuther Innenstadt bei Tragwelt. Die Unternehmensphilosophie wird vor allem von umweltbewusster Nachhaltigkeit geprägt, nicht nur bei der Materialauswahl.
// www.tragwelt.de

SELB: PORCELAIN ART
Porzellan ist in Selb überall zu finden. Dass man daraus aber nicht nur Teller und Tassen herstellen kann, setzt Marlene Kretzschmar unter Beweis. Sie kreiert und fertigt in Handarbeit moderne Figuren von Schmuck bis Schachspiel – jedes Stück ein Unikat!
// www.porcelain-art.de

ÜBERNACHTEN

SCHÖNWALD: LANDGASTHOF PLOSS
// Das gemütliche Hotel befindet sich inmitten des Fichtelgebirges mit familiärem Ambiente, kleinem Wellnessbereich und bodenständiger Küche im rustikalen Restaurant.
// www.hotel-ploss.de

SELB: SCHADE'S WOHLFÜHLHOTEL
// Am Rande des Fichtelgebirges bietet das Hotel alles, was man für einen Kurztrip braucht. Die Gestaltung ist funktional, aber mit viel Liebe zum Detail. Auch drei Ferienwohnungen werden vermietet.
// www.schades-wohlfuehlhotel.de

BISCHOFSGRÜN: HOTEL KAISERALM
// Mitten zwischen den zwei höchsten Gipfeln des Fichtelgebirges liegt das familiengeführte Hotel und ist somit idealer Ausgangspunkt für Wanderungen.
// www.kaiseralm.de

FICHTELGEBIRGE

AUF KEINEN FALL VERPASSEN

○ AUSGIEBIGE WANDERUNGEN UNTERNEHMEN

Rund 3600 Kilometer Wanderwege erschließen das Fichtelgebirge für Naturfreunde. Der Klassiker ist der rund 50 Kilometer lange Höhenweg, der der Hufeisenform des Gebirgszugs auf seiner ganzen Länge auf dem Kamm folgt. Die 16 Kilometer lange Felsen-Quell-Tour Weißenstadt verbindet außergewöhnliche Felsformationen und das Biotop der Eger. Auch empfehlenswert: der 180 Kilometer lange Jean-Paul-Themenweg, auf dem man Lebensstationen des Schriftstellers kennenlernt.

○ IM PORZELLANIKON ÜBER DAS »WEISSE GOLD« STAUNEN

Für einen Besuch im Porzellanikon in Selb nahe der tschechischen Grenze sollte man mindestens zwei Stunden einplanen. Es ist mit 9000 Quadratmeter wohl das größte Spezialmuseum für Porzellan. Gezeigt wird nicht nur, was seit 300 Jahren in Manufakturen und Industrie produziert wurde, sondern auch wie und unter welchen Bedingungen.

○ RICHARD-WAGNER-MUSEUM IN BAYREUTH BESUCHEN

In der Villa Wahnfried sind die original eingerichteten Wohnräume der Familie sowie eine Ausstellung zu Wagners Werk und der Geschichte der Bayreuther Festspiele zu sehen.

○ DIE REGION MIT DEM FAHRRAD KENNENLERNEN

Eine Besonderheit der Region sind die Radwege auf den ehemaligen Eisenbahntrassen. Zwischen Weißenstadt und Kirchenlamitz verläuft zum Beispiel der Sechsämterradweg mit seinen tollen Ausblicken ins Fichtelgebirge. Zwischen Tröstau und Selb bis in das tschechische As ist der Brückenradweg ausgewiesen. Sein Name stammt von den vielen Brücken, die Einschnitte und Bäche überspannen.

○ BURG FALKENBERG BESICHTIGEN

1000 Jahre Geschichte atmen die alten Gemäuer der Burg, die im Rahmen von Führungen an Wochenenden besichtigt werden kann.

Die Burg Falkenberg beherbergt auch ein Hotel und Museum.

#05 HAMBURG

Wer an Hamburg denkt, dem kommen wohl zuerst der Hafen, die Elbe und die Alster in den Sinn. Vielleicht denkt man auch an den »Michel«, die spektakuläre Elbphilharmonie, den berühmten Fischmarkt, die noble Elbchaussee und die legendäre Reeperbahn. Doch die Stadt der vielen Brücken und Millionäre ist mehr. Sie ist eine pulsierende Wirtschaftsmetropole, ein internationaler Handelsplatz und eine facettenreiche Kultur- und Medienstadt. Dabei hat sich das »Tor zur Welt«, das in seiner über tausendjährigen Geschichte von schweren Schicksalsschlägen nicht verschont geblieben ist, im Lauf der Jahrhunderte immer wieder verändert und ist doch nach hanseatischer Art seiner Tradition stets treu geblieben. Trotz ihres Hangs zum Understatement gelten die Söhne und Töchter Hammonias als selbstbewusst, weltoffen und tolerant – in der Elbmetropole kein Widerspruch, sondern ein Versprechen.

● JUNGFERNSTIEG

Der mondäne Boulevard mit seinen noblen Seitenstraßen Neuer Wall und Große Bleichen zählt zu den beliebtesten Promeniermeilen der Stadt. Ob im traditionsreichen Alsterhaus oder in den etablierten Flagship-Stores renommierter Modelabels – hier finden Shopping-Begeisterte, was sie suchen. Am Jungfernstieg starten auch Dampfer zu einem Törn auf Binnen- und Außenalster.

RATHAUS

Für den 1897 abgeschlossenen Bau des Sitzes von Bürgerschaft und Senat der Freien und Hansestadt Hamburg wurde jegliche hanseatische Zurückhaltung über Bord geworfen. Das Gebäude umfasst insgesamt 647 Zimmer, fünf mehr als der Buckingham Palast, der Turm ist 112 Meter hoch und die Fassade zieren aufwendig gestaltete Skulpturen, darunter auch einige Darstellungen deutscher Kaiser.

MÖNCKEBERGSTRASSE

Die auch als »Mö« bekannte Einkaufsstraße zwischen Rathaus und Hauptbahnhof wird von Kaufhäusern und Filialen großer Einzelhandelsketten geprägt. Anschauenswert sind die kühn designte Europa Passage mit ihren 120 Geschäften und die exquisiten Läden im Levantehaus.

KUNSTHALLE

Die architektonisch relativ schlicht gehaltene Kunsthalle zählt zu den bekanntesten Kunstsammlungen Deutschlands. Europäische Kunst mit dem Schwerpunkt deutsche Romantik wird hier chronologisch präsentiert. 1997 wurde die Kunsthalle um die Galerie der Gegenwart bereichert.

MUSEUM FÜR KUNST UND GEWERBE

Von der Antikensammlung über islamische Kunst und Jugendstil bis zur Moderne – das MKG bietet als führendes Zentrum für Kunsthandwerk und Design einen Streifzug durch sämtliche Epochen menschlichen Schaffens. Zu den Höhepunkten des Museums gehören neben Buch- und Plakatkunst auch die Sammlungen von Musikinstrumenten sowie Mode und ein Jugendstilzimmer.

DEICHTORHALLEN

In den beiden Hallen, in denen früher Märkte abgehalten wurden, finden heute prominente Ausstellungen zu internationaler Gegenwartskunst und Fotografie statt.

CHILEHAUS

Das zehn Stockwerke hohe Bürogebäude im Kontorhausviertel ist ein einzigartiges Beispiel der Hamburger Klinkerarchitektur der 1920er-Jahre. Sein spitzwinkliger Grundriss erinnert an den Bug eines Schiffes.

DEICHSTRASSE

Die Deichstraße am Nikolaifleet wird von den ältesten noch erhaltenen Kaufmannshäusern der Stadt gesäumt; einige Gebäude sind aus

Das Hamburger Rathaus strahlt noch immer den Glanz der wohlhabenden Kaufmannsstadt aus. Erbaut wurde der prachtvolle Neorenaissancebau von 1886 bis 1897. Er markiert die politische und die urbane Mitte Hamburgs.

HAMBURG

WARUM IM FRÜHLING? Von hamburgerischem Understatement ist beim alljährlichen »Hafengeburtstag« Anfang Mai nicht viel zu spüren. Das Ereignis geht auf den Freibrief von Kaiser Friedrich Barbarossa zurück, der am 7. Mai 1189 den Hamburgern das Privileg der freien Schifffahrt auf der Unterelbe garantierte und damit die freie Zufahrt zur Nordsee sicherte. Das Datum ist zwar historisch nicht korrekt und die später aufgesetzte Urkunde entpuppte sich als Fälschung. Gefeiert wird trotzdem – seit 1977 sogar mit buntem Treiben zu Wasser, zu Lande und in der Luft. Highlights sind die Einlaufparade der großen und kleinen Traditionssegel- und Museumsschiffe, das Schlepperballett zu Walzerklängen, das Drachenbootrennen auf der Elbe und das Feuerwerk über dem Hafen.

Ganz oben: Das Wasserschloss in der Speicherstadt thront in exponierter Lage auf einer Halbinsel zwischen den Fleeten.

Oben: Die Elbphilharmonie, Hamburgs stolzes neues und teuerstes Wahrzeichen, überblickt von weithin sichtbar den Hafen.

Links: Ein Höhepunkt des hanseatischen Festtagskalenders ist der Hafengeburtstag an einem Wochenende Anfang Mai.

HAMBURG

Rechts: Lange Zeit waren die Landungsbrücken das Tor zur Welt, das die Hansestadt stolz als Beinamen führt. 1839 als Anleger für die Dampfschiffe nach Übersee gebaut, liefen später von den St. Pauli Landungsbrücken Fähren nach England und Kreuzfahrtschiffe in die ganze Welt aus. Heute legen vorwiegend Barkassen zur Hafenrundfahrt und Elbfähren ab.

dem 18. Jahrhundert. Die Durchgänge zwischen den schmalen Häusern sind als »Fleetgänge« bekannt.

ST. MICHAELIS (»MICHEL«)
Das bekannteste Gotteshaus der Stadt zählt zu den schönsten Barockkirchen in Norddeutschland. Der von den Hamburgern kurz »Michel« genannte Kirchturm ist 132 Meter hoch und ein Wahrzeichen der Hansestadt. Berühmt ist das Turmblasen: Vom Turm wird an Werktagen um 10 und 21 Uhr, sonntags um 12 Uhr ein Choral in alle vier Himmelsrichtungen geblasen.

SPEICHERSTADT UND HAFENCITY
Durch die Speicherstadt mit ihrem dekorativen Ensemble an Backstein-Lagerhäusern für zollfreie Lagerung weht noch das Flair des 19. Jahrhunderts. In der Hafencity dahinter führt Hamburg vor, wie man ein nicht mehr gebrauchtes Hafenareal sinnvoll nutzen kann: Entstanden ist ein völlig neuer Stadtteil mit kreativen Wohnwelten am Wasser und futuristischen Bürotürmen. Sehenswert!

ELBPHILHARMONIE
Lange genug hat der gigantische Aufbau auf einem historischen Kaispeicher gedauert und die Kosten in die Höhe getrieben, aber nun ist die »Elphi« Hamburgs neues spektakuläres Wahrzeichen und erfreut mit ihrem perfekten Klang Konzertgänger aus aller Welt. Ohne Konzertticket kann man die grandiose Hafensicht von der Aussichtsplattform genießen.

LANDUNGSBRÜCKEN
Wohl jeder Besucher der Stadt kommt einmal zu den Landungsbrücken, um Hafenluft zu schnuppern oder einfach um ein Fischbrötchen mit Blick auf den Hafen zu essen. Zu allen Jahreszeiten herrscht an der 688 Meter langen Anlegestelle reges Treiben. An den Landungsbrücken starten und enden die Hafenrundfahrten. Das 205 Meter lange Hafengebäude von 1909 ist denkmalgeschützt.

ALTER ELBTUNNEL
Am westlichen Ende der Landungsbrücken unterquert der 426,50 Meter lange Alte Elb-

AUSGEHEN

FISCHEREIHAFENRESTAURANT // Wer feine Fischgerichte essen möchte, ist in dem Traditionslokal an der Elbe genau richtig. Hier stimmt alles: Qualität, Service und das edle Ambiente.
// www.fischereihafenrestaurant.de

RESTAURANT CORNELIA POLETTO // Italienische Gourmetküche vom Feinsten zelebriert die bekannte Köchin in Eppendorf: Man schwelgt in wunderschön angerichteten und köstlichen Kompositionen wahlweise als Vorspeisen oder als Menüs.
// www.cornelia-poletto.de

FARDI SYRIAN RESTAURANT // Die syrische Haute Cuisine ist ein Fest für den Gaumen und die Augen. Bei der Auswahl an typischen Mazza in acht Variationen und den raffiniert gewürzten Hauptspeisen werden auch Vegetarier glücklich.
// fardi-hamburg.de

HAMBURG

tunnel die Norderelbe. Man kann den sehenswerten alten Tunnel bequem zu Fuß durchqueren, von der anderen Seite hat man einen tollen Blick und ein geniales Fotomotiv auf Hamburg.

REEPERBAHN
Diese 930 Meter lange Straße im Herzen des Vergnügungsviertels St. Pauli zählt sicher zu den erlebenswerten in Deutschland. Bars, Amüsierlokale und Kulturstätten säumen die Reeperbahn zu beiden Seiten. Ihren Namen verdankt sie den Reepschlägern, die hier bis zum Ende des 19. Jahrhunderts Schiffstaue drehten.

ÜBERNACHTEN

CAP SAN DIEGO // Wo könnte man in Hamburg stilechter übernachten als an Bord eines Schiffes im Hafen? Auf dem ehemaligen Südamerikafrachter wurden die neun Passagierkabinen für Übernachtungen wiederhergerichtet.
// www.capsandiego.de

EAST DESIGN HOTEL // Mehrfach preisgekrönter Umbau einer historischen Eisengießerei. Nicht nur Hotel, sondern mit der fantasievollen organischen Innenarchitektur von Restaurant, Bar und Lounge auch ein beliebter Szenetreffpunkt.
// www.east-hamburg.de

EMPIRE RIVERSIDE HOTEL // Die Aussicht auf den Hafen vom 20-stöckigen Hotelturm ist fantastisch, die Lage nahe der Vergnügungsmeile St. Pauli perfekt.
// www.empire-riverside.de

SHOPPING

PASSAGEN
In Deutschlands bester Shoppingstadt kann man dank der exquisiten Passagen auch an Regentagen trockenen Fußes einkaufen gehen und anschließend in schicken Cafés und Bistros verweilen. Die elegantesten Passagen: Hamburger Hof, Hanseviertel, Mellin-Passage, Alsterarkaden und Galleria.

ALSTERHAUS DELIKATESSEN
Ähnlich wie das KaDeWe Berlin hat auch das Hamburger Nobelkaufhaus eine Gourmetetage mit Edelimbissecken und erlesenem Lebensmittelangebot im obersten Stockwerk.
// www.alsterhaus.de

STILWERK
In einem denkmalgeschützten Backsteinbau am Elbufer ist auf 11 000 Quadratmeter alles zu bekommen, was mit angesagter und stylischer Einrichtung zu tun hat.
// stilwerk.com/de/hamburg

FLOHMÄRKTE
Ob Antik- oder Trödelmarkt – die Hansestadt hat für jeden etwas: z. B. der Flohmarkt in der Fabrik in Altona, der Markt Flohschanze an den Rindermarkthallen, der Markt der Völker im Völkerkundemuseum oder einmal im Monat der Sternbrücken Nachtflohmarkt.

AUSFLÜGE

● DAS ALTE LAND
Ein Abstecher lohnt sich nicht nur während der Obstblüte. Viele alte Höfe, Wasser- und Windmühlen sowie die Stadt Stade beeindrucken das ganze Jahr über (s. S. 17).

HAMBURG

AUF KEINEN FALL VERPASSEN

○ **NACH DEM FISCHMARKT IN DER AUKTIONSHALLE VORBEISCHAUEN**
Beim Fischmarkt am Sonntagvormittag geht hier die Party ab. Dann strömen die Massen in die Fischauktionshalle. Man sitzt an langen Bänken zum Frühschoppen oder tanzt zur Musik der Livebands, die bekannte Songs – darunter viele Oldies – spielen. Natürlich lohnt vorher der Besuch der Marktschreier auf dem Fischmarkt. Immer sonntags bis 9.30 Uhr gibt es an der Großen Elbstraße Fisch, Obst und Pflanzen. Das Beste: Zum Schluss bringen die Händler ihre Ware lautstark zu kleinen Preisen unter die Leute.

○ **SCHAUEN UND STAUNEN IM MINIATUR WUNDERLAND**
Nicht nur Eisenbahnfreaks zieht es in die größte Modelleisenbahn der Welt in der Speicherstadt, um fasziniert zuzuschauen, wie bis zu 10 040 Züge auf insgesamt 15 Kilometer Gleisen durch detailgetreu nachgebildete Miniaturlandschaften der Welt – nebst 270 000 Minibewohnern, Autos, Flugzeugen – rollen. Und es kommen immer noch weitere dazu.

○ **DIALOG IM DUNKELN**
Blinde Menschen führen Besucher durch eine Welt der Dunkelheit. In dieser Welt der Klänge, Texturen und Düfte gibt es nichts zu sehen, aber jede Menge zu entdecken – eine neue Erfahrung für sehende Menschen, die hier eine Kultur ohne Bilder erleben.

○ **MIT EINER HAFENFÄHRE FAHREN**
Die preiswerte Alternative zu den gewerblichen Anbietern von Hafenrundfahrten. Der Hamburger Verkehrsverbund betreibt auch auf der Elbe ein Streckennetz. Auf den Linien 61, 62, 64, 73 und 75 kann sich jedermann eine individuelle Tour durch den Hafen zusammenstellen – und dies zum Preis eines einfachen U-Bahn-Tickets.

○ **EIN FISCHBRÖTCHEN ESSEN**
Fischbrötchen sind die klassischen norddeutschen Snacks. Mit Hering, Matjes, Krabben oder Fischfrikadellen belegt kann man sie auf dem Fischmarkt oder Brücke 10 an der Landungsbrücke kaufen und dabei dem Schiffsverkehr auf der Elbe zuschauen. Hamburg-Feeling pur!

Eine Hafenrundfahrt eröffnet den Blick in die weite Welt

RUND UM DIE ALSTER

VILLENPRACHT AM FLUSS

Hamburg ist eine Stadt mit vielen Gesichtern. Zur nobelsten Ansicht gehört das Villenviertel Harvestehude auf der Westseite der Außenalster. Die prachtvollen weißen Residenzen begüterter hanseatischer Kaufleute stammen aus dem 19. Jahrhundert. Heute residieren dort meist Konsulate und Unternehmen.

Am Ostufer der Alster, vor allem an der Uferstraße Bellevue, stammen noch einige Alstervillen aus jener Zeit. Wer die Villenpracht von Nahem bewundern möchte, begibt sich am besten auf eine Alsterrundfahrt mit der weißen Alsterflotte.

Noch mehr Einblicke in Hamburgs feine Wohnwelt eröffnet eine »Kanalfahrt«. Durch verschlungene Alsterkanäle schippern die Barkassen durch alsternahe Wohngebiete vorbei an eleganten Wohnhäusern, modernen Lofts, idyllischen Gärten und Parkanlagen. Hamburg mal ganz privat!

Infos: www.hamburg.de//alstertouristik.de

#06 HARZ

Der Harz ragt so unwirklich aus dem flachen Land, dass er wie eine Geistererscheinung wirkt. Da ist es kein Wunder, dass die Menschen schon immer den Sitz der Hexen im Harz vermuteten und nicht nur zur Walpurgisnacht wilde Tänze auf rasenden Besen rund um den Gipfel des Brockens zu sehen glaubten. Der Harz, das nördlichste deutsche Gebirge mit dem 1141 Meter hohen Brocken als höchster Erhebung, ist von Mythen geprägt. Manche Stätten heißen Hexentanzplatz und Teufelsmauer. Zahllose Sagen ranken sich um den Harz, Goethe verwendete das Hexenmotiv in seinem »Faust«, und auch Heinrich Heine kam 1824 mit vielen Illusionen hierher. Er bestieg an einem nebligen Tag den Brocken und soll danach eines der kürzesten Gedichte der deutschen Sprache verfasst haben: »Viele Steine, müde Beine, Aussicht keine, Heinrich Heine.«

Oben: Mittelalterliche Gassen und hübsche Fachwerkhäuser prägen die UNESCO-Welterbe-Altstadt von Goslar.

Links: Das Okertal soll das schönste Tal im Westharz sein. So behaupten es zumindest die Wanderer und Kletterer, die die bizarren Felsformationen im Tal bestaunen oder zu bezwingen suchen. Das Okertal befindet sich zwischen Altenau und Oker, einem Ort am nördlichen Rand des Harzes.

● NATIONALPARK HARZ

Der knapp 25 000 Hektar große Nationalpark (zwei Drittel in Niedersachsen, ein Drittel in Sachsen-Anhalt) nimmt etwa ein Zehntel des Mittelgebirges ein. Er zeichnet sich durch seine großen Waldbestände aus, vor allem Fichten und Buchen. Vielfältig und oft bizarr sind hier die Landschaften, etwa die Kästeklippen im Tal der Oker, dem bedeutendsten der Harzflüsse, oder die Leistenklippen auf dem Hohnekamm. Nur knapp jenseits der Grenze in Sachsen-Anhalt liegt der 1141 Meter hohe Brocken, der höchste Berg Norddeutschlands, mit seinen schönen Wanderwegen.

BAD HARZBURG

Am Ende des Radautals liegt der kleine Ort, der mit seinem großen Angebot an Kurkliniken zu den größten Heilbädern des Harzes zählt. Reste der Harzburg sind noch am Großen Burgberg zu erkennen. Bad Harzburg gilt als Eingangstor zum Nationalpark Harz.

GOSLAR

Vor über 1000 Jahren begann die Blütezeit der einstigen Kaiserpfalz und Welterbe-Stadt am Harzrand durch den Fund einer Silberader am Rammelsberg. Mit der Zeit wurde sie eine der wichtigsten Reichsstädte. Im 16. Jahrhundert

WARUM IM FRÜHLING?

Über diese Frage muss im Harz keiner lange nachdenken: Die Walpurgisnacht! Wenn sich am 30. April Hexen auf ihre Besen schwingen und viele andere schaurige Gestalten die Straßen bevölkern, muss man einfach dabei sein. Es ist ein Erlebnis, das man garantiert nie vergisst. Dazu gehört auch die jährliche Inszenierung von Goethes berühmtem Drama »Faust« als Rockoper auf der Brockenkuppe. Und auch die restlichen Tage im Frühling haben ihre Berechtigung. Das frühlingsfrische Grün der Wälder weckt beim nun wieder möglichen Wandern alle Sinne auf.

büßte Goslar seine Schürfrechte ein, unweigerlich folgte der wirtschaftliche Niedergang. Erst mit Beginn der Industrialisierung und Einsetzen des Tourismus erholte sich die Stadt wieder langsam. Unbedingt sehenswert ist die Altstadt. Das Rathaus mit Huldigungssaal und Ratsherrenstube stammt aus dem 15. Jahrhundert. Dahinter erhebt sich die Marktkirche. Gegenüber dem Westportal befindet sich ein mit Schnitzereien verziertes schönes Patrizierhaus aus dem 16. Jahrhundert.

WERNIGERODE

Die »bunte Stadt am Harz«, wie der Heimatdichter Hermann Löns Wernigerode wegen seiner vielen malerischen Fachwerkhäuser aus vier Jahrhunderten nannte, ist nicht nur ein schöner Ferienort, sondern auch der Ausgangspunkt der Harzer Schmalspurbahn.

ALTSTADT MIT RATHAUS

Der malerische Stadtkern von Wernigerode besteht größtenteils aus farbenprächtigen Fachwerkhäusern, die zwischen 1400 und 1800 entstanden und in konzentrischen Kreisen um den Marktplatz angeordnet sind. Ein prachtvolles Zeugnis für die Fachwerkkunst des 15. und 16. Jahrhunderts ist das Rathaus mit seinen Erkern und Türmen, dem eleganten Gebälk und den reichhaltigen Schnitzereien.

SCHLOSS

Die Anlage oberhalb der Stadt ist Ausweis der Macht der Grafen von Stolberg-Wernigerode. Ihr heutiges Aussehen bekam sie allerdings erst im 19. Jahrhundert, als der amtierende Graf Otto, Bismarcks Stellvertreter, das von seinem Urururgroßvater errichtete Barockschloss wieder auf »mittelalterlich« trimmte.

BLANKENBURG

Namen sind wie Schall und Rauch – zum Glück, wird sich vermutlich ein adliger Herr namens Poppo gedacht haben, der es im 12. Jahrhundert zum Grafen von Blankenburg brachte, dann aber nicht weiter auffiel in der Weltgeschichte. Sein kurioser Vorname ist für immer mit dem Harzstädtchen Blankenburg verbunden, das unter Graf Poppo eine erste

Links: Zahlreiche schöne Wanderweg führen durch den Harz.

Darunter: Kaiserfiguren zieren die Fassade des Gildehauses Kaiserworth auf dem Marktplatz von Goslar.

Blüte erlebte. Die zweite Blütezeit war im 18. Jahrhundert, als die Grafschaft zum Reichsfürstentum aufstieg. In dieser Zeit entstanden barocke Gartenanlagen.

HALBERSTADT

Dank seiner Lage im fruchtbaren Harzvorland war Halberstadt im Mittelalter sowohl bedeutender Bischofssitz wie Handelsknotenpunkt. Während die Bischöfe beeindruckende Sakralbauten hinterließen, bauten die Bürger wunderschöne Fachwerkhäuser.

ALTSTADT

Wie Halberstadt vor dem Krieg ausgesehen hat, kann man am besten am Fuß der Peterstreppe feststellen, wo einige Straßenzüge mit historischen, inzwischen liebevoll restaurierten Fachwerkhäusern überlebt haben. In der Straße Voigtei ist auch noch ein letzter Vierseithof zu sehen.

DOM UND LIEBFRAUENKIRCHE

Der Dom von Halberstadt ist eine der wenigen französisch anmutenden gotischen Kathedralen in Deutschland. Im Inneren hat er viel von seiner mittelalterlichen Ausstattung behalten. Die benachbarte Liebfrauenkirche ist 200 Jahre älter, kann aber ebenfalls mit einem Triumphkreuz und sehenswerten Chorschranken aufwarten.

QUEDLINBURG

Sie war im Mittelalter die Stadt der Frauen, denn auf dem Schlossberg regierten adlige Stiftsdamen. Die Altstadt rund um den Berg mit Fachwerkhäusern, schmalen Gassen und kleinen Plätzen zählt zu den größten Flächendenkmälern Deutschlands. Als besonders schön gelten die Lange Gasse, die Breite Straße, die Hölle, der Steinberg und die Straße Am Schlossberg. In der Wordgasse 3 befindet sich in einem der ältesten Häuser das Fachwerkmuseum.

ST. SERVATIUS

Die um das Jahr 1000 erbaute hochromanische Stiftskirche besticht durch ihre klare architektonische Gliederung, die damit harmonisierende Bauornamentik und die fantasievoll gestalteten Kapitelle im Inneren.

MÜNZENBERG MIT ST. MARIEN

Auch der Münzenberg kann mit Fachwerk aufwarten, doch die kleinen Handwerkerhäuser geben ihm eine ganz eigene Anmutung.

STOLBERG

Wegen ihres geschlossenen mittelalterlichen Stadtbildes und der schönen Lage wird die einstige Residenz der Grafschaft Stolberg auch gerne als »Perle des Südharzes« bezeichnet.

SCHLOSS STOLBERG

Das Schloss der Grafen von Stolberg liegt als eindrucksvoller Renaissancebau auf einem Felssporn oberhalb der Stadt.

RATHAUS

Der mächtige Fachwerkbau aus dem 15. Jahrhundert weist ein besonderes Kuriosum auf: Er hat kein Treppenhaus. Die oberen Stockwerke sind nur über eine Treppe in der benachbarten Martinikirche zu erreichen.

AUSGEHEN

ORIGINAL HARZER HEXENSTRIEZEL // In Quedlinburg sollte man unbedingt einen Baumstriezel – süßer Hefeteig, der über eine Form gewickelt und über dem offenen Feuer herausgebacken wird – verkosten.
// Hohe Straße 22, Quedlinburg

ALTWERNIGERÖDER KARTOFFELHAUS // Gutbürgerliche Küche gibt es in diesem Restaurant in der Altstadt von Wernigerode.
// kartoffelhaus-wernigerode.de

AUSFLÜGE

● **EISLEBEN**

»Lutherstadt« nennt sich Eisleben, weil der große Reformator hier als Sohn eines Hüttenmeisters geboren wurde und 62 Jahre später starb, als er einen Streit in der Familie der Eislebener Stadtherren, der Grafen von Mansfeld, schlichten wollte. Bereits im 10. Jahrhundert errichteten die ottonischen Könige an der Kreuzung zweier Handelsstraßen eine königliche Burg und gewährten der Siedlung Münz- und Zollrechte. Ab dem 11. Jahrhundert bauten dann die Grafen von Mansfeld Eisleben als Hauptstadt ihrer Grafschaft aus. Im 13. Jahrhundert bekamen sie das Bergrecht verliehen und begannen mit der Ausbeutung der reichen Kupfererzvorkommen in der Umgebung, die zum Aufschwung der Stadt führten. Mehrere Stadtbrände in den Jahren 1498, 1601 und 1653 vernichteten zwar den alten Fachwerkbestand, ermöglichten aber auch, dass die Stadt mit soliden Steinbauten im Renaissance- und Barockstil wiederaufgebaut werden konnte. Auch nach der Eingliederung in das Königreich Preußen 1806 genoss Eisleben sowohl als wichtiger Bergbaustandort wie auch als Lutherstadt besondere Förderung.

Links: Geburts- und Sterbehaus des Reformators Martin Luther.

ÜBERNACHTEN

WERNIGERODE: GOTHISCHES HAUS // Für Romantiker die schönste Unterkunft! Dank der direkten Lage am Marktplatz muss man außerdem nicht erst lange Strecken auf sich nehmen, um den Harz zu erkunden.
// www.travelcharme.com/hotels/gothisches-haus-wernigerode

ILSENBURG: LANDHAUS ZU DEN ROTHEN FORELLEN // Zentral im Harz gelegen, bietet das idyllische Hotel ein Rundum-Wohlfühlpaket mit den vielen Wandermöglichkeiten, Wellnessangeboten und einem Gourmetrestaurant.
// www.rotheforelle.de

BRAUNLAGE: VIKTORIA // Perfekt für einen Kurztrip! Das historische Gebäude wurde kürzlich von Grund auf saniert und präsentiert sich jetzt als Designhotel, das gekonnt Tradition und Moderne zu verbinden weiß.
// www.viktoria-braunlage.de

SHOPPING

BAUMKUCHEN-BÄCKEREI WERNIGERODE
Jeden Freitag und Samstag ab 14 Uhr können Besucher in der Baumkuchenbäckerei live miterleben, wie die röhrenförmigen Kuchen entstehen. Das Backwerk hat hier eine über 250-jährige Tradition.
// www.harzer-baumkuchen.de

HARZ

AUF KEINEN FALL VERPASSEN

○ **DIE BÖSEN GEISTER IN DER WALPURGISNACHT VERTREIBEN**
Der 30. April ist im Kalender der Harzer dick angestrichen. Bis dahin muss der Hexenhut genäht und der Besen aus dem Keller gekramt werden. In über 20 Orten des Harzes wird die Walpurgisnacht zelebriert, mit Feuern, Tanz und ausgelassener Stimmung – trotz der schauerlichen Gestalten, die sich in dieser Nacht überall tummeln. Besonderes Zentrum ist dabei natürlich auch der Brocken – vielleicht noch bekannter unter seinem zweiten Namen »Blocksberg«. Goethe war nicht der Erste und keinesfalls der Letzte, der diesen Berg untrennbar mit den Hexen in Verbindung gesetzt hat.

○ **BERGBAUGESCHICHTE AM RAMMELSBERG ERLEBEN**
Mehr als 1000 Jahre wurden am Rammelsberg bei Goslar Erze und Mineralien gefördert. 1988 wurde das Bergwerk stillgelegt und ist heute ein spannendes Museum und Schaubergwerk, seit 1992 auch UNESCO-Welterbe. Besucher erleben einen echten Originalschauplatz mit allen technischen Einrichtungen, Schaltanlagen und Maschinen. Im Rahmen hochinteressanter Themenführungen sind Fahrten unter Tage mit dem Schrägaufzug und einer Grubenbahn vorgesehen oder zu Fuß durch den Roeder-Stollen vorbei an gigantischen Wasserrädern.

○ **BURG FALKENSTEIN BESUCHEN**
Als Stammsitz der Herren von Konradsburg (»Grafen von Falkenstein«) entstand ab 1120 die am besten erhaltene mittelalterliche Burganlage des Harzes. Sehenswert sind die Stuckarbeiten (16. Jahrhundert) in Schiefem Saal und Grüner Stube. Als Juwel des Biedermeiers gilt die Ausstattung des Herrensaals.

○ **DIE RAPPBODETALSPERRE BESTAUNEN**
Mit 106 Meter Höhe besitzt die Rappbodetalsperre die höchste Staumauer Deutschlands. Das 1959 in Betrieb genommene Sperrwerk befindet sich im Unterharz im Naturpark Harz/Sachsen-Anhalt bei Wendefurth. Direkt auf der Mauerkrone verläuft die Landesstraße 96, von der aus man einen herrlichen Blick auf den Stausee hat. Wem das nicht genügt, kann mit der Mega-Zipline über die Talsperre gleiten oder mutig über die lange Hängebrücke gehen. Nervenkitzel pur!

○ **AUF MARTIN LUTHERS SPUREN DURCH EISLEBEN WANDELN**
Luthers Geburtshaus und das angebliche Sterbehaus am Andreaskirchplatz 7 gehören gemeinsam mit den Wittenberger Lutherstätten zum Welterbe der UNESCO. Allerdings starb Luther tatsächlich wohl im heutigen Hotel »Graf von Mansfeld« am Markt.

Der Gang über die Hängebrücke an der Rappbodetalsperre erfordert Mut.

HARZER SCHMALSPURBAHN

MIT VOLLDAMPF ZUM BROCKEN

Wenn sich die alten Dampflokomotiven der Harzer Schmalspurbahn rauchend und fauchend von Wernigerode auf den Brocken winden, dann schlägt das Herz vieler Eisenbahnfans höher.

Noch 25 historische Dampflokomotiven – von der Mallet-Gelenklok aus dem Jahr 1897 bis hin zum mächtigen »Harzbullen« – sind für die Harzer Schmalspurbahnen (HSB) täglich im Einsatz. Das Streckennetz umfasst die Brocken-, Selke- und Harzquerbahn, 140 Kilometer insgesamt. Die drei Linien verbinden mehrmals am Tag im Sommer und im Winter die Orte Wernigerode, Nordhausen, Hasselfelde, Harzgerode und Quedlinburg mit vielen Zwischenstationen.

Als wären die nostalgischen Dampfzüge nicht schon spektakulär genug, tragen auch noch die reizvolle Harz-Landschaft sowie 400 Brücken und Tunnels zum faszinierenden Erlebnis bei.

🌐 infos: www.hsb-wr.de

#07 LÜBECK

»Concordia domi foris pax« lautet eine Inschrift im Holstentor: »Drinnen Eintracht, draußen Frieden«. Fast gäbe es das Wahrzeichen der Hansestadt nicht mehr, denn es sollte Mitte des 19. Jahrhunderts Gleisanlagen weichen. Engagierten Bürgern ist es zu verdanken, dass viele historische Gebäude erhalten blieben, denen die Altstadtinsel ihren Charme verdankt und die Aufnahme in die UNESCO-Welterbeliste. Die hinter niedrigen Toren gut versteckten Gängeviertel, einst die Armenhäuser der Stadt, sind heute restauriert und wahre Schmuckstücke. Stattliche Giebelhäuser zeugen vom einstigen Wohlstand der Hanse-Kaufleute. Und stolz bestimmen die sieben Türme der fünf großen Backsteinkirchen die Stadtsilhouette. Bummelt man vom Burgtor vorbei am Heiligen-Geist-Hospital weiter zum Rathaus, fühlt es sich an wie ein Spaziergang durch die Vergangenheit.

● RATHAUS

Zwischen Marktplatz und Breite Straße liegt das Rathaus. 1308 wurde der Ursprungsbau fertiggestellt, dann immer wieder um verschiedene Anbauten ergänzt. Die Renaissancetreppe, von der Fußgängerzone aus wunderbar zu sehen, stammt aus dem Jahr 1594. Markant ist neben den Türmchen und den Schaufronten über den Giebeln der rötliche Backstein, der an vielen Stellen beinahe schwarz aussieht. Heute ist es ein Rätsel, wie der Stein gebrannt wurde, um dieses Aussehen zu bekommen.

MARZIPANMUSEUM

Zwölf Gestalten stehen um einen Globus – darunter der Literaturnobelpreisträger Thomas Mann und der Modeschöpfer Wolfgang Joop. Die Figuren sind nicht etwa aus Wachs geformt, sondern sie sind aus Marzipan geschnitzt. Es verbindet sie die Geschichte der edlen Mandelmasse. Das Marzipanmuseum Lübeck führt in die Historie des Marzipans ein: Ursprünglich stammt Marzipan wohl aus dem Orient und wurde von findigen Kaufleuten Lübecks importiert. 1806 gründete Wolfgang Niederegger in der Hansestadt eine eigene Manufaktur, die bis heute fortbesteht und in deren zweitem Stock sich heute das Marzipanmuseum befindet.

ST. PETRI

Das Gotteshaus erfuhr im Zweiten Weltkrieg schwere Zerstörungen, doch nach gründlicher Restaurierung erstrahlt es heute wieder in alter Schönheit. Zwei Bauphasen sind zu unterscheiden: Die einst romanische dreischiffige Kirche aus der zweiten Hälfte des 13. Jahrhunderts wurde zwischen 1450 und 1519 zur fünfschiffigen gotischen Halle erweitert. Ein Highlight für die Besucher ist die Aussichtsplattform im Turm mit einem schönen Panoramablick über ganz Lübeck.

MARIENKIRCHE

Die Marienkirche wurde 1159 gegründet und 1250 bis 1280 als Backsteinbasilika nach dem Vorbild des Lübecker Doms errichtet. Nach einem Brand erfolgte der Umbau zu einer frühgotischen Halle ohne Querschiff. Dann wurden Ende des 13. Jahrhunderts nochmals die Baupläne geändert. Die Kirche wurde zu einer Kathedrale mit dreischiffigem Umgangschor und Kapellenkranz nach französischen Vorbildern umgestaltet. Diese neue Variante wurde zum Vorbild für den gesamten Ostseeraum.

BUDDENBROOKHAUS

Berühmtheit erlangte das Buddenbrookhaus in der Mengstraße 4 als literarischer Schauplatz von Thomas Manns weltbekanntem, in 32 Sprachen übersetzten und mehrfach verfilmten Meisterwerk »Die Buddenbrooks« über den Aufstieg und schleichenden Verfall einer Lübecker Kaufmannsfamilie. Das Haus ist Museum, das Literatur am Ort der Handlung erlebbar macht. Hier kann man auf den Spuren der Buddenbrooks wandeln. Veranstaltet werden aber auch wechselnde literarische Aus-

Das Wahrzeichen von Lübeck ist das Holstentor im Westen der Stadt. Es zierte lange die Vorderseite von 50-DM-Scheinen.

LÜBECK

WARUM IM FRÜHLING?
Auch Lübeck wird von der Blütenpracht eines jeden Frühlings nicht verschont. Ein Spaziergang durch die Stadt wird so zu einer Tour durch ein Blütenmeer und zur ganz persönlichen »Gartenschau«. Neben kleinen Frühlingsfesten in einzelnen Stadtteilen findet außerdem ein Musikfestival der Extraklasse statt: Seit über 15 Jahren lädt die Musikhochschule Lübeck im Frühjahr zum Brahms-Festival ein. Dann werden die Werke des Komponisten virtuos aufgeführt von leidenschaftlichen Professoren und talentierten Studenten der Hochschule.

Ganz oben: Thomas Mann und sein Romanschauplatz im Buddenbrookhaus vereint.

Darunter: Niederegger-Marzipan aus Lübeck ist weltbekannt und das Café Niederegger eine Institution.

Links: Giebelhäuser mit prachtvoll geschwungenen Fassaden machen den Reiz der Lübecker Altstadt aus.

stellungen, teils mit museumspädagogischem Hintergrund. Außerdem ist es Forschungseinrichtung und Gedenkstätte für den Literaturnobelpreisträger Thomas Mann und seine berühmte Familie, z.B. Heinrich und Golo Mann.

HEILIGEN-GEIST-HOSPITAL

Lübeck durfte sich Königin der Hanse nennen. Schon im Mittelalter war sie eine reiche Handelsstadt. Glücklicherweise waren die Kaufleute Männer mit Verantwortungsgefühl. Als eine der ersten Sozialeinrichtungen Europas entstand 1227 ein Hospital, das 100 Menschen Platz bot. Das heutige Gebäude wurde 1286 in Betrieb genommen. Wer kunsthistorisch interessiert ist, sieht sich die Kirchenhalle mit den Altären und der Kanzel sowie Heiligenfiguren aus dem 14. und 15. Jahrhundert an.

MUSEUMSHAFEN

Am Wenditzufer am Rand der Altstadt schaukeln meist mehr als zehn historische Wasserfahrzeuge vor der malerischen Kulisse der denkmalgeschützten Drehbrücke (1892). Darunter sind Schönheiten wie ein Stagsegelschoner (1893). Wer mit dem eigenen Schiff die Brücke passieren und im Museumshafen festmachen will, muss vorher Kontakt zum Hafenmeister aufnehmen.

HOLSTENTOR

Das kleine schiefe Stadttor aus dem späten Mittelalter ist das Wahrzeichen Lübecks und eines der beliebtesten Fotomotive. Es wird von zwei eisernen Löwen bewacht. Im Inneren des Tores ist das sehr sehenswerte Stadtgeschichtliche Museum untergebracht. In sieben Themenräumen kann man auf den Spuren der Lübecker Fernhandelskaufleute wandeln oder den Gefahren der Seefahrt zu Zeiten der Piraten nachspüren.

GROSSE PETERSGRUBE

Vom Holstentor die Trave entlang und links abbiegen, schon erreicht man die Große Petersgrube. Die historisch bedeutsame Straße ist ein Muss für Architekturliebhaber. Hier stehen Häuser der Gotik, des Barock, des Spätbarock, Rokoko und Klassizismus dicht beieinander.

DOM

Der Sachsenherzog Heinrich der Löwe legte 1173 den Grundstein für Lübecks romanischen Dom, der später, 1226–1335, zu einer gotischen Hallenkirche umgestaltet wurde. Wie St. Marien erlitt auch der Dom 1942 schwere Zerstörungen, doch schon in den 1950er-Jahren wurden die Türme wiederaufgebaut, um die Silhouette der Stadt mit ihren charakteristischen sieben Türmen aufs Neue zu komplettieren. Ein gelungenes Meisterwerk der Gotik ist das Triumphkreuz von Bernt Notke von 1477.

AUSGEHEN

FANGFRISCH // Der Name sagt es schon, in dem jungen, coolen Lokal gibt es feine, fangfrische Fischgerichte wie Backfisch, Fördegarnelen, Lachsburger, Fischsuppe und Bowl sowie geradlinige norddeutsche Küche. Die Lage an der Drehbrücke mit Blick auf die Traditionssegler im Museumshafen könnte nicht schöner sein.

// www.fangfrisch-luebeck.de

HAUS DER SCHIFFERGESELLSCHAFT // Schon die historische Einrichtung des ehemaligen »Amtshaus der Schiffer und Bootsleute« lohnt einen Besuch. Von außen ein typisches Backsteinhaus mit Treppengiebel, im Inneren hängen alte Schiffsmodelle, im wuchtigen Kronleuchter brennen noch echte Kerzen. Man speist norddeutsche Klassiker wie Labskaus, Holsteiner Matjes, Krabbenbrot oder gutbürgerliche Gerichte mit modernen Anleihen und regionalen Zutaten.

// schiffergesellschaft.de

SHOPPING

HÜX- UND FLEISCHHAUERSTRASSE
Die Shoppingmeile Lübecks ist ohne Zweifel die Breite Straße. Doch wer statt internationaler Läden, die in jeder anderen Stadt zu finden sind, typisch Lübisches und wirklich Einzigartiges entdecken möchte, sollte die inhabergeführten Läden in der Hüxstraße und der Fleischhauerstraße besuchen.
// www.die-huexstrasse.de
// www.diefleischhauer.de

HOLZEREIEN
In dieser Fundgrube für originelle Unikate aus schönem Holz – von Schalen bis ausgefallenen Leuchten – findet man garantiert ein tolles Mitbringsel.
// www.holzereien.de

GÜRTELMANUFAKTUR
Hier gibt es echte Unikate: handgefertigte Gürtel in diversen Lederausführungen mit großer Auswahl an originellen handgegossenen Verschlüssen – sogar mit Holstentor und Lübeckpanorama.
// www.feineguertel.de

AUSFLÜGE

● TRAVEMÜNDE
Mit dem Seebad Travemünde hat Lübeck auch einen Stadtteil an der Ostsee. Zwar muss man für Strandwanderungen erst mal 22 Kilometer bis an die Küste fahren, dafür ist ein Tag in Travemünde mit Meerluft schnuppern, Schiffe und Ostseefähren schauen wie ein herrlicher Urlaubstag am Meer. Für weitere Vergnügungen bietet das Seebad Flaniermeilen am Wasser, Spielcasino und nette Lokale. Abstecher mit der Fähre zur drei Kilometer langen Halbinsel Priwall, die auf der anderen Uferseite der Trave liegt. Der Badestrand von Priwall ist ein Paradies für alle Naturliebhaber. Zahlreiche geschützte Pflanzen wie Sanddorn oder Strandroggen wachsen zwischen den Dünen.

● BRODTENER STEILUFER
Nördlich von Travemünde findet sich dieses etwa vier Kilometer lange und teilweise bis zu 30 Meter hohe Steilufer mit der Hermannshöhe.

ÜBERNACHTEN

KO15 // Das familiäre Hotel liegt zentral in der Altstadt nahe dem Holstentor. Die Zimmer sind ansprechend und komfortabel eingerichtet, etwas klein, aber für ein Wochenende okay. Auch das Frühstücksbüffet und das freundliche Personal wissen zu punkten.
// hotelko15.de

HOTEL ANNO 1216 // Das Boutiquehotel im Herzen Lübecks ist sehr stolz auf die Geschichtsträchtigkeit seines Gebäudes. Suiten mit Deckengemälden findet man eben nicht überall! Gekonnt werden die historischen Elemente mit Modernem kombiniert.
// www.hotelanno1216.de

LÜBECKER KRÖNCHEN // Wer sich etwas ganz Besonderes gönnen möchte, wohnt im ehemaligen Schlösschen: Nur sechs romantische Suiten, die Einrichtung edel und vom Feinsten. Wohlfühlambiente pur!
// luebecker-kroenchen.de

LÜBECK

AUF KEINEN FALL VERPASSEN

○ **DRACHEN STEIGEN LASSEN AN DER KÜSTE**

Die kontinuierliche Brise vom Meer macht's möglich: Ostholsteins Küste ist ein Drachenparadies – überall und besonders im Frühjahr und Herbst: Vom klassischen Kleindrachen über chinesische Lenkdrachen bis zu mächtigen Gebilden – mit der kräftigen Seebrise steigen sie alle auf. Besonders faszinierend sind die großen Drachenfeste, die von März bis Oktober in verschiedenen Städten stattfinden.

○ **IN LEBEN UND WERK VON GÜNTER GRASS EINTAUCHEN**

Nobelpreisträger Günter Grass war nicht nur Literat, sondern auch Maler und Bildhauer. Im Grass-Haus in der Glockengießerstraße lernt man all seine Facetten kennen. In wechselnden Ausstellungen werden auch andere Künstler und Schriftsteller präsentiert. Im hübschen Hof des Museums kann man zwischen Originalskulpturen entspannen.

○ **AUF DEM OSTSEEKÜSTEN-RADWEG DIE UMGEBUNG ERKUNDEN**

Wer an die Ostsee kommt, möchte natürlich möglichst viel vom Meer sehen. Und deshalb empfiehlt sich für Fahrradtouren stets der 425 Kilometer lange, gut ausgeschilderte Ostseeküsten-Radweg von Lübeck nach Ahlbeck auf Usedom, dessen Etappen man auch einzeln angehen kann.

○ **DURCH GÄNGE UND HÖFE SCHLENDERN**

Um Lübecks bestgehütete Geheimnisse zu erkunden, muss man sich öfter ducken und den Kopf einziehen und durch niedrige Tore und verwinkelte Gassen spazieren. Heute saniert, sind die Gänge und Höfe, die ehemaligen Armenhäuser und -viertel, zu begehrten Schmuckstücken mit blühenden Rabatten und Gärtchen herangewachsen. Sie tragen Namen wie Bäckergang, Engelsgrube, Glandorps Hof, Illhornstift und Haasenhof.

○ **DIE AUSSICHT VOM TURM DER PETRIKIRCHE GENIESSEN**

Keine Sorge! Die 50 Höhenmeter müssen nicht zu Fuß bewältigt werden. Denn um die Aussichtsplattform in der Petrikirche zu erreichen, wurde ein Lift installiert. Oben angekommen, ist das einzige Programm: Staunen! Direkt unter einem breitet sich das Dächermeer der Stadt aus. Die Kirche St. Marien ist von hier oben ebenso zu sehen wie das mächtige Holstentor.

Traveufer mit Blick auf St. Petri und ortstypische Treppengiebelhäuser.

#08 REGENSBURG

Wie München wird Regensburg manchmal als »nördlichste Stadt Italiens« bezeichnet. Wegen der vielen alten Geschlechtertürme, die man sonst auf dieser Seite der Alpen so nicht findet, aber auch wegen des entspannten Flairs auf den schönen alten Plätzen. Vermutlich ist es nur der schlechten wirtschaftlichen Situation der Nachkriegsjahre zu verdanken, dass die vielen alten Gebäude aus dem Mittelalter und der frühen Neuzeit, als Regensburg eine der reichsten und bedeutendsten Städte Deutschlands war, keinen Modernisierungen zum Opfer fielen. Heute ist die Stadt an der Donau längst wieder zu einer prosperierenden Metropole geworden, kann mit über 1500 denkmalgeschützten Gebäuden, darunter einer Anzahl großartiger Kirchen-, Stifts- und Klosterbauten, einzigartige Zeugnisse einer glanzvollen Vergangenheit vorweisen.

Links und oben: Seit 2006 zählt die Altstadt zum Weltkulturerbe der UNESCO. Berühmt sind auch die Brücken wie etwa die Steinerne Brücke aus dem 12. Jahrhundert.

● DOM ST. PETER

Der Sakralbau mit seinen himmelstrebenden Türmen ist das Wahrzeichen der Vier-Flüsse-Stadt. Hier feiert die Gotik einen ihrer Höhepunkte auf süddeutschem Boden. Der Dom besticht mit seinem großen Bestand originaler mittelalterlicher Farbfenster. Eng mit dem Gotteshaus verbunden ist der Chor der Regensburger Domspatzen, die mit ihrer Sangeskunst den gotischen Raum förmlich zum Klingen bringen. Mit seinem Bau wurde Ende des 13. Jahrhunderts begonnen, es folgten über 600 Jahre hinweg Um-, An- und Rückbauten.

ALLERHEILIGENKAPELLE

Die romanische Kapelle findet sich im Kreuzgang des Regensburger Domes. Sie wurde von Bischof Hartwig II. als Begräbniskapelle angelegt und ist einer der wenigen Kirchenräume aus dem 12. Jahrhundert, der nie verändert wurde. Der Raum war einst vollends mit einer Darstellung des Jüngsten Gerichtes bedeckt. Davon ist auch noch heute relativ viel erkennbar.

ALTE KAPELLE

Die Kirche des Stiftes zu Unserer Lieben Frau präsentiert sich von außen als schlichter, aus dem 11. Jahrhundert stammender Bau. Im Inneren erwartet den Besucher prachtvoller Rokokostil in Weiß und Gold, der von Meistern der berühmten Wessobrunner Schule geschaffen wurde. Aus religiöser Sicht der wichtigste Ausstattungsgegenstand ist aber ein altes Gnadenbild der heiligen Maria mit Kind.

PORTA PRAETORIA

Erst im 19. Jahrhundert entdeckte man, dass 300 Jahre zuvor beim Bau des Bischofhofes

REGENSBURG

WARUM IM FRÜHLING?
Nicht nur die Domspatzen lassen im Frühling ihr Zwitschern ertönen, sondern auch allerhand andere Singvögel tun ihre Freude über die ersten wärmeren Sonnenstrahlen kund. Jetzt ist der beste Zeitpunkt gekommen, durch die Altstadt zu schlendern, bevor die Touristenströme des Sommers kommen, oder am Donauufer das erste romantische Picknick des Jahres zu genießen. Im Mai findet dann alljährlich die Maidult statt, die nicht nur Einheimische in Scharen anzieht. Der Frühling ist auch die Zeit der Rathauskonzerte, an sieben Wochenenden kann man dabei im passenden Ambiente des Historischen Reichssaal klassischer Musik vom Feinsten lauschen.

Reste eines römischen Torwerkes integriert worden waren. Es handelt sich um das Haupttor des einstigen Lagers Castra Regina, das die Keimzelle der Stadt bildete. Heute sind die Reste freigelegt und heben sich als Naturstein von den weiß gekalkten Mauern der Residenz ab. Zusammen mit der Porta Nigra in Trier ist dies die einzige erhaltene römische Toranlage nördlich der Alpen.

STEINERNE BRÜCKE
Die schöne alte Brücke mit ihren 14 steinernen Bögen wurde vermutlich zwischen 1135 und 1146 errichtet, um dem Handelsverkehr den Übergang über die Donau zu erleichtern. Sie gilt als Meisterwerk mittelalterlicher Baukunst und wurde zum Vorbild für zahlreiche andere Steinbrücken in Europa, etwa der berühmten Karlsbrücke in Prag.

BESUCHERZENTRUM IM SALZSTADEL
Im malerischen alten Salzstadel an der Steinernen Brücke befindet sich heute ein Museum, das die Geschichte Regensburgs anhand von Spielstationen und Medieninstallationen erfahrbar macht. Eines der Highlights ist ein

Oben: Historisches Wohnviertel an der Donau.

Links: Zweimal im Jahr, im Mai und im September, wird in Regensburg eine Dult (Volksfest) abgehalten.

interaktives Stadtmodell, das die Veränderungen im Laufe der Jahrhunderte aufzeigt. Die ständige Präsentation wird immer wieder auch mit Sonderausstellungen ergänzt. Der Eintritt ist frei.

ALTES RATHAUS

Der bedeutendste Teil des Regensburger Rathauses ist der leuchtend gelbe Anbau aus dem 14. Jahrhundert. Ursprünglich war er ein Tanzsaal, aber von 1663 bis 1806 tagte hier der »Immerwährende Reichstag«. Heute ist dort das Reichstagsmuseum eingerichtet und die originalen Räumlichkeiten, aber auch ein Folterkeller können im Rahmen von Führungen besichtigt werden.

KLOSTER ST. EMMERAM UND SCHLOSS THURN UND TAXIS

Das ehemalige Benediktinerkloster wurde 739 über dem Grab des Missionsbischofs Emmeram gegründet. Es war im Mittelalter unter anderem für seine kostbaren Buchmalereien berühmt, wurde aber 1803 aufgelöst. Die Klosterräume wurden von der Familie Thurn und Taxis zum Schloss umgebaut und können im Rahmen von Führungen besichtigt werden. Außerdem befinden sich dort ein Marstallmuseum mit historischen Kutschen und eine Schatzkammer. Die von den Brüdern Asam im rauschenden Barock ausgestattete Klosterkirche ist als Pfarrkirche öffentlich zugänglich.

DOCUMENT NIEDERMÜNSTER

In den Kellerräumen der romanischen Stiftskirche Niedermünster befinden sich archäologische Relikte des alten Römerlagers Castra Regina, der Pfalz der Bayern-Herzöge aus dem 8. Jahrhundert und des Stifts aus dem 9. Jahrhundert sowie Herzogs- und Heiligengräber. Diese Ausgrabungen können im Rahmen von Führungen besichtigt werden. Das Besondere sind fotorealistische 3-D-Animationen, die die verschiedenen früheren Zustände wieder zum Leben erwecken.

HISTORISCHES MUSEUM

Das Museum zur Geschichte der Stadt und der Region ist im ehemaligen Minoritenkloster St. Salvator untergebracht, dessen schöne alte Räume einen Besuch lohnen. Zu den Highlights gehören Modelle der Stadt, Gemälde von Leo von Klenze und eine reiche Sammlung spätmittelalterlicher und frühneuzeitlicher Kunst, etwa von Albrecht Altdorfer und anderen berühmten Vertretern der sogenannten Donauschule.

VOLKSSTERNWARTE

Die älteste Volkssternwarte Bayerns am Ägidienplatz geht auf ein Observatorium des Klosters St. Emmeram aus dem Jahr 1774 zurück. Sie wird von der Volkshochschule Regensburg betrieben und ist jeden Freitagabend ab 20 Uhr im Winter und ab 21 Uhr im Sommer geöffnet. Die kostenlosen Füh-

---

AUSGEHEN

DAHOAM BEI KERSTIN & MAMA // Der Name verrät es bereits: Hier geht es um Gemütlichkeit und Wohlfühlen – ein kleines Zuhause in der Fremde. Bis 14 Uhr kann man sich hier durch das breite Frühstücksangebot schlemmen, ideal also auch für Langschläfer.
// www.dahoam-regensburg.de

ALTE LINDE // Traditionelle bayerische Schmankerl genießt man im schattigen Biergarten des Restaurants Alte Linde vor dem schönsten Ausblick am Donauufer auf die Altstadt.
// www.altelinde-regensburg.de

CAFÉ PERNSTEINER // In der grünen Oase am Rand der Innenstadt dreht sich alles um den süßen Genuss. Neben hausgemachten Pralinen, Kuchen und Torten gibt es auch leckere pikante Gerichte auf der Tageskarte.
// www.pernsteiner.net

rungen beginnen mit einer Einführung in die Himmelskunde, an die sich – sofern es die Wetterverhältnisse erlauben – Beobachtungen durch das Fernrohr anschließen.

SHOPPING

HUTKÖNIG MANUFAKTUR
Seit 1875 werden in der exklusiven Manufaktur am Dom Hüte aus Naturhaar gefertigt, für Damen und Herren und für alle Anlässe.
// www.hutkoenig.de

REGENSBURGER WUNDERTÜTE
Kunsthandwerk, Keramik und allerlei Geschenkideen lassen sich in diesem Kultladen im Herzen der Altstadt entdecken.
// www.regensburger-wundertuete.de

AUSFLÜGE

● **VELBURG**
Im 13. Jahrhundert von Bayernherzog Ludwig dem Strengen in planmäßiger Anlage gegründet, zeigt sich Velburg im Kern als geschlossenes historisches Stadtensemble. Giebelständige Ackerbürgerhäuser rahmen den Marktplatz ein, beim neugotischen Rathaus finden sich Bauten des 16./17. Jahrhunderts. Die Friedhofskirche St. Anna beeindruckt mit ihren bedeutenden spätgotischen Flügelaltären. Auf dem Kreuzberg im Westen der Stadt steht die Wallfahrtskirche Herz Jesu, ein Höhepunkt des süddeutschen Spätbarocks.

● **BURGLENGENFELD**
Weithin sichtbar ist der Bergfried der Burgruine hoch über Burglengenfeld nördlich von Regensburg. Die Stadt ist der Geburtsort des Barockbaumeisters Johann Michael Fischer (1692–1766), der im süddeutschen Raum insgesamt 32 Kirchen- und 23 Klosterbauten errichtete. Die Altstadt von Burglengenfeld ist von mittelalterlich anmutenden Gässchen und Profanbauten aus dem Hochmittelalter im Stil der Renaissance geprägt und als gesamtes Ensemble denkmalgeschützt. Sehenswert ist das Rathaus aus dem 15. Jahrhundert mit seiner tiefroten Fassade.

ÜBERNACHTEN

HOTEL ORPHÉE // Wer viel vorhat, sollte zentral wohnen. Perfekt geeignet ist dafür das Hotel Orphée, das sich inmitten der Altstadt befindet. Die Einrichtung ist individuell und antik, passend zu den hohen Stuckdecken und barocken Kronleuchtern.
// www.hotel-orphee.de

GREEN SPIRIT HOTEL // Das Hotel ist der Hipster unter den Regensburger Unterkünften: ökologisch, stylisch, ambitioniert. Überall trifft man auf die harmonische Kombination aus ultramodern und authentischem Vintage Style. Am Nordufer der Donau gelegen, die Innenstadt ist in fußläufiger Reichweite.
// www.greenspirithotel.de

HOTEL DAVID // Der kleine Bruder zum Hotel Goliath liegt unmittelbar an der Steinernen Brücke und besticht durch die Lage ebenso wie durch die gelungene Renovierung des mittelalterlichen Gebäudes zu einem romantischen Kleinod.
// www.hotel-david.de

REGENSBURG

AUF KEINEN FALL VERPASSEN

○ **IN DER WURSTKUCHL EINE BRATWURST ESSEN**
Das Gasthaus »Wurstkuchl« an der Steinernen Brücke (Thundorferstraße 3) ist eines der ältesten weltweit. Es diente wohl schon vor über 500 Jahren der Verpflegung der Bauarbeiter beim Bau der Steinernen Brücke bzw. war anfangs eine Art »Baubüro« und wurde erst nach der Fertigstellung der Brücke in eine Garküche umgewandelt. Heute gibt es dort Bratwürste, aber auch andere bayerische Spezialitäten. Würste, Sauerkraut und Senf werden von der Betreiberfamilie selbst hergestellt.

○ **DEN HAIDPLATZ BEI EINEM KAFFEE GENIESSEN**
Die Altstadt mit ihren 1400 denkmalgeschützten Häusern ist nicht nur ein einmaliges architektonisches Ensemble, dessen Geschlossenheit allen Besuchern die Sprache verschlägt, sondern auch ein lebendiger Stadtkern. Jeder zehnte Regensburger wohnt hier, darunter viele Studenten. Dutzende von Cafés sorgen dafür, dass man niemals den Eindruck hat, in einem nur für Besucher mühsam in Schuss gehaltenen Museum gelandet zu sein – und der schönste Platz, einen Kaffee zu genießen, ist auf dem Haidplatz.

○ **STADTRUNDGANG IN MUNDART MITMACHEN**
Regensburg lässt sich am besten bei Stadtführungen erleben, die von waschechten Regensburgern in Mundart gehalten werden. Im Mittelpunkt stehen dabei neben »Geschichte und Geschichten« auch Hinweise auf Brauchtum und alte Traditionen. Buchungen bei der Tourist Information.

○ **AN DER DONAU SPAZIEREN GEHEN**
Ein Spaziergang an der Donau entlang erschließt Regensburg aus einem anderen Blickwinkel. Über die Eiserne Brücke geht es rechts am Museumsschiff vorbei zur Wurstkuchl, unter der Steinernen Brücke hindurch und dann weiter zum Eisernen Steg.

○ **MIT DEM SCHIFF ZUR WALHALLA FAHREN**
Dem Nationaldenkmal König Ludwigs I. ‚Walhalla (s. S. 63), kann man sich auf entspannte Art per Donauschiff annähern. Ein Erlebnis ist die zweistündige Rundfahrt mit einem der Kristallschiffe, auf denen eine Million eingebauter Swarovski-Kristalle funkeln.

In der Wurstkuchl wird seit 500 Jahren Wurst gebraten.

WALHALLA

DEUTSCHE KULTUR IN MARMOR

Man glaubt, den Parthenon von Athen vor sich zu haben – wären da nicht die bewaldeten Hänge über der Donau. Tatsächlich diente der Tempel der Athene Parthenos auf der Akropolis als Vorbild für die Walhalla bei Regensburg.

Für die Ruhmeshalle ließ der bayerische König Ludwig I. seinen Architekten Leo von Klenze griechische Antike in die Oberpfalz verpflanzen. In dem von 1830–1842 errichteten klassizistischen Bau sollten Persönlichkeiten mit »teutscher Zunge« einen Ehrenplatz erhalten. König Ludwig I. wollte damit napoleonischem Feldherrnruhm deutsche Kultur in Marmor entgegenstellen.

Die Anzahl der an den Marmorwänden aufgereihten Büsten ist von den anfänglichen 96 auf 194 gestiegen. Seit 1962 werden diese etwa alle sieben Jahre auf Empfehlung der Bayerischen Akademie der Wissenschaften ergänzt.

Infos: www.walhalla.info

#09 ROTHENBURG/TAUBER

Eine wunderschöne Lage oberhalb der Tauber und ein nahezu unversehrt erhalten gebliebener Stadtkern haben die kleine Stadt in Mittelfranken weltweit zu einem Synonym für deutsche Mittelalterromantik gemacht. Die mächtige Stadtmauer, enge Gässchen, überall Fachwerk, eine Silhouette voller Giebel, spitzer Kirchtürme, bulliger Wehrtürme und viele urige Restaurants und kleine Läden voller Andenken: So lockt Rothenburg Touristenscharen aus aller Welt an. Der Legende nach ist all das dem einstigen Bürgermeister Georg Nusch zu verdanken. Denn angeblich rettete er die Stadt im Dreißigjährigen Krieg vor der Zerstörung durch die kaiserlichen Truppen, indem er einen Soldatenstiefel mit drei Liter »auf ex« austrank. Danach versank die alte Reichsstadt lange in die Bedeutungslosigkeit, sodass niemand auf die Idee kam, die alte Pracht modernen Stadtkonzepten zu opfern.

Links: Das romantische Städtchen pries der Maler Ludwig Richter einst als »Märchen einer Stadt«, und von diesem Synonym ist bis heute kein Wert verloren gegangen. In den engen Gassen finden sich eine Fülle geschichtsträchtiger Bauten wie das Burgtor.

Rechts: Blick in die Stadtpfarrkirche St. Jakob mit dem Zwölfbotenaltar.

● MARKTPLATZ

Inmitten der engen Straßen und Gässchen liegt der großzügig angelegte Marktplatz. Um 10 Uhr morgens und abends spielen die Figuren der Kunstuhr an der Ratstrinkstube Bürgermeister Nuschs »Meistertrank« nach.

RATHAUS

Im Gegensatz zu den vielen Fachwerkhäusern rundum präsentiert sich das Rathaus von Rothenburg als ein mächtiger Renaissancebau. Von seinem Turm aus hat man eine prächtige Aussicht über die Stadt und Umgebung. Das Historiengewölbe im Keller lässt die Epoche des Dreißigjährigen Krieges lebendig werden.

ST. JAKOB

In der gotischen Hauptkirche der Stadt sind gleich mehrere kostbare mittelalterliche Altäre zu sehen, vor allem der Heiligblutaltar von Tilman Riemenschneider mit einer eindrucksvollen Abendmahlszene und der goldglänzende Zwölfbotenaltar.

BAUMEISTERHAUS

Die Fassade des vielleicht schönsten Renaissancehauses in Rothenburg zeigt die sieben Tugenden und die sieben Laster. Heute sind in dem Domizil des Baumeisters Leonard Weidmann ein Restaurant und ein Café untergebracht.

FLEISCH- UND TANZHAUS

Während im Erdgeschoss des prächtigen Fachwerkhauses einstmals die Metzger ihre Waren anboten, diente der Festsaal im ersten Stock dem Tanz. Für viele gilt das Gebäude am St.-Georgs-Brunnen als das schönste Haus der Stadt. Heute werden die Räume im Inneren unter anderem vom Rothenburger Künstlerbund für Ausstellungen genutzt.

STADTTORE

Hier muss man sich entscheiden: Welchen Weg zuerst nehmen? Wendet man sich am Plönlein nach rechts, so gelangt man durch das Kobolzeller Tor über den Kobolzeller Steig und den Taubertalweg zur Kobolzeller Kirche am Ostufer der Tauber. Nimmt man dagegen die Schmiedgasse linker Hand, passiert man den Siebersturm und erreicht über die Spitalgasse

ROTHENBURG OB DER TAUBER

WARUM IM FRÜHLING?

Ganz einfach: Weil zwischen Ostern und Pfingsten das wichtigste Event des Jahres für die Rothenburger stattfindet. Von nah und fern kommen die Menschen dann in die mittelalterliche Stadt, vor deren romantischer Kulisse der historische Schäfertanz aufgeführt wird. Statt kitschiger Folklore präsentiert sich hier gelebtes Brauchtum mit Tanz, Musik und Trachten. Auch das Stadtfest auf dem Marktplatz lockt jedes Frühjahr Liebhaber von Kunsthandwerk und gemütlichem Marktflair an. Nicht zuletzt ist Rothenburg im Frühling wegen der Osterbräuche einen Besuch wert. An allen Ecken und Enden der Stadt findet man dann bunt geschmückte Osterbrunnen.

Ganz oben: Die Stadtmauer ist begehbar. Von dort hat man herrliche Ausblicke in das Taubertal und über die Stadt.

Oben: Das Plönlein ist ein sehr beliebtes Altstadt-Fotomotiv.

Links: Festspiele wie der Meistertrunk, der jedes Jahr im Mai gefeiert wird, haben eine lange Tradition.

das ehemalige Spital. Hier, im südlichsten Zipfel Rothenburgs, sorgte das mächtige Bollwerk der Spitalbastei für Schutz und Sicherheit. An den Stadttoren zu sehen ist neben dem Stadtwappen auch der Reichsadler. In der Zeit von 1274 bis 1802 war Rothenburg »unter den Flügeln des Adlers«. Dieser symbolisiert: Unser alleiniger Stadtherr ist der Kaiser.

HANDWERKERHAUS
Wer erleben will, wie Rothenburg im Mittelalter aussah, sollte sich das alte Häuschen in der Altstadt ansehen. 1270 erbaut, war es Heimat unterschiedlicher Handwerker und wurde kaum verändert. Ein Einsiedler, der das Haus lange Zeit bewohnte, sprach sich gegen Modernisierung aus und hielt die historische Bausubstanz weitgehend intakt. Sehr zur Freude der heutigen Besucher!

GRAFIKMUSEUM IM DÜRERHAUS
In seinem kleinen Privatmuseum präsentiert Künstler Ingo Domday einen anschaulichen Überblick über künstlerische Drucktechniken und ihre Entwicklung von den Anfängen im 16. Jahrhundert bis heute. Beispielhaft zeigt er Kupferstiche und Radierungen, die Dürer, Rembrandt, Goya, Munch oder Renoir gefertigt haben, sowie grafische Werke zeitgenössischer Künstler. Modernste Radiertechnik und Computergrafik werden ebenso angesprochen. Besucher können sich auch im Drucken versuchen in der museumseigenen Druckwerkstatt.

RÖDERTOR
Das Osttor der alten Stadtmauer wird von zwei schönen Zoll- und Wachhäuschen mit außergewöhnlichen spitzen Helmen flankiert.

MITTELALTERLICHES KRIMINALMUSEUM
Wer es gern schön schaurig mag, dem sei ein Stadtspaziergang an einem Regentag mit anschließendem Besuch des Kriminalmuseums empfohlen – Deutschlands bedeutendste rechtshistorische Sammlung. Auf 2500 Quadratmeter werden 2000 Exponate aus 1000 Jahren Rechtsgeschichte präsentiert – von Folterinstrumenten über Schandmasken bis hin zu historischen Schriften zu Recht und Gesetz. Beim Anblick von Keuschheitsgürtel, Daumenschraube & Co. wird dem Besucher erschreckend bewusst, wie drastisch die Rechtsprechung in früheren Jahrhunderten war.

BURGGARTEN
Anstelle der 1356 durch ein Erdbeben zerstörten Stauferburg ist im Westen der Stadt heute der romantische Burggarten angelegt worden, der mit seinen Skulpturen und alten Bäumen schon häufiger als Filmkulisse gedient hat. Von der auf einem Felssporn gelegenen Terrasse genießt man den Ausblick auf das Taubertal.

AUSGEHEN

RESTAURANT MITTERMEIER // Anspruchsvolle Küche, aber ohne Schnörkel, mit besten Zutaten von regionalen Erzeugern – dafür steht das Kochteam im Restaurant Mittermeier. Gepflegtes Ambiente, die persönliche Beratung vom Chefkoch gehört dazu, auch die Weine brauchen sich nicht zu verstecken.
// www.villamittermeier.de/restaurant

BROT & ZEIT // Feinste Backwaren für die Pause zwischendurch, ein reiches Frühstück oder einfach nur einen Kaffee zum Munterwerden bekommt man in der zentralen Hafengasse 12 oder im BrotHaus Café Schlachthof.
// www.brot-haus.de

UNTER DEN LINDEN // Pünktlich zum Frühlingsanfang öffnet der Biergarten direkt am Ufer der Tauber seine Türen und wird so zum perfekten Ort, die ersten Sonnenstrahlen und kernige fränkische Schmankerl mit Freunden oder Familie zu genießen.
// www.unter-den-linden-rothenburg.de

ROTHENBURGMUSEUM

Das Stadtmuseum im einstigen Dominikanerinnenkloster kann mit einer der ältesten Klosterküchen und einer Ausstellung zur Waffengeschichte von der Steinzeit bis ins 19. Jahrhundert aufwarten. Außerdem gibt es eine Abteilung zur jüdischen Stadtgeschichte mit all ihren Facetten.

SHOPPING

SCHMIEDGASSE
Fachwerkhäuser reihen sich hier aneinander, aber nicht (nur) die Architektur zieht die Menschen in die lange Gasse. Kleine Geschäfte, oft inhabergeführt, verkaufen alles, was die Einkaufsbummlerinnen erfreut, von Kunsthandwerk bis zu ausgefallenen Souvenirs.

BÄCKEREI STRIFFLER
Unter den vielen Backstuben, in denen man die traditionellen Schneebällen bekommt, ist die Bäckerei Striffler eine gute Adresse für alle, die Originale schätzen. Bereits in der sechsten Generation werden die Kugeln aus Mürbeteig nach dem Familienrezept gebacken. Zum Kosten, Genießen und Mitbringen.
// www.baecker-striffler.de

GOLDSCHMIEDE JUTTA KORN
Ob man sich selbst eine Freude machen möchte oder noch ein Geschenk für die Liebste sucht: In der Goldschmiede und Meisterwerkstatt Jutta Korn locken funkelnde Ketten, Armreifen, Ringe und vieles mehr.
// www.goldschmiede-jutta-korn.de

ÜBERNACHTEN

HOTEL GARNI KREUZERHOF // Wie die gesamte Stadt versprüht auch der Kreuzerhof mittelalterliche Romantik mit stilvoll, teils mit Himmelbetten, eingerichteten Zimmern. In einer ruhigen Seitenstraße gelegen, alle Sehenswürdigkeiten sind gut zu Fuß erreichbar.
//www.kreuzerhof-rothenburg.de

HOTEL HERRNSCHLÖSSCHEN // Man könnte das Hotel als den Klassiker in Rothenburg bezeichnen. Inmitten der Altstadt liegt das kleine Landhaus mit stilvollem Charme und barockem Garten. Ideal für Romantiker und Anspruchsvolle.
// www.hotel-rothenburg.de

GASTHOF SCHWARZES LAMM // Direkt vor den Toren der Stadt befindet sich der urige Gasthof in Detwang. Ideal für einen aktiven Kurztrip, bei dem man statt Schnickschnack einfach ein gemütliches Bett, persönliche Ausflugstipps und ein stärkendes Frühstück braucht. Pluspunkte sind die ruhige Lage und das gute Essen.
// www.hotelschwarzeslamm.de

AUSFLÜGE

● FEUCHTWANGEN
Noch ein mittelalterliches Stadtjuwel an der Romantischen Straße, dazu noch eines mit vielen Sagen und Mythen. Sehenswert sind Marktplatz, Kreuzgang, Stiftskirche mit spätgotischem Chorgestühl und das Taubenbrünnlein. Alljährlich finden in der Festspielstadt Kreuzgangspiele und die Konzertreihe Kunst-Klang statt.

ROTHENBURG OB DER TAUBER

AUF KEINEN FALL VERPASSEN

○ **SCHNEEBÄLLE ESSEN**
Nicht aus Schnee, sondern aus Mürbeteig besteht dieses traditionelle Gebäck der Region, das – mit reichlich Puderzucker bestäubt – dem echten Schneeball ähnelt. Schmeckt vorzüglich im Original, aber auch in den zahlreichen weiteren Schneeball-Varianten: mit Schokolade überzogen, mit Mandeln bestreut, mit Marzipan verfeinert ...

○ **IM DEUTSCHEN WEIHNACHTS-MUSEUM IN FESTLICHE STIMMUNG KOMMEN**
Neben dem bekannten Laden von Käthe Wohlfahrt zeigt das Deutsche Weihnachtsmuseum hübschen historischen Christbaumschmuck, dazu Krippen, Nussknacker, Räuchermännchen und vieles mehr. Natürlich dürfen dabei Pyramiden aus dem Erzgebirge ebenso wenig fehlen wie Räuchermännchen, Schwibbögen und Zinnornamente.

○ **DEN ROTHENBURGER TURMWEG ENTLANGGEHEN**
Ein schöner Spaziergang umrundet die Altstadt auf dem Turmweg. Der vier Kilometer lange Rundgang ab Rödertor führt die meiste Zeit auf der Stadtmauer entlang und eröffnet tolle Ausblicke auf die Stadt und reizvolle Fotomotive. Allein 40 Türme säumen den Weg.

○ **ROTHENBURGER FRÜHLINGS-ERWACHEN MITFEIERN**
Der April steht in Rothenburg ganz im Zeichen des Frühlings: Das Stadtfest und diverse Osterbräuche lassen die Stadt bunt geschmückt erstrahlen. Der Osterbrunnen ist ein besonders schönes Fotomotiv. Geboten werden außerdem Führungen, Ausstellungen, Wanderungen und Konzerte.

○ **DEN »MEISTERTRUNK« LIVE ERLEBEN**
Das historische Festspiel, das über die Pfingstfeiertage (Freitag bis Montag) in Rothenburg aufgeführt wird, handelt von der Einnahme der protestantischen Reichsstadt im Dreißigjährigen Krieg (1631) durch kaiserliche Truppen und von ihrer glücklichen Rettung durch dreieinviertel Liter Wein. Neben der täglichen Aufführung des Meistertrunks ist vor allem der historische Heereszug mit über 700 Teilnehmern der Höhepunkt des Sonntags.

Das alljährliche Festspiel Meistertrunk ist gelebtes Brauchtum.

#10 SÄCHSISCHE SCHWEIZ

Wenige Landschaften haben die Romantiker des 19. Jahrhunderts so begeistert wie die Sächsische Schweiz: ein idyllisches Flusstal, gesäumt von den ebenso malerischen wie bizarren Felsformationen des Elbsandsteingebirges. Geformt wurde diese Landschaft durch die Erosion, die im Verlauf von Millionen von Jahren dem weichen Sandstein zusetzte. Der Nationalpark umfasst die schönsten Gebiete am nördlichen Elbufer. Ein Teil erstreckt sich westlich von Bad Schandau rund um die Bastei bis Stadt Wehlen, der andere reicht bis zur tschechischen Grenze. Wandern in dieser bizarren Felsenlandschaft mit ihren tiefen Schluchten und Wäldern ist ein Traum. Das Wegenetz im Kerngebiet des Nationalparks umfasst 400 Kilometer Pfade, Steige und durch farbige Wegmarken markierte Wege. Nützliche und lehrreiche Informationen gibt es im Nationalparkzentrum in Bad Schandau.

Oben: Blick vom Ferdinandstein auf die Basteibrücke.

Links: Kaum eine andere deutsche Landschaft hat so viele Künstler in ihren Bann gezogen wie die Sächsische Schweiz. Maler wie Caspar David Friedrich ließen sich von ihr inspirieren.

● **BASTEI**

Die fast 200 Meter hohe Felsformation, die bei Rathen steil am Elbufer aufragt, gehört zu den größten Attraktionen der Sächsischen Schweiz. Von außen hat sie – wie ihr Name nahelegt – einen festungsähnlichen Charakter, während sich im Inneren ein Schluchtenlabyrinth auftut. Während man vom Gipfel einen herrlichen Blick auf die waldgeschmückten Felsen und das Elbtal hat, bewegt man sich zu ihren Füßen in einer verwunschenen Welt. Entdeckt wurde diese Schönheit zu Beginn des 19. Jahrhunderts durch romantische Maler wie Caspar David Friedrich, die über den immer noch bestehenden Malerweg zur Bastei aufstiegen. Bereits 1826 errichtete man die erste hölzerne Brücke, die in rund 40 Meter Höhe die Kluft zwischen Bastei und Neurathener Felsentor überwindet. 1851 wurde sie durch die berühmte Sandsteinbrücke mit ihren sieben Bögen ersetzt.

FELSENBURG NEURATHEN

Über die Basteibrücke erreicht man die Relikte einer einstigen Burganlage, die im 13. Jahrhundert in die steilen Felsen hineingebaut wurde. Beeindruckend ist die exponierte Lage, die sich über die rekonstruierten Wehrgänge und Brücken erkunden lässt. Von den Gebäuden selber sind nur Fundamente erhalten, da Burg und Burgturm aus Holz und Fachwerk bestanden. Zahlreiche Infotafeln sorgen jedoch dafür, dass man einen Eindruck von der einstigen Anlage erhält.

WARUM IM FRÜHLING? Hier ist die Gelegenheit, den Winterspeck loszuwerden, denn in der Sächsischen Schweiz muss man einfach aktiv sein, Langeweile gibt es nicht. Die Frühlingssonne lockt alle Winterschläfer an die frische Luft, Felsen und Burgen möchten erklommen und entdeckt werden. Dabei ist die Sächsische Schweiz aber nicht nur für die sehr Sportlichen gut zum Wandern geeignet, jeder findet seinen Weg in seiner Schwierigkeitsstufe. Frühlingsblumenwiesen und Wälder im frischen Frühlingsgrün machen Lust auf den Sommer, während die noch milden Temperaturen einen nicht so leicht ins Schwitzen bringen. Und das traditionelle Osterwasser holt man sich doch am liebsten aus einer frischen Bergquelle.

SÄCHSISCHE SCHWEIZ

RATHEN
Hier lockt der Besuch der Felsenbühne Rathen, die als eines der schönsten Naturtheater Europas gilt. Jedes Jahr im Sommer werden vor der dramatischen Felsenkulisse Karl-May-Spiele aufgeführt, abends kommen Shakespeare-Stücke oder Musikwerke auf die Bühne.

LILIENSTEIN
Der 415 Meter hohe Gipfel, der zwischen Rathen und Bad Schandau in einer Elbschleife liegt, gilt als das Wahrzeichen der Sächsischen Schweiz. Das bewaldete Plateau, von dem aus man eine großartige Rundsicht hat, war vermutlich schon in der Bronzezeit besiedelt und trug später eine Burg. Heute ist die Westseite des Felsens ein beliebtes Klettergebiet, während an der Ostseite wieder Wanderfalken angesiedelt wurden. Wanderer können den Gipfel sowohl von der Fähre Halbestadt im Süden wie von Norden her erklimmen.

FESTUNG KÖNIGSTEIN
Hoch oben auf dem Felsen thront seit 800 Jahren eine nie eingenommene Festung, von der aus sich ein atemberaubender Blick auf den Lilienstein und übers Elbtal bietet. In den verschiedenen Gebäuden sind Geschichts- und Kunstausstellungen zu besichtigen, und in den Restaurants und Biergärten kann königlich gespeist und ausgelassen gefeiert werden. Darüber hinaus werden jede Menge Veranstaltungen geboten. Egal ob »Napoleons Küche auf dem Blitzeichenplateau« oder Sommertheater, Rockkonzert oder Zeitreise in den Kasematten – Besucher lieben die Events hoch oben über dem Elbtal.

PFAFFENSTEIN
Der von zahlreichen Schluchten, Gängen und Höhlen durchzogene Pfaffenstein liegt etwas außerhalb des Nationalparks am südlichen Elbufer bei Königstein. Aufgrund seiner zerklüfteten Gestalt hat er zahlreiche interessante Aufstiegswege und Aussichtspunkte zu bieten, vor allem aber ist er ein Paradies für Sportkletterer, die hier rund 850 Routen vorfinden. Daneben ist der Pfaffenstein ein Refugium für seltene Pflanzenarten, Wanderfalken und Fledermäuse, weshalb er auch unter Naturschutz steht.

Links: Kletterer versuchen sich an der Kleinen Herkulessäule im Bielatal. Die Namensgebung der Felsnadeln stammt aus dem 19. Jahrhundert.

BIELATAL

Bei Königstein mündet die Biela in die Elbe, die im tschechischen Elbsandsteingebirge entspringt. Vor allem der Oberlauf des Flüsschens zwischen der tschechischen Grenze und der Schweizermühle hat sich tief in den Fels hineingegraben, sodass eine Vielzahl steiler Kletterfelsen entstand. Die malerischsten sind die beiden dünnen Herkulessäulen zwischen Schweizer- und Ottomühle. Aber auch Wanderer finden hier zahlreiche malerische, wildromantische Wege.

ELBETAL

Ihren besonderen Reiz erhält die Sächsische Schweiz durch das Nebeneinander von schroffen Felsen und dem lieblichen Elbetal, vor allem zwischen Stadt Wehlen und Bad Schandau, wo der Fluss sich in zwei großen Schleifen durch das Gebirge schlängelt. Genauso wie man von den zahlreichen Aussichtspunkten rechts und links der Elbe einen wunderbaren Blick auf das Flusstal hat, so bieten sich auch vom Fluss aus wunderschöne Ausblicke auf all die Türmchen, Zinnen und Felsgipfel, die da aus den dichten Wäldern ragen. Dazu kommen malerische kleine Städte, Kirchen und Burgen sowie die imposante Festung Königstein, die die Ufer des Flusses säumen. Besonders geruhsam lässt sich all dies natürlich von den Ausflugsschiffen aus genießen, die die Elbe entlangfahren. Aber auch für die Sportlichen auf dem Elberadweg, der teilweise sogar an beiden Flussufern entlangläuft, ist dieses Landschaftsbild einfach hinreißend.

BAD SCHANDAU

Die »Hauptstadt der Sächsischen Schweiz« knüpft mit der modernen Toskana Therme an die alte Kurtradition an. Die hübsche Altstadt mit Marktplatz und Kirche aus dem 18. Jahrhundert steht komplett unter Denkmalschutz. Mit einem Personenaufzug von 1904 gelangt man flugs in den oberhalb der Stadt gelegenen Ortsteil Ostrau mit seinen schönen Holzvillen. In Bad Schandau befindet sich auch das Nationalparkzentrum Sächsische Schweiz mit Ausstellungen und Veranstaltungen.

AUSGEHEN

PIRNA: FELSENBIRNE // Das freundliche Restaurant ist nach einer regionalen Spezialität benannt. Es bietet eine wechselnde Mittags- und Abendkarte mit frischen regionalen und saisonalen Gerichten. Im Sommer genießt man die lauschige Atmosphäre im Innenhof.
// www.felsenbirne-restaurant.de

BAD SCHANDAU: EISCAFÉ VIVALDI // Von März bis November kann man sich täglich durch die breite Speisekarte an Eisbechern und Kuchen schlemmen. Auch Pizza und Pasta werden angeboten, doch das Hauptaugenmerk liegt deutlich auf den süßen Genüssen.
// Bergmannstr. 1

SEBNITZ: ZUR GRÄTE // Name und maritime Inneneinrichtung verraten bereits, dass sich hier alles um Spezialitäten aus dem Wasser dreht. Durch die sehr gute und frische Zubereitung werden Zander, Seelachs und Co. zu Geschmackserlebnissen.
// www.zurgraetesebnitz.de

Rechts: Der pittoreske Kneippkurort Bad Schandau liegt an der Elbe und mitten im Herzen der Sächsischen Schweiz direkt am Nationalpark.

SÄCHSISCHE SCHWEIZ

und diente auch den Wettinern als heimliche Residenz. Heute kann hier gefeiert und geheiratet, Konzerten gelauscht und getagt werden.

SEBNITZ
Das Städtchen war einst Zentrum der Produktion von Kunstblumen aus Seide. In der Schauwerkstatt kann man diese Tradition noch nachvollziehen. Afrika-Haus, Dorfkirche und Markt sind weitere Sehenswürdigkeiten.

BURG STOLPEN
Fast 49 Jahre lang büßte Gräfin Cosel, die berühmte Mätresse Augusts des Starken, hier als Gefangene wegen ihrer politischen Ambitionen. Von hier oben hat man einen herrlichen Ausblick auf die Altstadt von Stolpen und das weite hügelige Umland.

Auch Schloss Weesenstein im Müglitztal besitzt einen gepflegten Barockgarten. Dieser wurde nach französischem Vorbild gestaltet.

SCHRAMMSTEINE
Zu den malerischsten Formationen des Nationalparks gehören die zerklüfteten Schrammsteine, die vor allem im Herbst durch den bunten Wald an ihrer Basis herrlich zur Geltung kommen. Der höchste der Gipfel ist mit 425 Meter der Hohe Torstein. Die Schrammsteine sind ein Paradies für Kletterer. Es gibt jedoch auch Wanderwege, etwa auf die Schrammsteinaussicht und über den Grat, die allerdings wegen der steilen, teils mit Leitern und Steigen gesicherten Aufstiege Trittsicherheit und Schwindelfreiheit erfordern.

PIRNA
Der Marktplatz mit dem Renaissancerathaus und zahlreichen historischen Bürgerhäusern sieht immer noch aus wie einst von Canaletto gemalt. Die spätgotische Marienkirche entfaltet im Inneren ihre ganze Pracht, mit dem Renaissance-Sandsteinaltar als Hauptwerk. Sehenswert ist auch das Landschloss Zuschendorf mit seiner Kameliensammlung.

BAROCKGARTEN GROSSSEDLITZ
Hier erfreut ein fast unverändertes spätbarockes Gartenkunstwerk das Auge. Mit all den Terrassen, Treppen, Orangerien, Skulpturen, Brunnen und Wasserspielen wird der Park auch gern »Sachsens Versailles« genannt. August der Starke hatte 1723 das Areal von seinen besten Architekten gestalten lassen.

SCHLOSS WEESENSTEIN
Sachsens eigenwilligstes Schloss wurde von oben nach unten gebaut. Ältester Teil ist der Turm an der Spitze eines Bergkegels. Es folgten weitere Anbauten wie die prachtvolle Barockkapelle. Die beeindruckende Schlossanlage wurde in den etwa 700 Jahren ihres Bestehens immer wieder verändert und erweitert

ÜBERNACHTEN

RATHEN: ÖKOPENSION VILLA WEISSIG // Das nachhaltige Konzept zieht sich durch alle Bereiche: Bereits der Bau erfolgte ressourcenschonend und baubiologisch, das Frühstück ist zertifiziert 100% Bio, Elektrosmog wird durch abgeschirmte Leitungen vermieden und gereinigt wird ausschließlich mit biologischen Mitteln.
// www.villa-weissig.de

BAD SCHANDAU: WALDHÄUS'L // Sehr liebevoll geführtes Hotel, idealer Startpunkt für Wandertouren, zu denen der Hausherr gern nützliche Tipps und schöne Routen bereithält. Morgens und abends wird regionales Essen angeboten.
// www.hotel-waldhaeusel.de

SÄCHSISCHE SCHWEIZ

AUF KEINEN FALL VERPASSEN

○ THEATER AUF DEN LANDES-BÜHNEN SACHSEN ERLEBEN

Die im Jahr 2002 umfassend sanierten Landesbühnen Sachsen in Radebeul, nach Detmold das zweitgrößte Gastspieltheater Deutschlands, haben Klassiker ebenso wie moderne Schauspielstücke im Repertoire, bieten darüber hinaus auch Musiktheater, Ballett und Konzerte und bespielen die Felsenbühne Rathen in der Sächsischen Schweiz – gern mit Karl-May-Stücken. Seit einiger Zeit wird auch ein »Junges Studio« und theaterpädagogische Nachwuchsarbeit betrieben.

○ MALERWEG ELBSANDSTEIN-GEBIRGE

Dies ist einer der faszinierendsten Wanderwege Deutschlands. Wo sich einst Maler zu ihren Werken inspirieren ließen, führen heute 112 abwechslungsreiche Wanderkilometer in acht Tagesetappen einmal quer durch die Wald- und Felslandschaft der Region – und auf anderen Wegen zurück nach Pirna.

○ AKTIV AUF DEM WASSER UNTERWEGS

Die Sächsische Schweiz hat von der Elbe aus gesehen einen besonderen Reiz für Abenteuerlustige. Viel Erlebnis verspricht die Erkundung der Elbe per Kajak oder Kanu, Schlauchboot oder Floß. Für größere Gruppen werden auch Arrangements mit Floß (www.kanu-aktiv-tours.de) und großen Schlauchbooten (www.elbe-adventure.de) angeboten. Auch auf Fahrrad- oder Entdeckungstouren zu Fuß gibt es viele Gelegenheiten, Felshöhlen zu erkunden und Floß- und Bootpartys zu feiern.

○ AUSFLUG ZUM LICHTENHAINER WASSERFALL

Wer es gemütlich liebt, kann mit der solarbetriebenen Straßenbahn acht Kilometer bis zum Wasserfall fahren. Von dort aus führen Wanderwege zu interessanten Felsformationen wie dem Kuhstall oder zu den Affensteinen beziehungsweise dem Großen Winterberg, einem schönen Aussichtspunkt.

○ DEN FLÖSSERSTEIG BEGEHEN

Informationstafeln über die Geschichte der Flößer sowie zur Geologie und zur Natur des Elbsandsteingebirges findet man auf dem Lehrpfad entlang des Flößersteiges, einer 16 Kilometer langen, nicht sonderlich anspruchsvollen Wanderung entlang der Kirnitzsch von Bad Schandau nach Neumannsmühle. Erforderlich ist aber Trittsicherheit auf einigen Abschnitten.

Erlebnis- und lehrreich ist der Flößersteig

#11 SCHWARZWALD

Der Schwarzwald im Dreiländereck Nordwestschweiz und Elsass gehört heute zu den beliebtesten Ferienregionen in Deutschland. Kein Wunder – mit seinen Bergen, Schluchten, Seen, Wildbächen, Wäldern, Wildnissen, Mooren, geheimnisvollen Höhlen und gemütlichen Schwarzwaldstädtchen ist er so abwechslungsreich wie nur wenige Regionen im Land. Auch innerhalb der Region gibt es reichlich Vielfalt: Süd-, Nord-, Hochschwarzwald, das urige Kinzigtal, Letzteres die Heimat von Bollenhut, Kuckucksuhren und fast aller gängigen Schwarzwald-Symbole. Hinzu kommt eine perfekte Ferieninfrastruktur. Veranstaltungskalender und der Korb für Abenteuer, Action, Sport und Wellness für ein Wochenende oder länger sind prall gefüllt.

Oben: Blick vom Schliffkopf über den schönen Schwarzwald.

Links: Die Schwarzwalduhr steht für 300 Jahre Handwerkskunst und ist bis heute beliebtes Souvenir und Exportgut.

● FREIBURG IM BREISGAU

Die quirlige Unistadt im Südwesten vereint alles, was eine Stadt reizvoll macht: waldreiche Schwarzwaldberge, die historische Altstadt mit ihren vielen Gässle und urigen Bächle, vielfältiges Kulturleben und badische Genüsse an jeder Ecke. Freiburgs Wahrzeichen, das Münster, ist ein Meisterwerk der Gotik. Wer sportlich ist, klettert die gut 335 Stufen zum Münsterturm hinauf und genießt die Aussicht, die man aber auch vom benachbarten Schlossberg hat. Der Marktplatz mit historischem Kaufhaus und urigen Wirtshäusern ist auch vom Marktangebot eine Augenweide. Ein Rundgang sollte die Münsterbauhütte, die Konviktstraße als Modell für vorbildliche Altstadtsanierung, von dort aus das Schwabentor und Freiburgs Klein Venedig Fischerau einschließen, ebenso die Gegend um den Rathausplatz. Und wenn Zeit bleibt, empfiehlt sich eine Fahrt mit der Schauinsland-Seilbahn auf den 1220 Meter hohen Hausberg.

FELDBERG, FELDSEE, TITISEE

Auf dem mit 1493 Meter höchsten Schwarzwaldgipfel kann man im frühen Frühjahr oft noch Ski fahren. Im Sommer ist der Feldberg ein Ziel für Wanderer und Mountainbiker. Steil unterhalb des Gipfels kann man an dem von Gletschern gebildeten Feldsee rundwandern, aber nicht baden. Letzteres geht aber umso mehr am Ausflugs-Hotspot Titisee, der auf der Strecke zum Feldberg liegt. Oder am größten See des Schwarzwalds, dem Schluchsee, ein nicht ganz so überlaufener, malerisch gelegener Stausee in der Nähe.

BELCHEN

Der Belchen ist mit 1414 Meter die dritthöchste Erhebung des Schwarzwalds. 1949 wurde ein Teil bereits unter Schutz gestellt, 1993 erweiterte man das Schutzgebiet. Im offenen Gipfelbereich sind Pflanzenarten zu finden, die während der Eiszeit weit verbreitet waren. Dazu zählen beispielsweise die Gebirgsrose

SCHWARZWALD

WARUM IM FRÜHLING? Das ist die Zeit, in der der Schwarzwald im wahrsten Sinne des Wortes aufblüht. Auf den Wiesen öffnen Schlüsselblümchen und duftende Veilchen ihre Blüten. Wälder und junge Tannenspitzen leuchten im frischen Frühlingsgrün. Die Wanderwege sind nun schneefrei und milde Temperaturen locken spätestens an den Maifeiertagen raus in die Natur. Kletterparks und die meisten Freiluftattraktionen öffnen wieder ihre Pforten. Gasthäuser stellen ihre Tische raus. Dörfer und Städtchen schmücken ihre Kirchen und Brunnen für traditionelle Osterbräuche wie die bunten Osterbrunnen. Auf den Seen werden Boote, Tretboote und Schiffe für die Saison klargemacht, Mutige tauchen schon mal die Füße in Titisee oder Schluchsee.

Ganz oben: Als Sommerresidenz diente Schloss Favorite bei Rastatt der Witwe des »Türkenlouis«.

Oben: Bewaldete Hügel bis zum Horizont – die Aussicht vom Belchen über den Südschwarzwald ist einmalig.

Links: Der bunt geschmückte Osterbrunnen der Stadt Gernsbach.

und die Schweizer Glockenblume. Zu den Besonderheiten unter den Vögeln gehören Zitronenzeisig, Kolkrabe und Wanderfalke. Über die Höhenlagen verläuft der Belchenpfad.

TRIBERG
Deutschlands höchste Wasserfälle sind nicht der einzige Grund, Triberg zu besuchen. Sehenswert ist auch das Schwarzwaldmuseum, der Greifvogel- und Eulenpark sowie die weltgrößte Kuckucksuhr in der Nähe. Vermutlich ist der populäre Ort auch Hauptstadt für Schwarzwald-Souvenirläden.

NATIONALPARK SCHWARZWALD
Erst 2014 wurde Baden-Württembergs erster Nationalpark gegründet. Er erstreckt sich zwischen Baden-Baden und Freudenstadt, dort wo der Schwarzwald am wildesten ist. Das Motto heißt »Natur Natur sein lassen«, also keinerlei Eingriffe von Menschen. Diese dürfen ihn aber als Erholungs- und Freizeitort nutzen, wandern, Fauna und Flora bestaunen und die Angebote des Nationalparkzentrums am Ruhestein bei Seebach wahrnehmen. Mit viel Glück entdeckt man in den dunkelgrünen Fichten-Tannen-Buchen-Bergmischwäldern Rehe oder anderes scheues Rotwild, Schwarzspecht, Tannenhäher Käuze oder mit einer Riesenportion Glück ein Auerhuhn.

SCHLIFFKOPF
Den 1054 Meter hoch gelegenen flachen Gipfel bedeckt eine hochmoorartige Vegetation. Der 800 Meter lange Erlebnisweg »Lotharpfad« zeigt, wie sich die Natur nach einem Orkan wie »Lothar«, der 1999 eine Schneise durch den Wald pflügte, aus eigener Kraft erholt.

OTTENHÖFEN
Ottenhöfen ist durch seine neun teils noch funktionierenden Mühlen als Mühlendorf des Schwarzwalds bekannt. Der Ort bietet außerdem ein Wandererlebnis für Schwindelfreie – einen 700 Meter langen Felsweg. Hier ist Körpereinsatz gefragt: Von Kriechen bis Klettern werden alle Formen der Fortbewegung verlangt. Wer sich die Herausforderung nicht zutraut, umgeht die jahrtausendealte Felsformation über die ausgeschilderte Alternativroute oder wandert auf dem zwölf Kilometer langen Mühlenweg.

MUMMELSEE
Elf Karseen gibt es im Schwarzwald – eiszeitliche Seen, die unterhalb von Gipfeln oder Kammlagen entstanden sind. Der Mummelsee ist der am besten zugängliche. Er ist von steilen, bewaldeten Berghängen gesäumt. Am Südufer sind das Berghotel und die nahe gelegene St. Michaelskapelle sehenswert.

RASTATT UND SCHLOSS FAVORITE
Die Barockstadt Rastatt punktet gleich mit zwei Schlössern: Das prunkvolle Residenzschloss Rastatt, gilt als »badisches Versailles«.

AUSGEHEN

BAIERSBRONN: SCHWARZWALDSTUBE // Mit drei Michelin-Sternen gekrönt, verspricht der moderne Gourmettempel im Hotel Traube-Tonbach unter Küchenchef Torsten Michel höchste Gaumenfreuden.
// www.traube-tonbach.de

FREIBURG: KARTOFFELHAUS // Gesunde, leckere Küche ist das Motto. Auf der Karte stehen für diverse Nahrungsmittelunverträglichkeiten glutenfreie, vegane und laktosefrei Gerichte. Die Hauptrolle spielt die Kartoffel.
// www.daskartoffelhaus.de

FELDBERG-BÄRENTAL: ADLER // Exzellente badische Küche steht in diesem Hotelrestaurant auf dem Speiseplan, auch vegetarische Gerichte. Von Michelin mit einem Bib Gourmand bewertet.
// adler-feldberg.de

Erbauer Markgraf Ludwig Wilhelm, besser als »Türkenlouis« bekannt, ließ es um 1700 nach dem französischen Vorbild bauen. Das kleinere Schloss Favorite diente seiner Witwe Markgräfin Sibylla als Sommerresidenz. In Favorite ist eine wertvolle Porzellansammlung untergebracht. Beide Schlösser kann man besichtigen.

WEIL DER STADT

Wo der Schwarzwald im Nordosten beginnt, liegt das zauberhafte Städtchen Weil mit der mittelalterlichen Befestigungsanlage. Auf dem Marktplatz steht das Denkmal für den größten Sohn der Stadt, den Astronomen Johannes Kepler (1571–1630). Sein Geburtshaus ist als Museum eingerichtet.

SHOPPING

SCHWARZWALD COUTURE

Trachten, Bollenhut und Dirndl neu und frisch gedacht. Die Schwarzwald-Mode aus dem Freiburger Atelier von Modedesignerin Kim Schimpfle ist hip, stylisch, sexy und außergewöhnlich. Kreationen, die auffallen!
// schwarzwaldcouture.de

ROMBA DESIGN

Kuckucksuhren müssen nicht altbacken sein. Das beweist die moderne Serie aus der Schonacher Uhrenwerkstatt. Hier gibt's fröhliche, frische, trendige Schwarzwalduhren.
// black-forest-clock.de

ÜBERNACHTEN

OBERKIRCH: HOTEL DIE ALM // Wie modern man den Schwarzwald als Heimat interpretieren kann, zeigt das Designhotel Die Alm. Futuristische Gestaltung, zeitgenössische Einrichtung und treffsichere Kombinationen aus Naturmaterialien und modernen Kunstwerken prägen das Bild.
// www.hotel-die-alm.de

GLOTTERTAL: LANDIDYLL HOTEL ZUM KREUZ // Idyllisch im Glottertal gelegen, besticht das kleine Hotel durch Gastlichkeit und Landhausambiente. Die Lage ist ideal für Wandertouren, aber auch Freiburg ist nicht weit entfernt. Die Küche ist traditionell badisch und nimmt Rücksicht auf Gäste mit Unverträglichkeiten.
// www.zum-kreuz.de

AUSFLÜGE

● KARLSRUHE

Sehenswert sind in der Hauptstadt Badens das barocke Schloss von Stadtgründer Markgraf Karl-Wilhelm von Baden, das Badische Landesmuseum im Schloss, die Staatliche Kunsthalle und der Marktplatz mit Pyramide.

● SCHMUCKMUSEUM IN PFORZHEIM

Mit dem Schmuckmuseum setzt die Gold-, Uhren- und Schmuckstadt europäische Standards. Dieses weltweit einzigartige Spezialmuseum präsentiert Schmuck aus fünf Jahrtausenden aus aller Welt.

● UHRENMUSEUM IN FURTWANGEN

Seit über 160 Jahren sammelt das Deutsche Uhrenmuseum Zeitmesser. Zusammengekommen sind rund 8000 Objekte – von der Sonnenuhr bis zur Atomuhr. Diese kann man hier auf drei Etagen bestaunen, natürlich auch Kuckucksuhren sowie alte Musikautomaten.

SCHWARZWALD

AUF KEINEN FALL VERPASSEN

○ **MODERNES KUNSTHANDWERK IM VITRA DESIGN MUSEUM IN WEIL AM RHEIN BESTAUNEN**
Nur ein paar Hundert Meter von der Grenze nach Basel (Schweiz) liegt eines der bekanntesten Design- und Architekturmuseen der Welt. In den 1980er-Jahren gegründet, ist es mittlerweile zu einem Campus angewachsen, auf dem sich internationale Stararchitekten verewigt haben wie Frank Gehry mit dem Hauptgebäude, der Japaner Tadao Ando, die Irakerin Zaha Hadid und das Basler Architekturbüro Herzog & de Meuron. Mit Stühlen und Möbeln hat es angefangen, inzwischen sind in der riesigen Designschau in wechselnden Ausstellungen ganze Wohnwelten, Designmöbel und Designstücke zu sehen.

○ **WASSERFÄLLE TRIBERG UND ALLERHEILIGEN BESUCHEN**
Die Allerheiligen-Wasserfälle sind die größten natürlichen Wasserfälle im Nordschwarzwald. Sie liegen in der Nähe der Stadt Oppenau. Der Grindenbach fällt hier unterhalb des Klosters Allerheiligen durch eine steilwandige Porphyr-Schlucht über sieben Stufen 66 Meter in die Tiefe. In Triberg im Mittleren Schwarzwald stürzt die wilde Gutach über sieben Stufen 163 Meter in die Tiefe. Das geschieht so dramatisch über klobige Granitfelsen und in grüner Waldeinsamkeit, dass schon vor über 200 Jahren Menschen bis heute von weither kamen, um sich das Naturspektakel anzusehen.

○ **RUND UM DEN RUHESTEIN WANDERN**
Wandern im Nationalpark Schwarzwald ist ein Muss. Eine beliebte Rundwanderung ist die 5,5 Kilometer lange Strecke vom Nationalparkzentrum durch die Grinden (Feuchtheiden) zum Wilden See, wo Besucher grandiose Ausblicke auf die Schwäbische Alb, das Obere Achertal, die Rheinebene und die Vogesen genießen.

○ **DIE SCHWARZWALDHOCHSTRASSE BEFAHREN**
Sie gilt als eine der schönsten Panoramastraßen Deutschlands und verbindet Baden-Baden und Freudenstadt auf 60 Kilometer Länge. Die Straße verspricht tolle Ausblicke auf die Täler des Schwarzwaldes, bis ins Rheintal und ins Elsass. Zu den Highlights zählen der Mummelsee und der 2014 eröffnete Nationalpark Schwarzwald.

○ **NERVENKITZEL AUF DEM BAUMWIPFELPFAD**
Den Wald aus einem ungewohnten Blickwinkel erleben? 1250 Meter schlängelt sich der Baumwipfelpfad durch Bergmischwald. Dieser mündet in einen 40 Meter hohen Aussichtsturm, an dem sich ein bequemer Rundweg wie eine Spirale nach oben schraubt. Zurück geht's – wenn man will – auch schneller über eine Rutsche. Wenn der Adrenalinschub noch nicht reicht, dann gibt es auch noch die 760 Meter lange Wildline-Hängebrücke in der Nähe.

Aus- und Weitblick an der Schwarzwaldhochstraße.

#12 SCHWERIN

Als nach der Wende für das Bundesland Mecklenburg-Vorpommern eine Hauptstadt gesucht wurde, fiel die Wahl auf das kleine Schwerin, obwohl Rostock weit größer ist. Wer die kleinste deutsche Landeshauptstadt besucht, wird es nachvollziehen – Schwerin ist und bleibt eine Residenz. Mit seiner malerischen Lage inmitten von Seen, der größtenteils restaurierten Altstadt und dem Märchenpalast auf der Schlossinsel wirkt es wie eine opulente Filmkulisse. Folgerichtig ist das Schloss mit zierlichen Türmchen und Giebelchen seit 1990 Sitz des Landtages – es wird hier also wieder residiert, wenn auch nicht so glanzvoll wie zu Zeiten der Herzöge von Mecklenburg-Schwerin. Schwerin ist mit dem Staatstheater, der Gemäldegalerie des Staatlichen Museums und im Sommer mit den Schlossfestspielen unter freiem Himmel auch ein kulturelles Zentrum.

Oben: Das Wahrzeichen Schwerins ist sein prächtiges Schloss.

Links: Der Burggarten lädt zum Verweilen ein.

Rechts: Die weißen Wände im Inneren des Schweriner Doms sind in den spätmittelalterlichen Farben Türkis und Magenta verziert, was beinahe modern anmutet.

● DOM

Der Schweriner Dom erhebt sich aus der Silhouette der Stadt. 117,50 Meter misst sein Kirchturm, der höchste im Osten Deutschlands. Er spiegelt die große kirchliche Bedeutung wider, die der Stadt 1167 zuteil wurde: Schwerin wurde Bischofssitz. Doch man darf sich nicht täuschen lassen, der neugotische Turm wurde erst rund 500 Jahre später erbaut. Sein stattliches Maß kommt nicht von ungefähr. Man baute ihn 50 Zentimeter höher als den Turm von St. Petri im nicht weit entfernt gelegenen Rostock. Auch ohne ihn war der Dom mit seinem dreischiffigen Querhaus bereits beeindruckend. Unfassbar schön und leicht die Helligkeit im Inneren. Schmuckstücke sind der um 1430 entstandene Flügelaltar,

SCHWERIN

WARUM IM FRÜHLING? In Schwerin wird der Beginn der warmen Jahreszeiten an allen Ecken und Enden regelrecht zelebriert und fest mit traditionellen Veranstaltungen verbunden. Dazu gehört das »Schweriner Frühlingserwachen« im April, das den Auftakt des Kultur- und Gartensommers bildet, mit Blütenfest, verkaufsoffenem Sonntag, Konzerten und vielem mehr. Und auch der Saisonstart der Weißen Flotte ist ein tolles Event für jedermann. Zum Ende der Winterpause findet die Flottenparade statt, bei der die mit Flaggen herausgeputzten Schiffe gleichzeitig über Innen- und Heidesee fahren, sich überholen und zur Schau stellen. Wer es gern noch nasser hat, sollte einen Trip nach Plau am See wagen, zum Oster-Fackelschwimmen.

Ganz oben: Seit 1990 hat auch der Landtag seinen Sitz im Schweriner Schloss.

Oben: Einer der Schätze im Staatstheater ist der reich bebilderte Schmuckvorhang.

Links: Beeindruckendes Feuerwerk über dem Schweriner Schloss.

der eine in Sandstein geschnitzte Kreuzigungsszene zeigt, und ein Triumphkreuz. Der Altar stammt ursprünglich aus Lübeck.

ALTSTÄDTISCHES RATHAUS

Das Gebäude am Marktplatz hat einiges hinter sich. Drei Brände legten es in Schutt und Asche, immer wieder wurde es aufgebaut. Sein aktuelles Äußeres im Tudorstil bekam es 1835. Auf seinen Zinnen thront der Goldene Reiter.

STAATSTHEATER UND GALERIE ALTE & NEUE MEISTER

Mit dem Bau des Mecklenburgischen Staatstheaters wurde im Jahr 1883 begonnen. Das Ergebnis nach drei Jahren: ein prachtvolles Theaterhaus, dessen künstlerische Qualität seiner Inszenierungen sich schon im Äußeren zeigt. Gleich daneben direkt am See befindet sich die Galerie Alte & Neue Meister. Die private Sammelwut des Kunstfreundes Herzog Christian Ludwig II. legte den Grundstein zum größten Museum Mecklenburg-Vorpommerns. Im 19. Jahrhundert wurde ein eigenes Gebäude nötig. 1882 eröffnete das Haus, das einem antiken Tempel gleicht. Weitere Ausstellungen des Museums sind in den Schlössern Schwerin, Ludwigslust und Güstrow beheimatet.

ALTER GARTEN MIT SIEGESSÄULE

Den barocken Schlossgarten im Stil eines englischen Landschaftsparks erreicht man über eine gusseiserne Drehbrücke. Dort steht eine Säule von 1874, die an den Sieg über die Franzosen erinnert. Sie wurde aus französischen Geschützen gefertigt.

ALTES PALAIS

Von der Staatskanzlei ist es nur ein Katzensprung zum Altstädtischen Palais, in dem die Witwen einiger mecklenburgischer Herzöge nach dem Tod ihrer Ehemänner residierten.

STAATSKANZLEI

Bis in das 16. Jahrhundert hinein befand sich ein Kloster am Alten Garten. 1834 wurde dort das weiße Regierungsgebäude mit seinem Säulenportal fertiggestellt.

SCHLOSS SCHWERIN

Das Schweriner Schloss kann einem mit Leichtigkeit den Atem verschlagen. Mit seinen Türmchen und Verzierungen scheint es direkt einem Märchen entsprungen. Im 16. Jahrhundert begannen die Arbeiten an dem Residenzschloss, das nach dem Vorbild französischer Prachtbauten der Loire-Region umgestaltet wurde. Im Inneren ist das Schloss nicht weniger atemberaubend. Eine Führung durch Thronsaal und

AUSGEHEN

GOURMETFABRIK // Unmittelbar an der Marina gelegen, bietet das Restaurant vor allem Frische, von der man sich nicht nur geschmacklich überzeugen kann – durch die offene Gestaltung kann man direkt in die Küche sehen. Tipp: Gemütlichen Sonntagsbrunch machen!
// www.gourmetfabrik.de

CAFÉ PRAG // Das Café unmittelbar auf dem Weg zum oder vom Schloss ist in Schwerin mittlerweile ein Klassiker geworden. Die Atmosphäre ist die eines traditionellen Kaffeehauses, angeboten werden köstliche Kuchen und Torten sowie zur Stärkung zwischendurch eine Mittagskarte mit Suppen und deutschen Spezialitäten.
// www.restaurant-cafe-prag.de

BOLERO BAR & RESTAURANT // Ob mit Freunden für einen Abend zum Feiern oder zum Essen mit der Familie, ins Bolero kommt man gern. Die Speisekarte bietet vor allem klassische Tex-Mex-Gerichte, die Cocktailkarte umfasst mehr als 120 Drinks. Zentral gelegen, direkt am Pfaffenteich.
// schwerin.bolerobar.de

Ahnengalerie in der sogenannten Festetage und durch die vermeintlich einfacheren Räume, das Schlafgemach, das Tee- oder das Speisezimmer sollte man mitmachen. Auch der barocke Burg- und Schlossgarten samt Orangerie und Laubengängen ist mehr als einen Blick wert. Das Museum birgt Kunsthandwerk, Porzellan, Plastiken und Tierskulpturen sowie fürstliche Jagd- und Prunkwaffen.

SCHLOSS LUDWIGSLUST
Auch das Barockschloss Ludwigslust ist ein Museumsstandort der Staatlichen Sammlung Schwerin. Das Schloss liegt 34 Kilometer südlich von Schwerin. Die ausgestellten Objekte aus dem Bereich der Kunst und der Wohnkultur des 18./19. Jahrhunderts umfassen Gemälde, Mobiliar und Miniaturen. Von der ursprünglichen Einrichtung des Schlosses sind Kamine, Kronleuchter, Spiegel und Supraporten sowie Dekorationen aus Ludwigsluster Carton, einer Art von Papiermaché, erhalten. Das Schloss bildet den Mittelpunkt der noch erhaltenen spätbarocken Stadtanlage. Diese Einheit, bestehend aus Stadt und Schlossanlage, ist hierzulande einzigartig, sodass Schloss Ludwigslust gern auch »mecklenburgisches Versailles« oder »Sanssouci des Nordens« genannt wird. Das Museum vermittelt einen Eindruck vom höfischen Leben und künstlerischen Schaffen im Mecklenburg des 18. und 19. Jahrhunderts.

SCHLOSS GÜSTROW
Schloss Güstrow ist ein weiterer Standort der Staatlichen Sammlung Schwerin, liegt aber eine knappe Autostunde westlich von der Landeshauptstadt. Im Mittelpunkt der Sammlung stehen Kunst und Kunsthandwerk der Renaissance sowie Glasobjekte und Gefäßkeramiken von der Antike bis zur Gegenwart. Höhepunkte der Sammlung sind Werke von Cranach und Tintoretto. Im Bereich der sakralen Kunst ragt der spätgotische Neustädter Altar heraus. Auch die herzoglichen Jagd- und Prunkwaffen beeindrucken. Bereichert wird das Museumskonzept durch Sonderausstellungen zu zeitgenössischen Kunstwerken.

ÜBERNACHTEN

HOTEL SPEICHER AM ZIEGELSEE //
Schon mal in einem alten Speicher geschlafen? Dass das nicht mit geringem Komfort in Verbindung gesetzt werden muss, beweist das Hotel am Ostufer des Ziegelsees. Aufwendig saniert, ausgezeichnet in Sachen Klimaneutralität und zentral gelegen.
// www.speicher-hotel.com

GASTHOF ZUR GUTEN QUELLE //
Ein traditioneller Gasthof, der besonders durch seine Lage in der Altstadt besticht. Alle Sehenswürdigkeiten sind in fußläufiger Nähe, das gemütliche Ambiente passt zum Charme des Fachwerkhauses.
// www.gasthof-schwerin.de

SCHLOSSHOTEL WENDORF // Nobles Schlossfeeling stellt sich in diesem Grandhotel ein: Viel Komfort, Spitzenküche, Spa und Schlosspark eine halbe Stunde von Schwerin entfernt.
// www.grand-hotel-wendorf.com

SHOPPING

MÜNZSTRASSE
Abseits von Touristenstrom und Mainstream findet man in der ordentlich verschönerten Bummelmeile nette kleine Läden, Cafés und Werkstätten von der Goldschmiede und Modeboutiquen bis zum urigen »Klockenschauster« (Uhrmacher).

SCHWERIN

AUF KEINEN FALL VERPASSEN

○ LANDESGESCHICHTE ERLEBEN IM MECKLENBURGISCHEN FREILICHTMUSEUM

In Schwerin-Muess erwartet den Besucher ein lebendiges Museum. Wie haben die Bauern in der Region gelebt? Wie hat sich ihr Leben verändert? 17 alte Gebäude am Ufer des Schweriner Sees erzählen davon. Die Einrichtung ist besonders auf Kinder eingestellt, Langeweile kommt hier nicht auf.

○ UM DIE WETTE FLIPPERN

Hier sind flinke Finger gefragt: Im Schweriner Flippermuseum stehen knapp 100 restaurierte Flipperautomaten in den Ausstellungsräumen und das Beste: Die meisten sind bespielbar! Die Geräte aus den letzten acht Jahrzehnten bereiten großen und kleinen Gästen Freude, dazu wird die Geschichte von Spielautomaten präsentiert.

○ ALTES HANDWERK KENNENLERNEN IN DER SCHLEIFMÜHLE

Die Wassermühle am Faulen See war seit ihrer Erbauung im 18. Jahrhundert durchaus fleißig. Für Wollspinner hat sie gearbeitet und als Graupenmühle. Zuletzt hat sie die Steinschleiferei des Großherzogs angetrieben. Noch heute kann man zusehen, wie Granitfindlinge in Form gebracht und poliert werden. Die Schauanlage zeigt außerdem historische Gerätschaften und verrät einiges über die Geschichte der Mühle und über Mineralien.

○ EINMAL ÜBER DEN PFAFFENTEICH SCHIPPERN

Der Teich, niederdeutsch »Papendiek«, wurde im 13. Jahrhundert künstlich angelegt. Eine Überquerung mit der Fähre sollte man sich nicht entgehen lassen, denn sie bietet traumhafte Blicke auf die Altstadt.

○ CINEASTISCHE VIELFALT FEIERN BEIM FILMKUNSTFEST

Die besten deutschsprachigen Spiel-, Kurz- und Dokumentarfilme treten jedes Jahr in der ersten vollständigen Maiwoche in Schwerin zum Wettstreit um den »Fliegenden Ochsen« an. Neben dem Wettbewerb ziehen auch Kinder- und Jugendfilme, DEFA-Filmreihen, Hommagen an ein Gastland sowie Lesungen und Konzerte jedes Jahr rund 15 000 Besucher an.

Mecklenburgisches Freilichtmuseum

#13 TRIER

Eine keltisch-germanische Siedlung war der Ursprung. Die Römer machten im Jahr 15 v. Chr. eine Etappenstadt daraus, denn der Ort lag äußerst günstig dort, wo wichtige Fernwege sich kreuzten. Aus heutiger Sicht kaum zu glauben: In Trier stehen noch heute Bauwerke, die zur Zeit der ersten wirtschaftlichen Blüte entstanden sind. Das war im zweiten Jahrhundert! Es handelt sich um die berühmte Porta Nigra ebenso wie um eine Brücke über die Mosel. Im Mittelalter übernahmen die Bischöfe das Regiment. Als Trier Ende des 18. Jahrhunderts in französische Hände fiel, brachte dies eine Zeit der Erneuerung. Wer heute nach Trier kommt, kann all diesen Zeiten nachspüren, denn sie haben überall Spuren hinterlassen. Zehn dieser Spuren hat die UNESCO in ihre Welterbe-Liste aufgenommen.

● TRIERER DOM

Im Stadtzentrum erhebt sich der Dom an einem Ort, der schon vor ihm sakrale Bauten beherbergt hat. Die erste Basilika wurde um 320 fertiggestellt. Steinerne Zeugen davon traten bei Ausgrabungen zutage und können unter der Dom-Information besichtigt werden. Es folgten Umbauten. Auch Zerstörung blieb dem Gotteshaus nicht erspart. Wichtigste Reliquie ist der heilige Rock, der Leibrock Jesu, den Helena, die Mutter Kaiser Konstantins, nach Trier brachte.

LIEBFRAUENKIRCHE

Die älteste gotische Kirche Deutschlands gehört zum Dom. Kaiser Konstantin stiftete nämlich eine Doppelkirchenanlage, die erst 1803 endgültig in den Dom und die Liebfrauen-Basilika getrennt wurde. In der ersten Hälfte des 13. Jahrhunderts schufen gotische Baumeister aus Frankreich dieses außergewöhnliche Kunstwerk. Der Grundriss der Pfarrkirche hat die Form einer zwölfblättrigen Rose. Die Säulen und Fenster sind hoch und schlank.

MUSEUM AM DOM TRIER

1904 wurde neben dem Dom das Diözesanmuseum eröffnet. Seit 2010 trägt es den Namen Museum am Dom Trier. Es ist in der einstigen Königlich-Preußischen Haftanstalt untergebracht, die einige Modernisierungen erfuhr, bevor man in den 1980er-Jahren die Ausstellung eröffnete. Zu ihr gehören beispielsweise Deckengemälde, die unter dem Dom entdeckt wurden und aus der Spätantike stammen. Außerdem Grabdenkmäler von heidnischen Reliefplatten bis zu aufwendigen christlichen Grabstätten. Nicht weniger interessant sind die Ikonensammlung, die Kirchturmhähne und die liturgischen Gewänder.

MITTELALTERLICHER HAUPTMARKT

Ein großer Platz mit Kopfsteinpflaster, wunderbar herausgeputzte mittelalterliche Häuser, ein prächtig gestalteter Brunnen, so präsentiert sich Triers Hauptmarkt. Bis 882 lag dieser am Fluss, wurde dann aber verlegt, woran das Marktkreuz erinnert. Der Brunnen von 1595 zeigt den heiligen Petrus, Schutzpatron der Stadt, sowie die vier Tugenden Gerechtigkeit, Klugheit, Stärke und Mäßigkeit. Vom Markt hat man direkten Zugang zum Dom, auch das weiße, mit Zinnen geschmückte Repräsentationshaus des Stadtrates ist hier zu finden.

PORTA NIGRA

Die unbestritten wichtigste Sehenswürdigkeit und Wahrzeichen von Trier ist die Porta Nigra. Die Jahrtausende haben dem Bau aus Sandstein ein sprödes, beinahe schwarzes Gesicht gemalt. Zu drei Stockwerken schichteten die Römer etwa im Jahr 180 mächtige Quader zu einer Stadtmauer auf. Die Porta Nigra, die »schwarze Tür«, war das nördliche Stadttor. Es war allerdings vielmehr eine eindrucksvolle Torburg. In deren Ostturm ließ sich 1028 der griechische Einsiedler Simeon einmauern. Zu seinem Gedenken errichtete man im Tor eine Doppelkirche, die Napoleon jedoch wieder beseitigen ließ. Nur Spuren davon sind geblieben.

Die römische Porta Nigra ist das Wahrzeichen der Moselstadt.

TRIER

WARUM IM FRÜHLING?

Tagelang laufen die Vorbereitungen, dann ist es endlich so weit: Der Trierer Ostermarkt geht los! Vier Tage lang kann man sich mit Osterschmuck eindecken, über Handwerk fachsimpeln, den ersten Wein des Jahres kosten, exotische und einheimische Frühlingsblumen beschnuppern oder den verkaufsoffenen Sonntag zum ausgiebigen Shoppen nutzen. Auch die Natur legt sich in Frühling wieder mächtig ins Zeug und so erblühen die Moselufer erst hellgrün und dann bunt. Und endlich wird das sanfte Murmeln des Wassers bei einer Schifffahrt nicht mehr vom Zähneklappern übertönt.

KONSTANTIN-BASILIKA

Als das monumentale Gebäude zu Beginn des 4. Jahrhunderts entstand, war es nicht als Sakralbau geplant. Kaiser Konstantin ließ sich vielmehr einen Thronsaal erschaffen, der Zeichen seiner unermesslichen Macht sein sollte. Kein Zweifel, dass ihm das gelungen ist. Noch heute stockt einem der Atem, wenn man den größten säulenlosen Raum der Welt, der aus der Antike erhalten ist, betritt. Nach umfangreichen Restaurierungsarbeiten wurde das Gebäude 1856 erstmals zur evangelischen Kirche geweiht und gehört heute zum Welterbe.

RHEINISCHES LANDESMUSEUM

Natürlich hat die Zeit der Römer im größten Museum der Stadt Trier einen Schwerpunkt. Doch das ist längst nicht alles. Man rühmt sich damit, Kunst, Kultur, Wirtschaft und Alltag der ersten vier Jahrhunderte so umfassend darzustellen, wie es nirgends sonst in Deutschland getan wird. Unter den Exponaten ist der Trierer Goldschatz im Münzkabinett eines der spektakulärsten. Wer sich für die Frühzeit interessiert, kommt in den 19 Ausstellungssälen ebenso auf seine Kosten wie die Anhänger der Fürstenzeit.

AMPHITHEATER

Das Theater der römischen Siedlung ist sogar noch älter als die Porta Nigra. Es war dazu ausgelegt, rund 20 000 Besuchern Platz zu bieten. Das zeigt, welche Größe die Stadt damals schon hatte. Im Mittelalter als Steinbruch benutzt, sind heute nur noch die Kampfarena und die unterirdischen Räume zu sehen.

KAISERTHERMEN

Drei römische Bäder gab es insgesamt in Trier. Die Kaiserthermen sind die jüngste Anlage. Ihr ist das Schicksal erspart geblieben, im Mittelalter als Steinbruch zu enden. Die Menschen haben sie stattdessen einfach als Ganzes in ihre neue Stadtbefestigung einbezogen. Ab dem 19. Jahrhundert wurden die ursprünglichen Teile freigelegt. Bei einem Besuch kann man heute bestens nachvollziehen, wie die Römer gebadet haben. Kaltbad und Warmbadesaal sind ebenso zu bestaunen wie die unterirdischen Betriebsgänge.

Links oben: Im Frühling blühen die Magnolien im Trierer Palastgarten.

Links unten: Römische Mosaiken wie dieses sind im Rheinischen Landesmuseum zu bewundern.

TRIER

Rechts: Was für ein Kontrast – die reich verzierte Rokokofassade des Kurfürstlichen Palais vor der schlichten romanischen Konstantin-Basilika.

KARL-MARX-HAUS
In dem Anfang des 18. Jahrhunderts erbauten Barockgebäude in der Brückenstraße kam Karl Marx zur Welt. Erst 1904 besann man sich dieser Tatsache und plante eine Gedenkstätte. Bis zur Eröffnung – durch die Nationalsozialisten beinahe verhindert – dauerte es viele Jahre. Seit 1947 stellt das Geburtshaus nun den Verfasser von »Das Kapital«, den Philosoph und Gesellschaftskritiker, seine Zeit, seine Weggefährten und natürlich auch seine Gegner vor.

BARBARATHERMEN
Die Römer waren für ihre Thermen bekannt, die auf erstaunlich moderne Art betrieben und vor allem beheizt wurden. Die im 2. Jahrhundert erbaute Anlage, heute ebenfalls UNESCO-Welterbe, besticht durch ihre monumentale Größe, sie gilt als größte Therme außerhalb Roms. Leider haben auch ihr die Menschen im Mittelalter Steine entnommen, die sie für Neubauten benötigten. Eine Besichtigung des Kellergeschosses ist trotzdem möglich. Das Fußbodenheizungssystem ist erhalten und kann besichtigt werden.

RÖMERBRÜCKE
Immerhin fünf von sieben Brückenpfeilern stammen noch aus der Römerzeit. Kein Wunder, dass sie nicht nur als älteste Brücke Deutschlands, sondern sogar als älteste – noch immer genutzte – Brücke nördlich der Alpen gilt. Täglich rollen Autos über das Baudenkmal, dessen Ursprünge auf das Jahr 16 v. Chr. zurückgehen. Ihr Aussehen hat die Brücke im Lauf der Zeit natürlich mehrfach verändert. Französische Soldaten haben sie 1689 bei einer Sprengung stark zerstört. Ein Kruzifix und die Statue des heiligen Nikolaus erinnern an den Wiederaufbau im Jahr 1718. In der ersten Hälfte des 20. Jahrhunderts erfolgte eine Verbreiterung.

DRACHENHAUS
Der hufeisenförmige Bau im Stil des Klassizismus ist ein Beispiel jüngerer Baugeschichte. Von Oberbürgermeister Wilhelm von Haw erbaut, sollte er Wirtschaftsräume beherbergen. Wenige Jahre später wurde ein Försterhaus daraus. Auch in heutiger Zeit ist die Revierförsterei hier beheimatet. Den Namen verdankt das Drachenhaus zwei Wasserspeiern, die ursprünglich ein älteres Haus in der Trierer Innenstadt zierten.

AUSGEHEN

ZUM DOMSTEIN // Kaum ein anderes Restaurant verleiht der Geschichte Triers mehr Nachdruck. Denn ein Teil der Gerichte wird nach der ältesten überlieferten Rezeptsammlung der römischen Antike, dem »De re coquinaria«, zubereitet.
// www.domstein.de

BECKER'S // Gourmetküche ohne Schnickschnack. Sterne-Chef Wolfgang Becker kombiniert in seinen Menüs gern ungewöhnliche Aromen zu kreativen Kompositionen mit Liebe zum Detail.
// www.beckers-trier.de

CHRISTIS // Von vielen wird es als das beste Eiscafé in Trier gelobt und schon lange ist das Christis kein Geheimtipp mehr. Hausgemachtes Eis ohne Farb- und Aromastoffe, dazu köstlicher Kaffee.
// www.christis-trier.de

IGELER SÄULE

Acht Kilometer südlich der Stadt steht ein Sandstein-Denkmal. Man muss ein wenig danach schauen, denn im Laufe der Zeit wurden Häuser recht dicht danebengesetzt und Bäume wuchsen es zu. Der 23 Meter hohe Pfeiler ist das Grabmonument einer römischen Tuchhändlerfamilie. Etwas bequemer kann man die Kopie in Originalgröße im Rheinischen Landesmuseum betrachten.

ÜBERNACHTEN

HOTEL VILLA HÜGEL // Schmucke Jugendstilvilla in ruhiger Lage, dennoch zentral, mit Wellnessbereich, reichhaltigem Frühstück, Teatime und Abendrestaurant, angrenzend zusätzlich ein haustier- und kinderfreier Neubau – viele Wünsche bleiben hier nicht offen.
// www.hotel-villa-huegel.de

ANTE PORTA // Besonders zu empfehlen ist dieses sehr zentrale Hotel für kurze Städtetrips, bei denen man sich abends über ein gemütliches Bett und morgens über ein gutes Frühstücksbüfett freut. Die Einrichtung ist modern, der Service zuvorkommend und das Verhältnis zum Preis stimmt.
// www.hotel-anteporta.de

HOTEL WEIS // Die Region ist nicht unwesentlich für den Weinanbau bekannt, warum nicht also auf einem Weingut nächtigen? Eine gute Adresse dafür ist das familiengeführte Hotel Weis im eigenen Weingut vor den Toren der Stadt.
// www.hotel-weis.de

SHOPPING

GALERIE KASCHENBACH
Hierher kommt, wer gern besondere Kunstwerke betrachten und sie noch lieber mit nach Hause nimmt. Zu finden in der Neustraße.
// www.galeriekaschenbach.de

LANDESMUSEUM SHOP
Der Shop bietet originalgetreue Repliken von Exponaten des Rheinischen Landesmuseum Trier von Silbernadeln bis archäologische Fundstücke sowie Münzkopien römischer Kaiser und mehr.
// www.landesmuseum-trier.de

SAMSTAGSMARKT
Frisches Obst und Gemüse, Wurst und Käse, regionale Produkte, Schmuck, Kinderspielzeug und Kleidung findet man jeden Samstag auf dem Domfreihof.

AUSFLÜGE

● BERNKASTEL-KUES
Seit der Geheimrat Julius Wegeler im Jahr 1900 für eine Weinparzelle am Bernkasteler Doctorberg 100 Goldmark pro Rebstock zahlte, gilt der Weinberg oberhalb des Doppelstädtchens Bernkastel-Kues als der teuerste Deutschlands. Neben den Weinen gibt es natürlich noch mehr Gründe für einen Ausflug in das Weindoppelstädtchen an der Mosel: Die mittelalterliche Altstadt lockt mit ihren romantischen Gassen und Fachwerkhäusern. Von der Burgruine Landshut über den Weinbergen ist die Aussicht auf das Moseltal einfach hinreißend. Auch an Aktivitätsangeboten mangelt es nicht: Wie wär's mal mit Genusswandern durch die Weinberge oder auf dem Moselsteig.

TRIER

AUF KEINEN FALL VERPASSEN

○ MIT DEM RAD AN DER MOSEL ENTLANGFAHREN

Weinberge zur Rechten und Linken und trotzdem ein flacher Wegverlauf: Wer direkt am Moselufer Rad fährt, der umgeht starke Steigungen. Muskelschonend kann auch die Rücktour angetreten werden – einfach das Rad in den Bus oder die Bahn packen. Besonders schön ist die Premium-Radroute Mosel-Radweg mit ihren 275 Kilometern. Fahrradverleih-Stationen gibt es in fast allen Städten, E-Biker finden ein dichtes Netz an Ladestationen für ihr Gefährt. Und wer einmal etwas ganz anderes ausprobieren möchte, unternimmt eine Liegeradtour.

○ DEN WEINKULTURPFAD BEGEHEN

Trier ist die Weinhauptstadt von Rheinland-Pfalz. Beim Amphitheater beginnt ein gut eineinhalb Kilometer langer Kulturlehrpfad, der über den Anbau und die verschiedenen Rebsorten über die Lese bis hin zur Verarbeitung informiert. Der Pfad endet in Olewig mit einer Kellerbesichtigung, bei der verkostet werden darf.

○ IM PALASTGARTEN LUSTWANDELN

Trier hat nicht nur versteinerte Geschichte zu bieten, sondern auch ein grünes Herz. Direkt neben dem Rheinischen Landesmuseum liegt der barock gestaltete Palastgarten. Er diente den Kurfürsten im 17. und 18. Jahrhundert als Park. Nun erholen sich Trierer und Besucher auf den weitläufigen Rasenflächen.

○ DURCH DIE LÜFTE SEGELN

Gleitschirmfliegen, Fallschirmspringen, Segelfliegen oder Ballonfahren – die hügelige Landschaft bietet sich für viele Sportarten in der Luft an. Wer nicht nur die bunten Fluggeräte mit den tollkühnen Paraglidern ansehen will, sondern es selbst ausprobieren möchte, der kann entsprechende Kurse buchen. In Traben-Trarbach gibt es einen Segelflugplatz, in Schweich eine Gleitschirmschule und in Trier einen Fallschirmsportclub (www.fallschirmsportclub-trier.de).

○ EINE WEINPROBE MACHEN

Schon die Römer wussten die guten Tropfen der Region zu schätzen. In Trier kann vor allem der Riesling verkostet werden, aber auch andere Sorten, die an den Hängen der Umgebung gedeihen, stehen zum Probieren bereit. Diverse Veranstalter bieten einen Strauß an Weintastings und Touren wie »Weinwalk«, »Kellergeister«, »Rassiger Riesling« oder »Kellerentdeckerführung im ältesten Weinkeller Deutschlands«.

Magnolien – verschwenderische Frühlingsboten im Palastgarten.

SOMMER

Sommer, Sonne, Bodensee – der größte See Deutschlands bietet alles, was den Sommer vergnüglich macht: Badefreuden, Wassersport, Abenteuer und Kulturgenuss.

#14 BAMBERG

Nur wenige Städte haben eine so vielfältige Topografie aufzuweisen wie das »fränkische Rom«, das in seinem als Welterbe anerkannten Zentrum von den Armen der Regnitz malerisch eingefasst wird und sich im Westen über sieben Hügel erstreckt. Während sich zwischen den Regnitzarmen die alte Bürgerstadt ausbreitete, war der hügelige Westen von alters her die Bischofsstadt. Malerisch verbunden sind sie durch das schöne Alte Rathaus, das mitten in die Regnitz gesetzt wurde. Von hier aus hat man den vielleicht fotogensten Blick der Stadt auf die direkt ans Wasser gebauten Häuser von »Klein Venedig«. Jedes Jahr im August findet hier das Fischerstechen statt. Bekannt ist Bamberg aber nicht nur für seine Altstadt und seine Kirchen, sondern auch für seine vielen alten Brauereien. Das Brauhaus »Schlenkerla« in der Dominikanerstraße mit seinem Rauchbier gehört zu den größten Attraktionen, doch die Einheimischen zieht es in der Regel eher auf die »Keller«, wie sich die oberhalb der einstigen Kühlkeller angelegten Biergärten auf dem Stephans- und dem Kaulberg nennen.

Links: An einem lauen Sommerabend kann man bei einem Stadtspaziergang das Alte Rathaus an der Regnitz bewundern.

Oben: Aus dieser Perspektive sticht der Dom (links) ins Auge; aber auch das St.-Michaelskloster (Mitte) und das Alte Rathaus (rechts) sind markante Bauwerke.

● **ALTSTADT**

Die Altstadt von Bamberg umfasst sowohl die Domstadt wie das Zentrum zwischen den beiden Regnitzarmen. Dort findet man um mehrere aneinandergereihte Plätze schöne barocke Gebäude, viele davon von der Familie Dientzenhofer erbaut wie die St.-Martins-Kirche, das Naturkundemuseum im ehemaligen Jesuitenkolleg oder das Neue Rathaus.

ALTES RATHAUS

In gleicher Weise, wie das auf einer künstlichen Insel in der Regnitz errichtete Bamberger Rathaus mit der Unteren und der Oberen Brücke die beiden Stadtteile Bergstadt (Bischofsstadt) und die Inselstadt (Bürgerstadt) miteinander verbindet, vereint es zwei Baustile, die unterschiedlicher nicht sein könnten: Zum barock gestalteten Hauptgebäude kontrastiert markant der südlich an den Torturm angebaute gotische Fachwerkbau des Rottmeisterhäuschens. Ein Blickfang des auf das 15. Jahrhundert zurückgehenden Hauptbaus sind die Fresken an den Längsseiten, die der Fassade durch ihre Scheinarchitektur räumliche Wirkung verleihen. Innen beherbergt der im Kern gotische, später barock umgestaltete Bau einen herrlichen Rokokosaal sowie die bedeutendste Fayence- und Porzellansammlung Deutschlands.

ALTE HOFHALTUNG

Die im 16. Jahrhundert anstelle der Königspfalz errichteten Wirtschaftsgebäude der Fürstbischöfe bestechen durch ihren schönen Fachwerkinnenhof, der von einer doppelten (blumengeschmückten) Balkongalerie umgeben

BAMBERG

WARUM IM SOMMER? Ob man zu den Abenteuerlichen gehört, die sich ihre Abkühlung direkt in der Regnitz holen, oder zu den üblichen Besuchern, die sich lieber in einer Gondel über das Wasser bewegen – Bamberg ist schon allein seines Flusses wegen ein absolutes Sommerziel. Und dann sind da noch die vielen Feste, die man nicht verpassen darf. Dazu zählt das große Volksfest im August, die Sandkerwa, auf hochdeutsch »Sandkirchweih«. Einen Monat früher lädt das Internationale Straßen- und Varietéfestival »Bamberg zaubert« ein, bei dem Straßenkünstler, Jongleure und Musikbands auftreten und natürlich ganz viel gezaubert wird! Und im Residenzschloss Geyerswörth kann man Kino unter freiem Sternenhimmel genießen.

ist. Jeden Sommer finden hier Open-Air-Aufführungen des Stadttheaters statt.

HISTORISCHES MUSEUM
Im Historischen Museum in der Alten Hofhaltung lässt sich die bewegte Stadtgeschichte nacherleben. Dazu gehört auch eine Galerie, in der unter dem Motto »Von Lucas Cranach über Pieter Brueghel zu Otto Modersohn« 100 Meisterwerke aus sieben Jahrhunderten Malerei präsentiert werden.

NEUE RESIDENZ
»Schönbornzeit« – damit wird in ganz Franken das Barockzeitalter bezeichnet, in dem die Bischöfe des Hauses Schönborn die Kunstlandschaft nachhaltig prägten. Im Mittelbau der Neuen Residenz, die Fürstbischof Lothar Franz von Schönborn in den Jahren von 1695 bis 1703 anstelle eines Vorgängerbaus aus der Zeit um 1600 errichten ließ, werden den Besuchern heute die Prunkräume der fürstbischöflichen Hofhaltung präsentiert. Allen voran der Kaisersaal im zweiten Obergeschoss, dessen Scheinarchitektur verwirrt und zugleich fasziniert. Eine Räumlichkeit wird vorgetäuscht, Illusionen über Plastizität und Perspektiven werden geschaffen. Beeindruckend ist auch das Programm der üppigen Ausmalung durch den Künstler Melchior Steidl, das in der Verherrlichung des »guten Re-

Oben: Die Neue Residenz beherbergt wahre Schätze räumlicher Gestaltung, herausragend dabei der Kaisersaal mit Fresken.

Links: Fast wie in Venedig kann man sich bei einer Gondelfahrt auf der Regnitz fühlen.

Rechts: Morgens ist es noch ruhig in den Altstadtstraßen von Bamberg.

giments« im Deckengemälde gipfelt, einer Hommage an das Haus Habsburg. Unbedingt besuchen sollte man den frei zugänglichen Rosengarten hinter der Residenz. Hier kann man wunderbar verweilen und die herrliche Aussicht über Stadt und Umland genießen.

STAATSGALERIE IN DER NEUEN RESIDENZ

Die Bamberger Dependance der Bayerischen Staatsgalerie umfasst vor allem Meisterwerke aus der deutschen Spätgotik und Frührenaissance sowie barocke Œuvres, die teils auch in barocker Hängung präsentiert werden. Ein Highlight ist Hans Baldung Griens »Sintflut«.

DOM

Neben den Dombauten von Worms, Mainz und Speyer zählt Bambergs Domkirche St. Peter und Georg mit ihren vier schlanken Türmen und den beiden gegenüberliegenden Chören zu den bedeutendsten Kirchen des deutschen Mittelalters. Ein Besuch lohnt nicht nur wegen des berühmten »Bamberger Reiters«, einer monumentalen Steinplastik des 13. Jahrhunderts. Der Marienaltar von Veit Stoß (1523) zählt ebenso wie die reich geschmückten Chöre mit ihren filigranen Gewölbekonstruktionen zum kostbaren Inventar des Doms. Der alte Kaiserdom wartet mit einem schönen frühgotisch-schlichten, doppelchörigen Raum und viel sehenswertem Figurenschmuck auf.

KLOSTER MICHELSBERG

Das einstige Benediktinerkloster ist auch heute noch ein imposanter Anblick. Auf alle, die den Aufstieg wagen, warten Brauereimuseum, Café und Biergarten mit wunderbarer Aussicht und eine interessante Klosterkirche, deren Kreuzgewölbe mit fast 600 verschiedenen Pflanzen ausgemalt ist. Sehenswert sind auch das Grab des heiligen Otto mit Durchschlupf und die barocke Heilig-Grab-Kapelle.

FRÄNKISCHES BRAUEREIMUSEUM

Als Stadt mit großer Biertradition hat Bamberg auch ein Brauereimuseum, das in den Gewölben des ehemaligen Benediktinerklosters Michelsberg untergebracht ist und alle Stationen der Bierherstellung umfasst.

AUSGEHEN

ECKERTS // Einen besseren Start in den Tag als im Eckerts kann man gar nicht haben: Auf der Terrasse sitzen vor einem guten Frühstück und mit dem direkten Ausblick aufs Wasser der Regnitz. Herrlich!
// www.das-eckerts.de

KAWENZMANN // Bamberg ist eine der angesagtesten Barstädte, da fällt die Auswahl auch mal schwer. Wer auf Rum, südländisches Flair und absolut natürliche Zutaten steht, sollte die neue Tiki-Location Kawenzmann austesten.
// www.facebook.com/Kawenzmann

KROPF // Die Preise spielen in der oberen Liga, dafür haben die regionalen Menüs, auch reine vegetarische, hohe Qualität und viel Geschmack und Frische.
// www.kropf-restaurant.de

ALTENBURG

Gut zwei, allerdings steile Kilometer führen durch den Wald zur Altenburg. Doch sowohl die schöne Burg als auch die herrliche Aussicht belohnen für die Mühen, auch wenn die Bausubstanz größtenteils nicht aus dem Mittelalter stammt, sondern die Altenburg im 19. Jahrhundert wiederaufgebaut wurde. Außerdem gibt es eine Gaststätte, die zur Stärkung einlädt. Der Schriftsteller E. T. A. Hoffmann, der von 1808 bis 1813 in Bamberg lebte, fühlte sich von den Schlossruinen inspiriert und lebte zeitweilig in einem der Wehrtürme. Auch heute noch trägt eine Klause seinen Namen. In ihr beschmierte er einst die Wände mit humoristischen Karikaturen von Bamberger Persönlichkeiten.

ÜBERNACHTEN

BOUTIQUE HOTEL VILLA KATHARINA
// In ruhiger Lage und dennoch unweit der Altstadt, besticht das Hotel durch das sehr gute Frühstück, einen kleinen Pool und die stylische Einrichtung der Zimmer.
// www.villa-katharina-bamberg.de

HOTEL WOHNBAR // Individuell und weiträumig eingerichtete Apartements vermitteln hippes, cooles Wohnambiente. Ökostrom und Biofrühstück sind selbstverständlich. Die Lage in einer Seitenstraße im Zentrum ist perfekt.
// www.wohnbar-bamberg.de

WELCOMEHOTEL RESIDENZSCHLOSS BAMBERG // Hier treffen Barock und Moderne aufeinander und bilden eine Komposition, die romantisch und praktisch zugleich ist. Da darf man sich gern dem Ort angemessen wie ein König fühlen. Zentral am Regnitzufer gelegen und mit Wellness-Angebot ausgestattet.
// www.welcome-hotels.com/hotels/residenzschloss-bamberg/

SHOPPING

FRAU FISCHER
Kreatives, Designtes und Handgemachtes von diversen Anbietern – hier findet man sicher ein neues Lieblingsstück oder Mitbringsel.
// www.frau-fischer.com

BIEROTHEK
Bamberg ist Bierstadt – logisch, dass es da auch einen Laden gibt, der sich ganz auf Hopfen und Malz konzentriert. In der Bierothek bekommt man rund 350 verschiedene Sorten, regionale und internationale.
// www.bierothek.de/stores/bamberg

AUSFLÜGE

● **SCHLOSS SEEHOF**
Etwas außerhalb von Bamberg bei Memmelsdorf liegt in einem großen Garten die ehemalige Sommerresidenz der Bamberger Fürstbischöfe. Schloss Seehof entstand ab 1686 nach Plänen des oberitalienischen Architekten Antonio Petrini. Unter Fürstbischof Lothar Franz von Schönborn kam die einst grandiose Gartenanlage mit ihren Fontänen, Lustwäldchen und dem Heckentheater hinzu. Später wurde sie ergänzt durch Wasserspiele mit reichem Figurenschmuck. Diese sind nach der Restaurierung wieder erlebbar. Im Schloss sind neun Schauräume für Besucher zugänglich.

BAMBERG

AUF KEINEN FALL VERPASSEN

○ **DEM »BAMBERGER REITER« IM DOM EINEN BESUCH ABSTATTEN**
Ein Besuch des Doms lohnt auch wegen des berühmten »Bamberger Reiters«, einer monumentalen Steinplastik aus dem 13. Jahrhundert. Sie wurde von unbekannten Meistern aus Frankreich aus Schilfsandsteinblöcken geschaffen und stellt vermutlich König Stephan I. von Ungarn oder König Philipp von Schwaben dar.

○ **SICH IM E.T.A-HOFFMANN-HAUS AUF DIE SPUREN DES DICHTERS BEGEBEN**
In Hoffmanns einstigem Wohnhaus am Schillerplatz residiert heute die E.T.A.-Hoffmann-Gesellschaft, die sich dem Erbe des Künstlers widmet. Dazu gehören wechselnde Ausstellungen, die sich mit einzelnen Stücken und Erzählungen, seinem grafischen Werk und der Rezeption seines Schaffens befassen.

○ **IM ROSENGARTEN DER NEUEN RESIDENZ LUSTWANDELN**
Der Barockgarten der Neuen Residenz erblüht im Sommer und zeigt sich in seinem schönsten Kleid. In über 70 Beeten, die von Buchshecken eingerahmt sind, versprühen über 4500 Rosenbüsche ihren intensiven Duft und ihre wundervolle Blütenpracht leuchtet in sämtlichen Rosa-, Pink- und Rottönen.

○ **DIE BAMBERGER BIERKULTUR KENNENLERNEN**
Dem heiligen Laurentius, dem Braupatron der Bamberger, ist es wohl zu verdanken, dass die Stadt neun Privatbrauereien besitzt, und dass die Brauereidichte des Umlands ihresgleichen sucht. Seit mehr als 1000 Jahren wird der edle Braustoff in der Stadt erzeugt. Am besten genießt man Bamberger Bier in einer der vielen historischen Brauereigaststätten oder in einem der urigen Bierkeller.

○ **BAMBERGER HÖRNLA GENIESSEN**
Das an ein Croissant erinnernde Hörnchen hat Kultstatus! Es sollte bei einer Kaffeepause auf keinen Fall fehlen. Seit 1878 gibt es das Bamberger Original schon. 2003 gewann es den Goldenen Preis der Landwirtschaftsgesellschaft.

Der Rosengarten in der Neuen Residenz.

#15 BODENSEE

Dass ihn manche liebevoll als »Deutschlands größte Badewanne« bezeichnen, hat gleich zwei Gründe: Der Bodensee ist mit einem Wasservolumen von rund 48 Kubikkilometer der größte See des Landes. Tatsächlich nutzen jährlich Hunderttausende Feriengäste die beliebte und abwechslungsreiche Seeregion für Aktiv- und Badeurlaub. Das Seewasser ist so sauber, dass es über 20 Gemeinden bis nach Stuttgart täglich mit Trinkwasser versorgt. Den größten Anteil am See haben Baden-Württemberg und Bayern am Nordufer, gefolgt von der Schweiz am Südufer und Österreich am Ostufer. Mit seinen 63 Kilometer Länge wirkt sich die Erdkrümmung bereits mit 42 Meter Höhenunterschied aus, sodass die Konstanzer selbst bei klarer Sicht Bregenz nicht mehr sehen können und umgekehrt.

Oben: Jugendstilfassaden zieren die Seestraße in Konstanz. Die Stadt ist nie in einem Krieg zerstört worden und besitzt noch eine intakte Altstadt.

Links: Die Blumeninsel Mainau mit ihrem jahreszeitlich wechselnden Blumenschmuck ist eine der größten Attraktionen am Bodensee.

KONSTANZ

Die Universitätsstadt Konstanz mit ihrer intakten mittelalterlichen Altstadt ist die einzige deutsche Stadt am Südufer des Sees und direkt an der Grenze zur Schweiz. Sie ist nicht nur die größte Stadt am See, sondern auch lebendiges Kulturzentrum. An der Hafeneinfahrt grüßt die Imperia und erinnert an die bewegte Geschichte von Konstanz. Im Münster mit seinem dominanten Turm und im Konzilgebäude im Hafen tagte von 1414–1418 das europäisch ausgerichtete Konzil, das mit der Wahl eines neuen Papstes das »Abendländische Schisma« der katholischen Kirche beendete. Im ältesten Teil der Stadt, der Niederburg, einst Wohnsitz von Kaufleuten und Handwerkern, prägen heute urgemütliche historische Weinstuben, Künstlerateliers und Werkstätten das Bild in den verwinkelten Gassen. Am besten lässt sich die Altstadt zu Fuß, die Umgebung dagegen per Rad erkunden. Leihfahrräder sind an vielen Stationen erhältlich. Mit Bus- und Autofähre oder der Weißen Schiffsflotte und dem Katamaran kommt man von hier (fast) überallhin – schnell und bequem.

INSEL MAINAU

Die Blumeninsel Mainau ist eine der größten Attraktionen am Bodensee, vor allem wenn im Frühjahr mehrere Hunderttausend Osterglocken und Tulpen die Mainau in allen Farben zum Leuchten bringen, gefolgt von einem Rosen- und Dahlienmeer im Sommer und Herbst. Mittendrin auf dem Hügel thront das Barockschloss der gräflichen Familie Bernadotte. Spektakulär ist auch die jährliche Orchideenschau (April bis Anfang Mai) im Palmenhaus. Im Schmetterlingshaus flattern übers Jahr buntschillernde Exoten durch das tropische Wäldchen. Auf dem Abenteuerspielplatz und an der

BODENSEE

WARUM IM SOMMER? Ganz klar – weil man im Sommer sein Wochenende nicht nur am See, sondern auch im See genießen kann! Schwimmen, segeln, surfen, alles ist jetzt möglich, bei einer durchschnittlichen Wassertemperatur von bis zu 23 Grad. Die Blumeninsel Mainau ist übersät von bunten Blüten, die Uferpromenaden lassen sich am besten mit einem köstlichen Eis in der Hand erschlendern. Auch zahlreiche Veranstaltungen draußen sind geboten, vom Kulturufer in Friedrichshafen über das Seenachtfest in Konstanz bis zu den Festspielen auf der weltgrößten Seebühne bei den Nachbarn in Bregenz. Wer gern Höchstleistung bringt oder einfach gern andere anfeuert, sollte zum Radmarathon kommen, bei dem der See an einem Tag umrundet wird.

Nutztierfarm haben Kinder ihren Superspaß. Man kann gut einen halben Tag und länger auf der Insel verweilen, sich in diversen Mainau-Restaurants stärken oder an Uferwegen mit Seepanorama picknicken. Mit nachhaltigen und Umweltaktionen wollen die Bernadottes zeigen, wie sehr es sich lohnt, die Natur zu schützen.

INSEL REICHENAU

Bereits die Anreise ist eine Attraktion. Wenn man die lange Pappelallee, die die Insel Reichenau mit dem Festland verbindet, passiert, fühlt man sich in der Zeit zurückversetzt. Angesichts der beschaulichen Kulturlandschaft kann man sich kaum vorstellen, dass die Klöster der Reichenau mit ihren drei romanischen Kirchen im 11. Jahrhundert zu den bedeutendsten geistigen und kulturellen Zentren des Heiligen Römischen Reiches gehörten. Heute ist die seit 2000 zum UNESCO-Welterbe gehörende Insel von Gemüse- und Weinbau, gemütlichen Ferienunterkünften und idyllischen Landstrichen geprägt. Zehn Kilometer Uferwege verbinden die drei Ortsteile und sind ein beliebtes Ziel für Radtouren. Im naturgeschützten Ried kann man bis zu 300 Vogelarten beobachten und der Naturschutzbund NABU mit seinem neuen Zentrum beim Bahnhof Reichenau auf dem Festland bietet dafür interessante Führungen an.

RADOLFZELL

Facettenreich zeigt sich die Bodenseelandschaft in und um Radolfzell: Riedflächen, Mischwälder und Naturseen, dazu Streuobstwiesen und mehrere Naturschutzgebiete bieten Vogel-, Tier- und Pflanzenarten wertvolle Lebensräume. Mit der Verleihung des Stadtrechts im Jahr 1267 nahm der Aufschwung der einstigen kleinen Fischer- und Weinbauernsiedlung seinen Anfang. Das mittelalterliche Münster ist das markante Wahrzeichen der Stadt, mit dem höchsten Kirchturm am gesamten Bodensee.

ÜBERLINGEN

Überlingen wird auch gern als »badisches Nizza« bezeichnet. Das liegt nicht nur an der längsten Bodensee-Uferpromenade, sondern auch am mediterranen Klima auf der Sonnenseite des Bodensees. Nicht nur seit der Landesgarten-

Die gemütliche Insel Reichenau und ihre beschauliche Kulturlandschaft kann man wunderbar mit dem Fahrrad umrunden.

schau 2021 in Überlingen blüht und grünt es allerorten. Neben herrlichen Parks und Gärten lohnt in dem gepflegten Kurstädtchen auch die schöne Therme mit ihrem Wellnessangebot einen Besuch, ebenso das gotische Münster und sein holzgeschnitzter Altar von 1613 sowie nebenan der samstägliche Bauernmarkt. Den Bodensee als ständigen Begleiter kann man auch auf dem landschaftlich und kulturell reizvollen Premiumwanderweg SeeGang genießen, der über eine aussichtsreiche Strecke von 53,2 Kilometer von Überlingen über den Bodanrück nach Konstanz führt. Eine kürzere, aber steile Wanderung führt von Sipplingen zum Haldenhof und zum fantastischsten Aussichtspunkt am Bodensee.

AUSGEHEN

KONSTANZ: SEERESTAURANT IM INSELHOTEL // Die Aussicht von der Seeterrasse über den See ist nicht zu toppen. Die internationale Küche ist ausgezeichnet. Wer nur die Aussicht genießen möchte, geht in den hippen Biergarten nebenan.
// www.steigenberger.com

UHLDINGEN: SEEHALDE // Einem romantischen Abendessen auf der Terrasse direkt am Wasser steht hier nichts im Wege. Die kreative Küche bietet Fisch- und regionale Spezialitäten in erlesener Qualität.
// www.seehalde.de/das-restaurant

FRIEDRICHSHAFEN: V20 // Veganes und vegetarisches Essen aus Biozutaten, das gesund und lecker ist und nicht die Welt kostet, das gibt's im Bistro v20 im Ortsteil Fischbach.
// www.v20-bio-bistro.de

UHLDINGEN

Seit die prähistorischen Pfahlbauten im Alpen- und Voralpenraum 2011 zum Weltkulturerbe erklärt wurden, ist die Seegemeinde auch über die Grenzen der Region hinaus bekannt. Das Pfahlbaumuseum in Unteruhldingen vermittelt in einem rekonstruierten Pfahlbaudorf mit 23 Hütten in einer Art Zeitreise eindrucksvoll, wie die Menschen in verschiedenen Zeitabschnitten der Jungstein- und Bronzezeit am See gelebt haben. Auf eine »nur« hundertjährige Zeitreise nimmt einen das Auto- und Traktormuseum in Uhldingen-Mülhofen mit. Mit seinem gut ausgebauten Rad- und Wanderwegenetz eignet sich Uhldingen auch als idealer Ausgangspunkt für eine herrliche Landpartie mit Blick auf den See und die Alpen.

MEERSBURG

Der romantische Weinort mit seinen mittelalterlichen Gassen, schmucken Fachwerk- und Patrizierhäusern und imposanten Baudenkmälern wie dem Neuen Schloss und der Burg Meersburg liegt direkt am Ufer des Bodensees. Burg Meersburg ist die älteste bewohnte Burg Deutschlands, sie wurde der Überlieferung nach im 7. Jahrhundert erbaut. Im 19. Jahrhundert wohnte hier in ihren letzten Lebensjahren bis zu ihrem Tod die berühmte deutsche Dichterin Annette von Droste-Hülshoff. Ein Besuch im Burgmuseum bleibt garantiert in Erinnerung, kann man doch mehr als 30 historische Räume und sogar das Burgverlies besichtigen. In Meersburg haben einige bekannte Weinkellereien ihr Domizil, in deren Vinotheken man die Weine degustieren kann, so beispielsweise im Staatsweingut und der Gutsschänke nebenan in der Oberstadt oder die Weine vom Winzerverein im Weintreff Unterstadt. Viel Interessantes über Wein am See und in der Welt erfahren Besucher im neuartigen Weinmuseum Vineum Bodensee.

AFFENBERG SALEM

Nur ein paar Kilometer von Salem mit dem Schloss des Markgrafen von Baden entfernt lebt in einem geschützten Waldgebiet seit fast 50 Jahren eine Kolonie von über 200 Berberaffen in fast freier Wildbahn.

FRIEDRICHSHAFEN

Mittlerweile werden hier, wo im Jahr 1900 Graf Ferdinand von Zeppelin erstmals sein Luftschiff aufsteigen ließ, wieder Zeppeline gebaut und auch Rundflüge angeboten. Unbedingt sehenswert ist das Zeppelin Museum, die weltgrößte Sammlung zur Geschichte der Luftschifffahrt, in der auch ein in Originalgröße rekonstruiertes Teilstück der »Hindenburg« gezeigt wird.

LINDAU

Die Lindauer Hafeneinfahrt mit Löwe und Leuchtturm ist fraglos das bekannteste Postkartenmotiv vom Bodensee und Lindau und seine pittoreske Altstadtinsel der Besuchermagnet. Um den Marktplatz gruppieren sich prächtige barocke Bürgerhäuser, darunter das Haus zum Cavazen. Die Touristenströme zieht es an die Seepromenade und in die Shoppingmeile Maximilianstraße mit dem Alten Rathaus. Man kann sich auch wunderbar durch hübsche Gassen vorbei an schnuckeligen Läden, Ateliers und Weinstuben treiben lassen. Ein Highlight ist die Marionettenoper für Erwachsene, im Repertoire die Oper »Zauberflöte« und das Ballettstück »Schwanensee«.

ÜBERNACHTEN

KONSTANZ: HOTEL RIVA // Das in einer Jugendstilvilla residierende Tophotel mit Zwei-Sterne-Restaurant und Dachgartenpool liegt direkt an der Seestraße.
// www.riva-hotel.de

LINDAU: YACHTHOTEL HELVETIA // Das exklusive Wellnesshotel am Hafen bietet diverse Themen- und Designersuiten und Motorjachten zum Übernachten.
// www.hotel-helvetia.com

FRIEDRICHSHAFEN: HOTEL MAIER // Behaglich eingerichtete Zimmer und exzellente Slowfood-Küche mit Bodenseespezialitäten bietet das im Ortsteil Fischbach gelegene Haus.
// www.hotel-maier.de

SHOPPING

BAUERNMÄRKTE UND HOFLÄDEN
Die Menschen um den Bodensee sind stolz auf ihre Region und alles, was die Natur dort hergibt. Das spiegelt sich in einer Vielzahl an Wochen- und Bauernmärkten wider, und auch viele Bauernhöfe, nicht selten rein biologisch, verkaufen ihre Erzeugnisse in eigenen Hofläden.

KONSTANZ: MEGA-FLOHMARKT AM SEE
Über tausend Stände, 14 Laufkilometer, grenzüberschreitend und 24 Stunden rund um die Uhr Einkaufsspaß – zum Konstanzer Flohmarkt im Juni kommen die Leute von weither.   //www.konstanz-info.com

AUSFLÜGE

● **RAVENSBURG**
Die Stadt der »Tore und Türme« liegt nur eine halbe Stunde Autofahrt vom See entfernt. Ihren Beinamen hat sie von den 17 Türmen, jeder davon schaut anders aus. In der Altstadt mit dem Marienplatz sind viele stolze Patrizierhäuser erhalten. Sehenswert sind das aus sechs historischen Häusern zusammengefasste Museum Humpis-Quartier und die ehemalige Getreidescheune Zehntscheuer, die als Kulturbühne dient.

BODENSEE

AUF KEINEN FALL VERPASSEN

○ BEIM SEENACHTFEST IN KONSTANZ MITFEIERN

Im August zelebriert die Stadt mit Livemusik, Kleinkunst und allerlei Kulinarischem das Seenachtsfest. Zu Wasser, an Land und in der Luft beherrschen die Feierlichkeiten am zweiten August-Samstag nicht nur Konstanz, sondern auch das benachbarte Kreuzlingen. Höhepunkt ist das große Seefeuerwerk.

○ ÜBER DIE PRACHT DER WALLFAHRTSKIRCHE BIRNAU STAUNEN

In ihrem leuchtenden Rosa ist die barocke Wallfahrtskirche Birnau am Überlinger See schon von Weitem auszumachen. Sie liegt oben an der Bundesstraße 31 bei Uhldingen-Mülhofen. Erbaut zwischen 1746 und 1750, nutzten die Salemer Äbte die Anlage einst als Sommerresidenz. Besonders die üppige barocke Ausstattung ist sehenswert, darunter Fresken von Gottfried Bernhard Göz und der von Joseph Anton Feuchtmayer geschaffene »Honigschlecker«.

○ EINE FÜHRUNG IN SCHLOSS SALEM MITMACHEN

Die ehemalige Zisterzienserabtei wurde 1802 säkularisiert und ist heute Schloss und Wohnsitz des Hauses Baden sowie Sitz des Weingutes Markgraf von Baden und der berühmten Salem Internatschule. Es zählt zu den bedeutendsten Kulturdenkmälern der Bodenseeregion. Bei fachkundigen Führungen kann man erfahren, wie die Mönche einst lebten und wie sich ihr Alltag gestaltete.

○ DEN SEE MIT DEM FAHRRAD UMRUNDEN

Die Tour um den Bodensee gehört zu den beliebtesten Fahrradstrecken des Landes. Man kann sich aber auch gut an einem Wochenende machbare Etappen herauspicken, beispielsweise nur um den Untersee oder über den Bodanrück um den weniger befahrenen Überlinger See herum. Einzelne Strecken lassen sich auch mit Schiff, Fähre oder Bahn zurücklegen, die Fahrräder gegen Gebühr mitnehmen.

○ MIT DEM SCHIFF FAHREN

Ein Ausflug mit der Weißen Flotte der BSB gehört einfach dazu. Die Auswahl ist groß. Die Linienschiffe fahren mehrmals täglich fast alle Orte am deutschen Seeufer an. Zusätzlich werden kulinarische, kulturelle und Erlebnis-Rundfahrten angeboten. Den Untersee kann man klimaneutral auf Rundfahrten mit Solarbooten erkunden. Reizvoll ist auch ein Ausflug mit dem Schiff nach Schaffhausen und damit es nicht zu lang wird, kann man nach Konstanz mit dem Zug zurückfahren.

Die Wallfahrtskirche Birnau ist schon von Weitem am Überlinger See zu sehen.

BREGENZER FESTSPIELE

HOCHKARÄTIGER MUSIKGENUSS

Das alljährliche Opernspektakel auf der Seebühne vor der dramatischen Sonnenuntergangskulisse des Bodensees genießt Weltruf.

Die große Oper auf der von Wasser umgebenen Bühne, bei der schon mal der eine oder andere Sänger nach Plan »baden« geht, ist indes nur ein – wenn auch gewichtiger – Teil der Bregenzer Festspiele. Insgesamt locken 80 Aufführungen, darunter Opernraritäten und Konzerte von Weltrang, im Juli und August Tausende Besucher in die Hauptstadt Vorarlbergs und in die Spielorte im See und im Festspielhaus.

Allein die Seebühne-Arena fasst 7000 Menschen. Die großen Opern auf der Seebühne wechseln alle zwei Jahre. Die spektakulären XXL-Bühnenbilder sind mittlerweile selbst zum Markenzeichen der Festspiele geworden.

Bei Führungen kann man einen Blick hinter die Kulissen werfen.

🌐 Infos: bregenzerfestspiele.com/de

#16 CHIEMGAU

Die Region rund um den Chiemsee ist eine der schönsten Ecken Oberbayerns und von Bergen und Wasser geprägt. Am Fuße der Chiemgauer Alpen mit den Gipfeln von Kampenwand, Geigelstein, Hochgern, Hochfelln, Steinplatte oder Hörndlwand erstreckt sich hier eine reizvolle Seenlandschaft mit dem Chiemsee, Bayerns größtem See, und den Waldseen der Eggstätt-Hemhofer Seenplatte. Der Chiemsee, auch Bayerisches Meer genannt, ist ein hervorragendes Revier für Segler und Surfer, aber auch ein beliebter Badesee. Doch auch ohne selbst aktiv zu werden, kann man per Schiff zu den berühmten Inseln im See gelangen und das Neue Schloss Herrenchiemsee bewundern, das Versailles nachempfunden ist, oder das mehr als 1000 Jahre alte Kloster auf der Schwesterinsel Frauenchiemsee besuchen.

CHIEMSEE

Im Sommer sollte man sich in Gstadt und vor allem in Prien, wo der Hafen Dimensionen angenommen hat, die man von Nord- und Ostseestädten kennt, nicht vom Trubel abschrecken lassen. Dieser große See mit seiner Fläche von über 80 Quadratkilometer, dessen Wasserqualität sich in den letzten Jahren durch eine neue Ringkanalisation erheblich verbesserte, bietet Platz für jeden. Fast alle kleinen Gemeinden rund um den Chiemsee haben Badestrände und vermieten Tret-, Motor- sowie Segelboote. Im großen Jachthafen vom Wassersport-Dorado Seebruck kann man jede Menge schnittige Sportboote und elegante Jachten bewundern. Dann gibt es noch die Option, sich in luftiger Höhe in einem Heißluftballon treiben zu lassen. Der Blick von oben – auch auf die kleinen Nachbargewässer des Chiemsees, die Eggstätt-Hemhofer Seenplatte – ist beeindruckend.

● PRIEN AM CHIEMSEE

Als einzig anerkannter Luft- und Kneipp-Kurort Oberbayerns bieten sich in Prien vielfältige Entspannungsmöglichkeiten. Zudem ist die Lage zwischen München und Salzburg ideal zum Kennenlernen der Region. Kunstliebhaber bekommen in der Pfarrkirche Prien prächtige barocke Deckengemälde von Johann Baptist Zimmermann zu sehen, und das Heimatmuseum im Ortskern lädt zu einer Zeitreise in die Vergangenheit ein. Bei einem Spaziergang durch das historische Handwerkerviertel »Am Gries« kann man schöne Bürgerhäuser aus dem 16. bis 19. Jahrhundert entdecken.

HERRENINSEL

Die Leute kommen vor allem auf die größte der drei Inseln im Chiemsee, um das Neue Schloss des Märchenkönigs zu sehen, mit dem König Ludwig II. seinen letzten Traum verwirklichen wollte: (s)ein bayerisches Versailles. 1878 ließ er den Grundstein für den Prachtbau legen, dessen Gartenfassade wenigstens mit dem französischen Original fast identisch ist. Aus finanziellen Gründen wurde das Projekt nicht vollendet. Lediglich 20 der geplanten 70 Räume konnten fertiggestellt werden: eine Art »Best-of-Versailles-Konzept«, darunter Ludwigs Lieblingsräume wie das Paradeschlafzimmer und der Spiegelsaal. Nach einer Führung kann man in den königlichen Gartenanlagen mit ihren Wasserspielen lustwandeln und danach über die Insel streifen, vielleicht auch noch das Alte Schloss mit seinen Prunkräumen, zugleich »Geburtsort des Grundgesetzes«, besuchen.

Links: Mountainbiker auf der Winklmoosalm vor den Loferer Steinbergen.

Rechts: Wasserspiele vor Schloss Herrenchiemsee.

CHIEMGAU

WARUM IM SOMMER? Beim Chiemsee und seinen Nebenseen liegt es glasklar auf der Hand, dass der Sommer die ideale Zeit für einen Aufenthalt dort ist: Neben reichlich Wassersportaktivitäten und reizvollen Ausflügen in der freien Natur kommt auch das kulturelle Sightseeing nicht zu kurz, wie zum Beispiel auf den beiden Eilanden Herreninsel und Fraueninsel, die unterschiedlicher nicht sein könnten. Die Chiemgauer Alpen locken mit duftenden Blumenwiesen und nicht allzu steilen Wanderwegen. Anschließend erholt man sich bei Renken aus den Seen, Steckerlfisch und Käsespätzle in zünftigen Biergärten oder auf lauschigen Terrassen am See. Und schließlich ist auch der Fest- und Festivalkalender im Sommer besonders reich gefüllt.

FRAUENINSEL

Ein echtes bayerisches Kleinod mit einer langen Tradition ist die Fraueninsel. Auf dem kleinen Eiland steht das im 8. Jahrhundert gegründete Benediktinerinnenkloster, dessen spätgotische, innen aber barocke Kirche noch romanische Bauteile aufweist. Besichtigen kann man die im 15. und 17. Jahrhundert umgebaute Klosterkirche mit dem weißen, frei stehenden Glockenturm – dem Wahrzeichen des Chiemgaus – und die aus karolingischer Zeit erhaltene Torhalle gegenüber dem Friedhof. Als Souvenir empfehlen sich die Marzipanprodukte, die die Nonnen neben Likören und Lebkuchen im Kloster herstellen. Auch einige Gasthäuser gibt es auf der Insel; die charmanteste Brotzeit-Alternative haben aber die Fischer anzubieten, die in den Gärten ihrer Häuser geräucherte Renken und Forellen reichen. Dazu gibt es Kartoffelsalat, Brot und Bier.

GSTADT

Gstadt-Gollenshausen liegt direkt gegenüber der Fraueninsel. Gstadt präsentiert sich als echtes Postkartenidyll, wobei die Wirklichkeit von diesem Eindruck noch weit übertroffen wird. Die herrliche Aussicht auf die Weite des Sees und die Alpenkette ist einer von vielen Gründen, um den Ort unbedingt einmal zu besuchen. Den schönsten Ausblick auf die Frauen-, Kraut- und Herreninsel sowie die Bergketten im Hintergrund hat man vom Beobachtungsturm Gans-

Oben: Am Ostufer des Chiemsees liegt Gstadt, von dort hat man einen tollen Blick auf die Fraueninsel.

Links: Im Sommer ist der Klostergarten auf der Fraueninsel mit seiner Blumenpracht eine wahre Augenweide.

zipfel aus. Auch der Naturpark Hofanger mit seinem Heilpflanzengarten am Ortsausgang von Gstadt ist für die ganze Familie ein wunderschöner Entspannungs- und Erholungsort.

SEEBRUCK
Seebruck wird als »Logenplatz« am Chiemsee geschätzt. Als Badeort machte sich das Seeufer schon in der Römerzeit einen Namen. Im Römermuseum »Bedaium« wird die frühe Besiedlungsgeschichte der Region anschaulich dargestellt. Empfehlenswert ist auch eine Tour auf dem 27 Kilometer langen »Archäologischen Rundweg«.

CHIEMING AM CHIEMSEE
Am Ostufer des Sees liegt Chieming, das der gesamten Region den Namen gab. Die Landschaft um den Ort herum bietet fantastische Ausblicke, die man vom Fahrrad aus ideal genießen kann. Auf dem Chiemsee-Radweg, Mozart-Radweg, Benediktweg oder dem Römerweg Via Julia lassen sich die Naturschönheiten in Ruhe auskosten. Ansonsten kommen Erholungsuchende hier voll auf ihre Kosten. Natur und Idyll pur!

BERNAU AM CHIEMSEE
Die Gemeinde besteht aus den Orten Bernau, Felden und Hittenkirchen. Sie liegt direkt am Chiemsee und im Westen einer weitläufigen Moorlandschaft. Von der Tradition des Torfabbaus in der Region bekommt man einen Eindruck im Bayerischen Moor- und Torfmuseum von Rottau. Spannend sind auch ein Moorrundweg und -lehrpfad.

TRAUNSTEIN
Hier kreuzen sich Inn- und Traun-Alz-Radweg sowie Salinen-, Achental- und Chiemgauradweg. Im Mittelalter verlief hier die »Güldene Salzstraße«. Die Wohn- und Betriebsgebäude der einstigen Saline können im Stadtteil Au besichtigt werden.

ASCHAU IM CHIEMGAU
Seit einigen Jahren ist der charmante Ort im Priental für seine Haute Cuisine bekannt: Hier kocht Sterne-Koch Heinz Winkler in seiner noblen »Residenz«. Hoch über dem Ort erhebt sich Schloss Hohenaschau, ein mächtiger Renaissancebau mit mittelalterlichem Bergfried und barocken Prunksälen.

CHIEMGAUER ALPEN
Die Chiemgauer Alpen bilden den südlichen Abschluss des Chiemgaus. Im Westen ist der Inn, im Osten die Traun und die Berchtesgadener Alpen die Grenze dieser Gebirgsgruppe in den nördlichen Kalkalpen. Die Berge gewähren wunderschöne Ausblicke über die bayerischen Voralpen, den Chiemgau und teilweise bis in die Zentralalpen. Der höchste Berg ist das Sonntagshorn (1961 Meter) südlich von Ruhpolding, das im Winter ein beliebtes Ziel von Skitourengehern ist. Die meisten Berge sind eher sanfte Erhebungen, die von mehreren Seiten relativ einfach bestiegen werden können. Die Nähe zu München, die leichte Erreichbarkeit, das reiche Angebot an Hütten und Almen sowie die Aufstiegshilfen am Hochfelln, an der Kampenwand und am Hochries haben dazu geführt, dass die Chiemgauer Alpen eine beliebte Ausflugsregion geworden sind. Trotz des Ansturms hat sich die Land-

AUSGEHEN

PRIEN: ZUM FISCHER AM SEE // Hier kommt auf den Tisch, was gerade frisch aus dem See geangelt wurde. Für viele das beste Fischrestaurant am Chiemsee.
// www.fischeramsee.de

RUHPOLDING: WINDBEUTELGRÄFIN // Es geht um zwei Dinge: Tradition und Windbeutel. So darf man den historischen Mühlbauernhof nicht verlassen, ohne einen der berühmten Lohengrin-Windbeutel gekostet zu haben.
// www.windbeutelgraefin.de

schaft ihren natürlichen Charakter bewahrt und viele Tier- und Pflanzenarten haben hier Rückzugsgebiete gefunden.

STREICHENKAPELLE BEI SCHLECHING
In die majestätische Bergwelt der Chiemgauer Alpen eingebettet liegt dieses mit Schindeln gedeckte Kirchlein. Die Wallfahrtskapelle auf dem Streichen ist eine wahre Schatzkammer spätgotischer Sakralkunst, mit Freskenzyklen, figurenreichem Hochaltar und exquisiten Holzplastiken.

● RUHPOLDING
Hohe Gipfel und sanfte Wiesenhänge umgeben das malerische Dorf, das in vier Museen – Glockenschmiede, Heimatmuseum, Holzknechtmuseum und Schnauferlstall – die Historie des Chiemgaus lebendig hält. Zu den weiteren Sehenswürdigkeiten zählen die Pfarrkirche St. Georg mit ihrer romanischen Madonna (12. Jahrhundert) und die Wallfahrtskirche Maria Schnee. Bei Brauchtumsveranstaltungen wie dem Maibaumaufstellen, dem Fronleichnamsumzug oder beim Almabtrieb des Viehs im Spätsommer kann man bayerische Volkskultur hautnah miterleben.

INZELL
Der im geschützten Talkessel der Roten Traun gelegene Ort wurde als Eisschnelllaufzentrum weltberühmt. Die 400-Meter-Bahn im Kunsteisstadion wird im Sommer als Rollschuhbahn genutzt. Auf einem der vielen Wanderwege gelangt man zum Gletschergarten und vom historischen Salinenweg zum Solehochbehälter Nagling.

REIT IM WINKL
Der in einem Tal des südlichen Chiemgaus liegende Höhenluftkurort ist ein alpenländisches Dorf wie aus dem Bilderbuch – mit Lüftlmalerei und zwiebelförmigem Kirchturmaufsatz.

ÜBERNACHTEN

BERNAU: HANZNHOF // Lichtdurchflutet und mit viel hellem Holz eingerichtet sind die gut geführten Luxus-Ferienwohnungen.
// www.hanznhof.de

PRIEN: GARDEN HOTEL REINHART // Die Zimmer sind im bayerischen Landhausstil gehalten. Das familiengeführte Haus liegt seenah und hat Pool und Spabereich.
// www.reinhart-hotel.de

INZELL: ANDRE BAUERNHOF // Ideale Unterkunft für Familien ist der Bio-Bauernhof – Tiere für die Kinder, Wellness für die Eltern.
// www.andrebauernhof.de

SHOPPING

FRAUENINSEL: KLOSTERLADEN
Spirituosen stehen einträchtig neben Spirituellem – zu kaufen gibt es religiöse Lektüre, Klosterliköre, Lebkuchen und Marzipan aus der Klosterproduktion.
// www.frauenwoerth.de/klosterladen

BERNAU: CHIEMSEE
Im Stammhaus des Sportswear-Labels findet man Outfits für die Ferien am See – vom Bikini bis zur Winterjacke.
// www.chiemsee.com

ÜBERSEE: CHIEMSEER DIRNDL & TRACHT
Die erste Adresse für Trachtenmode im Chiemgau – mit einer breiten Auswahl an Dirndln, Lederhosen, Trachtenanzügen.
// www.chiemseer-dirndl.de

CHIEMGAU

AUF KEINEN FALL VERPASSEN

○ **BEIM MAIBAUMAUFSTELLEN DABEI SEIN**

Brauchtum und Tradition sind im Chiemgau untrennbar mit Festen und Feiern verbunden. Alle Generationen werden miteingebunden, so auch beim althergebrachten Brauch rund um den Maibaum. Am 1. Mai ist es so weit – der Maibaum wird unter der Mitwirkung des ganzen Dorfes aufgestellt. Begleitet wird das traditionelle Maibaumaufstellen von den örtlichen Trachtenvereinen mit allerlei Tänzen. Gefeiert wird dann zünftig im Bierzelt mit Musik.

○ **NACH KUNSTHANDWERK IM CHIEMGAU STÖBERN**

Kreativer Schmuck, Hüte, Mode, Keramik, Kunstobjekte aus Holz, Papier, Metall – all das kann man auf den Kunsthandwerkermärkten der Region entdecken, beispielsweise in Seeon, in Chieming, Aschau-Sachrang und in Tittmoning auf der Burg.

○ **BEI EINEM GAUTRACHTENFEST ZUSCHAUEN**

Am 30. Juli 1899 wurde in Prien das erste Gaufest des Gauverbandes gefeiert. Ehrengast war Prinzregent Luitpold von Bayern. Mittlerweile sind es rund 9000 Trachtler, die alljährlich am Festsonntag an diesem Trachtenfest des Chiemgau-Alpenverbandes, am Gottesdienst sowie dem großen Umzug mit Motivwagen und Blaskapellen teilnehmen. Das größte Trachtenfest Bayerns wird jährlich an einem anderen Ort ausgetragen (chiemgau-alpenverband.de).

○ **WANDERN IM PRIENTAL**

Die Prien, ein 32 Kilometer langer Wildbach, hat ein wunderschönes Tal im Herzen der Chiemgauer Alpen geschaffen. Westlich wird es vom Zellerhorn und Spitzstein und östlich von der Kampenwand und dem Geigelstein überragt. Hauptort ist Aschau, von dem aus viele Unternehmungen starten.

○ **MOUNTAINBIKEN AM SAMERBERG**

Das Hochplateau Samerberg liegt 200 Höhenmeter über dem Inntal am Fuß der Hochries. Hier findet man zahlreiche Almen und Hütten, die die Region – neben der Schönheit der Natur – zu einem beliebten Wandergebiet machen. Mountainbiker finden am Samerberg waghalsige Strecken. Vor allem abseits der Wege haben sich einige Quellmoose erhalten, die eine reiche Artenvielfalt bieten. Schöne Alpenpflanzen, die man hier entdecken kann, sind Mehlprimel, Alpenfettkraut und Ragwurz.

Der Samerberg ist auch eine beliebte Montainbikepiste.

#17 HEIDELBERG

Wo der Neckar den Odenwald verlässt und in die Rheinebene eintritt, liegt Heidelberg, einst stolze Residenz der Pfälzer Kurfürsten und die älteste Universitätsstadt Deutschlands (seit 1396). Im Pfälzer Erbfolgekrieg um das Erbe der berühmten Liselotte von der Pfalz wurde die Stadt Ende des 17. Jahrhunderts von den Franzosen fast völlig zerstört. Zu den wenigen Bauten aus älterer Zeit gehört das »Haus zum Ritter« (1592). Die wechselhafte Geschichte Heidelbergs zeigt mit exquisiten Sammlungen das Kurpfälzische Museum. Im Wesentlichen eine Schöpfung des 18./19. Jahrhunderts ist das weltbekannte romantische Stadtbild Alt-Heidelbergs – besonders schön vom Philosophenweg am Sonnenhang des Heiligenbergs aus zu sehen. Dominiert wird das Stadtbild vom hoch gelegenen Schloss. Einige Teile der Anlage sind wiederhergestellt, etwa der grandiose Ottheinrichbau (1556–1566) im Renaissancestil sowie der herrliche Hortus Palatinus, ein in Terrassen angelegter Renaissancegarten.

Oben: Von Dichtern viel besungenes Sinnbild deutscher Romantik: das Panorama von Heidelberg mit der Schlossruine über dem Neckartal.

Links: Blick vom Heidelberger Schloss auf die Altstadt und die Alte Brücke über den Neckar.

● ALTSTADT

Die historische Altstadt liegt am südlichen Ufer des Neckars. Gegründet wurde sie im 13. Jahrhundert und gegen Ende des 14. Jahrhunderts erweitert. Den Krieg überstand die Bausubstanz weitgehend unbeschadet. Einzig die Alte Brücke wurde gesprengt und später wiederaufgebaut. In den 1970er-Jahren begann die umfangreiche Sanierung der Altstadt. In dem Zuge wurden historische Gebäude abgerissen, andere restauriert. Die Hauptstraße ist heute mit 1,6 Kilometer eine der längsten Fußgängerzonen Europas.

HEILIGGEISTKIRCHE

Als Gründungsjahr der Heiliggeistkirche gilt 1398. Anfang des 13. Jahrhunderts befand sich an ihrer Stelle eine kleine Basilika. Vermutlich fiel sie im 14. Jahrhundert einem Brand zum Opfer. Statt ihrer wurde am gleichen Platz eine frühgotische Kirche errichtet, in der 1386 die Eröffnungsmesse zur Gründung der Universität Heidelberg stattfand.

HOTEL ZUM RITTER ST. GEORG

Das Haus zum Ritter ist das älteste noch erhaltene Gebäude der Stadt. 1592 wurde es von Tuchhändlern erbaut und diente später als Gasthaus. Heute beherbergt es ein Hotel. Der unter Denkmalschutz stehende Renaissancebau steht direkt gegenüber der Heiliggeistkirche. Bei seinem Aufenthalt in Heidelberg 1838 besuchte auch der französische Schriftsteller Victor Hugo das Haus, das allen Feuerbrünsten der Vergangenheit trotzte und bis heute in seiner Pracht erhalten geblieben ist.

HEIDELBERG

WARUM IM SOMMER? Die Kultur in Heidelberg erreicht im Sommer alljährlich ihren Höhepunkt, für jeden ist da etwas dabei. Es finden die Schlossfestspiele für Musikliebhaber statt, die Heidelberger Literaturtage für Bücherwürmer, das Festival für urbane Kunst Metropolink für die Hipster und noch vieles mehr. Überregional bekannt ist die Heidelberger Schlossbeleuchtung, die dreimal im Jahr das Wahrzeichen der Stadt eindrucksvoll in Szene setzt. Jeweils einmal im Juni, Juli und September wird die Schlossruine von bengalischem Leuchtfeuer erhellt, bis in der Nacht ein Feuerwerk über dem Neckar den Höhepunkt bildet. Die Heidelberger Schlossbeleuchtung wird traditionell von einem bunten Rahmenprogramm begleitet.

Ganz oben: Die Alte Brücke über den Neckar ist ein Wahrzeichen von Heidelberg.

Oben: Nur ein kleiner Aufstieg zum Schloss führt zu dieser tollen Aussicht.

Links: Die »Schlossbeleuchtungen« mit Feuerwerk im Juni und Juli sind ein Besuchermagnet.

HEIDELBERG

Rechts: Der Kornmarkt mit Schlossruine im Hintergrund.

ALTE BRÜCKE
Die Brücke ist ein Zeugnis für alte Brückenbaukunst in Stein. Erbaut wurde sie im 18. Jahrhundert auf Geheiß von Kurfürst Karl Theodor. Heute verbindet sie die Altstadt mit dem gegenüberliegenden Neckarufer. Von der früheren Brücke erhalten geblieben ist das Brückentor, das Teil der einstigen Stadtmauer war.

LIEBESSTEIN
Heidelberg hat etwas ganz Besonderes zu bieten. Hier haben Liebespaare einen mächtigen Liebesstein bekommen. An diesem können sie ihre gewichtigen Liebesschlösser anbringen. Der Sandstein steht an der Nordseite der Alten Brücke, unterhalb der Nepomukterrasse.

KORNMARKT
Direkt zu Füßen des Schlosses bildet der Platz das romantische Herz der Altstadt. Von hier gelangt man schnell zur Alten Brücke und nach Süden auf den Burgweg zum Schloss und zur Talstation der Bergbahn. Wenn man das Pflaster genauer anschaut, kann man noch die Umrisse der Kapelle des ehemaligen Heilig-Geist-Spitals erkennen, das hier einmal stand. Die auffällige Mariensäule von 1718 in der Platzmitte heißt auf Neudeutsch heute: Kornmarkt-Madonna.

HEIDELBERGER SCHLOSS
Es ist das Wahrzeichen Heidelbergs und wohl eine der berühmtesten Ruinen in Deutschland. Stolz erhebt sie sich am Nordhang des Königsstuhls und ist mit ihrem roten Neckartaler Sandstein ein wahrhaft prächtiger Anblick. Im 13. Jahrhundert wurde das Schloss als Residenz der Pfalzgrafen und späteren Kurfürsten errichtet. Aus der mittelalterlichen Burg entstand ein stattliches Schloss. Doch der Dreißigjährige Krieg und die Pfälzischen Erbfolgekriege hinterließen Spuren an dem prunkvollen Gebäude. Nachdem die Kurfürsten im 18. Jahrhundert ihre Residenz nach Mannheim verlegten, verfiel das Schloss. Nach zwei Blitzeinschlägen 1764 blieben nur noch die Ruinen. Nur der Friedrichsbau wurde wiederaufgebaut.

AUSGEHEN

»ZUM SEPPL« UND »ZUM ROTEN OCHSEN« // Die beiden Gasthäuser gehören zu den historischen Studentenkneipen der Stadt. Neben Studenten kommen heute auch gern Einheimische und Touristen hierher. Man sitzt gemütlich an alten Holztischen und verbringt einen netten Abend wie in alten Zeiten.
// Hauptstraße 175 und 213

CAFÉ SCHAFHEUTLE // Dank Garten ist das gemütliche Café im Sommer ein toller Ort zum Frühstücken, nachmittags lockt eine große Auswahl an Kuchen, Torten, Pralinen und Eis.
// www.cafe-schafheutle.de

RESTAURANT VINOTHEK OSKAR // Die gehobenere Küche bezieht ihre Einflüsse aus der Region ebenso wie aus dem mediterranen Raum. Eine separate Bar mit guten Longdrinks lädt zum Verweilen nach dem Schlemmen ein.
// www.oskar-hd.de

DEUTSCHES APOTHEKEN-MUSEUM

Das Deutsche Apotheken-Museum Heidelberg ist in einem der schönsten Gebäude der Stadt untergebracht. Nachdem das alte Museumsgebäude im Zweiten Weltkrieg fast völlig zerstört wurde, suchte man nach neuen Räumlichkeiten und fand sie im Heidelberger Schloss. Neben einer nachgestellten Alchemistenküche bietet das Museum äußerst interessante Einblicke in die Geschichte der Pharmazie. Die Sammlungen umfassen die Zeit von der Antike bis zum 21. Jahrhundert. Der Museumsshop ist eine Fundgrube für Mitbringsel.

KURPFÄLZISCHES MUSEUM

Das Kurpfälzische Museum der Stadt Heidelberg ist im Palais Morass – einem Barockpalais in der Heidelberger Altstadt – untergebracht. Es beherbergt die kunst- und kulturhistorischen Sammlungen der Stadt Heidelberg. Ein herrliches Rundbogenportal bildet den Eingang in das Museum. Erbaut wurde das Gebäude im Jahre 1712 im Auftrag des Juristen Johann Philipp Morass, der zuvor als Rektor an der Universität Heidelberg tätig war.

SHOPPING

FUSSGÄNGERZONE
Straßencafés und Läden säumen die Flaniermeile Hauptstraße und ihre Nebenstraßen wie Plöck, März- und Neugasse zwischen Bismarckplatz und Marktplatz. Ohne von Autos gestört zu werden, kann sich hier jedes Shoppingherz austoben.

BLAO GALERIE FÜR KUNSTHANDWERK
Besondere Geschenke für besondere Menschen oder auch neue Lieblingsstücke für sich selbst findet man im Blao. Handgefertigte Keramik, Schmuckunikate und nachhaltige Mode sind die Hauptakteure.
// Untere Straße 4

BONBON MANUFAKTUR
Der Laden ist ein Hit! Lutscher und Bonbons in allen erdenklichen Geschmacksrichtungen (von Wassermelone bis Aprikose-Rosmarin) werden hier verkauft. Bei der Herstellung kann man zusehen und mitmachen.
// www.heidelbonbon.de

AMOROSO
Café Bar Vinothek mit Feinkost. Hier findet man allerlei genüssliche Mitbringsel und kann dazu drinnen und draußen kleine Köstlichkeiten und Drinks genießen.
// Märzgasse 1

ÜBERNACHTEN

ARTHOTEL // Puristisches Design trifft im Arthotel Heidelberg auf denkmalgeschützte Räume. In unmittelbarer Nähe zur Peterskirche gelegen, dennoch ruhig.
// www.arthotel.de

BOUTIQUE HOTEL HEIDELBERG SUITES // Die Heidelberg Suites sind ein offenes Geheimnis. Die großen Schlagworte hier sind Design, Luxus, Service und Entspannung.
// www.heidelbergsuites.com

HIP HOTEL // Statt Nummern tragen die Zimmer im Hip Hotel Städtenamen – und sind dementsprechend eingerichtet. Schwedisches Design im Zimmer »Göteborg«, orientalische Rottöne in »Marrakesch« und eine Cäsar-Büste in »Rom«. Ein typisches Stadthotel, ideal für einen Kurztrip, aber mit einfallsreichem Konzept.
// www.hip-hotel.de

HEIDELBERG

AUF KEINEN FALL VERPASSEN

◯ MIT DER HEIDELBERGER BERGBAHN FAHREN

Die Heidelberger Bergbahn besteht eigentlich aus zwei Bergbahnen. Die untere Bahn – die »Molkenkurbahn« – startet am Kornmarkt in der Altstadt, vorbei am Heidelberger Schloss bis zur Molkenkur. Die »Königstuhlbahn« ist praktisch die Anschlussbahn. Sie fährt weiter zum Königstuhl. Heute zählt die obere Bahn – die Königstuhlbahn – zu den ältesten deutschen Standseilbahnen.

◯ AUF DEN KÖNIGSTUHL WANDERN

Am Schloss führt die Himmelsleiter (eine Treppe aus Natursteinen) hinauf auf den 570 Meter hohen Königstuhl, den Hausberg Heidelbergs. Auf dem Königstuhl hat man nicht nur einen tollen Blick über die Stadt und über die reizvolle Neckarlandschaft, sondern es führen auch diverse Wanderwege um und auf den Berg, die sich zu jeder Jahreszeit lohnen.

◯ AUF DEM PHILOSOPHENWEG

Der Philosophenweg führt den Heiligenberg hinauf. Dort, wo einst die großen Dichter und Denker wie Hölderlin und Scheffel durch die Weinberge spazierten, erholen sich heute Einheimische und Besucher der Stadt. Vom Weg aus bietet sich ein grandioser Panoramablick auf das Heidelberger Schloss, die Altstadt und den Neckar.

◯ DIE HEIDELBERGER SCHLOSSFESTSPIELE BESUCHEN

Die Heidelberger Schlossfestspiele sind eine feste Institution im Jahreslauf der Stadt. Die Tradition der Schlossfestspiele wurde 1974 wiederbelebt, nachdem sie aufgrund des Zweiten Weltkriegs abgebrochen worden war. Das sommerliche Festspielprogramm begeistert mit verschiedenen Veranstaltungen für große und kleine Zuschauer.

◯ UNIVERSITÄTSMUSEUM UND STUDENTENKARZER BESICHTIGEN

Die Heidelberger Karl-Ruprechts-Universität liegt inmitten der Altstadt. Dort in der Augustinergasse 24 befand sich auch der berüchtigte Karzer, das Gefängnis für Studenten. Man kann ihn noch im Universitätsmuseum besichtigen, das seit 1966 im Barockbau der Alten Universität untergebracht ist und die Geschichte der akademischen Bildungseinrichtung thematisiert.

Mit der alten Bergbahn auf den Königstuhl fahren ist ein echtes Erlebnis.

#18 LEIPZIG

Die alte Verlags- und Messemetropole boomt wieder. Die größte Stadt Mitteldeutschlands hat ihren Besuchern heute einiges zu bieten: eine reiche Vergangenheit, ein vielfältiges Kulturleben und exzellente Möglichkeiten zum Shoppen und Ausgehen. Leipzigs Aufschwung begann im 15. Jahrhundert, als die Stadt sich durch umfangreiche Privilegien zum Handelsknotenpunkt zwischen Ost- und Westeuropa zu entwickeln begann und aus Prag vor den Hussitenkriegen geflohene Gelehrte hier eine Universität, die drittälteste auf deutschem Boden, gründeten. Dieses Nebeneinander von Kaufmannsmetropole und Leuchtturm von Bildung und Kultur prägt die Geschichte der Stadt bis heute. Augenfälligstes Beispiel ist das berühmte Gewandhausorchester, das von reichen Kaufleuten ins Leben gerufen wurde. Aber auch in der langen Tradition als Stadt der Verlage und des Buchdrucks verbinden sich Geschäft und Kultur. Nach der Wende wurde viel vom alten Baubestand saniert und neue moderne Bauten errichtet. Als Ausgehviertel gelten vor allem die Gottschedstraße und die Südvorstadt.

● ALTES RATHAUS

Der mächtige Bau aus dem 15. und 16. Jahrhundert mit seinem auffälligen Turm und den sechs Renaissancegiebeln dominiert sowohl den Leipziger Marktplatz wie den Naschmarkt an seiner Rückseite. Im Inneren kann man im Rahmen der ständigen Ausstellung im Stadtgeschichtlichen Museum die historischen Räumlichkeiten besichtigen, darunter den Renaissancefestsaal, die Gemäldegalerien bis zum Dachboden sowie die Reste alter Gefängniszellen im Keller.

STADTGESCHICHTLICHES MUSEUM

Das Museum ist eine der am meisten besuchten Einrichtungen Leipzigs. Die ständige Sammlung zur Stadtgeschichte mit einem 25 Quadratmeter großen Stadtmodell von 1823 befindet sich im Alten Rathaus. In einem Neubau im Böttgergässchen sind Sonderausstellungen sowie das Kinder- und Jugendmuseum »Lipsikus« untergebracht. Weitere zum Stadtmuseum gehörende Ausstellungen befinden sich an anderen Orten in der Stadt, so über Kaffeekultur im Coffe Baum Museum, über Schiller im Schillerhaus, über Sport im Sportmuseum und über die Befreiungskriege im Forum 1813.

BAROCKE BÜRGERHÄUSER

Leipzig war einst ein Zentrum des bürgerlichen Barock. Doch viel davon wurde bereits in der Gründerzeit durch neue Repräsentativbauten ersetzt, anderes fiel dem Krieg zum Opfer. An der Südseite des Marktplatzes findet sich mit dem ockergelben Königshaus jedoch noch eines der prächtigen Häuser, die einst das Stadtbild prägten. Es war früher das Gästehaus der Kommune und beherbergte unter anderem August den Starken, Friedrich den Großen und Zar Peter. Andere sehenswerte Barockbauten sind das Fregehaus in der Katharinenstraße und das Romanushaus an der Ecke Brühl/Katharinenstraße. Dieses Palais wurde Anfang des 18. Jahrhunderts für den Leipziger Bürgermeister Franz Conrad Romanus erbaut.

ALTE BÖRSE

Das einstige Versammlungsgebäude der Leipziger Kaufmannschaft am Naschmarkt wurde im 17. Jahrhundert im Stil eines italienischen Barockpalais gebaut. Mit seiner großen Freitreppe, den Balustraden und dem goldfarbenen Girlandenschmuck ähnelt es den Lustschlössern der Gartenanlagen aus der gleichen Zeit. Heute wird es für Konzerte, Lesungen und Ausstellungen genutzt. Die dem Krieg zum Opfer gefallene Innenausstattung wurde allerdings nicht in voller Pracht restauriert.

MUSEUM DER BILDENDEN KÜNSTE

Die Leipziger Gemäldesammlung geht vor allem auf zahlreiche Bürgerstiftungen aus dem 19. Jahrhundert zurück. Sie enthält rund

Das imposante Gebäude des Bundesverwaltungsgerichtshofs bestimmt die Innenstadt-Kulisse.

LEIPZIG

WARUM IM SOMMER? Die Leipziger selbst wissen darauf die beste Antwort und so sollte man einfach mal den Einheimischen unauffällig folgen. Dann landet man vielleicht am Völkerschlachtdenkmal, an dem man in der lauen Abendluft den Abend ganz entspannt ausklingen lassen kann. Oder wie wäre es mit Kino unter freiem Himmel bei freiem Eintritt? Dann ab zur Moritzbastei! Hier werden in Juli und August Klassiker der Filmszene auf den Terrassen gezeigt. Für Abkühlung sorgen die zahlreichen Seen um Leipzig, die beliebtesten im Volksmund nur »Störmi«, »Cossi« und »Kulki« genannt.

10 000 Werke vom 15. Jahrhundert bis zur Gegenwart. Schwerpunkte sind die alten deutschen und flämischen Meister wie Cranach und Frans Hals und Bilder der Romantik, aber auch Werke der Leipziger Schule. Nachdem das Museum lange Zeit provisorisch im Handelshof untergebracht war, residiert es seit 2004 in einem Neubau am Sachsenplatz.

BARTHELS HOF
An der Nordwestecke des Marktes findet sich der letzte erhaltene Durchgangshof Leipzigs. Das Gebäude wurde im 16. Jahrhundert errichtet und im 18. Jahrhundert für den Kaufmann Barthel im Barockstil umgebaut. Der schmale, lange Hof, durch den einst die Pferdewagen fuhren, ist von hohen vierstöckigen Häusern gesäumt. Heute finden sich entlang des Hofes zahlreiche Geschäfte und ein Restaurant.

SPECKS HOF
Leipzigs älteste erhaltene Ladenpassage entstand 1909 und strahlt noch den Glamour der Belle Epoque aus. 1996 gewann sie auf der Immobilienmesse in Cannes den Preis für das schönste restaurierte Gebäude. Heute sind dort edle Boutiquen, aber auch ein Shop mit Ost-Produkten zu finden.

NIKOLAIKIRCHE
Leipzigs größte Kirche ist als Ausgangspunkt der Montagsdemonstrationen in der DDR zu einem historisch bedeutsamen Ort geworden. Außerdem predigte hier Luther und Bach wirkte als Organist. Doch auch die ganz eigene Ästhetik der Kirche lohnt einen Besuch. Das spätgotische Bauwerk wurde im Inneren komplett klassizistisch umgestaltet. So bekamen die Säulen die Anmutung von Palmen, die Felder der Kreuzgewölbe wurden zu rosettengeschmückten Kassetten umdekoriert, die Farbgebung zu einer sanften Symphonie aus Weiß, Rosé und Mintgrün.

THOMASKIRCHE
In Leipzigs ältester Kirche ist der berühmte Thomanerchor beheimatet, der schon seit 1212 besteht und damit einer der ältesten Knabenchöre überhaupt ist. Hier wirkte auch Johann

Links oben: Völkerschlachtdenkmal.

Links unten: Naschmarkt mit Johann-Wolfgang-von-Goethe-Denkmal.

Rechts: Der Mendebrunnen auf dem Augustusplatz. Um das Wasserbecken am 18 Meter hohen Obelisken reihen sich prächtige Bronzefiguren.

Sebastian Bach in seiner Glanzzeit als Kirchenmusiker und Kantor des Chores. Die Kirche selbst hat ihre Ursprünge wohl im 12. Jahrhundert, wurde dann aber mehrfach verändert und bietet heute einen interessanten Mix aus Romanik, Gotik, Barock und Neogotik. Im Inneren liegen Bach und der Minnesänger Heinrich von Morungen begraben.

BACH-MUSEUM

Auf rund 450 Quadratmeter Fläche kann man im Bach-Museum in einer interaktiven Ausstellung Leben und Wirken von Johann Sebastian Bach nachspüren. Dazu gibt es immer wieder Sonderausstellungen, etwa zu Bachs Söhnen. Museum und Bach-Archiv sind im restaurierten Barockhaus des Kaufmanns Bose untergebracht, der einst am Thomaskirchhof Bachs Nachbar und Freund war.

NEUES GEWANDHAUS

Mit dem alten Gewandhaus aus dem 15. Jahrhundert, dem Messehaus der Woll- und Tuchhändler, in dessen Räumlichkeiten 1743 das Gewandhausorchester entstand, hat der von Rudolf Skoda 1981 errichtete neue Konzertsaal für das berühmte Orchester nichts mehr gemein. Der DDR-Renommierbau verfügt über eine ausgezeichnete Akustik und über ein monumentales Deckengemälde im Foyer.

OPERNHAUS

Vis-à-vis des Neuen Gewandhauses liegt am Augustusplatz das Opernhaus. Hier wurde das im Krieg zerstörte Vorgängergebäude durch eine Synthese zwischen dem klassizistischen Erbe und der modernen Bauweise der 1950er-Jahre ersetzt. Vor allem das Innere mit seinen Porzellanverkleidungen und Doldenleuchten verkörpert den Nachkriegsschick. In den äußeren Reliefs kann man zwischen klassischen Theatersymbolen das Staatswappen der DDR entdecken.

DEUTSCHES BUCH- UND SCHRIFTMUSEUM

Das weltweit älteste Museum dieser Art macht sichtbar, wie fortwährende Erfindungen im Um-

---

AUSGEHEN

WEINSTOCK // Direkt am Markt gelegen, ist das Restaurant Weinstock gut für die Mittagspause beim Stadtbummel, aber auch für ein romantisches Abendessen zu zweit. Das Ambiente ist edel, die Gerichte gutbürgerlich.
// www.restaurant-weinstock-leipzig.de

ZIERLICH MANIERLICH // Selbst gebackene Kuchen, Tartes, Quiches, Panini und kalte Drinks am Wasser – genau das, was man an einem warmen Tag mag. Der quietschgrüne alte Postwagen dient als Sommercafé, er steht von April bis Oktober am Elsterbecken im grünen Richard-Wagner-Hain und lädt zum Rumlungern ein.
// www.zierlichmanierlich.de

feld von Schrift, Papier und Buchherstellung immer auch die kulturelle Entwicklung beeinflussten. Eine der neueren Dauerausstellungen, »Zeichen, Bücher, Netze«, beschreibt den Weg von der Keilschrift bis zum Binärcode.

SCHILLERHAUS
In dem kleinen Bauernhaus im Leipziger Stadtteil Gohlis schrieb der 25-jährige Friedrich Schiller 1785 seine »Ode an die Freude«. Heute ist dort ein Museum untergebracht. Aber als ältestes erhaltenes Bauernhaus auf Leipziger Stadtgebiet ist das Haus auch für sich genommen interessant.

MUSEUM FÜR DRUCKKUNST
Das Museum in der Nonnenstraße trägt der Tradition Leipzigs als Verlags- und Buchdruckstadt Rechnung. Hier kann man alte Techniken wie Schriftgießerei, Setzerei, Druck und Bundbindekunst auch an originalen Geräten demonstriert bekommen und in Workshops sogar selbst ausprobieren.

VÖLKERSCHLACHTDENKMAL
Das 90 Meter hohe Denkmal zählt zu den größten Europas und wurde 1913 zum 100. Jahrestag der Völkerschlacht bei Leipzig errichtet. Gerade weil der martialische Pomp, mit dem damals einer Schlacht mit über 100 000 Toten gedacht wurde, für die meisten heute unverständlich ist und das Denkmal Ort von Naziaufmärschen war, ist die Auseinandersetzung damit interessant. Großartig: der Blick von der Spitze!

ÜBERNACHTEN

HOTELAPARTMENTS IN DER GFZK // Die Galerie für zeitgenössische Kunst (GfzK) macht es mit zwei Hotelapartments möglich, in einem Kunstwerk zu übernachten. Es geht beim »Hotel Volksboutique« und »Paris Syndrom« vor allem um Farbe, Material und Individualität, eingerichtet von zwei talentierten jungen Künstlerinnen.
// www.gfzk.de/orte/hotel

HOTEL FREGEHAUS // Sehr zentral gelegen ist das Hotel Fregehaus. Das Design erinnert weniger an den typischen Bussinessstil vieler anderer Unterkünfte, modernes Design kann auch charmant und behaglich sein.
// www.hotel-fregehaus.de

BAUMHAUS // Wald – ja, aber zelten – nein? Dann ab ins Baumhaus auf dem Gelände des Kletterwalds Leipzig! Mit Aussicht auf Sternenhimmel und Albrechtshainer See, Doppelbett und Frühstücksterrasse ausgestattet.
// www.kletterwald-leipzig.de/baumhaus.html

SHOPPING

MÄDLER-PASSAGE UND AUERBACHS KELLER
Die schönste Passage der Stadt entstand 1914 nach Mailänder Vorbild und beherbergt eine Vielzahl an feinen Geschäften. Berühmt ist sie aber nicht zuletzt durch Auerbachs Keller, den Weinausschank aus dem 16. Jahrhundert, den Goethe in seinem »Faust« verewigte, heute ein gefragtes Restaurant.
www.maedlerpassage.de

KARL-LIEBKNECHT-STRASSE
Die bei jungen Leuten beliebte »KaLi« ist eine bunte und angesagte Szene- und Shoppingmeile. Neben hippen Cafés und kultigen Bars reihen sich auch eine Vielzahl alternativer Läden für Mode, Vintageklamotten, Naturkosmetik und Musikshops.

AUF KEINEN FALL VERPASSEN

○ **DEM THOMANERCHOR LAUSCHEN**
Wer würde nicht gerne einem Konzert des Thomanerchors in der Thomaskirche lauschen wollen? Um den weltberühmten Thomanerchor zu hören, muss man nicht ins Konzert gehen. Normalerweise kann man ihm am Sonntag im Gottesdienst kostenlos und in den Motetten am Freitag um 18 und Samstag um 15 Uhr (gemeinsam mit dem Gewandhausorchester) für nur 2 Euro lauschen. Wenn der Thomanerchor ortsabwesend ist (Schulferien, Konzertreisen), singt ein Gastchor, oder es ist zur gleichen Zeit eine Orgelvesper.

○ **BEIM LICHTFEST DER DEUTSCH-DEUTSCHEN GESCHICHTE GEDENKEN**
In Erinnerung an die Montagsdemonstration vom 9. Oktober 1989 wird alljährlich an diesem Tag auf dem Augustusplatz und dem Leipziger Ring ein großes Lichtfest veranstaltet. Entlang des Demonstrationsweges von damals sind an verschiedenen Stationen Lichtinstallationen, Videoprojektionen und internationale Lichtprojekte zu sehen.

○ **AUF DEN SPUREN VON MENDELSSOHN BARTHOLDY**
Auch den Komponisten Felix Mendelssohn Bartholdy zog es für einige Jahre nach Leipzig, er wirkte hier als Kapellmeister und als Dirigent am Gewandhaus, dessen Gewandhausorchester weltweit einen hervorragenden Ruf genießt. Mendelssohn Bartholdy ist es auch zu verdanken, dass das Werk Bachs wiederbelebt wurde und eine neue Wertschätzung erfuhr. Im Mendelssohn-Haus, in dem der Meister verstarb, kann der Besucher Einblicke in dessen Leben gewinnen.

○ **EINE LEIPZIGER LERCHE GENIESSEN**
Sie selbst singt nicht, sorgte aber dafür, dass die gleichnamigen kleinen Vögel wieder unbeschwert trällern können. Denn Leipziger Bäcker erfanden seinerzeit das mit Marzipan gefüllte Mürbeteigtörtchen, um den örtlichen Feinschmeckern über den Verlust ihre geliebten gefüllten Feldlerchen hinwegzuhelfen. Im 18. Jahrhundert galten diese als besonderer Gaumenschmaus. Vogelfreunde empörten sich zunehmend über die grausamen Fangmethoden, sodass der sächsische König die Jagd auf Feldlerchen 1876 verbot. Die beiden übereinander gekreuzten Teigstreifen auf der heutigen, süßen Leipziger Lerche erinnern noch an die umstrittene Tradition.

○ **AUF DEN SPUREN VON LEIPZIGS MUSIKERN WANDELN**
Leipzigs reiches musikalisches Kulturerbe kann man auf zwei interessanten Spaziergängen erleben. Der Spazierweg »Notenspur« ist 5,3 Kilometer lang und führt zu Originalschauplätzen der Klassiker in der Innenstadt. Fast gleich lang ist der Spaziergang »Notenbogen« im Westen der Stadt, er führt auf die Spuren von Wagner, Lortzing, Mahler und Mendelssohn Bartholdy. »Notenrad« ist eine 36 Kilometer lange Radtour zum Musikerbe.

Thomaskirche und Johann-Sebastian-Bach-Denkmal.

#19 LÜNEBURGER HEIDE

Während der Eiszeiten war die Lüneburger Heide ein ausgedehntes Gletschergebiet. Als sich die Erdoberfläche wieder zu erwärmen begann und die Gletscher schmolzen, wurden große Massen von Sand und Steinen bewegt. So entstand auch die höchste Erhebung der nordwestdeutschen Tiefebene, der 169 Meter hohe Wilseder Berg. Heute ist der Naturpark Lüneburger Heide eine der schönsten und ältesten Kulturlandschaften Deutschlands. Im Spätsommer entfaltet die Heide ihre faszinierende Blüte. Eine alte Haustierrasse, die Heidschnucken, hält die Flächen vielerorts baumfrei. Der 223 Kilometer lange Heidschnuckenweg verbindet die schönsten Heideflächen der Lüneburger Heide miteinander.

Oben: Wie ein Gemälde wirkt die blühende Heidelandschaft im Spätsommer. Leichte Bodennebel künden vom nahenden Herbst.

Links: Ein typisches Heidebauernhaus inmitten der blühenden Heide, eine Ansicht, auf die man hier häufiger trifft.

Rechts: Heidschnucken und Schäfer gehören einfach zur Lüneburger Heide dazu.

● NATURPARK LÜNEBURGER HEIDE

Südlich von Hamburg, im Dreieck zwischen der Hansestadt, Hannover und Bremen, liegt der erste Naturpark, der in Deutschland gegründet wurde. Er umfasst 1130 Quadratkilometer und erstreckt sich über drei Landkreise. Neben der typischen violett blühenden Heide findet man hier eine Reihe seltener Pflanzen und Tiere wie Moorlilie, Lungenenzian, Braun- und Schwarzkehlchen, Zauneidechsen oder Sandlaufkäfer. Inmitten dieser vor Tausenden Jahren entstandenen Landschaftsform liegen idyllische Dörfer mit reetgedeckten Fachwerkhäusern, den typischen niedersächsischen Hallenhäusern, alten oder ganz modernen Kirchen, Wasser- und Windmühlen. Kern des Naturparks ist das gut 234 Quadratkilometer umfassende Naturschutzgebiet, das mit dem Fahrrad erkundet werden kann. Autos sind größtenteils verboten, aber eine ebenso schöne wie reizvolle Alternative sind Kutschfahrten.

WILSEDER BERG UND TOTENGRUND

Mitten im Herzen des Naturparks und des Naturschutzgebiets erhebt sich der 169 Meter hohe Wilseder Berg über der Heidelandschaft. Von seiner Spitze aus kann man bei klarer

LÜNEBURGER HEIDE

WARUM IM SOMMER? Durchsetzt von den typischen Wacholderbüschen, bietet das rosa bis violett leuchtende Blütenmeer der Heide im August und September einen farbenprächtigen Anblick. In vielen Orten finden dann Heideblütenfeste statt. Besonders bekannt ist das in Schneverdingen. Denn hier wird alljährlich die Heidekönigin als Repräsentantin der Lüneburger Heide gekrönt – ein Spektakel, zu dem zahlreiche Gäste von weither anreisen. Aber auch der Beginn des Sommers hat seinen Reiz, denn im Mai beginnt das Wollgras im 8000 Jahre alten Pietzmoor zu blühen.

Ganz oben: Schöne Fachwerkhäuser prägen Lüneburgs Altstadtbild.

Oben: Der alte Kran im historischen Hafen Lüneburgs ist bis heute noch funktionstüchtig.

Links: Mit einem Pferdewagen die Heide erleben macht Spaß. Man kann ihn mieten oder als Tour buchen.

Sicht bis nach Lüneburg und sogar Hamburg blicken. Ein Gedenkstein erinnert an den Mathematiker Carl Friedrich Gauß (1777–1855), der die höchste Erhebung weit und breit für Vermessungsarbeiten nutzte. Am Fuß des Bergs liegt ein Talkessel mit dem schaurigen Namen Totengrund. Dass diese Bezeichnung etwas mit den Verstorbenen der Region zu tun hat, wird für unwahrscheinlich gehalten. Eher hat sie etwas mit dem überwiegend trockenen, wenig fruchtbaren Boden in der 0,3 Quadratkilometer umfassenden Senke zu tun.

HANNIBALS GRAB

»Hannibals Grab« nahe Wilsede wird eine Gruppe von kleineren und größeren Findlingssteinen genannt, die inmitten von Wacholderbäumen auf einer Anhöhe liegt. Zwar hat dieser Ort eine gewisse Ähnlichkeit mit dem wirklichen Grab des karthagischen Feldherrn, begraben wurde Hannibal hier in der Heide aber nicht.

LÜNEBURG

Eingebettet in die kontrastreiche Landschaft zwischen Lüneburger Heide und Elbtalaue liegt die über 1000 Jahre alte Salz- und Hansestadt. Die Salzproduktion war es auch, die der Stadt einen blühenden Aufschwung ermöglichte. Heute erzählt das Salzmuseum von diesem bedeutenden Teil der Stadtgeschichte. Die Spuren des einstigen Reichtums sind noch an der Architektur abzulesen: Norddeutsche Backsteingotik, prächtige mittelalterliche Patrizierhäuser und imposante Bürgerhäuser dominieren das Bild. Für einen einzigartigen Panoramablick über die Stadt kann man den Wasserturm erklimmen. Das 56 Meter hohe Wahrzeichen wurde auf den Resten der mittelalterlichen Wallanlage erbaut. Es gibt viele Gründe, Lüneburg zu besuchen: Zum einen hat schon das pittoreske Stadtbild mit stolzen Fachwerkhäusern und einigen Baudenkmälern seinen Reiz, aber es locken auch spannende Museen und Feste wie die Lüneburger Sülfmeistertage. Der historische Hafen in der Altstadt war einst ein wichtiger Umschlagplatz, vor allem für das Salz, das von hier aus verschifft wurde. Bis heute steht hier ein hölzerner, kupfergedeckter Kran, der bereits 1346 urkundlich erwähnt wurde.

EYENDORFER MÜHLE

Im Jahr 1897 wurde sie als Erdholländer-Mühle erbaut. Anders als bei der Bockwindmühle, dem ältesten Windmühlentyp in Europa, bei der das ganze Mühlenhaus drehbar auf dem Bock ruht, wird bei der Holländerwindmühle nur die Haube mit den Flügeln in den Wind gedreht. Die Mühle am Ortseingang von Eyendorf ist heute noch voll funktionsfähig und wird als Museumsmühle genutzt. Am letzten Samstag im Mai findet hier das große Mühlenfest mit Vorführungen volkstümlicher Tänze und regionalem Kunsthandwerk statt.

OLDENDORFER TOTENSTATT

Als Oldendorfer Totenstatt wird ein Steingräberfelder des Landkreises Lüneburg bezeichnet. Das älteste Großsteingrab der Jungsteinzeit wurde vor ca. 5700 Jahren errichtet. Grabhügel aus der Bronzezeit und Urnenfunde von der

AUSGEHEN

WIETZE: RESTAURANT WILDLAND // Die Verbindung zur Heimat ist unübersehbar: In einem Fachwerkhaus von 1735 kommen traditionelle Gerichte aus regionalen Biozutaten auf den Tisch.
// www.wildland.de

UELZEN: CAFÉ WOHNZUTATEN // Schon einmal ein Zitronensorbet in einer gefrorenen Zitronenschale serviert bekommen? Hier ist es Spezialität. Gut ist auch das Frühstück.
// Bahnhofstraße 37

LÜNEBURG: MAMA LUU // Die aromatische Thai- und Vietnamküche schmeckt bei Mama Luu im Osten Lüneburgs ganz hervorragend.
// www.mama-luu.de

Eisenzeit bis ins 6. Jahrhundert n. Chr. komplettieren das riesige Gräberfeld inmitten einer urwüchsigen Heidelandschaft. Interessantes über den damaligen Totenkult erfährt man im Archäologischen Museum Oldendorf, von wo aus ein Rundwanderweg zur Totenstatt führt.

AMELINGHAUSEN

In dem über 700 Jahre alten Heideort findet jedes Jahr Mitte August eines der größten Heideblütenfeste der Region statt. Dann wird auch die Heidekönigin gekrönt. Zudem bietet Amelinghausen mit dem Marxener Paradies, dem Steingrab Raven, der Oldendorfer Totenstatt, der Rehrhofer Heide und der Schwindequelle anregende Natur- und Kulturerlebnisse.

BISPINGEN

Herzstück der Gemeinde ist das Naturschutzgebiet Lüneburger Heide. Wer auf dem insgesamt 223 Kilometer langen Heidschnuckenweg wandern möchte, findet hier eine der schönsten Etappen: von Bispingen nach Soltau. Naturerlebnisse für die ganze Familie verspricht auch der Machandel-Erlebnispfad, der die historische Kulturlandschaft der Heide spielerisch begreiflich macht.

UELZEN

Anziehungspunkt der Stadt ist der Hundertwasser-Bahnhof. Der Backsteinbau wurde nach Plänen des österreichischen Künstlers farbenprächtig umgestaltet. Wenige Schritte entfernt wartet bereits das nächste Kunstwerk: der »Stein der Flora«, ein großer, bunt bemalter Felsbrocken, der von der deutsch-schwedischen Künstlerin Dagmar Glemme bearbeitet wurde.

● SÜDHEIDE UND GIFHORN

Die Südheide ist ein Paradies für Wanderer und Radfahrer mit 14 Mühlen und einer russisch-orthodoxen Kirche auf dem Areal. Im Otterzentrum in Hankensbüttel sind Otter und Dachs zu Hause. Und im Gifhorner Welfenschloss erfährt man einiges über die Geschichte der Region. Das stadtälteste Kavaliershaus zeigt, wie man hier früher gewohnt hat.

AUSFLÜGE

● CELLE

Ihr Charakter als einstige herzogliche Residenzstadt ist Celle vielerorts noch anzusehen. Nicht zuletzt im wunderschönen weißen Schloss. Oder auch im Französischen Garten, einem üppigen Park, der den hohen Herrschaften als Lustgarten diente. Das Welfenschloss ist die bedeutendste Sehenswürdigkeit der Stadt.

ÜBERNACHTEN

LÜNEBURG: HOTEL EINZIGARTIG // Moderne Inneneinrichtung trifft auf historisches Gebäude. Das Hotel ist klein, aber sehr liebevoll geführt und gastorientiert. Im Annex Altstadthaus finden Gruppen bis sieben Personen Platz.
// www.hoteleinzigartig.de

LÜDERSBURG: SCHLOSS LÜDERSBURG // Das geschichtsträchtige Herrenhaus ist zugleich ein erstklassiges Golfhotel mit eigenem Golfplatz (zwei 18-Lochplätze), Golfschule, zwei Restaurants und Clublounge.
// www.schloss-luedersburg.de

BISPINGEN: LANDHAUS HAVERBECKHOF // Ein Hoteljuwel für himmlische Ruhe und Entspannung mitten im Naturpark, direkt vor der Türe liegen herrliche Spazier- und Radwege.
// www.haverbeckhof.de

LÜNEBURGER HEIDE

AUF KEINEN FALL VERPASSEN

○ **WANDERN AM STEINGRUND**
Eine Wanderung rund um die Heidefläche Totengrund lässt sich bestens mit der Erkundung des Steingrundes verbinden. Über den Kammweg gelangt man hinunter in den Steingrund. Dessen Heidefläche ist geprägt von einer Vielzahl alter Wacholderbäume und eiszeitlichen Findlingen. Besonders schön, wenn die Heidschnucken hier zur Blütezeit grasen.

○ **ÜBER DIE ARTENVIELFALT IM VOGELPARK WALSRODE STAUNEN**
Mit seinen über 4000 Vögeln aus 650 verschiedenen Arten zählt er zu den zehn artenreichsten Zoos der Welt und gilt als weltweit größter Vogelpark. Auch exotische Schmetterlinge haben hier ein Zuhause. Zugleich ist der Park eine sich jahreszeitlich ändernde blühende Gartenlandschaft mit 120 Rhododendron- und 70 Rosenarten. Kinder lieben die artistischen Flugshows mit den Vögeln und die Naturspielplätze (www.weltvogelpark.de).

○ **ZUM MARKT NACH LÜNEBURG**
Der Wochenmarkt vor dem historischen Rathaus findet zweimal in der Woche – mittwochs und samstags – statt. Hier findet man viele frische Produkte aus der Region wie Obst und Gemüse, Käse, Wurst und Fisch sowie Blumen. Jedes Jahr im Herbst werden die Sülfmeistertage gefeiert, Lüneburgs ältestes Fest, das zum ersten Mal 1472 erwähnt wurde.

○ **DIE ST.-JOHANNISKIRCHE IN SALZHAUSEN BEWUNDERN**
Das denkmalgeschützte Kirchengebäude ist mit seinen hohen, aus Findlingen gemauerten Wänden eine typische Heidekirche. Beeindruckend sind der Chorraum mit gotischem Rippengewölbe und der Triumphbogen (1464), der Altaraufbau sowie die Kanzel von 1569. Das bronzene Taufbecken wird auf das frühe 14. Jahrhundert datiert.

○ **HEIDEMUSEUM »DAT OLE HUUS« BESUCHEN**
Das Museum in Wilsede zeigt anschaulich, wie die Heidebauern um 1850 lebten. Mangels Schornstein beispielsweise wurde damals noch auf offenem Herdfeuer gekocht. Menschen und ihre Tiere lebten unter einem Dach. Für junge Leute ist der Eintritt ins Museum frei. Im dazugehörigen »Schafstall« Emhof gibt es Ausstellungen und Konzerte.

Der Lüneburger Markt ist eine Quelle für Erzeugnisse aus der Region

VIOLETTES BLÜTENMEER

Ein leuchtendes Blütenmeer bis zum Horizont, das kann nicht nur Südfrankreich mit seinen Lavendelfeldern. In der Lüneburger Heide schillert die blühende »calluna vulgaris«, die Heideblüte, sogar noch knalliger – in allen Rosa-, Purpur- und hellen Lilatönen.

Im August und September öffnen sich die winzigen Blütenkelche an den immergrünen Zwergsträuchern der Besenheide, so der botanische Namen des Heidekrauts. Dann ist die schönste Zeit für Spaziergänge, Ausritte oder Kutschfahrten durch die weiten, ebenen Flächen der Heide mit ihren vereinzelten, sattgrünen Wacholdersträuchern und Birken. Wenn man dabei einer Heidschnuckenherde mit Schäfer begegnet, ist das Glück vollkommen.

Es ist dann auch die Zeit der großen Heideblütefestwochen in Amelinghausen und Schneverdingen mit Wahl der Heidekönigin.

🌐 Infos: www.lueneburger-heide.de

#20 MECKLENBURGISCHE SEENPLATTE

Das Labyrinth von Seen, Flüssen und Kanälen im südlichen Teil von Mecklenburg-Vorpommern ist ein einzigartiges Naturparadies und Freizeitrevier. Mit über 1000 Seen, gesäumt von Buchenwäldern, Mooren und Hügeln, ist die Mecklenburgische Seenplatte das größte zusammenhängende Seengebiet Mitteleuropas. Am nördlichen Rand der Seenplatte erstreckt sich von Dargun entlang des Kummerower und des Malchiner Sees in südwestlicher Richtung die Mecklenburgische Schweiz, ein rund 20 Kilometer langer und zehn Kilometer breiter Höhenzug mit Erhebungen von bis zu 120 Meter. Der größte Teil der Landschaft gehört zum Naturpark Mecklenburgische Schweiz und Kummerower See. Beide Regionen verzaubern die Besucher nicht nur durch ihre nahezu unberührten Seen- und Waldlandschaften, sondern auch durch märchenhafte Schlösser und Herrenhäuser sowie beschauliche Dörfer mit großem Dorfanger und alten Backsteinkirchen.

● TETEROW

Die Perle der Mecklenburgischen Schweiz liegt genau in der Mitte von »Meck-Pomm«. Sie punktet mit ihrem charmanten mittelalterlichen Kern, typischen Backsteinhäusern mit Stufengiebeln und zwei mittelalterlichen Stadttoren. Das Wahrzeichen der Stadt ist der Hechtbrunnen vor dem Rathaus. Sehenswert in der Backsteinkirche hinter dem Rathaus aus dem 13. Jahrhundert ist vor allem der gotische Flügelaltar.

MALCHIN

Zu zwei Dritteln wurde die Stadt während des Zweiten Weltkrieges zerstört. Übrig geblieben ist eine Mischung aus buntem Plattenbau und mittelalterlicher Architektur. Wie wohlhabend das Städtchen einmal war, offenbart die gotische dreischiffige Backsteinbasilika St. Johannis (1440). Der Schnitzaltar mit der Marienkrönung und den 36 Aposteln stammt aus dem 15. Jahrhundert. Im Rathaus sind die 72 Zunftgemälde sehenswert.

BASEDOW

Die Hauptattraktion des kleinen Orts ist sein Schloss. Die dreiflügelige Anlage wurde vom 16. bis 19. Jahrhundert erbaut. Der älteste Teil ist der Mitteltrakt von 1552. Der zweigeschossige Flügel geht auf das 17. Jahrhundert zurück, der Südflügel ist dagegen im Neorenaissancestil erbaut. Das älteste Bauwerk des Ortes ist die Kirche aus dem 13. Jahrhundert.

BURG SCHLITZ

Eine Lindenallee führt 15 Kilometer südlich von Teterow hinauf zur Burg Schlitz, eine der bedeutendsten Schlossanlagen Mecklenburgs. Sie beherbergt das gleichnamige exquisite Schlosshotel, dass auch einen klassischen Afternoon Tea anbietet. Besuchen kann man die gepflegte Parkanlage mit Nymphenbrunnen und Kapelle. Den Blick von der Schlossterrasse hat schon Goethe genossen.

NATURPARK NOSSENTINER/ SCHWINZER HEIDE

Herrlich unberührte Natur, seltene Tier- und Pflanzenarten sowie eine Reihe von Wanderwegen zeichnen den Park zwischen Plau, Goldberg, Krakow und Malchow aus. 60 Seen, an denen See- und Fischadler brüten, und ausgedehnte Wälder gehören zu dem Areal.

KRAKOWER OBERSEE

Der See mit seinen Inseln ist der größte im Naturpark Nossentiner/Schwinzer Heide. Er ist eine wichtige Rast- und Brutgebiet für viele Wasservögel. Um den See herum verläuft ein schöner Spazierweg.

Vor allem im Sommer ist der Krakower See ein beliebtes Urlaubs- und Erholungsgebiet.

MECKLENBURGISCHE SEENPLATTE

WARUM IM SOMMER? Die Frage beantwortet sich schon fast von selbst, denn was erwartet man von einem Wochenende hier? Paddeln, Paddeln, Paddeln! Und dafür muss natürlich das Wetter stimmen, denn bei einstelligen Temperaturen setzen sich nur Hartgesottene ins Kajak oder Kanu. Das satte Grün an den Seeufern, die vielfältige Vogelwelt und weitflächige Wälder zwischen den Seen verstärken den Eindruck von einem einzigartigen Naturparadies. Baden, Segeln und Surfen sind weitere Aktivitäten, die den Sommer im Gebiet der Mecklenburger Seenplatte perfekt machen. Neben Badewannenrallye in Plau am See oder Moorwoche am Kummerower See gibt es auch zahlreiche weitere Veranstaltungen, für die sich die Reise lohnt.

PLAU AM SEE
Vor 800 Jahren wurde die Stadt am gleichnamigen See mit guter Anbindung an die Handelsstraße zwischen Rostock und Brandenburg gegründet. Im 19. Jahrhundert siedelte sich auch Industrie an. Ernst Alban, der Sohn des Plauer Pfarrers, war es, der 1841 hier die Hochdruckdampfmaschine erfand. Er baute sie in einen Schaufelraddampfer ein und ließ das erste Personendampfschiff auf dem Plauer See zu Wasser. Das Wahrzeichen der Stadt ist der Burgturm aus dem 15. Jahrhundert, der heutige Sitz des Heimatkundlichen Museums. Hauptsehenswürdigkeit des Ortes ist der Marktplatz mit seinen Fachwerkhäusern. An der Elde-Schleuse befinden sich ein historischer Getreidespeicher und eine Hubbrücke.

MALCHOW
Das einstige Tuchmacherstädtchen zwischen dem Fleesen-, Malchower und Plauer See beeindruckt mit einer neugotischen Klosterkirche inmitten eines gut erhaltenen historischen Altstadtkerns. 1846 befand sich Malchow noch auf einer Insel und trägt daher stolz den Namenszusatz Inselstadt. Später wurde ein Damm aufgeschüttet, der den Ort mit dem Festland verband. Die Klosterkirche wurde Mitte des 19. Jahrhunderts erbaut. Die Apostelfenster im Chorraum stammen aus Innsbruck, im Kloster befindet sich auch ein Orgelmuseum.

RÖBEL/MÜRITZ
Die »bunte Stadt am kleinen Meer«, wie sich Röbel/Müritz gern nennt, bestand früher aus zwei Orten. Dank ihrer Lage an der Müritz, ihrem Seglerhafen, den Schiffsanlegestellen und der langen Uferpromenade mit gemütlichen Cafés hat sie sich zum allseits beliebten touristischen Hotspot entwickelt. Sehenswert ist die Altstadt mit ihren bunten Fachwerkhäusern und den beiden frühgotischen Kirchtürmen. Vom Turm der Marienkirche genießt man einen tollen Ausblick.

MIROW
Der Ort ist das Tor zur Brandenburgischen Seenplatte am Müritz-Havel-Kanal. Wassersportlern ist vor allem die Mirower Schleuse

Links: Der Plauer See ist der drittgrößte See in Mecklenburg-Vorpommern und der siebtgrößte See in Deutschland.

Rechts: Hausboote auf der Müritz-Elde-Wasserstraße bei Malchow.

ein Begriff, denn sie verbindet die mecklenburgischen Gewässer mit den brandenburgischen. Mirow war einst Residenz des Herzogs Karl von Mecklenburg-Strelitz, der sich hier Ende des 16. Jahrhunderts niederließ. Auf seine Initiative geht auch das schöne Barockschloss zurück. Die Schlossinsel ist durch eine Steinbrücke mit der Altstadt des Ortes verbunden. Während des 18./19. Jahrhunderts wurden hier alle Familienmitglieder des Strelitzer Hauses begraben. Lediglich Großherzog Adolf Friedrich VI., der letzte regierende Großherzog der Dynastie, fand seine letzte Ruhe etwas abgelegen auf einer separaten Insel. Sein Grab kennzeichnet eine gebrochene Säule.

NATURPARK FELDBERGER SEENLANDSCHAFT

Der große Naturpark zwischen Fürstenberg, Woldegk und Neustrelitz umfasst 15 kleinere Naturschutzgebiete mit uralten Buchenwäldern, klaren Seen und Kesselmooren. Zu den bekanntesten Seen gehören Breiter und Schmaler Luzin, Haussee, Zansen und Carwitzer See. In der Ungestörtheit der Seenlandschaft leben neben See-, Fisch- und Schreiadler noch über 140 Brutvogelarten, seltene Fische sowie Fischotter und Biber. In der nordöstlichen Region des Naturparks können Gartenanlagen des Landschaftsarchitekten Peter Josef Lenné bewundert werden.

NEUSTRELITZ

Die ehemalige Residenzstadt der Herzöge von Mecklenburg-Strelitz liegt inmitten der Mecklenburgischen Seenplatte, umgeben vom Müritz-Nationalpark. Die einzigartige spätbarocke Stadtanlage zeigt sich augenfällig beim Marktplatz mit Stadtkirche und Rathaus: Sternförmig führen von dem ungewöhnlich quadratischen Platz acht Straßen in alle Richtungen. Das Schloss wurde 1945 zerstört, aber der kunstvoll gestaltete Schlosspark blieb zum Glück erhalten. Sehenswert in der Anlage sind die Orangerie von 1755, der Hebetempel und Marstall sowie die eigenwillig gestaltete Schlosskirche mit ihren zwölf superschlanken Türmen. Als Kirche hat sie ausgedient, heute ist sie Galerie für Kunstausstellungen. In die alten Lagerhäuser am Stadthafen am Zierker See sind Wohnungen, Hotel und eine Hafengalerie eingezogen. Nette Lokale beleben das idyllische Ensemble.

AUSGEHEN

VIPPEROW: RESTAURANT WIEPELDORN
// Das schmucke Restaurant an der Kleinen Müritz überzeugt durch die innovative Küche und die Qualität der Speisen.   // www.wiepeldorn.de

PLAU AM SEE: CAFÉ ANTIK // Der Name verspricht nicht zu viel: In der gemütlichen Atmosphäre mit antiken Möbeln schmecken Frühstück, Kuchen und Torten doppelt gut.
// www.cafeantik-plau.de

MALCHOW: DAT FISCHHUS // Auch im Fischhus ist der Name Programm: Fischbrötchen auf die Hand gibt's hier ebenso wie feine Fischspezialitäten à la carte – mit Blick auf die Drehbrücke.
// www.fischhaus-malchow.de

NATIONALPARK MÜRITZ

Ein Kaleidoskop unterschiedlicher Landschaften und Lebensräume bietet dieser Nationalpark mit nicht weniger als 107 Seen auf einer Fläche von 322 Quadratkilometer. Der Park besteht aus zwei räumlich getrennten Abschnitten: Das größere Teilgebiet Müritz erstreckt sich in einem Halbbogen entlang des Ostufers des gleichnamigen Sees, der östliche Teil umfasst die Wälder und Seen um Serrahn und Neustrelitz. Hier ist die Landschaft vor allem durch urtümliche Buchenwälder und Moore gekennzeichnet. Neben zahlreichen anderen Vogelarten sind im Park auch See- und Fischadler, Kraniche sowie Schwarzstörche zu Hause. Zum Schutz dieses sensiblen Ökosystems wurden insgesamt 660 Kilometer markierte Wege angelegt, die Besucher nicht verlassen dürfen.

WAREN (MÜRITZ)

Am Nordufer der Müritz, des größten Sees Norddeutschlands, und im Herzen der Mecklenburgischen Seenplatte liegt Waren. Dank des großen Fischreichtums der Müritz und der umliegenden Seen brachte es Waren zu einem gewissen Wohlstand. Theodor Fontane war es, der die Vorzüge der Seenplatte rund um Waren als Ort der Ruhe und Erholung entdeckte und die Schönheit ihrer Natur in seinen Büchern pries. So wurden Waren und die Müritz bereits im 19. Jahrhundert ein beliebtes Ziel für Sommerfrischler. Nach der Wende wurde die Altstadt saniert und ein Jachthafen erbaut. Waren wurde damit zum touristischen Zentrum der Mecklenburgischen Seenplatte. In der Altstadt reihen sich barocke Fachwerkhäuser aneinander. Zu den schönsten gehört die Löwen-Apotheke (18. Jahrhundert) auf dem Neuen Markt. Den Alten Markt zieren das Alte Rathaus aus dem 14. und die Georgenkirche aus dem 13. Jahrhundert. Auf dem Neuen Markt erhebt sich das Neue Rathaus mit dem Stadtgeschichtlichen Museum. Am Stadthafen sind noch einige Getreidespeicher aus dem 19. Jahrhundert erhalten, die heute teilweise als Ferienwohnungen genutzt werden.

ÜBERNACHTEN

WAREN/MÜRITZ: HOTEL KLEINES MEER // Wer unverschnörkelten skandinavischen Stil mag, ist in dem behaglichen Vier-Sterne-Hotel mit Seeblick richtig.
// www.kleinesmeer.de

FINCKEN: KAVALIERSHAUS SCHLOSS BLÜCHER // Ein Hotel zum Wohlfühlen mit schöner Lage am Wasser, stylischen Suiten und Wellnessbereich, was will man mehr?
// www.kavaliershaus-finckenersee.de

MALCHOW: RINGELNATZ INSEL-HOTEL // Coole Appartements direkt am See, Saunaboot und Bootsverleih zeichnen das trendige Hotel aus.
// www.ringelnatz-malchow.de

AUSFLÜGE

● **NEUBRANDENBURG**

Großartige Backsteinbauten und die beindruckende mittelalterliche Wehranlage machen Neubrandenburg zu einem spannenden Ausflugsziel. Die Ringwallanlage umschließt mit einem inneren und äußeren Wall wie ein breiter Gürtel die Altstadt und die Stadtmauer mit ihren vier dekorativen Toren und Türmen. Dazwischen liegt ein bis 70 Meter breiter Grüngürtel, der mit seiner artenreichen Flora zu Spaziergängen einlädt. Die zur Konzertkirche umgebaute Marienkirche ist ein Meisterwerk der Backsteingotik. Ebenfalls sehenswert sind das Franziskanerkloster mit seiner Kunstsammlung und der Kulturpark.

AUF KEINEN FALL VERPASSEN

○ DURCH DIE PRACHTVOLLEN RÄUME VON SCHLOSS GÜSTROW FLANIEREN

Ein prächtiger Renaissancebau ist das im 16. Jahrhundert von italienischen und niederländischen Baumeistern errichtete Schloss. Das Schloss von Güstrow ist das größte Renaissancebauwerk von Mecklenburg-Vorpommern. Der imposante Dreiflügelbau mit seinen Türmen und Giebeln und dem prächtigen Festsaal mit Wandmalereien und Stuckaturen ist heute ein Museum. Es zeigt Kunst aus dem 16. und 17. Jahrhundert, antike Möbel und wertvolle Keramiken.

○ BOOTSWANDERN AUF DER MÜRITZ-ELDE-WASSERSTRASSE

Die Route ist (noch) ein Geheimtipp für Wasserwanderer: Über insgesamt mehr als 180 Kilometer (von Dömitz bis Plau: 121 Kilometer) zieht sich die Wasserstraße durch unberührte Landschaften bis nach Dömitz. Entlang der Strecke, die durch 17 Schleusen unterbrochen wird, befinden sich zahlreiche Rast- und Liegeplätze, von denen aus Wanderungen unternommen werden können. Auch abseits der malerischen Müritz ist die Seenplatte ein beliebtes Wassersport- und Camping-Revier. Der Heimatdichter Fritz Reuter weilte gern in der »lieblichen Krakowschen Gegend«, einem der reizvollsten Plätze der Seenplatte. Und die meisten Gewässer lassen die Herzen von Anglern höherschlagen: In manchen Seen werden bis zu 34 Fischarten gezählt.

○ DIE OPERETTENFESTSPIELE IN NEUSTRELITZ BESUCHEN

Jeden Sommer wird Neustrelitz für mehrere Wochen zur »Residenzstadt der Operette«. Dann bieten die Schlossgartenfestspiele vor malerischer Kulisse große Inszenierungen beliebter Operetten. Bereits zweimal wurde auch das Leben der Königin Luise von Preußen zum Sujet von Operetten-Uraufführungen.

○ GESCHICHTE ERFAHREN IM MARINEMUSEUM IN WAREN

Das Marinemuseum erzählt die Geschichte der Marine im Wandel der Zeit anhand von Uniformen, Abzeichen und weiteren Exponaten von der Kaiserlichen Marine, der Reichsmarine und der Kriegsmarine bis zum Ende des Zweiten Weltkriegs. Auch die Exponate der DDR-Volksmarine und der Bundesmarine fehlen nicht.

○ NATUR HAUTNAH ERLEBEN IM MÜRITZEUM

Das »Haus der 1000 Seen« in Waren ist Naturkundemuseum und Naturerlebniszentrum in einem. Im Rahmen von Ausstellungen, Veranstaltungen, Aquarium und Natursammlungen können die Besucher die Region hautnah erleben (www.mueritzeum.de).

Der Schlossgarten wird bei den Operettenfestspielen zur Bühne.

#21 MÜNSTER

Das Stadtbild Münsters wird vor allem durch die vielen vorbildlich restaurierten historischen Häuser, Kirchen und Plätze geprägt. Münster ist eine Stadt mit vielen Gesichtern: Bischofssitz, Wissenschaftsstadt, Kulturhochburg, Skulpturenstadt, Stadt des Westfälischen Friedens, Fahrradstadt, Hansestadt – und doch bilden all diese Facetten ein einheitliches und stimmiges Gesamtbild. Die 1200 Jahre alte Metropole verbindet dabei Altes und Neues. Die verschiedenen Märkte (Prinzipalmarkt, Roggen- und Fischmarkt) laden zum Bummeln ein. Eine große Auswahl an Museen und viele historische Kirchen und Gebäude warten darauf, erkundet zu werden. Im Kuhviertel kann man westfälische Gemütlichkeit genießen und ein wenig in Münsters Studentenleben eintauchen. Der Aasee und viele Parks laden schließlich dazu ein, der Hektik des Alltags zu entfliehen und die Seele baumeln zu lassen. Zahlreiche Kulturveranstaltungen und Feste runden das touristische Angebot ab. Aber nicht nur Münster selbst, sondern auch das Umland bietet sich für Erkundungstouren an.

Oben: Nur 15 Minuten zu Fuß sind es von der City zu Münsters größtem Freizeitrevier, dem Aasee.

Links: Die kunstvoll erneuerten Giebelhäuser mit ihren klassischen Bogengängen am Prinzipalmarkt gleichen einem Freilichtmuseum für Münsteraner Baukunst. Am eindrucksvollsten ist das originalgetreu rekonstruierte Historische Rathaus mit seinem filigranen vierstufigen Giebel im Gotikstil.

● **ST.-PAULUS-DOM**

Der im 13. Jahrhundert erbaute Dom ist ein Wahrzeichen der Stadt. Bestaunen kann man in der katholischen Kathedrale einige Kunstwerke, insbesondere die astronomische Uhr, die im Spätmittelalter konstruiert wurde. Leider ist jedoch die Domkammer mit ihrem besonders wertvollen Domschatz aus zwölf Jahrhunderten aus lüftungstechnischen Gründen nicht zugänglich, sie soll ein neues Domizil erhalten.

ARCHÄOLOGISCHES MUSEUM

Das Archäologische Museum zeigt eine umfangreiche Sammlung von Kunst und Kunsthandwerk antiker Kulturen des Mittelmeerraums und Vorderen Orients, darunter auch Originalsammlungen, Modelle antiker Stätten, Abgüsse antiker Skulpturen, Gefäße, Schmuck und Münzen.

PRINZIPALMARKT

In unmittelbarer Nähe des Domes ist der Prinzipalmarkt gelegen. Die kunstvollen Giebelhäuser auf beiden Seiten sind die am meisten fotografierten Motive Münsters. Besonders ihr Baumaterial, der Baumberger Sandstein, und die Bogengänge im Erdgeschoss verleihen dem Platz seine unverwechselbare Atmosphäre.

RATHAUS

Direkt am Prinzipalmarkt gelegen ist das historische Rathaus. Der gotische Bau aus der Mitte des 14. Jahrhunderts wurde – nach seiner

MÜNSTER

WARUM IM SOMMER? Der »Flohmarkt auf der Promenade« zieht Besucher von weither in die Stadt. Er zählt zu den größten Trödelmärkten Europas und findet im Sommer immer am dritten Samstag statt. Ein weiteres Highlight ist der Sommernachtsflohmarkt im Juli. Darüber hinaus bietet der reichhaltige Veranstaltungskalender von Münster im Sommer einen recht bunten Strauß an Events und Festen für jeden Geschmack: Beim traditionellen Hansemahl heißt es an der 100 Meter langen gedeckten Tafel auf dem Prinzipalmarkt Platz zu nehmen. Musikfans sind zum »Open-Air-Festival AaSerenaden« willkommen. Auf dem »Hafenfest« mit drei Bühnen tobt drei Tage lang der Bär. Und ein Augenschmaus ist das Ballon-Spektakel Montgolfiade. Wer es ruhiger mag, kann die Füße zur Abkühlung in den Dortmund-Ems-Kanal stecken oder dessen Ufer mit dem Fahrrad erkunden.

Zerstörung im Zweiten Weltkrieg – in den 1950er-Jahren originalgetreu wiederaufgebaut. Im Friedenssaal wurde 1648 der Französisch-Niederländische Frieden, ein Teil des Westfälischen Friedens, besiegelt. Diesen historischen Ort kann man täglich (außer montags) besichtigen.

KUNSTMUSEUM PABLO PICASSO

Das im Jahr 2000 eröffnete Museum ist das erste Picasso-Museum Deutschlands. Im Mittelpunkt der Sammlung stehen vor allem die Druckgrafiken des Künstlers sowie Picasso in ausgewählten Fotografien. Sonderausstellungen befassen sich auch mit den Werken von Picassos Künstlerfreunden und Zeitgenossen (s. S.156/157).

ERBDROSTENHOF

Unweit des Prinzipalmarktes, an der Salzstraße 38, befindet sich der Erbdrostenhof, ein barockes Adelspalais, das Mitte des 18. Jahrhunderts erbaut wurde. Neben der aufwendigen Fassade mit ihren in den 1960er-Jahren restaurierten Fresken fällt besonders die Lage des Barockbaus auf: Aus Platzgründen wurde das Gebäude diagonal erbaut.

Oben: Der festliche Große Saal des barocken Erbdrostenhofs wurde in den Jahren 1753 bis 1757 gebaut.

Links: Der barocke Rundbau der kleinen Clemenskirche wurde von Johann Conrad Schlaun 1753 errichtet. Beeindruckend ist die Deckenmalerei in der Kuppel.

MÜNSTER

CLEMENSKIRCHE
Zusammen mit dem Erbdrostenhof bildet die Clemenskirche einen Teil von Münsters »Barockinsel«. Sie wurde von dem Barockarchitekten Johann Conrad Schlaun zwischen 1745 und 1753 erbaut und nach dem Zweiten Weltkrieg originalgetreu restauriert. Die Clemenskirche gilt als eine der bedeutendsten Barockkirchen Norddeutschlands.

STADTMUSEUM
Alles Wichtige über die Geschichte der Stadt Münster von den Anfängen bis zur Gegenwart erfährt man im Stadtmuseum. Die Schwerpunkte der Ausstellung sind Stadt- und Architekturmodelle, die die Stadtentwicklung veranschaulichen.

SCHLOSSPLATZ
Der Schlossplatz hat im Laufe der Jahrhunderte eine bewegte Geschichte hinter sich. Er fungierte als Schussfeld für Kanonen, als Forum für Paraden, politische Bühne für Fürstbischöfe, Könige, Kaiser, Gauleiter, Präsidenten und nicht zuletzt auch als Inspirationsquelle für Skulpturkünstler aus aller Welt. Dreimal im Jahr dient der Platz auch als Fläche für das Volksfest »Send«. Grundsätzlich ist er aber vor allem der Vorplatz der Westfälischen Wilhelms-Universität.

BUDDENTURM
Der Turm ist Teil der Kreuzschanze, ein Bestandteil der Stadtbefestigung Münsters. Die eigentliche Befestigungsanlage wurde im 18. Jahrhundert geschliffen. Im 19. Jahrhundert wurde dann aus der Kreuzschanze ein Park. Der Buddenturm ist der letzte noch erhaltene Teil der alten Befestigung.

STADTHAFEN
Um den Stadthafen herum haben sich in den alten Speichern und Lagerhallen hippe Lokale, Bars, Klubs und Cafés eingenistet, sodass daraus ein lebendiges Szeneviertel entstanden ist. Einen Besuch wert ist die Kunsthalle mit 30 individuellen Kunstateliers.

AUSGEHEN

GLOWKITCHEN CAFÉ // Hier gibt es Frühstück, Pancakes, Porridge mit ausschließlich gesunden Zutaten, also ohne Weißmehl und Industriezucker, sowie leckere Smoothiebowls.
// www.glowkitchen.de

RESTAURANT VILLA MEDICI // Das Ambiente des italienischen Restaurants am Rand der Stadt ist gehoben, die Speisen sind saisonal ausgewählt und sehr frisch zubereitet.
// www.villa-medici-muenster.de

WATUSI BAR // In die angesagte Bar im Hafenviertel kommt man eigentlich, um sich mit ein, zwei Drinks aus der kreativen Cocktailauswahl für den Partyabend einzustimmen, aber bei dem stimmigen Ambiente wird daraus auch mal ein ganzer Abend.
// www.watusibar-ms.de

SHOPPING

GALERIE NETTELS
Von klassisch bis modern, von Ölgemälden bis Skulpturen, die Galerie Nettels im Zentrum punktet mit ihrem umfangreichen Kunstangebot.
// www.nettels.de

KUHVIERTEL
im Kuhviertelquartier gibt es nicht nur urige Kneipen, sondern auch Galerien, Antiquariate und nette kleine Läden zum Stöbern.
// Hollenbecker-/Kuh-/Kreuzstraße

AUSFLÜGE

● **TELGTE**

Die Kultur des Münsterlandes ist in vielen Facetten tief katholisch geprägt. Ein Zeugnis davon legt die historische Wallfahrtsstadt Telgte an der Ems ab, die jährlich Anziehungspunkt zahlreicher Pilger ist. In der Altstadt von Telgte sind die mittelalterlichen Strukturen noch gut erkennbar und die kleinen Gässchen laden zum Verweilen ein. Pferdeliebhaber freuen sich jedes Jahr auf die traditionsreiche Kutschenwallfahrt an Christi Himmelfahrt. Radrouten wie der EmsRadweg oder die 100-Schlösser-Route führen direkt nach Telgte. Auch um die Weihnachtszeit lohnt sich übrigens ein Ausflug nach Telgte, dann findet hier einer der größten mittelalterlichen Weihnachtsmärkte in Deutschland statt.

Ein Landidyll wie in früheren Zeiten mit grasenden Pferden vor dem Kloster Gerleve in Billerbeck.

● **BILLERBECK: KLOSTER GERLEVE**

Die Benediktinerabtei Gerleve liegt nahe dem Wallfahrtsort Billerbeck. Im letzten Jahrzehnt des 19. Jahrhunderts wurde der Grundstein zu dem Kloster gelegt. Im Laufe der Zeit wandelten sich die Aufgabenfelder der Benediktiner. Die einst für die Mönche so bedeutende Landwirtschaft spielt heute eine eher untergeordnete Rolle. Neben anderen Schwerpunkten gehen die Glaubensbrüder in unserer Zeit auch der historischen und theologischen Forschung nach. Gäste sind im Kloster gerne willkommen.

● **HAVIXBECK: BURG HÜLSHOFF**

Havixbeck ist der Geburtsort von Annette von Droste-Hülshoff. Die bekannte Dichterin erblickte am 12. Januar 1797 auf Burg Hülshoff das Licht der Welt. Errichtet als typisch westfälische Wasserburg, thront die Burg inmitten der historischen Parkanlage, in der sich Landschaftsarchitektur und Gartenkunst perfekt vereinigen. Zum Gedenken an Annette von Droste-Hülshoff wurde in der Burg ein Museum eingerichtet. Führungen machen die Familiengeschichte und die der Burg lebendig.

ÜBERNACHTEN

FACTORY HOTEL // Früher beherbergte das Gebäude eine Brauerei, heute ist es ein angesagtes Designhotel der Region. Zum Hotel gehören auch drei Restaurants und eine Bar.
// www.factoryhotel-muenster.de

HOTEL FELDMANN // Das ideale Hotel für Kurzurlauber ist zentral gelegen, mit allem Nötigen ausgestattet und bietet guten Service und reichhaltiges Frühstück.
// www.feldmann-muenster.de

HOTEL SCHLOSS WILKINGHEGE // Das noble Wasserschloss-Hotel im Norden von Münster genießt einen exzellenten Ruf für seine stilvolle Atmosphäre in den 34 Zimmern und Suiten und ebenso für die gepflegte Gastlichkeit im Restaurant.
// www.schloss-wilkinghege.de

MÜNSTER

AUF KEINEN FALL VERPASSEN

○ SCHLÖSSER UND BURGEN IM UMLAND BESICHTIGEN

Rund um Münster gibt es zahlreiche Schlösser und Wasserburgen, Herrensitze und Gartenanlagen zu entdecken. Direkt vor den Toren liegt das Haus Rüschhaus, das heute ein Museum beherbergt, das sich der Dichterin Annette von Droste-Hülshoff widmet. Sie wurde auf Burg Hülshoff geboren. Schloss Nordkirchen wird auch gerne als »Westfälisches Versailles« bezeichnet und ist für Gartenfreunde ein absolutes Muss. Die Burg Vischering in Lüdinghausen zählt zu den am besten erhaltenen Burganlagen Deutschlands. Auch das Schloss Westerwinkel in Ascheberg ist einen Besuch wert. Das Schloss liegt inmitten eines englischen Landschaftsparks. Man kann diese Schlösser von Münster aus bequem mit dem Rad erreichen.

○ MÜHLENHOF FREILICHTMUSEUM

Das Mühlenhof Freilichtmuseum ist in unmittelbarer Nähe zum Aasee gelegen. Es zeigt historische Fachwerkbauten aus dem 17. bis 19. Jahrhundert auf einem rund fünf Hektar großen Gelände. Das ermöglicht spannende Einblicke in die einstige bäuerliche Lebensweise im Münsterland. Sonderveranstaltungen und Wechselausstellungen ergänzen die Ausstellung (www.muenster-muehlenhof.de).

○ WOCHENMARKT AUF DEM DOMPLATZ

Immer wieder samstags ist es so weit – der Wochenmarkt in Münster öffnet. Dann werden rund 150 Stände vor der malerischen Kulisse des St.-Paulus-Doms aufgebaut. Das vorwiegend regionale Angebot lockt mit westfälischen Leckerbissen wie Bauernbrot, Schinken, Pumpernickel, diversen Käse und Wurst. Natürlich gibt es auch frisches Gemüse und Obst der Region. Und wer beim Marktbummel direkt seinen Hunger stillen möchte, der kann sich an Suppen, Bratwurst, Backfisch oder Reibekuchen gütlich tun.

○ WARENDORFER HENGSTPARADE

Dass das Münsterland auch als Pferderegion einen ausgezeichneten Ruf genießt, zeigt sich nicht zuletzt an der großen Anzahl an Reiterhöfen, Pferdemuseen und den Veranstaltungen rund ums Pferd. Mehr als 100 000 Pferde sind in der Region zu Hause. Zu den herausragenden Pferdesportereignissen zählt die traditionelle Warendorfer Hengstparade. Jedes Jahr Ende September/Anfang Oktober finden sich zahlreiche begeisterte Besucher zu der mehr als dreistündigen Vorführung ein. Mehr als 100 Hengste präsentieren hier in 20 Schaubildern die Vielfalt des Pferdesports (Infos: www.landgestuet.nrw.de).

Warendorfer Hengstparade

KUNSTMUSEUM
PABLO PICASSO

PICASSO UND DIE DRUCKGRAFIK

Wer kennt nicht die Bilder des weltberühmten Künstlers der Moderne Pablo Picasso (1881–1973). Weniger bekannt ist, dass Picasso zudem der genialste Zeichner seiner Epoche war und der Welt ein riesiges Werk an Zeichnungen, Radierungen und Druckgrafiken hinterlassen hat.

Es ist das Verdienst des noch jungen Kunstmuseums Pablo Picasso, bislang das einzige in Deutschland, dass es das umfängliche grafische Werk des Künstlers ins Rampenlicht hebt. Die anschaulich kuratierte Dauerausstellung umfasst die weltweit größte Sammlung seiner Lithografien. Sie gliedert sich in vier Themenbereiche: »Picasso und die Druckgrafik«, »Picassos Freunde und Wegbegleiter«, »Picasso in der Fotografie« und »Picassos Arbeitstechniken«.

In wechselnden Ausstellungen stellt das Museum Querbezüge zu verwandten Themen und Künstlern her.

🌐 Infos: kunstmuseum-picasso-muenster.de

#22 AM NIEDERRHEIN

Nördlich von Bonn verlässt der Rhein das Bergland und wird stromabwärts als Niederrhein bezeichnet. Seine vorher schroffen Ufer werden flacher, nur noch vereinzelte Höhenzüge ragen auf. Kulturell bietet die Region hingegen viele Kontraste: Die Kölner Bucht ist von alters her römisches Siedlungsgebiet. Im Tiefland weiter nördlich ist der Niederrhein fast im Wortsinn die weite, oft wiesengrüne Ebene des Stroms, die nur ein paar Eiszeitmoränen gliedern. In den Randbereichen blieben urwüchsige Heiden sowie Wiesen- und Feuchtgebiete aus alter Zeit erhalten, auf denen heute Pferde, Kühe und Schafe grasen. Dennoch ist diese Region auch uraltes Kulturland, das insbesondere fest verbunden mit den Geschichten und Figuren aus der Nibelungensage ist.

Oben: Grasende Kühe, kleine Teiche mit Schilfufern und knorrige Weiden bestimmen das Bild der Auenlandschaften am Niederrhein.

Links: Der gotische Dom von Xanten birgt einige Kunstschätze in seinem Inneren, während sich im Karthaus, einem ehemaligen Kartäuserkloster (1419–1802), heute die Stadtbibliothek und ein Restaurant eingenistet haben.

● XANTEN

Einst gehörte der gotische Dom St. Viktor (1263 bis 1519) zu einem der reichsten Stifte des Erzbistums Köln, heute ist noch ein Teil der Kunstschätze erhalten wie der mit Edelsteinen besetzte Hochaltar und weitere schöne, holzgeschnitzte Altäre, eine Seifert-Orgel und kostbare Wandteppiche. Sehenswert sind außerdem die historische Innenstadt und der LVR-Archäologische Park mit RömerMuseum auf dem Gelände der antiken Provinzstadt Colonia Ulpia Traiana, der durch die römische Geschichte Xantens von Cäsar bis zu den Franken geleitet.

AUENLANDSCHAFTEN AM NIEDERRHEIN

Die unter Naturschutz stehende Auenlandschaft Bislicher Insel in der Nähe von Xanten ist eine der letzten naturnahen Auen am Niederrhein und ein Rückzugsort für viele seltene Tier- und Pflanzenarten wie Graugans und Nilgans. Besucher dürfen sich daher nur auf den markierten Wegen und an den Aussichtshütten bewegen. Bei Hochwasser werden weite Teile des Gebietes überflutet. Fischarten wie Steinbeißer, Groppe, Flussneunauge und Bitterling leben hier. Aber auch an Land gibt es allerlei seltene Tierarten zu bewundern. Im Winter kann man bis zu 25 000 arktische Wildgänse beobachten, die hier Station machen und im Frühjahr – im fliegenden Wechsel mit den zurückkehrenden Störchen – wieder abfliegen, lautstarkes Geschnatter und Klappern inklusive. Mit Glück kann man hier auch auf Silberreiher, ein Nutria oder Biber treffen.

WESEL

Nur wenig erinnert an die große Vergangenheit der einstigen Hansemetropole. In den letzten Kriegstagen wurde der schöne Stadtkern beinahe vollständig zerstört. In reduzierter Form wiederaufgebaut hat man die Stadtkirche St. Willibrordi. Auch Teile der Stadtmauer sind

AM NIEDERRHEIN

WARUM IM SOMMER? Rund 110 Hektar Fläche haben Xantner Nord- und Südsee zusammengenommen. Grund genug, um hier ein großes Freizeitzentrum zu errichten. Es bietet mit Strandbad, Wassersportmöglichkeiten wie Wasserski, SUP und Bootsverleih sowie einem Golfplatz allerhand Antworten auf die Frage nach der Jahreszeit. Aber auch in anderen Städten lässt sich der Sommer genießen. In Familie zum Beispiel in Dülken, wenn jedes Jahr am zweiten Sonntag im Juni die Kindertage mit unzähligen Aktionen stattfinden. Romantiker dürfen sich auf Picknicks im Grünen freuen, beispielsweise am Spoykanal in Kleve. Und Musikliebhaber treffen sich Jahr für Jahr an Pfingsten zum Moersfestival, bei dem alles auf die Bühne kommt, was nicht Mainstream ist.

noch erhalten, so das barocke Zitadellentor und das Berliner Tor von 1722. Geschmeide aus Gold und Edelsteinen sowie rheinische Kunst kann man im Stadtmuseum besichtigen.

DINGDENER HEIDE
Einen Streifzug durch Natur und Geschichte bietet diese alte Kulturlandschaft an der Grenze von Nordrhein und Westfalen. Drei Zeitstufen kann der Wanderer durchschreiten und erleben, wie es hier vor zehn, vor 120 und sogar vor 600 Jahren ausgesehen hat.

DINSLAKEN
In Dinslaken kann man Planwagenfahrten buchen oder die Halbmeilentrabrennbahn besuchen. Das Haus der Heimat vermittelt einen guten Eindruck vom bürgerlichen und bäuerlichen Leben in der Region. In der Wassermühle Hiesfeld befindet sich ein Museum.

KAMP-LINTFORT
Das 1123 gegründete Kloster Kamp ist die älteste Zisterzienserniederlassung Deutschlands. Die stimmungsvolle Anlage mit der Abteikirche glänzt mit ihrem barocken Terrassengarten.

Oben: Innenraum der Marienbasilika in Kevelaer.

Links: Der 18-Loch-Golfplatz am Kloster Kamp liegt eingebettet in die grüne Landschaft des Niederrheins.

MOERS

Bis in die 1970er-Jahre hinein glich die Altstadt einem Ruinenfeld. Nach ihrer Sanierung erstrahlen die historischen Bauten, etwa in der Friedrich- und in der Pfefferstraße, wieder in altem Glanz. Der renovierte »Klompenwinkel« in der Neustraße, einst die Werkstatt eines Holzschuhmachers, erinnert an ein altes Handwerk. Das von einem schönen Park umgebene Schloss beherbergt das kleine, aber feine Schlosstheater sowie das Grafschafter Museum. Sowohl das Jazzevent »MoersFestival« als auch das Comedy-Arts-Festival sind weit über die Region hinaus bekannt.

KEVELAER

Dies ist einer der wichtigsten Marienwallfahrtsorte Europas. Seit 1645 wird die Muttergottes von Kevelaer, die einem Kaufmann erschienen sein soll, in der Gnadenkapelle verehrt. Mitte des 19. Jahrhunderts entstand die neugotische Wallfahrtskirche St. Maria, die jährlich von etwa 500 000 Gläubigen besucht wird. Viele kleine Geschäfte bieten Pilgerbedarf aller Art an.

GOCH

In dem Ort ist die Backsteinkirche St. Maria Magdalena (14. Jahrhundert) interessant. Den Reiz der Stadt macht die einmalige Landschaft an Niers und Reichswald aus. Auch der Kahlbecker Wald und die Gocher Heide laden zu ausgiebigen Spaziergängen ein.

KALKAR

Von der reichen Handelsstadt des späten Mittelalters zeugen die repräsentativen Backsteingiebel der Bürgerhäuser und das Rathaus am Marktplatz (1438–1446). Sie werden noch übertroffen vom Gesamtkunstwerk der Kirche St. Nikolai (15. Jahrhundert). Allein ihr Reichtum an hochrangigen Schnitzaltären lohnt einen Besuch der Stadt.

KLEVE

Die Schwanenburg ist das Wahrzeichen von Kleve. Dort soll ein Ritter namens Dietrich gelebt haben. Da er ohne männlichen Erben starb, war seine Tochter Beatrix eine gute Partie. Ihr gehörten viele Ländereien rund um Kleve und in den Niederlanden. Als sie eines Tages über die Zinnen der Burg schaute, sah sie auf dem Fluss einen Nachen, der von einem gewaltigen Schwan gezogen wurde. Aus dem Kahn stieg ein stattlicher Ritter, den man Lohengrin nannte und der zur König-Artus-Tafelrunde gehörte. Beatrix bat ihn auf die Burg, verliebte sich, bald wurde Hochzeit gefeiert. Lohengrin ermahnte seine Frau, dass sie ihn niemals nach seiner Herkunft fragen dürfte, sonst müsste er sie für immer verlassen. Kleve wurde zur blühenden Grafschaft. Als Beatrix' Söhne eines Tages wissen wollten, woher ihr Vater stammte, und ihre Mutter drängten, die verbotene Frage zu stellen, bestieg der Vater wortlos den Nachen mit dem Schwan und verschwand. Beatrix starb daraufhin vor Kummer. So die Sage. Kleve hat noch einiges mehr zu bieten als seine Burg, etwa die spätgotische Stiftskirche St. Mariä Himmelfahrt. Original erhalten blieben hier wertvolle

AUSGEHEN

XANTEN: PETERSILCHEN // Wer sich in anderen Restaurants über mangelndes vegetarisches Angebot beschwert, sollte dem Petersilchen eine Chance geben. Hier ist alles vegetarisch und vieles zudem vegan.
// www.petersilchen-xanten.de

KLEVE: CAFÉ IM GÄRTCHEN // Das Café im lauschigen Garten eines alten Bauernhauses ist perfekt, um relaxed zu frühstücken oder Kuchen zu schlemmen.
// www.cafe-im-gaertchen.nrw

MOERS: KURLBAUM // In der Region kein Geheimtipp mehr, das Essen ist ausgezeichnet, die Küche kreativ, die Zutaten frisch.
// www.restaurant-kurlbaum.de

Holzplastiken und das Doppelgrabmal des Grafen Adolf VI. und seiner Gemahlin Margaretha von Berg. Ein Beispiel europäischer Gartenkunst ist das Amphitheater am Stadtberg (17. Jahrhundert), das auf Johann Moritz von Siegen-Nassau zurückgeht.

EMMERICH
Zur einst bedeutenden Handelsstadt gehört heute eine der längsten Hängebrücken der Republik. Im Stadtkern steht die Pfarrkirche St. Aldegundis aus der späten Gotik. St. Martin ist eine ehemalige Stiftskirche, der vor allem das gelegentliche Hochwasser des Rheins zu einer bewegten Baugeschichte verholfen hat. Ihr Kirchenschatz birgt mit der Arche des hl. Willibrord (10. Jahrhundert, spätgotisch umgearbeitet) das wohl älteste Reliquiar am Niederrhein.

SHOPPING

XANTEN: KLEINMONTMARTRE
Ende der Sommerferien findet in Xanten das große Kunstfest statt, bei dem sich die Straße in einen bunten Markt von Kunstwerken, Fotografien und Skulpturen aus aller Welt verwandelt.
// Klever Straße

KLEVE: RHEINISCHER BAUERNMARKT
Gutes vom Niederrhein, neben Gemüse und Obst auch Selbstgebackenes und Kuchen gibt es donnerstags von 10–17 Uhr auf dem Bauernmarkt Kleve-Riswick und freitags von 14–18 Uhr in Kevalaer Winnekendonk.
// www.gutes-vom-niederrhein.de

DINSLAKEN: ATELIER FREIART
Die Selbstbezeichnung lautet »informelle Kunst«. Das Atelier präsentiert und verkauft Werke, in denen Farben, Formen und Materialiäten komponiert werden.
// www.atelier-freiart.de

ÜBERNACHTEN

DÜSSELDORF: DAS TOUR // Das Konzepthotel der Reihe 25hours Hotels ist jung, stylish und hip. Hohe Ansprüche darf man hier setzen, an Design und Qualität gleichermaßen.
// www.25hours-hotels.com/hotels/duesseldorf/das-tour

KAMP-LINTFORT: HOTEL ZUR POST // Die geräumigen Zimmer und die Lage sind hier die Pluspunkte. Die Zimmer sind individuell und mit Liebe zum Detail eingerichtet.
// www.hotelzurpost-kamp-lintfort.de

MOERS: HOTEL ZUR LINDE // Behaglich eingerichtete Zimmer und Appartements, wahlweise klassisch oder kreativ, das gemütliche Restaurant und das Wellnessangebot machen die Linde zum angenehmen Wohlfühlhotel.
// www.hotel-zur-linde.de

AUSFLÜGE

● DÜSSELDORF
Die Landeshauptstadt ist ein bedeutender Standort für Mode, Kunst und Kultur, zahlreiche Museen und architektonische Highlights. Die Altstadt lockt mit urigen Brauhauskneipen. Im Sommer sind die Kasematten eine luftige Alternative (s. S. 275).

AM NIEDERRHEIN

AUF KEINEN FALL VERPASSEN

○ **MODERNE KUNST IM MUSEUM SCHLOSS MOYLAND BEWUNDERN**
Seit dem Jahr 1997 erstrahlt das Wasserschloss Moyland in Bedburg-Hau wieder im alten Glanz. Das Museum beherbergt eine eindrucksvolle Kunstsammlung des 19. und 20. Jahrhunderts. Schwerpunkt sind zahlreiche Objekte des Künstlers Joseph Beuys.

○ **STIFTUNG INSEL HOMBROICH BESUCHEN**
Die Stiftung Insel Hombroich ist ein Freilichtmuseum in Neuss unter dem Motto »Kunst parallel zur Natur«. Der Düsseldorfer Sammler und Immobilienmakler Karl-Heinrich Müller hat hier seine Kunstobjekte im Dialog mit der Umgebung installiert. In Zusammenarbeit mit mehreren bildenden Künstlern und dem Düsseldorfer Bildhauer Erwin Heerich entstand so eine Auenlandschaft mit integrierten Exponaten.

○ **KABARETT IM KOM(M)ÖDCHEN IN DÜSSELDORF ERLEBEN**
Das von Kay und Lore Lorentz gegründete Kabarett genießt seit 50 Jahren einen ausgezeichneten Ruf. Alle namhaften deutschen Kabarettisten haben schon auf der kleinen Bühne in der Altstadt gastiert.

○ **RADTOUR DURCH DEN NATURPARK MAAS-SCHWALM-NETTE**
Als internationaler Naturpark umfasst Maas-Schwalm-Nette in Deutschland und den Niederlanden rund 100 Quadratkilometer Naturschutz- und Vogelschutzgebiete. Der Park wurde 2002 gegründet und trägt seinen Namen wegen der Flüsse Maas, Schwalm und Nette. Das hohe Wasseraufkommen des Gebiets macht es zu einem Mühlen-Eldorado. Allein an der Schwalm liegen 25 Wassermühlen – die zahlreichen Mühlen, die sich an den Nebenbächen und anderen Wasserläufen befinden, sind darin noch nicht enthalten. Entdecken kann man sie bestens auf einer Radtour.

○ **AUF EINE BIERBÖRSE GEHEN**
Deutschlands Lieblingsgetränk Nummer eins widmen die Bewohner der Orte am Niederrhein jeden Frühsommer mehrere Wochenenden. Hier können heimische wie exotische Biersorten verkostet werden: frisch vom Fass, aber auch in Flaschen. Das Verkaufsangebot ist riesig. Doch nicht nur der Bierkonsum steht im Vordergrund der Festivitäten, auch reichlich Informationen über Biere aus der ganzen Welt werden zur Verfügung gestellt. Na dann, Prost!

Stiftung Insel Hombroich.

#23 RÜGEN UND USEDOM

Rügen ist keine Insel, sie ist Lebensgefühl, ein Synonym für Sommerfrische, prominentes Seebad und Landidyll. Zehnmal größer als Sylt, die Inselkönigin der alten Bundesrepublik, weist Rügen stolze 574 Kilometer Küstenlinie auf, großartige Landschaftsvielfalt mit Steilküsten, Mooren, Hügeln und Seen sowie charmanten Ferienorten.

Auch Usedom, die fast 450 Quadratkilometer große Insel, die sich von der Peene bis zur Swina, den beiden Mündungsarmen der Oder, erstreckt, ist ein Feriengebiet par excellence. Hauptgründe für die Beliebtheit sind die heilsame Seeluft und die kilometerlangen familienfreundlichen Strände, die ihr schon vor Generationen den Beinamen »Badewanne Berlins« bescherten. Während die alten Siedlungen der Fischer mit ihren reetgedeckten Häusern mehrheitlich am Achterwasser liegen, entstand gegen Ende des 19. Jahrhunderts zum offenen Meer hin eine Reihe eleganter Seebäder.

RÜGEN
● BINZ

Gegen 1830 wagten die Badegäste des Fürsten von Putbus unter den argwöhnischen Augen der Fischer vorsichtig ein paar Schritte in die Ostsee. Einige Jahrzehnte später, um die Jahrhundertwende, erlebte das einst winzige Fischerdorf auf Rügen als aufstrebendes Ostseebad einen gewaltigen Aufschwung: Investoren erwarben Grundstücke, bauten in Rekordzeit Hotels, darunter das 2001 wiedereröffnete Kurhaus, sowie die 370 Meter lange Seebrücke und das »Warmbad« genannte Haus des Gastes. Heute zählt Binz zwei Millionen Übernachtungen pro Jahr.

SELLIN

Weiß ist die dominierende Farbe im Seebad Sellin. Villen mit verschnörkelten Balkonen sind nicht nur in den Hauptstraßen zu entdecken. Das schönste Beispiel der Bäderarchitektur ist die Seebrücke. Manchmal steht Sellin ein wenig im Schatten des mondänen Binz. Aber Kenner schätzen seine Lage zwischen Ostsee und Selliner See direkt am Wald der Granitz. Am Steilufer kann man herrliche Spaziergänge unternehmen und von oben auf die Seebrücke, ein architektonisches Schmuckstück und Wahrzeichen des Ortes, hinabsehen. Wer nicht so hoch hinaus will, steigt mit der Tauchglocke ins Meer. Trockenen Fußes kann man die Unterwasserwelt bestaunen. Rund um den Selliner See lassen sich mit etwas Glück Enten- oder Gänsefamilien beobachten. Hübsche Cafés und Hotels, ein langer Strand – hier steht einem gelungenen Entspannungswochenende nichts im Wege.

BAABE

Direkt am Mönchgut-Tor, sozusagen dem Eingang zur gleichnamigen Halbinsel ganz im Südosten von Rügen, liegt dieser hübsche Ort. Obwohl hier bereits Ende des 19. Jahrhunderts das Bollwerk, ein kleiner Naturhafen am Bodden, ausgebaut wurde, damit Schiffe mit Urlaubsgästen anlegen können, ist der große Touristenstrom ausgeblieben. Das bedeutet aber nicht, dass es hier Besuchern nicht gefallen würde. Baabe hat es einfach irgendwie geschafft, Maß zu halten. Entlang der Strandstraße gibt es einen hübschen historischen Ortskern. Auch ein Kurpark ist vorhanden, sogar mit drehbarer Bühne. Das Bollwerk ist inzwischen auch Rastplatz für Wasserwanderer.

Links: Wenn die Sonne untergeht und die Strandkörbe leer sind, warten die vornehme Seebrücke Ahlbeck und ihr Lokal auf die Besucher.

Rechts: Eine majestätische Erscheinung ist das Kurhaus Binz. Unter den ersten Gästen des Ostseebads war Kaiserin Auguste Viktoria.

RÜGEN UND USEDOM

WARUM IM SOMMER? Sonne, Sand und Strand – dafür ist der Sommer einfach die beste Jahreszeit – für Familien und erst recht für die Kleinen. Und wo könnte man dafür an einem Wochenende schöner ausspannen als in den schmucken Badeorten auf den Inseln Rügen oder Usedom. Langeweile wird kaum aufkommen, denn auch das Kulturprogramm ist im Sommer reichlich bestückt: Konzerte im Freien, Meermusik, Gesundheitstage, Sandskulpturenfestival und mehr. Usedom lockt mit Hafenfesten, Tanzfestivals, Literaturtagen und Jazzfestivals. Oder man gestaltet sein eigenes Programm, unternimmt Inselausflüge, Fahrradtouren, baut Sandburgen ... Hauptsache raus ins Freie!

SASSNITZ

Effi Briest schwärmt im gleichnamigen Roman von Theodor Fontane während einer Mondscheinwanderung angesichts der Sassnitzer Bucht: »Das ist ja Capri, das ist ja Sorrent.« Der alte Fischerhafen, die Steilküste und das Dorf auf dem Hochufer gruppieren sich zum romantischen Bühnenbild, vor dem täglich das Schauspiel der ein- und ausfahrenden Kutter abläuft. Viele Besucher kaufen den Fisch direkt vom Schiff, wo kernige Seebären schwere Plastikkisten mit Dorsch, Hering und Flunder zum Kühlhaus an Land wuchten – oder gleich zur Verarbeitung in die Fabrik nebenan. Als östlichster deutscher Tiefwasserhafen dient Sassnitz auch als Anlegestelle für Fähren nach Skandinavien, Russland und ins Baltikum.

NATIONALPARK JASMUND

Rügen besteht eigentlich aus fünf Inseln, die im Laufe der Zeit zusammenwuchsen – Jasmund ist die ursprünglichste, abgeschieden zwischen Meer und Bodden und nur über zwei Nehrungen erreichbar. In der bewaldeten Nordhälfte entstand 1990 der Nationalpark Jasmund. Sein Kernbereich ist die Kreideküste mit den optischen und geologischen Höhepunkten Königsstuhl und Wissower Klinken in der »Stubbenkammer«. Die 80 Millionen Jahre alten Relikte aus der Kreidezeit sind weltberühmt, seitdem der Maler Caspar David Friedrich die »Kreidefelsen auf Rügen« (1818) schuf. Allerdings zeigt das Gemälde einen fiktiven Ort: Friedrich fertigte Skizzen an, die ihn zu der Fantasiedarstellung inspirierten – getreu seinem Motto: »Schließe dein leibliches Auge, damit du mit dem geistigen Auge zuerst siehst dein Bild.«

KAP ARKONA

Weit in die Ostsee hinein reckt sich eine der sonnenreichsten Stellen Deutschlands. Die exponierte Lage an der äußersten Nordspitze Rügens ist vor allem für die Seefahrt bedeutsam: Wetter- und strömungsbedingt oder schlicht durch Fehlnavigation laufen hier Schiffe auf West- oder Ostkurs Gefahr, zu stranden. Kein Zufall, dass auf Kap Arkona der älteste Leuchtturm der Ostseeküste steht: 1826 erbaut und

Das Ostseebad Binz veranstaltet jedes Jahr ein Sandskulpturen-Festival, bei dem auch ganz klassische Sandburgen zu sehen sind.

21 Meter hoch, war der Schinkelturm bis 1905 in Betrieb. Den markanten Ziegelbau auf viereckigem Grundriss hat der berühmte preußische Baumeister Karl Friedrich Schinkel entworfen. Direkt neben dem klassizistischen Oldtimer ragt der noch heute aktive Nachfolger auf, mit über 100 Jahren auch nicht mehr der Jüngste.

USEDOM
● HERINGSDORF

Heringsdorf zählt zweifellos zu den mondänsten Seebädern an der Ostsee. Das Flair der einstigen Blütezeit in den 1920er-Jahren ist noch deutlich spürbar. Nicht nur, weil die prunkvollen Bädervillen an den Wohlstand des Kaiserbades erinnern. Viele Prominente trafen sich zur Sommerfrische, beispielsweise residierte der russische Dichter Maxim Gorki 1922 in der Villa Irmgard. Heute ist das Haus ein Museum, Wohn- und Arbeitszimmer Gorkis sind erhalten. Theodor Fontane kam, Heinrich und Thomas Mann ebenfalls. Die Gästeliste des 19. und frühen 20. Jahrhunderts liest sich wie das »Who's who« der Künstler und Intellektuellen. Der Kaiserbädersaal ist nach wie vor kultureller Mittelpunkt der Insel, in der Konzertmuschel des Kurparks gibt es diverse Veranstaltungen.

BANSIN

Weiße Villen prägen das Stadtbild und verleihen ihm etwas Herrschaftliches. Zu Recht, denn einst kamen Mitglieder der kaiserlichen Familie zur Erholung in das Seebad. Deshalb ist Bansin neben Heringsdorf und Ahlbeck eines der »drei Kaiserbäder«, es wurde 1897 gegründet. Imposante Zeugnisse der Bäderarchitektur stehen an der Strandpromenade und in der Straße dahinter – mit Meerblick aus der zweiten Reihe. Heute sind die Gebäude meist zu Hotels und Pensionen umfunktioniert. Seinen Gäste-Boom erlebte die »Badewanne Berlins« um 1911, als der Ort an das Eisenbahnnetz angeschlossen wurde. Berliner konnten innerhalb von drei Stunden dorthin reisen. Der Ort hat nicht nur bauliche Reize, sondern naturbelassene. Der feine Sandstrand liegt unmittelbar am Wald, ebenes Gelände mündet plötzlich in einer Steilküste.

AHLBECK

Ahlbeck war früher ein kleines, beschauliches Fischerdorf – dann wurde es berühmt. Der Ort blickt auf einen grandiosen Aufstieg zum Seebad und Erholungsgebiet zurück, hier findet sich die gleiche beeindruckende Baustruktur wie in Heringsdorf und Bansin. Auch Ahlbeck hat eine Seebrücke: 1899 fertiggestellt, ist sie sowohl eine der ältesten Deutschlands als auch ein Wahrzeichen von Usedom. Ganz in Weiß strahlt am Anfang des 280 Meter weit ins Meer ragenden Stegs ein Restaurant mit kleinen Türmchen. Nicht nur Flanieren und Dinieren sind hier angesagt, sondern an der Seebrücke hat auch das Eisbaden eine lange Tradition. Jedes Jahr zum Valentinstag steigen Hartgesottene in die kalten Fluten.

ZINNOWITZ UND KOSEROW

Zinnowitz ist mehr als 700 Jahre alt, seit rund 160 Jahren pflegt es seine Badekultur. Wie

AUSGEHEN

BINZ: RESTAURANT FREUSTIL // Ausgezeichnet dinieren kann man im Freustil. Die Küche ist kreativ und stets darf das Auge mitessen.
// www.freustil.de

KOSEROW: CAFÉ MORITZ // Das Café hat sich auf die süßen Genüsse spezialisiert: Eis, Kuchen und Torten bekommt man hier, alles selbst gemacht.
// www.cafe-moritz.de

LODDIN: WATERBLICK // Logisch sollte man auf Usedom wenigstens einmal Fisch gegessen haben. Besonders guten Fisch gibt's im Waterblick.
// www.waterblick.de

Koserow – ebenfalls eine der ältesten Siedlungen Usedoms – liegt es an der schmalsten Stelle der Insel. Nahe Koserow soll einst der gefürchtete Seeräuber Klaus Störtebeker in den Höhlen des Streckelsbergs Unterschlupf gefunden haben. Heute ist das Ostseebad vor allem für seine Salzhütten bekannt. Ende des 19. Jahrhunderts erbaut, dienten sie den Fischern als Lager während der Saison. Die Heringe wurden gesalzen und kamen in große Holzfässer, was eine längere Haltbarkeit garantierte. 1987 stellte man die 15 Hütten unter Denkmalschutz – eine von ihnen ist heute ein Museum und das wohl kleinste Standesamt. Zinnowitz punktet dagegen mit einer Tauchgondel, die Besucher trockenen Fußes bis fast auf den Meeresgrund bringt.

PEENEMÜNDE

Als nördlichste Gemeinde auf der Insel Usedom ist Peenemünde ein Außenposten Deutschlands. Die Lage brachte die Region jahrelang ins Abseits, für militärische Zwecke war die Abgeschiedenheit jedoch bestens geeignet. 1936 errichteten die Nationalsozialisten die Heeresversuchsanstalt Peenemünde und später die Erprobungsstelle der deutschen Luftwaffe. Dort wurde die erste Großrakete der Welt entwickelt und getestet. Das Gelände war bis 1990 Sperrgebiet, erst 1993 löste man den Truppenstandort auf. Das Historisch-Technische Museum dokumentiert die Zeit der Waffenversuche.

NATURPARK INSEL USEDOM

Der Naturpark der Insel Usedom umfasst 14 Naturschutzgebiete mit 600 Kilometer Rad- und Wanderwegen und Lehrpfaden. Sie machen die Landschaftsvielfalt der Insel sichtbar. Natürlich sind die Steil- und Flachküsten, die Wälder und das Meer landschaftlich reizvoll. Für die Tier- und Pflanzenwelt haben die stillen Gewässer, die Moore und Halbinseln jedoch das größte Gewicht. Die Windwatten des Peenemünder Hakens, Streifen, die aufgrund der Windverhältnisse trockenfallen, sind ein wichtiger Rastplatz für Wasservögel. Buchen sind die typischen Bäume der Insel, an den Küsten findet man auch viele Kiefern und in den Moorgebieten Erlen.

ÜBERNACHTEN

HERINGSDORF: HEIMATHAFEN USEDOM // Kapitänin und Seemann kann man im Designhotel Heimathafen Usedom werden. Die Gestaltung ist maritim und zeitlos, geschlafen wird in Kojen und Kabinen.
// www.heimathafen-usedom.de

KREPTITZ: FERIENPARK HEIDEHOF // Wer die Natur und den Ostseeblick ungestört für sich haben möchte, sollte sich in einem Bungalow im Heidehof einquartieren. Ideal für Familien und Frischverliebte.
// www.ferienpark-heidehof.de

BINZ: HOTEL AM MEER // Stil trifft auf Sandstrand. Das Boutique- und Wellnesshotel ist stolz auf die Spa-Angebote, aber noch mehr auf seine Position in der ersten Reihe am Meer.
// www.hotel-am-meer.de

SHOPPING

TREIBGUT USEDOM
Maritime Souvenirs, Schiffsmodelle und Dekoratives aus Schwemmholz gibt's im Laden in Bansin auf Usedom.
// www.www.treibgut-usedom.de

POSERITZ, RÜGEN: NESTWERK
Nützliches, Kreatives und Dekoratives aus Naturmaterialien fürs eigene »Nest«.
// www.atelier-nestwerk.de/

AUF KEINEN FALL VERPASSEN

○ **HISTORISCH-TECHNISCHES MUSEUM PEENEMÜNDE BESICHTIGEN**

Das ehemalige Kraftwerk der Heeresversuchsanstalt präsentiert auf einer 1500 Quadratmeter großen Ausstellungsfläche die Geschichte der deutschen Luft- und Raumfahrt, insbesondere die Geschichte der Heeresversuchsanstalt Peenemünde und der Luftwaffenerprobungsstelle Peenemünde West.

○ **PER MINIZUG DURCH DIE KAISERBÄDER BUMMELN**

Natürlich kann man die schöne Bäderarchitektur von Bansin, Heringsdorf und Ahlbeck auf Usedom auf eigene Faust ansteuern. Oder aber man lässt sich gemütlich durch die Bäder fahren. Die kleine Ausflugsbahn des Kaiserbäder-Express startet etwa alle 40 Minuten zu einer neuen Rundfahrt durch die Landschaft der Kaiserbäder. Auf der Fahrt erfährt man interessante Geschichten zu den prominenten Kurorten mit ihren Villen. Zustieg ist in jedem der Bäder möglich. Die letzte Abfahrt ab Ahlbeck ist jeweils um 15.10 Uhr.

○ **AUSFLUG ZUM LIEPER WINKEL UNTERNEHMEN**

Der Usedomer Landzipfel gehörte im 12. Jahrhundert einem Kloster. Dünn besiedelt war die Halbinsel beim Hafen Rankwitz schon immer. Im Vergleich zu den Seebädern verirren sich nur relativ wenige Urlauber hierher. Per Rad sind die Strände gut erreichbar. Bunte Fachwerkhäuschen tragen gepflegte Reetdächer; und die knisternden Schilfgürtel des Achterwassers schaffen Ferienatmosphäre.

○ **DIE KREIDEKÜSTE AUF RÜGEN BEWUNDERN**

Die berühmten Kreidefelsen muss man einfach gesehen haben. Sie sind das Wahrzeichen von Rügen und UNESCO-Welterbe. Das höchste Kreidekliff ragt 118 Meter aus dem Meer und kann über eine Aussichtsplattform vom Nationalparkzentrum Königsstuhl angeschaut werden.

○ **ÜBER DAS PRÄCHTIGE SCHLOSS GRANITZ STAUNEN**

Es ist das Neuschwanstein Rügens: Das Jagdschloss Granitz, ein versteinerter Traum von Arkadien, gehört zu den Wahrzeichen der Insel. Seine 145 Meter hohe, zinnenbekrönte Turmspitze ist weithin zu sehen – umgekehrt lässt sich vom höchsten Punkt des Schlosses bis nach Stralsund schauen. Rügen verdankt den 1836 bis 1846 errichteten Jagdsitz – wie viele andere klassizistische Repräsentativbauten, von denen noch einige existieren – dem Fürsten Wilhelm Malte I. zu Putbus.

○ **DEN HÜNENGRÄBERN AUF RÜGEN EINEN BESUCH ABSTATTEN**

Hünengrab, Hünenbett, Großsteingrab – viele Begriffe für ein Phänomen, das auf Rügen in großer Zahl zu bewundern ist. Mancher hält die Findlinge, mächtige Felsbrocken, die die Eiszeit in der Landschaft hat liegen lassen, lediglich für groß geratene Steine. Tatsächlich handelt es sich um Grabanlagen aus der Mittleren Jungsteinzeit, aus der Zeit zwischen 3500 und 2800 v. Chr.

Lieper Winkel mit den bunten, reetgedeckten Häuschen.

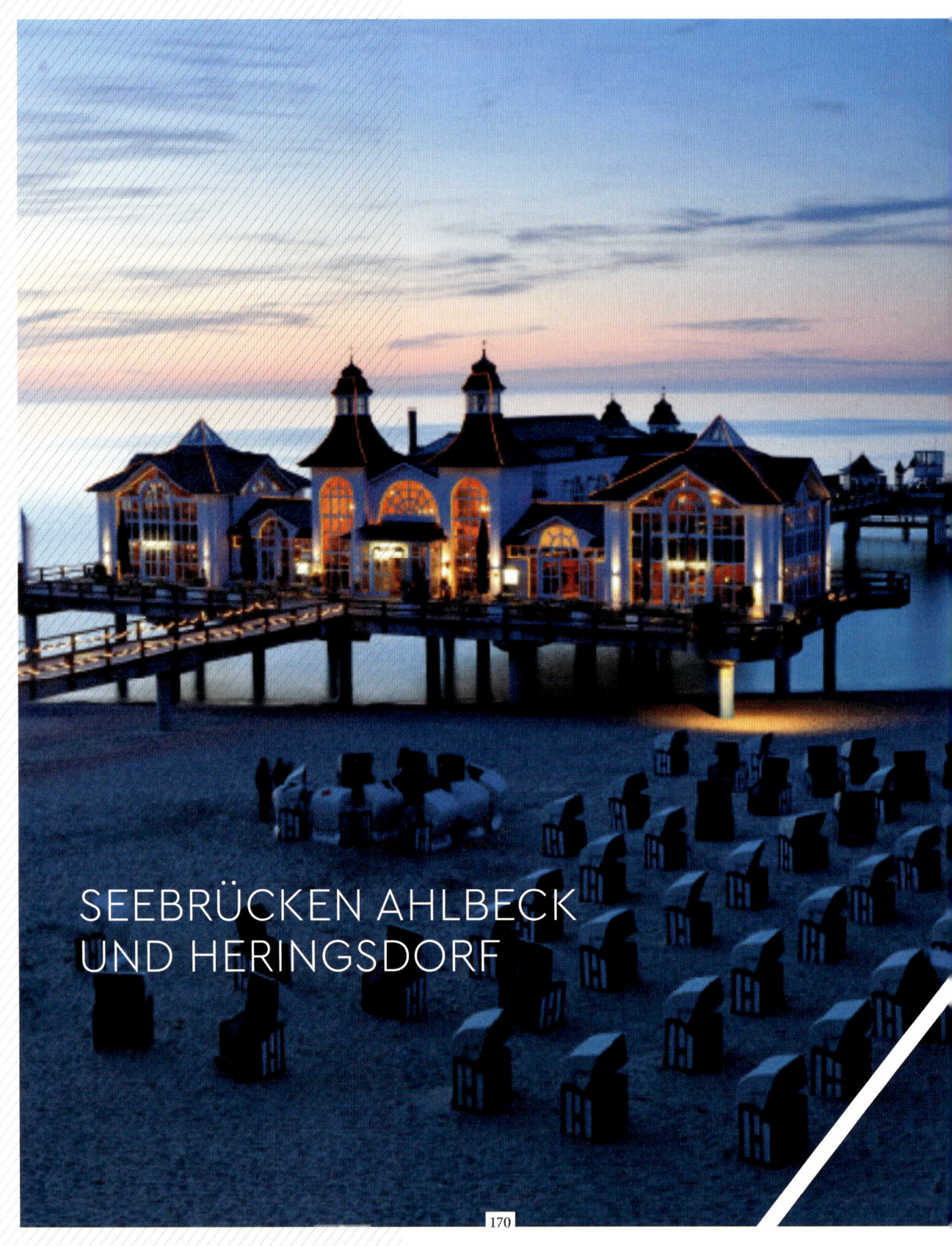

SEEBRÜCKEN AHLBECK UND HERINGSDORF

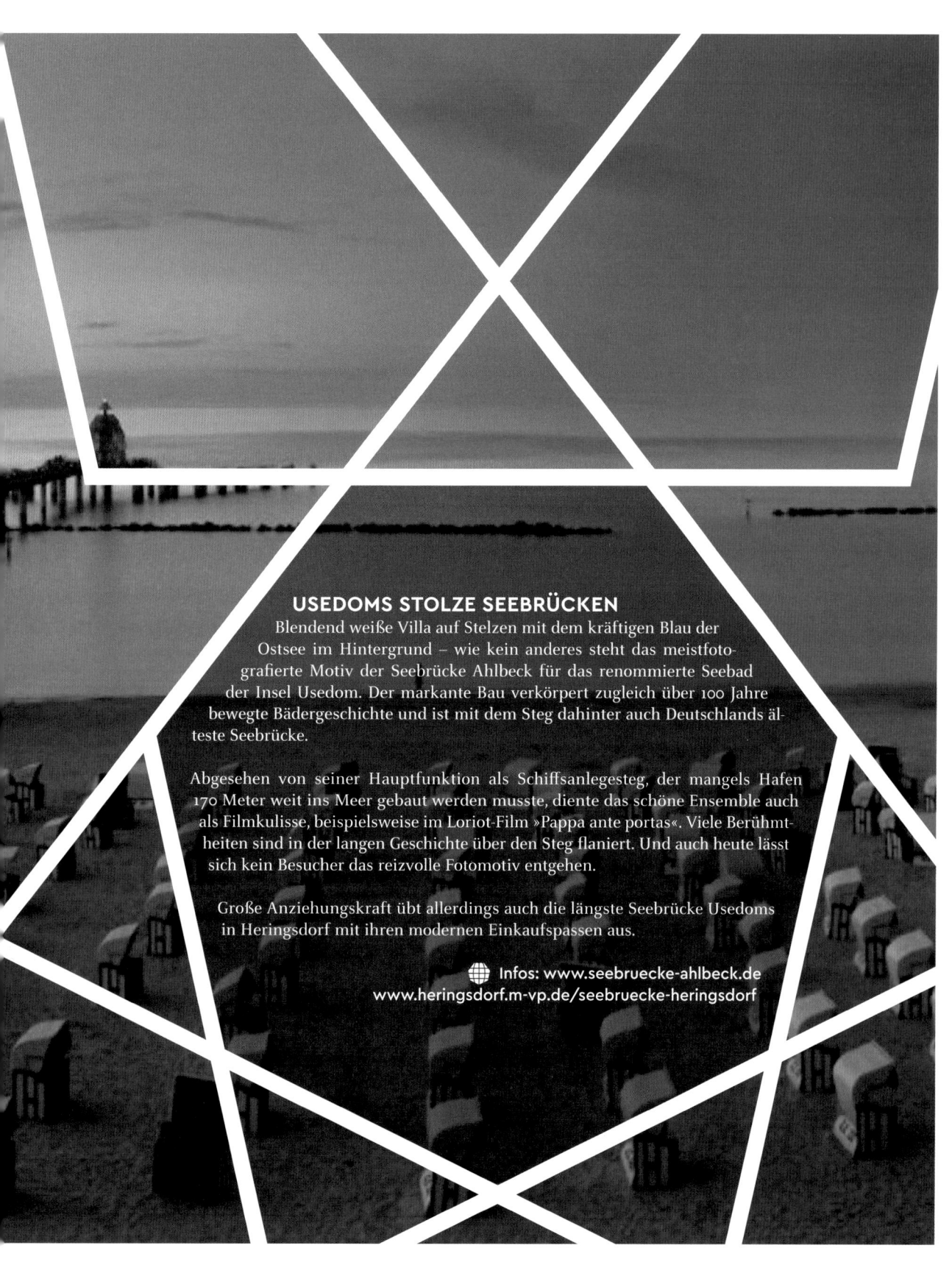

USEDOMS STOLZE SEEBRÜCKEN

Blendend weiße Villa auf Stelzen mit dem kräftigen Blau der Ostsee im Hintergrund – wie kein anderes steht das meistfotografierte Motiv der Seebrücke Ahlbeck für das renommierte Seebad der Insel Usedom. Der markante Bau verkörpert zugleich über 100 Jahre bewegte Bädergeschichte und ist mit dem Steg dahinter auch Deutschlands älteste Seebrücke.

Abgesehen von seiner Hauptfunktion als Schiffsanlegesteg, der mangels Hafen 170 Meter weit ins Meer gebaut werden musste, diente das schöne Ensemble auch als Filmkulisse, beispielsweise im Loriot-Film »Pappa ante portas«. Viele Berühmtheiten sind in der langen Geschichte über den Steg flaniert. Und auch heute lässt sich kein Besucher das reizvolle Fotomotiv entgehen.

Große Anziehungskraft übt allerdings auch die längste Seebrücke Usedoms in Heringsdorf mit ihren modernen Einkaufspassen aus.

Infos: www.seebruecke-ahlbeck.de
www.heringsdorf.m-vp.de/seebruecke-heringsdorf

#24 STUTTGART

Stuttgart begeistert mit angesagten Musicals, interessanten Museen, viel Kunst und buntem Kulturleben. Geprägt durch ihre berühmten Söhne und Töchter ist Stuttgart zu einer florierenden Wirtschaftsmetropole herangewachsen, mit Mercedes und Porsche dazu auch zur führenden Automobilstadt im Südwesten. Die Landeshauptstadt Baden-Württembergs ist mit knapp 600 000 Einwohnern auch die größte im Ländle. Aufgrund der Kessellage gibt es fantastische Aussichtspunkte, sei es von der Karlshöhe oder vom Aussichtssturm auf dem Killesberg. Mit ihren Parks und Gärten zeigt sich die Schwabenmetropole erfreulich grün, allen voran in der Wilhelma, dem riesigen Tierpark, der zugleich ein botanischer Hotspot ist. Jung und hip gibt sich die Stadt im quirligen Stadtteil Stuttgart-West.

Links: Die Grabkapelle auf dem Württemberg im Stadtteil Rotenberg ist einer der schönsten Aussichtspunkte in Stuttgart. Sie wurde von König Wilhelm I. für seine jung verstorbene Ehefrau gebaut.

Rechts: Das Neue Schloss mit Schlossplatz und die im Barockstil erbaute Residenz bilden ein bedeutendes städtebauliches Ensemble.

● SCHLOSSPLATZ
Er ist das Herz Stuttgarts: eine wunderschöne barocke Gartenanlage, die mit der Jubiläumssäule, den beiden Springbrunnen und dem Musikpavillon zum Entspannen einlädt. Heute ist der Platz beliebter Treffpunkt und wird für Open-Air-Konzerte und Stadtfeste genutzt.

ALTES SCHLOSS
Das Alte Schloss gehört zu den ältesten Bauwerken von Stuttgart. 941 als Wasserburg entstanden, wurde es in den nächsten Jahrhunderten mehrfach um- und ausgebaut. Im 16. Jahrhundert wurde es zu einer repräsentativen Residenz gestaltet. Durch einen Großbrand 1931 und die Bomben im Zweiten Weltkrieg wurde es nahezu zerstört. Kirche und Königsgruft blieben jedoch erhalten. Seit 1948 ist im Alten Schloss das Landesmuseum Württemberg untergebracht.

NEUES SCHLOSS
Als das Alte Schloss den Ansprüchen Carl Eugen von Württembergs nicht mehr genügte, kam es im 18. Jahrhundert zum Bau des Neuen Schlosses. Der Spätbarockbau, der im Herzen von Stuttgart liegt, wurde in Anlehnung an das Schloss von Versailles geplant. Im Zweiten Weltkrieg wurde es zerstört und später wieder aufgebaut. Heute beherbergt es das Ministerium für Finanzen und Wirtschaft.

SCHILLERPLATZ
Inmitten des Platzes dominiert das Schillerdenkmal. Es wurde 1839 von dem Dänen Bertel Thorvaldsen erschaffen. Rund um den Platz liegen Stiftskirche, Altes Schloss, Fruchtkasten und die Alte Kanzlei.

STIFTSKIRCHE
Sie ist das Wahrzeichen des alten Stuttgart und wurde im Laufe ihrer wechselvollen Geschichte mehrmals aus- und umgebaut. Besonders auffallend sind die unterschiedlichen Türme. Der Westturm zeigt sich in achteckiger Form, der Südturm ist viereckig.

FRUCHTKASTEN
Der Fruchtkasten ist ein spätgotischer Steinbau gegenüber dem Alten Schloss auf dem Schillerplatz. Einst ein Kornspeicher, beherbergt er heute die Musikinstrumentensammlung des Landesmuseums Württemberg.

WARUM IM SOMMER? Einmal komplett in Nostalgie schwelgen kann man in Stuttgart, sobald das »Eliszis-Jahrmarktstheater« ab dem Frühsommer seine Türen öffnet. Dann erfreuen sich Groß und Klein an historischen Fahrgeschäften, alten Karussellen und historischen Buden. Aber auch für alle, die keinen Rummel brauchen, hat Stuttgart im Sommer einiges zu bieten. Kostenloses Ballett im Park – ohne Abendgarderobe, dafür mit Picknickdecke, Sommerfestival der Kulturen, Stuttgarter Weindorf, und sogar der Hamburger Fischmarkt schaut in der Metropole vorbei. Erfrischung bieten jetzt die Biergärten in der Stadt wie auf der Karlshöhe. Oder man genießt auf der grünen Chill-out-Wiese Schlossplatz südliches Lebensgefühl.

Ganz oben: Die geschwungene Glasfassade ist das Markenzeichen am Eingang der Neuen Staatsgalerie.

Oben: Der Biergarten auf der Karlshöhe ist einer der Aussichtspunkte und im Sommer oft rappelvoll.

Bilder links: Das nostalgische Eliszis-Jahrmarktstheater ist schon für viele Generationen ein Muss.

STAATSOPER STUTTGART

Das größte Dreispartentheater der Welt umfasst Oper, Ballett und Schauspiel. Im Großen Haus agieren die Staatsoper sowie das Stuttgarter Ballett. Seit 1924 stehen die Gebäude unter Denkmalschutz.

STAATSGALERIE

Das heutige Kunstmuseum beherbergt unter anderem Werke von Rembrandt, Picasso und Rubens. Auch Dürer, Cranach und Canaletto sind in der Staatsgalerie zu bewundern. Regelmäßige Sonderschauen und Ausstellungen ergänzen die ständige Sammlung.

PLANETARIUM

Einmal Milchstraße und zurück. Aber was haben die Kultbands Queen und Pink Floyd damit zu tun? Ihnen widmet die Sternenschau jeweils eine Show in einer spektakulären 360°-Weltallprojektion mit Lasershow. Viele weitere tolle Shows zeigen und erläutern den Sternenhimmel, die Planeten und das Sonnensystem.

BOHNENVIERTEL

Liebevoll renoviert, zeigt sich das Bohnenviertel heute in neuem Gewand. Im 15. Jahrhundert war es Wohnquartier für Handwerker und Kleinhändler, heute beherbergt es urige Kneipen und Cafés. Der Name geht auf die früheren meist armen Bewohner zurück. Diese pflanzten in ihren Gärten Bohnen an und hängten diese zum Trocknen an den Häusern auf.

HEGEL-HAUS

Hier lebte ein berühmter Sohn der Stadt – der Philosoph Georg Wilhelm Friedrich Hegel (1770–1831). Heute ist im Geburtshaus von Hegel ein Museum untergebracht.

STUTTGARTER STÄFFELE

Die »steilen Stuttgarter Stäffele« wurden sogar schon in einem Lied besungen. Gemeint sind damit die über 400 Treppen (Stäffele), die sich durch die Landeshauptstadt ziehen. Die meisten von ihnen stammen noch aus der Zeit, in der die Weinbauern die Hänge rund um Stuttgart bewirtschafteten.

STÄDTISCHES LAPIDARIUM

Gelegen in einer Parkanlage, bietet das Städtische Lapidarium reizvolle Einblicke in die Bau- und Kulturgeschichte der Stadt. Zu sehen sind Überreste verschiedener Bauten sowie über 200 Plastiken.

WEISSENHOFSIEDLUNG/WEISSENHOF-MUSEUM IM HAUS LE CORBUSIER

Als 1927 auf einem Hügel vor der Stadt die Weißenhofsiedlung im Rahmen der Kunst des »Neuen Bauens« entstand, geschah das in Rekordgeschwindigkeit. Knapp vier Monate später waren 21 Häuser fertiggestellt. Der Bau von Architekt Le Corbusier fiel dabei besonders auf. Heute ist das Weißenhofmuseum im Haus von Le Corbusier für an Architektur interessierte Besucher eine wahre Fundgrube.

AUSGEHEN

DER ROTE HIRSCH // Hier werden die Schlagworte Weinstube und schwäbische Küche aus der staubigen Ecke geholt und modern interpretiert. Das Ergebnis sind exzellente Gerichte im passenden Ambiente.

// www.derrotehirsch.de/stuttgart

SKY BEACH // Mit Blick über die Stadt, guter Musik und Urlaubsfeeling lädt die Strandbar auf dem Dach des Galeria-Parkhauses zu entspannten Sommerabenden ein, sonntags gibt es Brunch.

// www.skybeach.de

CAFÉ HÜFTENGOLD // Beste Adresse in Stuttgart für ein ausgiebiges Schlemmerfrühstück. Auch Veganer kommen hier auf ihre Kosten.

// www.hueftengold.de

ROSENSTEINPARK

Der Rosensteinpark zählt zu den bedeutendsten Landschaftsparkanlagen, die nach dem Vorbild der Natur gestaltet wurden. Angelegt wurde er von 1824 bis 1840 von König Wilhelm I. Heute steht der Park unter Denkmalschutz und ist Heimat für das Staatliche Museum für Naturkunde sowie das Museum am Löwentor.

NATURKUNDEMUSEUM SCHLOSS ROSENSTEIN

Schloss Rosenstein dient als Sitz der biologischen Sammlung des Staatlichen Museums für Naturkunde Stuttgart. Hier werden die heutige Tierwelt und ihre Lebensräume anschaulich dokumentiert. Um Tiere der Urzeit geht es im Museum am Löwentor, das gleichfalls im Rosensteinpark gelegen ist.

WEINBAUMUSEUM

Hier wird der historische und moderne Weinbau in Stuttgart anschaulich dokumentiert. Die in zwölf Themengebiete gegliederte Ausstellung zeigt alte Weinfässer, Trinkgefäße und Weinpressen.

SHOPPING

MARKTHALLE

Auf ihre denkmalgeschützte Markthalle sind die Stuttgarter stolz. Sie ist mit 33 Ständen, dem Verkauf regionaler und weltweiter Spezialitäten und drei Restaurants ein wahres Dorado für Feinschmecker und Anhänger edler Wohnkultur.

// www.markthalle-stuttgart.de

ARTANI

Schmuck, Kunsthandwerk und allerhand weitere edle Lieblingsstücke finden sich im Artani direkt im Zentrum der Stadt.

// www.artani.de

AUSFLÜGE

● LUDWIGSBURG

Zwischen 1704 und 1733 entstand das prachtvolle »schwäbische Versailles« im Stil des Barock: Schloss Ludwigsburg mit 18 Gebäuden und 452 Räumen sowie 32 Hektar Park. Neben dem Residenzschloss sind auch das Lustschlösschen Favorite und das Seeschloss Monrepos mit ihren Parks sowie die barocke Residenzstadt und ihr Marktplatz gute Gründe für diesen Ausflug.

ÜBERNACHTEN

WALDHOTEL STUTTGART // Mit der U-Bahn ist man in 10 Minuten im Waldhotel im Grünen und genießt die gepflegte Atmosphäre, den Komfort und die himmlische Ruhe.

// www.waldhotel-stuttgart.de

DESIGNHOTEL ZAUBERLEHRLING // Für jede Lebensart das passende Zimmer, diese sind hier ganz unterschiedlich gestaltet, aber alles andere als gewöhnlich. Im Haus gibt's auch ein Restaurant und eine Kochschule.

// www.zauberlehrling.de/Designhotel

SCHWABEN STERN // Statt in unpersönlichen Hotels zu übernachten, lieber privat unterkommen. Bei dieser Privatzimmervermittlung kann man Zimmer und Appartements buchen.

// www.schwaben-stern.de

STUTTGART

AUF KEINEN FALL VERPASSEN

○ **TIERE BEOBACHTEN IN DER WILHELMA**
Entstanden ist die Wilhelma auf Anweisung König Wilhelms I., der Mitte des 19. Jahrhunderts im Park von Schloss Rosenstein einen Lustgarten anlegen ließ. Heute ist die Anlage einer der größten zoologisch-botanischen Gärten in Europa.

○ **PORSCHE- UND MERCEDES-BENZ-MUSEEN BESUCHEN**
Im Porsche-Museum lässt sich die Historie der sportlichen Fahrzeuge bis in die heutige Gegenwart anschaulich nachverfolgen. Mehr als 80 Fahrzeuge sind im Ausstellungsbereich zu sehen. Das Mercedes-Benz-Museum präsentiert 120 Jahre Automobilgeschichte zum Anfassen: Über 1500 Ausstellungsstücke, darunter 160 Fahrzeuge, dokumentieren anschaulich die komplette Entwicklung des Automobils von den Anfängen bis zu den neuesten Modellen der Gegenwart.

○ **ÜBER DEN LUXUS IN SCHLOSS SOLITUDE STAUNEN**
Das prunkvolle Lustschloss von Herzog Carl Eugen am westlichen Stadtrand von Stuttgart wurde von 1764 bis 1775 erbaut. Von seinem Standort auf einer bewaldeten Anhöhe bietet es einen wunderbaren Ausblick. Bei einem Gang durch die elegante Schlossanlage wird Geschichte lebendig. Das Hauptschloss ist für Besucher geöffnet, die Flügelbauten werden von der Akademie Schloss Solitude genutzt. Die Akademie ist eine Stiftung, die jungen Künstlern Wohn- und Arbeitsstipendien gewährt. Die Stipendiaten bewohnen die alten Offizien- und Kavaliersgebäude des Schlosses. Stipendiaten waren der Maler Neo Rauch, die Schriftstellerin Karen Duve oder der Komponist Thierry Blondeau.

○ **AN EINER STÄFFELESTOUR TEILNEHMEN**
Wer die Stuttgarter Stäffeles über 400 Treppenanlagen an den Weinbergen einmal hautnah erleben möchte, kann sich einer Stäffelestour anschließen. Um bei dieser sportlichen Art von Stadtführungen zu Natur, Kultur und Stadtgeschichte mitzumachen, muss man jedoch kein Sportcrack sein. Spaß an Bewegung und kulturelles Interesse sind die einzigen »Voraussetzungen« für eine Stäffelestour (Infos: www.stuttgarter-staeffelestour.de).

○ **EIN MUSICAL BESUCHEN**
Stuttgart ist die Musicalstadt in Deutschlands Süden und im SI-Centrum, im Stage Apollo Theater und auch an anderen Orten in der Stadt sind immer wieder Musicals wie »Tanz der Vampire« auf den Stuttgarter Bühnen zu sehen.

Die Wilhelma ist Zoo und botanischer Garten.

#25 AM WATTENMEER

Mal strahlt diese Landschaft große Ruhe aus, dann wieder wird sie von den tobenden Elementen regelrecht durchgepeitscht. Während eben noch die endlos scheinende Weite beeindruckte, fasziniert wenig später das unmittelbare Erleben von Wind und Wetter. Deutschlands größter und zweitgrößter Nationalpark, das Schleswig-Holsteinische und das Niedersächsische Wattenmeer, erstrecken sich über 4400 bzw. 3450 Quadratkilometer. Zweimal täglich gibt das Meer seine Beute wieder frei und legt einen Lebensraum bloß, der auf den ersten Blick unwirtlich erscheinen mag, aber eines der lebendigsten und auch sensibelsten Ökosysteme überhaupt ist. Strände, Dünen, Sandbänke, Salzwiesen und das einzigartige Watt sind ein Paradies für Meeresvögel. Und auch der Mensch weiß seit über 150 Jahren den Erholungswert dieser faszinierenden Landschaft zu schätzen. An wenigen Orten kann man die Naturgewalten so hautnah erleben.

Oben: Wenn sich das Wasser bei Ebbe zurückzieht, freuen sich die Wattvögel über den gedeckten Tisch und Feriengäste spazieren auf dem festen nassen Sand.

Links: Am Nordseestrand von Niedersachsen genießen Reiter stundenlange Ausflüge mit Pferden.

● **OSTFRIESISCHE INSELN**

Direkt vor der Nordseeküste Niedersachsens liegen wie auf einer Schnur aufgereiht die Ostfriesischen Inseln: Die Inselkette erstreckt sich über 90 Kilometer von der Insel Borkum im Westen über Juist, Norderney, Baltrum, Langeoog, Spiekeroog bis nach Wangerooge im Osten. Kennzeichnend für die Eilande sind ihre Dünenlandschaften, lange, oft breite Sandstrände auf der Seeseite und das Wattenmeer.

BORKUM

Die mit 31 Quadratkilometer größte der Ostfriesischen Inseln überrascht mit edlen weißen Hotelfassaden aus dem 19. Jahrhundert. Sie sind eindrucksvolle Zeugen für den traditionellen Badebetrieb, der hier bereits um 1840 einsetzte. Seitdem ist die Zahl der Feriengäste kontinuierlich angestiegen, die auf der Insel mit Hochseeklima Erholung suchen. Neben viel Abgeschiedenheit und Ruhe sorgt der Hauptstrand mit Musikpavillon und der angrenzenden Promenade für quirliges Leben.

JUIST

Die 17 Kilometer lange, aber nur 1,1 Kilometer breite Insel wird auch gern als »die längste Sandbank der Welt« bezeichnet. Das autofreie Eiland ist eine ruhige, beschauliche Ferieninsel mit zwei größeren Ansiedlungen: dem Dorf oder Ostdorf als Hauptort und dem Loog. Auf der Insel verteilt finden sich schöne alte Reetdachhäuser und kilometerlange Sandstrände.

NORDERNEY

Mit 17 Kilometer Länge ist Norderney die zweitgrößte ostfriesische Insel und die bevölkerungsreichste mit eher städtischem Flair im

AM WATTENMEER

WARUM IM SOMMER? Obwohl die Nordsee und das Wattenmeer dank ihrer vielseitigen Facetten das ganze Jahr über einen Besuch lohnen, haben die Sommermonate schon allein wegen der warmen Temperaturen und den langen Tagen ihren Reiz. Man ist den ganzen Tag draußen an der frischen und gesunden Meeresluft, genießt ein Bad im Meer bei nicht zu kalten Wassertemperaturen. Für insel- und küstentypische Unternehmungen, wie Wattwandern, Inselrundfahrten, Seehunde und ihre Kleinen, macht das Wetter im Sommer meistens mit. Die Badeorte überbieten sich in der kurzen Saison mit ihren Programmen, sodass es nie langweilig wird. In vielen Orten an der Küste werden geführte Vogelbeobachtungen angeboten, was bei dem artenreichen Vorkommen am Wattenmeer ein besonderes Erlebnis ist. Von Ende April bis Juli kann man besonders Austernfischer, Säbelschnäbler oder Seeschwalben beobachten.

pulsierenden Inselzentrum im Westen. Dennoch bestehen zwei Drittel der Insel aus Strand und Dünen. 80 Kilometer Radwege laden zu ausgiebigen Inseltouren ein.

BALTRUM
In der Mitte der ostfriesischen Inselkette liegt Baltrum, die kleinste und ruhigste Insel, die mit ihrer ungestörten Natur begeistert. Hauptaktivitäten sind: Erholen, Wattwandern, Radfahren und im Nationalparkhaus mehr über die Gezeiten und das Wattenmeer erfahren.

LANGEOOG
Die »Lange Insel« ist ein besonders beliebtes Feriendomizil, nicht zuletzt dank ihres vielfältigen Freizeitangebots. Gäste schätzen den langen Sandstrand, die wilden Dünenlandschaften, lehrreiche Naturlehrpfade am Wattenmeer und die artenreiche Fauna und Flora der Salzwiesen.

SPIEKEROOG
Eilig darf man es auf der 20 Quadratkilometer kleinen Insel nicht haben, denn hier gibt es weder Autos noch eine Möglichkeit, sich ein Fahrrad zu mieten. Seit 1885 kann man sich mittels einer Pferdebahn – der letzten ihrer Art in Deutschland – fortbewegen.

WANGEROOGE
Die östlichste der Ostfriesischen Inseln ist eine beschauliche, autofreie Familieninsel mit einer turbulenten Geschichte. Von der unruhigen Vergangenheit merken die Gäste des 21. Jahrhunderts nichts, wenn sie mit der bunten Inselbahn an der grünen Lagunenlandschaft, einem ganzjährigen Vogelschutzgebiet, den Deichen und Stränden vorbeizuckeln. Die Insel Wangerooge ist anerkanntes Thalasso-Heilbad.

NORDEN-NORDDEICH
Norden, die »Stadt hinterm Deich«, ist die älteste Stadt Ostfrieslands. Der Ort auf dem neun Meter hohen Geestrücken erhielt bereits im 13. Jahrhundert Stadtrechte. Viele schöne historische Ecken gibt es zu entdecken wie etwa den alten baumbestandenen Marktplatz, an dem die beeindruckende Ludgerikirche (1445) mit einer Arp-Schnitger-Barockorgel steht, oder

Strandkörbe warten auf Norderney auf Sommergäste. Dort setzt man sich gemütlich hinein, liest ein Buch oder lauscht einfach nur dem Meer.

das Alte Rathaus. Einzigartig ist das Ostfriesische Teemuseum. Das Nordsee-Heilbad hat drei Klimazonen, nämlich Reiz-, Watt- und Küstenklima.

WILHELMSHAVEN

Auch wenn der Ort direkt am Jadebusen am Endpunkt des Ems-Jade-Kanals eine lange Tradition als wichtige Hafenstadt hat, erhielt er erst Ende des 19. Jahrhunderts sein heutiges Aussehen. Wilhelmshaven ist noch immer wichtigster Hafen der Bundesmarine an der Nordsee. Dort befindet sich zudem die größte Drehbrücke Europas, die Kaiser-Wilhelm-Brücke aus den Anfängen des 20. Jahrhunderts. Sehenswert ist das Rathaus, das Fritz Höger 1927–1929 samt seinem 49 Meter hohen Turm errichten ließ. Interessant sind auch das Marinemuseum oder die Unterwasserstation »Oceanis«.

CUXHAVEN

Die Stadt am Westufer der Elbmündung ist das zweitälteste Seebad Deutschlands. Die Altstadt befindet sich im Süden um das ehemalige Schloss Ritzebüttel. Der Fischereihafen und der Großmarkt liegen im Osten, in der Nähe der Außenmole »Steubenhöft«, wo die großen Passagierschiffe festmachen. Einen guten Überblick über das Hafengelände erhält man auf der Aussichtsplattform »Alte Liebe«. Eine beliebte Wattwanderung oder eine bequeme Fahrt mit Wattwagen führt bei Ebbe zur kleinen Wattinsel Neuwerk. Aber man sollte sich unbedingt einer Wattführung anvertrauen.

BÜSUM

Über Wesselburen gelangt man in die Krabbenfischerstadt, die einst eine Insel war und im 16. Jahrhundert durch einen Damm zum Festland kam. Seit dem 19. Jahrhundert ist die Stadt Seebad an der Nordseeküste Schleswig-Holsteins. Die »Büsumer Meereswelten« beherbergen ein interessantes Aquarium. Und in der Sturmflutenwelt »Blanker Hans« erwartet die Besucher eine spannende Ausstellung zu den Naturgewalten an der Nordsee. Auch möglich: eine Wattwanderung mit Krabbenfischern wie anno dazumal.

ST. PETER-ORDING

Am äußersten Zipfel der Halbinsel Eiderstedt liegt St. Peter-Ording, das in den vergangenen Jahrzehnten aus vier Dörfern zusammengewachsen ist. St. Peter-Bad wurde durch seine Schwefelquellen, St. Peter-Böhl durch seinen Leuchtturm bekannt. St. Peter-Ording ist ein Mekka für Strandsegler und Drachenflieger. Elf Kilometer lang und über 500 Meter breit ist der Strand dort.

HUSUM

Theodor Storm nannte sie einst in seinen Erzählungen »die graue Stadt am Meer«. Heute ist Husum alles andere als grau. Die kleine Stadt an der Westküste Schleswig-Holsteins ist mit ihren schönen Giebelhäusern im historischen Stadtkern, ihrem Schloss aus dem 16. Jahrhundert und dem Binnenhafen seit vielen Jahren kultureller Mittelpunkt Nordfrieslands. Der schönste Teil ist der Marktplatz mit seinen repräsentativen Bürgerhäusern und dem Rathaus.

AUSGEHEN

NORDERNEY: SEESTEG // Hier stimmt einfach alles, die Terrasse zum Meer mit Traumblick, fantastische Sterneküche, verschiedene Menüs zur Auswahl. Auch Vegetarier werden hier glücklich, das fleischlose Menü begeistert mit feinem Aromenspiel.

// seesteg-norderney.de

HUSUM: RESTAURANTSCHIFF MS NORDERTOR // Mehr maritimes Ambiente geht fast nicht, denn gespeist wird an Bord! Neben Matjes und Co. spielen Flammkuchen und Nordipas, nordische Tapas, eine besondere Rolle. Sonntags gibt es auch Frühstück.

// www.ms-nordertor.de/

Nicht umsonst wird die Insel Amrum als »Perle der Nordsee« bezeichnet: Die Dünen am breiten Kniepsand verbreiten bei Sonnenuntergang eine ganz besondere Stimmung.

● NORDFRIESISCHE INSELN

Die Eilande vor der Küste Schleswig-Holsteins, umgeben vom Nationalpark Schleswig-Holsteinisches Wattenmeer waren durch gewaltige Sturmfluten in den vergangenen Jahrhunderten immer wieder starken Veränderungen unterworfen. Jede Insel hat ihren ureigenen Charakter. Typisch für Nordfriesland sind zudem die zehn flachen Halligen im Wattenmeer sowie die Sand- und Seehundsbänke.

NORDSTRAND

Nordstrand ist durch die Anbindung ans Festland seit 1987 keine Insel mehr, sondern nur noch Halbinsel. Gäste lieben es, das anerkannte Nordseeheilbad auf dem hohen Deich zu Fuß oder mit dem Fahrrad zu umrunden, oder von Strucklahnungshörn zu anderen Halligen oder nach Pellworm aufzubrechen.

PELLWORM

Die drittgrößte nordfriesische Insel wurde ab der frühen Wikingerzeit von Friesen aus dem Raum der Rheinmündung besiedelt. Pellworm ist flach und eher ländlich geprägt. Auch in der Hochsaison ist es nicht so überlaufen. Familien sind begeistert von dem Eiland.

AMRUM

Südwestlich von Föhr liegt die beschauliche Insel mit ihren bis zu 30 Meter hohen Dünen und einem bis zu zwei Kilometer breiten und 15 Kilometer langen Sandstrand – dem berühmten »Kniepsand«. Außerhalb der Ferienorte Wittdün, Nebel und Norddorf lädt die abwechslungsreiche wilde Natur in den Dünen und die Vogelwelt am Watt zu stundenlangen Spaziergängen ein. Erholung garantiert!

FÖHR

Ganz anders als Amrum präsentiert sich die Insel Föhr flach, grün und ländlich. Von den 17 Inseldörfern ist eines schöner als das andere mit putzigen reetgedeckten Friesenhäusern. Die Wikinger hinterließen viele noch sichtbare Grabhügel. Zum Hauptort Wyk gehören kilometerlange Strände. Auf 144 Kilometer Fahrradwegen kann man die Insel entdecken. Bei 9000 Veranstaltungen im Jahr, die meisten im Sommer, wird es hier nie langweilig.

ÜBERNACHTEN

CUXHAVEN: MEERZEIT HOTEL // Liebevoll geführtes Hotel, der größte Antrieb ist die Zufriedenheit der Gäste. 300 Meter zum Meer. Besonders für Familien perfekt.
// www.meerzeit-hotel.de

LEUCHTTURM DAGEBÜLL // Romantik pur: In Dagebüll gehört einem ein Leuchtturm für die Dauer des Aufenthalts ganz allein. Und morgens steht auf der ersten Treppenstufe ein ausgezeichnetes Frühstück. Blick auf Wattenmeer, Föhr und Halligen.
// www.leuchtturm-dagebuell.de

AM WATTENMEER

AUF KEINEN FALL VERPASSEN

○ WATTWANDERN

Bei einem Besuch der Nordsee darf eine Wanderung durch die einzigartige Wattlandschaft auf keinen Fall fehlen. Einsteiger sind mit einer leichten Tour, beispielsweise die sieben Kilometer von Neßmersiel nach Norderney, gut beraten. Wenn sich das Meer zurückzieht, ist es auch möglich, die acht Kilometer von Föhr nach Amrum zu laufen. Allerdings aber auf keinen Fall allein, sondern immer nur mit einem kundigen Führer, da die Gefahr, von der Flut eingeholt zu werden, sonst zu groß ist. Vor allem bei Amrum muss mit dem Mittelloch ein größerer Priel durchwatet werden und der läuft, wie alle Priele im Watt, bei Flut extrem schnell voll.

○ EINE TEESTUBE BESUCHEN

Ohne Tee geht in Ostfriesland nichts. Er wird mehrmals am Tag getrunken, meist eine starke aromatische Ceylon-Assam-Mischung. Natürlich mit »Kluntje« (Kandiszucker) und Sahne. Die Teetied (Teezeremonie) gehört zum gesellschaftlichen Leben dazu. Die Teekultur ist als Immaterielles Kulturerbe von der UNESCO anerkannt. Zwei Museen, in Norden-Norddeich und in Bünting, widmen sich übrigens der Geschichte des aromatischen Heißgetränks.

○ INS WATTENMEER-BESUCHERZENTRUM GEHEN

Wer an der Nordsee ist, sollte mit dem einzigartigen Lebensraum Wattenmeer auf Tuchfühlung gehen. Wattenmeerzentren gibt es sowohl in Cuxhaven als auch ein gerade runderneuertes in Wilhelmshaven sowie kleinere Nationalpark-Häuser in einigen Seebädern. Besucher erfahren hier auf multimediale Weise, das heißt interaktiv und in Ausstellungen, Filmen und Führungen, alles Wissenswerte zu Ebbe und Flut, Sturmfluten, zum Lebensraum Wattenmeer, zu Meeressäugern, Zugvögeln, Küstenschutz und neuerdings auch zu Müll in der Nordsee und Meeresspiegelanstieg.

○ HALLIGFAHRT UNTERNEHMEN

Auch bei einem kurzen Wochenendtripp in Nordfriesland ist eine Schiffstour zu einer der Halligen angesagt, zumal man unterwegs oft an Seehundsbänken vorbeikommt und die im Sand lümmelnden Tiere und ihren putzigen Nachwuchs aus nächster Nähe sehen kann. Hallig Hooge ist mit einem kleinen Museum, Cafés und Bistro am besten auf Besucher eingestimmt. Die Hamburger Hallig ist bei Ebbe mit Rad, Auto oder zu Fuß zu erreichen.

○ RINGELGANS-TAGE AUF DEN HALLIGEN ERLEBEN

Jedes Jahr von Mitte April bis Mai lassen sich gewaltige Schwärme von Ringelgänsen auf den Halligen nieder. Rund 50 000 der braunbäuchigen Gänse rasten auf ihrem Weg an die Eismeerküste, wo sie brüten. Seit dem Jahr 1998 gibt es zu diesem Anlass die sogenannten Ringelganstage, um das Naturschauspiel beobachten zu können. Die Verleihung der »Goldenen Ringelgansfeder« an Menschen, die sich zum Schutz der Vögel einsetzen, bildet den feierlichen Auftakt.

In Teestuben wird das ostfriesische Nationalgetränk stilecht mit Kluntje serviert.

#26 WIESBADEN

Eine Fachwerk-Altstadt wie in anderen Orten des Landes sucht man hier vergebens. Dafür gibt es in Wiesbaden prachtvolle Boulevards und Alleen, elegante Plätze, gepflegte Parks mit zahlreichen Denkmälern und reichlich herrschaftliche Villen aus dem 19. und 20. Jahrhundert. Das Casino im Kurhaus lockt Einwohner wie Besucher ebenso wie die prächtige Wilhelmstraße mit ihren Boutiquen oder die Taunusstraße mit ihren Antiquitätengeschäften. Wiesbaden zählt zu den ältesten Kurbädern Europas, und man kann es in über 20 Thermalbädern den Römern gleichtun. Der schönste Ort dafür ist die Kaiser-Friedrich-Therme. Der großzügig angelegte Kurpark lädt ebenso zum Flanieren ein wie der Apothekergarten, der Schlosspark Biebrich oder der Neroberg.

Links: Mitten im Wiesbadener Kureck befindet sich das prunkvolle Kurhaus.

Rechts: Nur dem Schein dient die Schaufront des Staatstheaters in Wiesbaden, der Eingang für die Besucher ist auf der rückwärtigen Seite. Im Staatstheater werden Oper, Ballett, Schauspiel, Junges Staatstheater und Konzerte aufgeführt.

● KURHAUS

Nicht nur das Theater Wiesbadens, auch sein Kurhaus geht zurück auf den Wunsch Kaiser Wilhelms II. Friedrich von Thiersch, Architekt des Münchner Justizpalastes und der Festhalle Frankfurt, errichtete das 1907 eröffnete Bauwerk im neoklassizistischen Stil. Kaiser Wilhelm II. pries den Bau als schönstes Kurhaus der Welt. Im ehemaligen Weinsaal befindet sich das Casino. Die Aufschrift »Aquis Mattiacis« erinnert an die Quellen der Mattiaker, eines Volksstamms aus der Römerzeit; die 130 Meter lange Kurhauskolonnade ist die längste Säulenhalle Europas. Das Kurhaus birgt zwölf prachtvolle Säle und Salons, darunter jenen mit Namen Thiersch, der häufig exquisite Kulisse für Konzerte bildet. Hinter dem Kurhaus erstreckt sich der Kurpark, der 1852 angelegt wurde und sich im Stil an englischen Landschaftsgärten orientiert. Auf dem großen Teich kann man Boot fahren, und sonntags gibt es bei der Konzertmuschel klassische Musik.

CASINO

Das Spielcasino im ehemaligen Weinsaal blickt zurück auf eine lange Geschichte. 1865 verlor hier Fjodor Dostojewski sein gesamtes Geld. In seinem Roman »Der Spieler« erinnert der russische Schriftsteller an die Ereignisse in Wiesbaden – das bei ihm bezeichnenderweise »Roulettenburg« heißt. So wie ihm war es schon vielen mit dem Glücksspiel ergangen, denn die Stadt besaß seit 1771 eine Konzession. Bis 1810 wurde in Kneipen gewonnen und verloren, dann wurde im Casino um Geld gespielt.

BOWLING GREEN

Vor dem Kurhaus bildet der dazugehörige »Bowling Green« eine grüne Insel mitten in der Stadt mit Platanen, zwei Wasserbecken und plätschernden Brunnen. Eingerahmt von den Kurhauskolonnaden auf der einen Seite und den Theaterkolonnaden auf der anderen, bietet die Grünanlage eine stimmungsvolle Kulisse für Open-Air-Veranstaltungen.

HESSISCHES STAATSTHEATER

Gegenüber vom Kurhaus liegen die Theaterkolonnaden mit dem Hessischen Staatstheater, das 1894 eröffnet wurde. Hinter der neobarocken Fassade des Gebäudes finden sich vier Bühnen. Kaiser Wilhelm II. gab den Auftakt für den Bau, das Rokoko-Foyer wurde 1902 hinzugefügt. Das Theater gehört mit zu den erfolgreichsten im deutschsprachigen Raum.

WIESBADEN

WARUM IM SOMMER? Die Stadt Wiesbaden gilt als das Tor zum Rheingau und sie zelebriert diese Nähe zu den begehrten Weinlagen mit dem zehntägigen Rheingauer Weinfest im August. Auf dem Schlossplatz und Dern'schen Gelände präsentieren über 100 Winzer der Region ihre Weine, Sekte und dazu feine kulinarische Köstlichkeiten. Ein buntes Bühnenprogramm sorgt für musikalische Umrahmung. Sehen und gesehen werden: Ein bisschen scheint es auch das Motto des Wiesbadener Wilhelmstraßenfests zu sein. Das niveauvolle Straßenfest mit dem offiziellen Namen »Theatrium« zieht schon seit über 40 Jahren im Juli Tausende von Besuchern in die Wilhelmstraße, um sich bei Konzerten, Shows, Straßenkunst, Kunsthandwerkermarkt und lukullischen Spezialitäten zu vergnügen.

Ganz oben: Warmer Damm heißt der 1859 angelegte vordere Teil des Kurparks, als Flaniermeile sehr beliebt.

Oben: Gefälliger Jugendstildekor schmückt das Innere der historischen Kaiser-Friedrich-Therme.

Links: Zehn Tage lang werden beim geselligen Rheingauer Weinfest Weine der Region ausgeschenkt.

KRANZPLATZ UND KOCHBRUNNEN

Um den Kranzplatz und den benachbarten Kochbrunnenplatz herum entstanden im 19. Jahrhundert prachtvolle Bäderhotels. Das Hotel Schwarzer Bock ist heute das einzige noch erhaltene Haus aus dem 15. Jahrhundert. Den Krieg überstanden haben auch der Kochbrunnentempel und Teile der Kolonnaden. Die berühmteste Wasserquelle in der Stadt ist der am Kranzplatz gelegene Kochbrunnen, der aus 15 Quellen gespeist wird, darunter eine Thermalquelle, deshalb ist das Wasser 66 °C warm.

KAISER-FRIEDRICH-THERME

Die historische, den Römern nachempfundene Therme ist ein prächtiges Beispiel für Jugendstilarchitektur. Herzstück ist das irisch-römische Dampfbad. Eine opulente Saunalandschaft mit russischem Dampfbad, finnischer Sauna, Luminarium und vieles mehr sorgen für ein herrlich entspannendes Badevergnügen. Jeweils am ersten Freitag im Monat kann die Therme im Rahmen einer Themenführung besichtigt werden.

RÖMERTOR

Das Römertor ist Teil der Heidenmauer, eine 370 n. Chr. unter Kaiser Valentinian I. errichtete Wehrmauer, die das älteste erhaltene Bauwerk der Stadt darstellt. Neueren Interpretationen zufolge könnte die Heidenmauer Teil eines römischen Aquädukts gewesen sein. 1902 wurde die Mauer für den Bau der Coulinstraße durchbrochen und durch besagtes – im Stil der Zeit gestaltetes, historisierendes – Tor ergänzt. Die überdachte Holzbrücke ist als Aussichtsplattform zugänglich. Neben dem Römertor liegt das kleine Römische Freilichtmuseum.

SCHLOSSPLATZ UND ALTSTADT

Auf jeden Fall verdient der Schlossplatz einen längeren Blick. Er ist der Mittelpunkt der historischen Altstadt. Hier sitzt seit 1946 der Hessische Landtag, zuvor residierten deutsche Kaiser und preußische Könige dort. Die evangelische Marktkirche als neugotischer, rot geziegelter Fünf-Türme-Bau ist hier ebenso beeindruckend wie das Alte und das Neue Rathaus. Das Alte Rathaus dient heute als Standesamt, und im Keller ist ein Weinlokal untergebracht. Besonders schön sind Besuche mittwochs und samstags, wenn hier Obst- und Gemüsestände auf dem Wochenmarkt ihre Waren feilbieten.

WILHELMSTRASSE

Die Wilhelmstraße ist die Flaniermeile der Stadt. Der Prachtboulevard, von den Einwohnern auch kurz und bündig »Rue« genannt, wird von feinen Geschäften gesäumt. Das Erbprinzenpalais, Kurhaus, Hessisches Staatstheater und das Hotel Nassauer Hof liegen ebenfalls entlang des Boulevards. Statt zu shoppen, kann man in der Wilhelmstraße dem Museum Wiesbaden einen Besuch abstatten. Neben einer naturkundlichen Sammlung bietet es eine große Werkschau von Alexej von Jawlensky.

AUSGEHEN

VILLA IM TAL // Kaiserlich speisen kann man in der ehemaligen Sommerresidenz von Wilhelm II. Die Fachwerkvilla präsentiert sich im Inneren modern, die Küche ist hervorragend, und das Auge isst immer mit.

// www.villaimtal.de

CAFÉ MOLINO // In nettem Ambiente genießt man gepflegte Kaffeehauskultur, Biofrühstück, hausgemachte Kuchen, auch vegan und glutenfrei.

// cafe-molino.de

CHÂTEAU KEFRAYA // Die libanesischen Vorspeisen und Gerichte sorgen für herrlich aromatische Geschmackserlebnisse im Gaumen. Die libanesischen Weine passen dazu hervorragend. Dafür lohnt die Anfahrt in den Vorort Erbenheim.

// www.chateau-kefraya.de

NEROBERG

Auf Wiesbadens Hausberg kommt man bequem mit der Nerobergbahn, um die fantastische Aussicht über die hessische Landeshauptstadt zu bewundern. Ganz Sportliche zieht es dort auch zum Kletterwald. Eine nicht alltägliche Sehenswürdigkeit ist indes die Russisch-Orthodoxe Kirche mit ihren goldenen Zwiebeltürmen. Sie ist ein steinernes Zeichen der engen Beziehungen, die Wiesbaden seit der Zeit von Zar Peter dem Großen zu Russland pflegt. Herzog Adolf von Nassau ließ das nach dem Vorbild der Moskauer Erlöserkirche geplante Gotteshaus errichten, um seine im Kindbett verstorbene junge Frau, die Zarennichte Elisabeth Michailowna Romanowa, mit dem gemeinsamen toten Töchterchen in nach orthodoxem Ritus geweihter Erde beisetzen zu können. 1855 wurden beide Särge aus der Bonifatiuskirche in die Krypta der Russischen Kirche überführt.

SCHLOSS BIEBRICH

Die Residenz der Fürsten und Herzöge von Nassau wird heute von der Landesregierung genutzt. Im Schlosspark findet jedes Jahr ein Reitturnier statt. Vom Gartenhaus zum Barockjuwel erblüht – Schloss Biebrich bedurfte vieler Jahre und mehrerer Baumeister bis zu seiner finalen Pracht. Auf dem Grundstück direkt am Rhein ließ Georg August von Nassau-Idstein zunächst nur einen Tagespavillon errichten, dann ein Wohnschlösschen; für die Fürstin schließlich ein zweites. Baumeister Maximilian von Welsch sorgte ab 1707 für eine Verbindung der Gebäude und ein barockes Gesamtkonzept. Die Vollendung seines »Versailles am Rhein« erlebte Fürst Georg allerdings nicht mehr. Karl von Nassau-Usingen veranlasste den Ausbau zur dreiflügeligen Schlossanlage und nahm dort 1744 seine Residenz.

HARLEKINÄUM

Im Humormuseum ist Schräges zu bestaunen. Surreale Erlebnisse wie der Gang durch einen Riesenkäse, lustige und überflüssige Erfindungen oder die Würdigung der Zwiebel sind hier versammelt.

ÜBERNACHTEN

HOTEL NASSAUER HOF // Luxus im Zentrum der Stadt: Seit 1813 ein Grandhotel mit Stil und hohen Ansprüchen an sich selbst. Das gilt auch für das eigene Sterne-Restaurant Ente.
// www.nassauer-hof.de

HOTEL KLEMM // Erfrischendes Kontrastprogramm zum Grandhotel: Das Klemm ist ein unkonventionelles, gemütliches Haus für Junggebliebene mit netten Gastgebern und Mega-Frühstück.
// www.hotel-klemm.de

TOWN HOTEL // Klassisches Stadthotel für Kurztrips und Stadterkundungen, bei denen man ein gutes Bett und ein gutes Frühstück braucht – ohne viel Aufhebens.
// www.townhotel.de

SHOPPING

WILHELMSTRASSE
Hier auf der »Rue« reihen sich edle Modeboutiquen und Geschäfte für Designermöbel aneinander.

WOCHENMARKT
Mittwochs und samstags gibt es feine regionale Genüsse auf dem Dern'schen Gelände zu kaufen und viel zu schauen.

WIESBADEN

AUF KEINEN FALL VERPASSEN

○ **MIT DER NEROBERGBAHN FAHREN**
Deutschlands einzige noch verbliebene Drahtseilbahn mit Wasserlast fährt auf den Wiesbadener Hausberg hinauf. Bereits seit 1888 ist sie in Betrieb und überwindet auf knapp 450 Meter Länge eine Steigung von 19 Prozent. Bei der Fahrt in den historischen gelben Wagen ergeben sich herrliche Ausblicke auf die Stadt.

○ **SCHIERSTEINER HAFEN**
Die Wiesbadener lieben es, an warmen Sommertagen südlich der Stadt am Rhein und an der schattigen Hafenpromenade zu flanieren und früher oder später in einem der zahlreichen Gartenlokale einzukehren. Vom nahen Rheinufer Biebrich kann man auch mit der Fähre zur naturbelassenen Rheininsel Rettbergsaue mit ihren Stränden übersetzen.

○ **DIE SEKTKELLEREI HENKELL BESICHTIGEN**
Sie zählt zu den traditionsreichen Sektkellereien Deutschlands. In Wiesbaden ist sie seit 1909 in einem klassizistischen Gebäude untergebracht. Das Unternehmen bietet Führungen an, in denen die mehrstöckigen Keller mit den riesigen Weinfässern ebenso besichtigt werden können wie das hauseigene Sektmuseum. Es darf probiert werden!

○ **AUF GRENZERFAHRUNG GEHEN IM SCHLOSS FREUDENBERG**
»Erfahrungsfeld zur Entfaltung der Sinne« lautet der Name des Museums und dieser ist Programm: Hier begibt man sich aktiv auf eine Reise durch die Sinneswahrnehmungen, ob auf dem Barfußpfad, im Klangraum, in der Eiskammer oder im Finsternisgang.

○ **UNTERWEGS MIT DER »THERMINE«**
Wiesbaden lässt sich herrlich mit der kleinen Elektrobahn »THermine« erkunden. Die Reise geht vom Marktplatz über Wilhelmstraße und Kurhaus durch die historischen Villenviertel. Unterbrechen kann man die Fahrt an der Russisch-Orthodoxen Kirche auf dem Neroberg oder an der Talstation der Nerobergbahn.

Seit 140 Jahren zuckelt die Nerobergbahn auf den gleichnamigen Hausberg Wiesbadens.

Der Monopteros, ein Ziertempel im griechischen Stil, schmückt den Englischen Garten seit 1836. Gebaut wurde er von Leo von Klenze im Auftrag von König Ludwig I. Der künstliche Hügel, auf dem er steht, ist ein beliebter Aussichtspunkt.

#27 ALLGÄU

Das Unterallgäu ist ein sanft welliges Hügelland, dessen alpiner Charakter sich verstärkt, je weiter die Reise in den Süden geht. Mindelheim und Memmingen zählen zu den größten Städten der Region. Auch das Ostallgäuer Voralpenland kann sich sehen lassen. Rund um die einstige Freie Reichsstadt Kaufbeuren breitet sich eine liebliche Hügellandschaft aus mit reizvollen Städtchen, Bauerndörfern, Kirchen und Seen – immer mit dem großartigen Alpenpanorama im Hintergrund. Neuschwanstein, König Ludwigs Märchenschloss, ist sicher eine der am meisten fotografierten Ansichten Deutschlands. Im Westallgäu verschmelzen in der sanften und grünen Hügellandschaft Kirchen und Kultur zu einem wohltuenden Heilmittel gegen Stress. Die Highlights des Oberallgäus sind Oberstdorf, die südlichste Gemeinde Deutschlands, und Kempten, das »Tor zum Oberallgäu«.

Links: In den alpinen Hochlagen des Oberallgäus sticht einem beim Wandern der leuchtend gelbe Enzian ins Auge, der bis zu 1,50 Meter hoch werden kann.

MEMMINGEN
Das mittelalterliche Stadtbild mit Stadtmauer und prachtvollen Zunft- und Patrizierhäusern erinnert an seine kaufmännisch überaus erfolgreichen Patriziersöhne im Mittelalter. Die spannende Stadtgeschichte vermitteln die Museen im Antonierhaus, das Stadtmuseum und das Heimatmuseum. Viele Veranstaltungen lassen alte Traditionen aufleben, beispielsweise beim »Wallenstein-Sommer« und »Fischertag« sowie beim seit 440 Jahren gefeierten Kinderfest.

MINDELHEIM
Schon von Weitem grüßt die über der Stadt thronende Mindelburg aus dem 12. Jahrhundert. Unterhalb der Mindelburg verläuft der Walderlebnispfad, ein rund zwei Kilometer langer Rundweg, der auch Kindern spannende Naturerlebnisse bietet. In Mindelheim selbst lädt die historische Altstadt mit Resten der Stadtmauer und der Stadttore ein, sich auf die Spuren der bewegten Vergangenheit zu begeben. Museen wie Heimatmuseum, Krippenmuseum oder Schwäbisches Turmuhrenmuseum erzählen von regionalen Bräuchen, Handwerk und Kunst.

BAD WÖRISHOFEN
Brauchtumspflege liegt den Wörishofnern sehr am Herzen. Das spürt man beim traditionellen Maibaumaufstellen, beim liebevollen Schmücken der Brunnen zu Ostern und nicht zuletzt in den lokalen Museen. Leben und Wirken von Sebastian Kneipp werden im Kneippmuseum anschaulich dargestellt, und um Wasser im weitesten Sinne geht es auch im Fischmuseum. Der älteste Kneippkurort Deutschlands steht ganz im Zeichen der Gesundheit, ob im Kurpark, in den über 20 Kneippanlagen in und um Bad Wörishofen, der Gradieranlage oder dem Kneippwaldweg.

KAUFBEUREN
Der traditionsreiche Ort lädt zu Entdeckungsreisen in eine über 1000-jährige Vergangenheit ein. In der Altstadt mit ihren mittelalterlichen Stadtmauern kann man den Spuren der heiligen Crescentia von Kaufbeuren folgen oder die Geschichte der Stadt im Puppentheatermuseum und der Crescentiagedenkstätte erkunden.

MARKTOBERDORF
Ein echtes Naturjuwel in der Kreisstadt im Ostallgäu mit ihrem alles überragenden Kirchturm ist die zwei Kilometer lange alte Lindenallee, die das Städtchen mit dem Jagdschloss (1728) des Fürstbischofs Wenzeslaus verbindet. Gleich neben dem Schloss sind die Fundamente eines Römerbads und einer Villa zu bestaunen.

LEUTKIRCH IM ALLGÄU
Die Straßen und Gassen des Ortes sind das Aushängeschild der ehemaligen Freien Reichsstadt. Vor allem der liebevoll restaurierte historische Glasmacher-Ortsteil Schmidsfelden lohnt einen Rundgang, dort kann man noch Glasmachern bei der Arbeit über die Schulter schauen.

ALLGÄU

WARUM IM HERBST? Um den Almabtrieb, der im Allgäu »Viehscheid« heißt, mitzuerleben! Dieser folgt meist im frühen September und nach sehr alten Regeln: Die Leitkühe sind oft bunt geschmückt und bimmeln mit ihren schweren Glocken in allen Tonarten. Und die Senner tragen stolz ihre Tracht. Da der Abtrieb nicht ganz ungefährlich ist, wird die unbeschadete Rückkehr der Rinder zum Scheidplatz mit Volksfesten, Musik und Tanz gefeiert, am schönsten in Oberstdorf und Schöllang. Die oft noch milden und sonnigen Herbsttage sind auch ideal für Wandertouren. Und die Wälder zeigen sich in ihrem farbenprächtigen Herbstkleid.

WANGEN

Die historische Altstadt von Wangen an der Oberen Argen gehört zu den schönsten im Allgäu und steht deshalb komplett unter Denkmalschutz. Prächtige Bürgerhäuser, insbesondere das Hinderofenhaus, und das barocke Rathaus am Marktplatz zeugen vom einstigen Wohlstand der Kaufleute und Leinenweber. Was zu lachen gibt es bei den zwölf, teils echt witzigen Brunnen wie dem »Amtsschimmel« vor dem Rathaus. Und Museen wie das Käsereimuseum erinnern daran, dass in der Gegend guter Allgäuer Käse produziert wird.

ISNY IM ALLGÄU

Die Stadt kann auf eine bewegte Geschichte zurückblicken. Als Freie Reichsstadt erlebte sie ab dem 14. Jahrhundert eine Blütezeit. Davon zeugen die stattlichen Bürgerhäuser innerhalb der mittelalterlichen Stadtsilhouette mit Mauer, Toren und Türmen.

OBERSTAUFEN

Durch blühende Bergwiesen wandern, den weiten Blick von hohen Gipfeln genießen, all das macht den Reiz des bekannten Schrothkur-Orts aus. Mehr als 160 Alpen rund um den Ort bilden das größte zusammenhängende Alpgebiet Bayerns. Wie Traditionen auch in den modernen Alltag integriert werden, zeigt sich am Tragen der Tracht an Festtagen, beim Schuhplatteln oder im Bauerntheater. Im Heimatmuseum »Beim Strumpfar« werden bäuerliche Geschichte und Handwerk anschaulich präsentiert.

KEMPTEN

Die Haupt- und mit 70 000 Einwohnern größte Stadt des Allgäus ist auch die älteste. Als Campodunum wurde sie schon vor 2000 Jahren von dem griechischen Geografen Strabon schriftlich erwähnt. Im Archäologischen Park Campodunum kann man dieser antiken Vergangenheit nachspüren. Dank Fachhochschule weht aber junges, frisches Flair durch die geschichtsträchtigen Straßen und Gassen der ehemals geteilten Alt- und Neustadt. Auf weitere römische Spuren trifft man im unterirdischen multimedialen Schauraum der Erasmus-

Links: Beim traditionellen Viehscheid in Pfronten wird jeden September ein großer Festumzug veranstaltet.

ALLGÄU

Rechts: In traumhafter Lage am Fuße des Ammergebirges erbaut, prunkt Schloss Neuschwanstein. Am schönsten ist der Blick auf das Märchenschloss, wenn man sich ihm bei einer Wanderung auf dem in Füssen beginnenden Alpenrosenweg nähert.

kapelle. Sehenswert ist auch die ehemalige Residenz der Fürstäbte von Kempten mit original erhaltenen Rokoko-Prunkräumen, die einmalig im süddeutschen Raum sind. Auf eine Zeitreise durchs Allgäu kann man im Allgäu-Museum gehen. Ebenfalls einen Besuch wert sind das Alpinmuseum, das Burgenmuseum und das Naturkundemuseum.

IMMENSTADT IM ALLGÄU

In Immenstadt ist das AlpSeeHaus das Eingangstor in den Naturpark Nagelfluhkette. Am größten Natursee des Allgäus, dem Großen Alpsee, gelegen, ist die Stadt ein beliebtes Urlaubsziel. Im AlpSeeHaus erfährt man Wissenswertes über die vielfältige Landschaft im Naturpark Nagelfluhkette und kann selbst auf Forschungsreise gehen. Wer wissen möchte, wie sich die Milchwirtschaft im Allgäu entwickelt hat und wie entbehrungsreich früher das Leben in den Bergen war, sollte unbedingt das Allgäuer Bergbauernmuseum besuchen, das in 1037 Meter Höhe in dem kleinen Dorf Diepolz liegt.

SONTHOFEN

Wie ein Balkon vor dem Gebirgspanorama der Allgäuer Hochalpen liegt Sonthofen sanft eingebettet zwischen Iller und Ostrach. Im Krieg wurde ein Großteil des Orts zerstört, daher besitzt er keine Altstadt, wurde aber 2005 als »Alpenstadt des Jahres« ausgezeichnet. Alle drei Jahre wird der uralte Brauch des Egga-Spiels mit gruseligen Holzmasken aufgeführt.

OBERSTDORF

Mit 350 000 Besuchern im Jahr ist das 813 Meter hoch gelegene ehemalige Bauerndorf mit seiner gesunden klaren Bergluft dank autofreier Zonen heute ein Hotspot mit internationalem Flair in den Allgäuer Alpen. 200 Kilometer Wanderwege, 85 Kilometer Loipen und 44 Kilometer Skipisten machen den südlichsten Ort Deutschlands das ganze Jahr über attraktiv.

FÜSSEN

Füssen kann auf eine 700-jährige Geschichte zurückblicken. Heute trifft man in der Altstadt auf mittelalterliche Gassen, gotische Häusergiebel und Überreste alter Stadtmauern. Sehenswert sind auch die Kirchenbauten aus der Zeit des Barock und Rokoko. Füssen gilt als Wiege des Lauten- und Geigenbaus in Europa. In der Altstadt gibt es einen Zupfinstrumentenbauer und drei Geigenbauerwerkstätten. Im Stadtmuseum befindet sich eine wertvolle Sammlung historischer Lauten und Geigen.

AUSGEHEN

HOPFERAU: SENNEREI LEHERN // In der Sennerei kauft man Allgäuer Käse und in der »Käsealp« nebenan genießt man Allgäuer Gerichte mit oder ohne Käse.

// www.sennerei-lehern.de

HEIMENKIRCH: MECKATZER BRÄUSTÜBLE // Nach der Besichtigung der Allgäuer Traditions- und Familienbrauerei Meckatzer kann man sich im benachbarten Bräustüble mit Allgäuer Spezialitäten aus erstklassigen regionalen Zutaten stärken.

// www.meckatzer-braeustueble.de

SCHWANGAU

Die Geschichte Schwangaus reicht bis in die Römerzeit zurück. Bereits 40 n. Chr. verlief die Römerstraße von Venetien über Füssen bis nach Augsburg hier vorbei. Das Ortsbild ist ländlich. Man sieht liebevoll gepflegte Bauerngärten, wunderschöne Dorfbrunnen und blumengeschmückte Balkone.

SCHLOSS NEUSCHWANSTEIN

Schloss Neuschwanstein, das König Ludwig II. ab 1869 in malerischer Bergszenerie errichten ließ, zeugt wie kein anderes Bauwerk von seinen Idealen und Sehnsüchten. Hier verwirklichte der Märchenkönig seine Traumwelt. Hinter den ehrwürdigen Mauern zeigte sich das Schloss, gemessen an der damaligen Zeit, äußerst komfortabel und modern. So ließ Ludwig II. eine Heißluft-Zentralheizung einbauen sowie Toiletten mit automatischer Spülung. Auf allen Etagen gab es fließendes Wasser und sogar eine batteriebetriebene Rufanlage für die Diener. Ein echtes Novum war das Telefon mit einer Direktverbindung nach Hohenschwangau. Heute können die Innenräume des Schlosses besichtigt werden.

SCHLOSS HOHENSCHWANGAU

In Nachbarschaft von Neuschwanstein liegt Schloss Hohenschwangau. Im 12. Jahrhundert wurde es erstmals als Burg Schwanstein erwähnt und diente damals als »Sitz der Edlen von Schwangau«. Im Laufe der Jahrhunderte hatte die Burg verschiedene Besitzer, darunter auch König Maximilian II. von Bayern (Vater König Ludwigs II., damals noch Kronprinz), der den Reizen der mystischen Landschaft und der besonderen Lage der Burg erlag. Im Jahr 1832 kaufte er die Ruine und ließ sie im neugotischen Stil wiederaufbauen. Das Schloss diente ihm und seiner Familie als Sommersitz. Ludwig II. wuchs in diesem Schloss auf und verbrachte hier die Sommermonate bis zu seinem Tod 1886.

ÜBERNACHTEN

FÜSSEN: BIOHOF EGGENSBERGER // Gemütliche Ferienwohnungen am Hopfensee mit See-, Berg- oder Schlösserblick bietet der Biohof. Käse, Naturjoghurt, Quark und Wurst gibt's direkt vom Hof, Brot vom Biobäcker.
// www.biohof-eggensberger.de

KEMPTEN: ALLGÄU ART HOTEL // Das zentral gelegene Designhotel punktet mit einem besonderen Inklusionskonzept und Barrierefreiheit und einem umfassenden Entspannungsangebot mit Snoezelen-Raum, Sauna, Massagen und mehr.
// www.allgaeuarthotel.de

OBERSTDORF: DAS FREIBERG // Erfrischend stylisch, dennoch gemütlich familiär und romantisch ist das Genießerhotel mit zwei abwechslungsreichen Gourmetrestaurants und sensationellem Frühstücksbüfett. Im Haus ein Wellnessbereich und im Garten ein kleiner beheizter Pool.
// www.das-freiberg.de

SHOPPING

MARKTOBERDORF: STEINSCHAFHOF
Hier gibt's Spezialitäten vom Steinschaf wie Lammschinken und Schafsalami.
// www.steinschafhof.de

ALLGÄUER KÄSESTRASSE
Das Westallgäu ist Käseland. An der Route der Käsestraße liegen zwölf Sennereien mit ihren genussreichen Hofläden.
// www.westallgaeu.de/kaesestrasse-allgaeu

ALLGÄU

AUF KEINEN FALL VERPASSEN

○ THEATER AUF DER FREILICHTBÜHNE ALTUSRIED ERLEBEN

Mit ihrem kühn geschwungenen Dach ist die Freilichtbühne in Altusried eine der schönsten Open-Air-Bühnen Deutschlands. Seit 1999 ist sie regelmäßig Schauplatz zahlreicher Kulturereignisse, neben Freilichtspielen auch Konzerte unterschiedlicher Genres von Volksmusik bis Rockoper. Freilichtspiele haben in Altusried eine lange Tradition, die im Jahr 1879 mit der Aufführung der Geschichte des Wilderers Matthias Klostermaier begründet wurde. Im Dreijahresrhythmus werden wechselnde Heldenepen à la Wilhelm Tell, Jungfrau von Orléans, Andreas Hofer als Theaterstück oder Musical oder als Märchen auf die Bühne gebracht. Hauptmitwirkende: die Bevölkerung von Altusried.

○ ZWISCHEN DEN STEILEN WÄNDEN DER BREITACHKLAMM WANDERN

In der Nähe von Oberstdorf wartet die tiefste Felsschlucht in ganz Mitteleuropa. Fast 100 Meter steigen die Wände steil über dem Tal der Breitach in die Höhe. Der Fluss ergießt sich schäumend in die Schlucht, schlängelt sich durch Gesteinsbrocken und stürzt in Abgründe. Verschiedene Wanderwege beziehen die Klamm mit ein. Der Weg führt über Holzstege. Start ist am Parkplatz in Tiefenbach. Dort und am oberen Ende der Schlucht wird der Eintritt kassiert. Der 1,6 Kilometer lange Weg durch die Schlucht ist auch für Kinder gut zu bewältigen und ein beeindruckendes Erlebnis.

○ ZUSEHEN, WIE ALLGÄUER KÄSE GEMACHT WIRD

Saftige, sattgrüne Wiesen – den Kühen geht es gut im Allgäu. Sie liefern gute Milch und daraus machen die Bauern – meist noch im Familienbetrieb – würzigen Emmentaler und Bergkäse. Aus guter Heumilch, also silofrei direkt von der Kuh in den Kessel. In vielen Sennereien im Westallgäu kann man beim Käsemachen zuschauen, beispielsweise bei einer Führung in der Bergkäserei Steibis oder in der Käseküche in Isny. In der Käseschule in Thalkirchdorf kann man sich sogar selbst im Käsemachen versuchen.

○ ÜBER DEN LECHFALL STAUNEN

Südlich von Füssen stürzten nach der letzten Eiszeit die Schmelzwasser der Alpengletscher 100 Meter in die Tiefe. Mit der Zeit gruben sie eine tiefe Schlucht zwischen Ammergauer Alpen und Falkensteinkamm. Bereits Ende des 18. Jahrhunderts begann man hier, das Wasser aus den Bergen für ein Kraftwerk zu nutzen. Dabei wurde am Ende der Klamm ein fünffach gestuftes Wehr mit einem künstlichen Wasserfall geschaffen, der es mühelos mit natürlichen Fällen an Attraktivität aufnehmen kann.

○ DEN WOCHENMARKT IN DER DAMPFSÄG BESUCHEN

Zwischen Memmingen und Mindelheim überrascht der kleine Ort Sontheim mit einem Industriedenkmal: Die denkmalgeschützte große Halle der Dampfschneidesäge ist heute Kultur- und Veranstaltungszentrum mit Konzerten von überregionaler Strahlkraft. Immer donnerstags ist Markt für Produkte aus der Region.

Zwölf Meter stürzt der Lech bei Füssen in die Tiefe.

HÜTTENERLEBNIS IM ALLGÄU

In luftiger Höhe auf 2085 Meter über dem Bacherloch thront das neue Waltenberger-Haus des Alpenvereins der Sektion Allgäu-Immenstadt; die Holzkonstruktion des 2017 errichteten Neubaus anstelle des alten Steinhauses leuchtet Wanderfreunden schon aus der Ferne entgegen. Die alpine Lage und die Aussicht auf die Allgäuer Bergwelt sind unvergleichlich. Morgens und abends kommen öfter mal Steinböcke bis an die Sonnenterrasse der Hütte zu Besuch.

Die lichtdurchfluteten Aufenthaltsräume im Neubau bieten mehr Plätze als früher und versprühen heimeliges Flair. Es gibt 42 Betten und 28 Matratzenlager. Das neue Waltenberger-Haus gehört nun zu den modernsten Hütten in den Allgäuer Alpen und verweist mit seinen rundum klimaverträglichen Standards stolz auf das Umweltgütesiegel des Alpenvereins.

Infos: waltenbergerhaus.de

WALTENBERGER-HAUS

#28 BERGISCHES LAND

Die Wuppertaler Schwebebahn als weltweit älteste Hängebahn, die Müngstener Brücke über die Wupper zwischen Solingen und Remscheid als höchste Eisenbahnbrücke Europas und Schloss Burg in Solingen als größte restaurierte Burganlage Nordrhein-Westfalens gehören zu den rekordverdächtigen Attraktionen, die das Bergische Land zu bieten hat. Die schon früh vom Menschen geprägte hügelige Kulturlandschaft, die nach Westen hin an das Sauerland angrenzt, ist wasserreich und grün. Eingebettet zwischen Wälder und Wiesen liegen kleine Dörfer mit hübschen Fachwerk- und Schieferhäusern. Die Großstädte Remscheid, Solingen und Wuppertal bilden das kulturelle und wirtschaftliche Zentrum der Region.

Oben: Hügelige Landschaft bei Meiersberg.

Links: Die Wuppertaler Schwebebahn steht seit 1997 unter Denkmalschutz. Bereits seit 1901 befördert sie Fahrgäste. Einige Kilometer verläuft die Schwebebahn dabei über dem Fluss.

NATURPARK BERGISCHES LAND

Der Naturpark liegt zwischen der Köln-Siegburger Bucht, den Ausläufern des Sauerlands, dem Westerwald im Süden und dem Städteband Wuppertal-Remscheid-Solingen. Anders als der Name vermuten lässt, ist das Landschaftsbild nicht von spitzen Gipfeln oder Schluchten geprägt. Vielmehr herrschen sanfte Höhenzüge vor, die bewaldet sind und wie in weichen Wogen die Landschaft durchziehen. Um den ökologischen Wert noch weiter auszubauen, soll der Anteil von Laubhölzern in den nächsten Jahren stetig verstärkt werden. Beheimatet sind hier seltene Tierarten wie der Feuersalamander, die Wasseramsel oder der Uhu. Die zahlreichen Niederschläge im Bergischen Land machten die Region schon früh für die Nutzung von Wasserkraft und die Anfänge der Industrialisierung interessant. 16 Wasserspeicher sind hier entstanden. Von den zahlreichen Aussichtstürmen sind diese beliebten Sehenswürdigkeiten im Park gut zu überblicken. Zur malerischen Kulisse der Region trägt neben der Natur insbesondere der hiesige Baustil bei. Fachwerk und dunkle Dächer bilden gemeinsam mit dem Weiß der Fenster- und Türlaibungen sowie den grünen Fensterläden Heimatfilm-Ambiente.

● **WUPPERTAL**

Wuppertal liegt südlich des Ruhrgebiets im Bergischen Land und ist weltweit als die »Stadt mit der Schwebebahn« bekannt. Eine Fahrt mit dem herausragenden Werk früher Ingenieurskunst darf man sich natürlich nicht entgehen lassen. Sie zeigt, wie grün die Stadt ist. Mit ihrem hohen Grünflächenanteil hat die 335 000 Einwohner zählende Industriestadt einen verdienten Ruf als grüne Großstadt. Die vielen Parks und Grünflächen wie die teils bewaldeten Ufer der Wupper, die sich durch die Stadt schlängelt, machen ihren besonderen Reiz aus. Ein Highlight ist der 15 Hektar große Skulpturenpark Waldfrieden. Wuppertal besitzt auch

BERGISCHES LAND

WARUM IM HERBST? Schloss Burg und die Bergische Waffel sind der Inbegriff des Bergischen Landes und genau richtig an kalten Herbsttagen. Beides lässt sich sogar gemeinsam genießen, denn auf der sehenswerten Burg wird auch das beliebte Süßgebäck in Sachen Verkostung angeboten. Für die Schleckermäuler bietet sich insbesondere die in diesem Landstrich erfundene Bergische Waffel an, die variantenreich dargeboten wird: Auf dem dampfenden und duftenden Gebäck wölben sich je nach Gusto Schlagsahne, Vanilleeis, heiße Kirschen oder auch mal Milchreis mit Zimt und Zucker. Aber auch Freunde deftiger Speisen finden hier ihre Erfüllung: Die Bergische Schinkenplatte wird gereicht mit herzhaftem Schwarz- und Graubrot, Butter, Käse, Blutwurst und Schinken.

Ganz oben: Das Röntgen-Museum zeigt die vielseitigen Anwendungen der Röntgenstrahlung.

Oben: Die evangelische Stadtpfarrkirche bildet das Herz der Altstadt von Remscheid.

Links: Heiße Kirschen, Vanilleeis und Schlagsahne begleiten die echte Bergische Waffel.

einen schönen Zoo und botanischen Garten. Auch die Kultur kommt nicht zu kurz. Das weltbekannte Tanztheater Pina Bausch hat hier seinen Sitz. Außerdem warten viele interessante Museen wie das Von-der-Heydt-Museum oder das Völkerkundemuseum mit interessanten Ausstellungen auf. Zum Ausgehen begibt man sich ins Luisenviertel. Und wenn man die Stadt noch besser kennenlernen will, kann man sie sich von einem Wuppertaler Greeter zeigen lassen (www.wuppertal-greeter.de/de/).

SOLINGEN

Weltweit bekannt ist Solingen als »Stadt der Klingen«. Schon im 14. Jahrhundert wurden hier Schwerter hergestellt, im 16. kamen Messer hinzu, und seit dem 19. Jahrhundert bestimmte die Schneidwarenindustrie die gesamte Solinger Wirtschaft. Das hat sich bis heute nicht wesentlich geändert. Wer mehr darüber wissen möchte, wird im Deutschen Klingenmuseum und den beiden historischen Schleiferwerkstätten (hier Kotten genannt) fündig. Viele Besucher kommen jedoch in erster Linie in die Klingenstadt, um in den 30 Werksverkauf-Outlets günstig Schneidwarenprodukte zu kaufen (www.werksverkauf-in-solingen.de). Dabei gibt es durchaus Sehenswertes in der Stadt: Neben Schloss Burg und dem historischen Marktplatz Gräfrath sollte man sich auch die Müngstener Brücke nicht entgehen lassen, die bei ihrer Inbetriebnahme 1897 als technische Meisterleistung galt. Solingen besitzt außerdem ein Planetarium, das Galileum ist originell in eine Gaskugel integriert. Das örtliche Kunstmuseum widmet sich dem Leben und Werk von Künstlern, die während des Nationalsozialismus als »entartet« galten. Solingen ist auch eine grüne Stadt, eingebettet in die herrliche Umgebung der bewaldeten Wupperberge und der Ohligser Heide.

REMSCHEID

Nach Wuppertal, Solingen und Leverkusen ist Remscheid die viertgrößte Stadt im Bergischen Land. Schon seit Ende des 19. Jahrhunderts wird die Stadt im Volksmund gern auch als »Seestadt auf dem Berge« bezeichnet. Verantwortlich für diese ungewöhnliche Bezeichnung sind die traditionell weitreichenden Handelsbeziehungen nach Übersee im Bereich der Metall- und Werkzeugindustrie. Auch heute noch spielen diese Wirtschaftszweige in Remscheid eine große Rolle, sodass sie als letzte Industriestadt Nordrhein-Westfalens gilt. Die »Trasse des Werkzeugs«, ein speziell gestalteter Wanderweg, führt den Besucher auf die Spur der hier dominierenden Industrie. Aber sie offenbart auch das andere Bild Remscheids: Nahezu ein Drittel des Stadtgebietes besteht aus Wald- und Grünflächen. 4500 Hektar sind als Landschaftsschutzgebiete ausgewiesen. Außerdem sind mehr als 100 alte bergische Fachwerkhäuser in der Altstadt Lennep zu finden.

AUSGEHEN

WUPPERTAL: MANGI MANGI // Ungewöhnlich, fantasievoll, multikulti und gesund, so könnte man die Küche in dem schlichten Lokal beschreiben. Im zeitgemäßen Bowls Style kommen kühne Kompositionen mit Salat aus diversen Länderküchen auf den Tisch.
// mangimangi.de

SOLINGEN: CAFÉ LALELI // Vegan, biologisch, fair gehandelt – dafür steht das Café. Im Angebot sind Kuchen, Cupcakes und ayurvedische Mittagsgerichte. // www.vegan-in-solingen.de

REMSCHEID: HELDMANN & HERZHAFT // Dass Petra und Ulrich Heldmann in der historischen Böker Villa seit Jahren eine geradlinige regionale Küche auf hohem Niveau zelebrieren, ist auch schon Michelin aufgefallen. Wer gute bodenständige Gerichte liebt, ist hier in jedem Fall richtig.
// heldmanns-restaurant.de

DEUTSCHES RÖNTGEN-MUSEUM
Nicht nur angehende Mediziner werden das zurzeit im Erneuerungsstatus befindliche Museum interessant finden. Es zeigt nicht nur das Lebenswerk des Entdeckers der Röntgenstrahlung, sondern auch ihre vielseitigen Anwendungsgebiete. Und es ermuntert, genauso kreativ an Forschung heranzugehen, wie er es tat.

BERGISCH GLADBACH
Wer sich Bergisch Gladbach nähert, wird merken, dass »echte« Berge dort nicht zu finden sind. Der Name der kleinsten Großstadt NRWs stammt nicht von der Landschaft, sondern von den Grafen von Berg, die sich hier im 12. Jahrhundert niederließen. Den früheren Erzbergbau thematisiert anschaulich das Bergische Museum für Bergbau, Handwerk und Gewerbe in Bensberg. Später war die Papierherstellung ein wichtiger Industriezweig. In der ehemaligen Papiermühle Alte Dombach kann man sich darüber umfassend informieren. Wie eine Burgfestung aus einem Science-Fiction-Film wirkt das neue Bensberger Rathaus. Tatsächlich hat Architekt Gottfried Böhm Teile der alten Burg in den modernen Bau integriert. Klar, dass sich darüber die halbe Bürgerschaft das Maul zerrissen hat wie so oft bei Ungewöhnlichem. Von dem jüngst verstorbenen Architekten der Moderne gibt es noch weitere spektakuläre Bauten in Bergisch Gladbach: das Bürgerhaus Bergischer Löwe, die katholische Herz-Jesu-Kirche und das Kinderdorf Bethanien.

REMSCHEID: HOTEL KÖNIG // Das familiengeführte Hotel bietet gediegen eingerichtete Zimmer und Apartments für unterschiedliche Anlässe. Gutes Frühstück ist inklusive.
// www.koenig-remscheid.de

WUPPERTAL: POSTBOUTIQUE HOTEL // Elegantes, stylisches Art-déco-Interieur im ganzen Haus und im offenen Lobbybereich macht das Hotel zu einem Wohlfühlort im Zentrum für designbegeisterte Menschen.
// www.postboutiquehotel-wuppertal.de

BERGISCH GLADBACH: HOTEL MALERWINKEL // Malerisch gruppiert sich ein künstlerisch und musisch inspiriertes Hotel-Ensemble um einen hübschen Garten vor den Toren der Stadt.
// www.malerwinkel-hotel.de

SHOPPING

GUT ZUR LINDEN
Erzeugnisse von Feld und Weide sowie regionale Mitbringsel wie Honig, Pralinen und Liköre gibt's im Hofladen zu kaufen.
// www.gut-zur-linden.de

BERGISCHER LADEN IN DER ERLEBBAR
Der Bergische Laden in der ErlebBar in Remscheid hat tatsächlich Bergische Souvenirs wie die Knösterkiste und Werkzeuge im Angebot.
// www.erlebbar-remscheid.de

AUSFLÜGE

STADT UND BURG BLANKENBERG
Sehenswert sind die schönen Fachwerkhäuser und die Ruinen der Burg Blankenberg hoch über dem Städtchen.

BERGISCHES LAND

AUF KEINEN FALL VERPASSEN

○ **DIE AUSSICHT VON SCHLOSS BURG GENIESSEN**

Auf geht es zu einer Reise ins Mittelalter mit Ritterspielen und dem alltäglichen Leben auf einer prächtigen Burganlage! Der ehemalige Stammsitz der Grafen und Herzöge von Burg, einem Ortsteil von Solingen, präsentiert mit seinem Museumsbetrieb und der einmaligen Kulisse die größte rekonstruierte Burganlage Nordrhein-Westfalens sowie Erlebnisse für Mittelalterfans. Unvergleichlich ist die Aussicht über die Täler und Höhen des Bergischen Landes von der Schlossterrasse aus. Einen Anerkennungsblick verdient auch die Kaiserlinde im Pfarrgarten mit ihren 250 Jahren.

○ **WUPPERTAL AUF SPEZIALTOUREN KENNENLERNEN**

Die vom Wuppertal Stadtmarketing aufgelegte Broschüre »Stadtteile plus X« listet ein umfangreiches Paket an speziellen Stadtführungen auf, durch die man einzelne Stadtteile noch tiefer kennenlernen kann. Dabei öffnen sich Türen, die ansonsten verschlossen bleiben. Wer gut zu Fuß ist, kann auch eine der vierstündigen Wandertouren durch die Stadt buchen. Genießer werden ihre Freude an einer Weinwanderung im Tal der Wupper haben. Für abends gibt es eine Tour durch Wuppertals angesagte Kneipen.

○ **ÜBER DEN PRACHTVOLLEN ALTENBERGER DOM STAUNEN**

Seine Bezeichnung »Bergischer Dom« trägt dieser Prachtbau wohl deshalb, weil er der größte gotische Bau der Region ist. Der Altenberger Dom ist die Kirche der ehemaligen Zisterzienserabtei Altenberg und heute Pfarrkirche der katholischen Pfarrgemeinde St. Mariä Himmelfahrt in Altenberg. Nach französischem Vorbild wurde diese Gottesstätte 1259 bis 1379 als turmlose Querschiff-Basilika mit Chorumgang und Kapellenkranz erbaut. Ein Brand zerstörte große Teile der Kirche. Der Wiederaufbau erfolgte 1833 bis 1847. In jüngster Zeit kam es zu Renovierungsarbeiten, sodass der Dom heute wieder erstrahlt.

○ **EINE HERZHAFTE BERGISCHE KAFFEETAFEL GENIESSEN**

Schon früh kam bei besonderen Anlässen im Bergischen Land alles, was Küche, Keller und Speisekammer hergaben, auf den Tisch. Wohl schon ab dem 18. Jahrhundert gehörte auch der Bohnenkaffee dazu. Und rund um die »Dröppelminna«, eine dickbauchige Zinnkanne mit Zapfhahn, wetteiferten Süßes wie Herzhaftes um die Gunst der Gäste: Hefeblatz, Schwarz- und Graubrot, Waffeln mit Rahm und heißen Kirschen, Milchreis, Brezel, Rübensirup, aber auch Eierspeisen, Wurst und Fleisch stehen auf einer Bergischen Kaffeetafel – die übrigens erst seit Ende der 1930er-Jahre diesen Namen trägt. Ihren krönenden Abschluss bildet traditionell ein Gläschen bergischen Korns.

○ **WANDERN IM BERGISCHEN LAND**

Das Bergische Land ist unter Wanderern ein Geheimtipp. Mit dem »Bergischen Weg« und dem »Bergischen Panoramasteig« gibt es gleich zwei Fernwanderwege in der Region. Neu sind die verschiedenen Themenwege, die »Bergischen Streifzüge«, die historische, naturkundliche, technische wie literarische Themen erlebbar machen.

Auf Schusters Rappen durchs Bergische Land.

#29 BLAUES LAND

Unweit von Garmisch-Partenkirchen liegen Murnau, der Staffelsee und das Murnauer Moos, bekannt auch als das Blaue Land, ein Ort der Sehnsucht im oberbayerischen Alpenvorland. Der Name wurde Anfang des 20. Jahrhunderts von den expressionistischen Malern Franz Marc und Wassily Kandinsky geprägt, als Künstlergruppe bildeten sie mit weiteren den »Blauen Reiter«. Sie ließen sich von der Stimmung dieser Landschaft zu ihren Werken inspirieren. Das leuchtende Blau der Seen, die dunklen Moore und das einzigartige Licht, das den Bergen abends ein blaues Leuchten verleiht, schaffen noch heute eine Bilderbuchkulisse. Die Region ist eine bodenständig gebliebene Kulturlandschaft, die es geschafft hat, trotz der intensiven landwirtschaftlichen Nutzung im Murnauer Moos ein Ökosystem zu bewahren, das Naturliebhaber anzieht, die seltene Tiere und Pflanzen beobachten oder die Ruhe genießen wollen.

Links: Das »Blaue Land«, ursprünglich die Bezeichnung der Expressionisten Franz Marc und Wassily Kandinsky für die Region um Murnau und den Staffelsee, bietet auch heute noch viel Kunst und Kultur.

● MURNAU

Gabriele Münter und ihr Lebensgefährte Wassily Kandinsky lebten 1904–1914 in den Sommermonaten in Murnau. Das Münter-Haus, damals Treffpunkt der Künstler-Avantgarde, darunter auch Franz Marc und August Macke, spielte eine wichtige Rolle in der Geschichte des Blauen Reiter, heute ist das Haus Museum über ihr Leben und Wirken. Werke von ihr und dem Blauen Reiter sind im Schlossmuseum ausgestellt. Murnau ist immer noch ein lebendiger Künstlerort mit Ateliers und Kunstakademie. Ebenso lebendig sind auch Tradition und Brauchtum wie das Kunsthandwerk der Hinterglasmalerei und die Pferde-Wallfahrt Leonhardi Anfang November mit 300 Pferden und 65 Festwagen.

SEIDLPARK

Emanuel von Seidl (1858–1919), ein Münchener Architekt, Innenarchitekt und Ingenieur, gestaltete diesen Park im Süden von Murnau, der deshalb auch nach ihm benannt ist. Inmitten des alten Baumbestandes befinden sich Denkmäler zur Erinnerung an mit ihm befreundete Zeitgenossen, ein Teich lädt zum Verweilen ein.

MURNAUER MOOS

Das Murnauer Moos ist das größte zusammenhängende Alpenrandmoor Mitteleuropas. In diesem Ökosystem findet man über 1000 Pflanzenarten, von denen 164 auf der Roten Liste stehen, zum Beispiel die Sibirische Schwertlilie oder das Wanzen-Knabenkraut. Das Moor gilt auch als eines der größten Brutgebiete zahlreicher Tierarten in Europa. Verschiedene Wege laden zum Erkunden ein, oder man erlebt die Natur auf einer geführten Wanderung. Auffällig sind die im Süden des Mooses aufragenden bewaldeten Felskuppen aus Granit. Es sind sogenannte Köchel. Sie stammen aus der Entstehungszeit des Murnauer Mooses, das sich nach der letzten Eiszeit und dem Abschmelzen des Loisachgletschers bildete. Der dabei entstandene Zungengletschersee versumpfte und verlandete im Laufe der Zeit. Die damaligen Inseln im See blieben nach dem Absinken des Wasserspiegels als Felshügel in der Landschaft zurück.

STAFFELSEE

Der Staffelsee ist der größte See im Blauen Land. Wie die meisten Seen der Gegend ist auch er in der Würm-Eiszeit entstanden. Eine Besonderheit sind die sieben Inseln, die sich im See verteilen. Diese entstanden, als sich der Wasserspiegel im Laufe der Zeit um mehr als zehn Meter absenkte. Der südliche Teil des Sees dient als Erholungsgebiet, wohingegen weite Bereiche des nördlichen Ufers Naturschutzgebiet sind, in dem man seltene Pflanzen und Wasservögel beobachten kann. Regelmäßig friert der See im Winter zu und lockt dann Eisläufer und Eishockeyspieler an.

SEEHAUSEN AM STAFFELSEE

Der gesamte Staffelsee wie auch seine sieben Inseln gehören zur Gemeinde Seehausen. See-

WARUM IM HERBST? Die Leonhardifahrt ist ein Brauch, den man im Herbst in Oberbayern miterleben kann. Er geht auf den heiligen Leonhard von Limoges (6. Jahrhundert) zurück. Vor allem die Bauern in Süddeutschland und Österreich verehren ihn, denn er ist der Schutzpatron der landwirtschaftlichen Nutztiere. Und so spannen sie einmal im Jahr, in der Regel am 6. November, ihre Pferde vor festlich geschmückte Wagen – die »Truhenwagen«. In denen sitzen Bäuerinnen, Mägde und Kinder in ihrer schönsten Tracht, während die Bauern und Knechte auf den Pferden reiten. Ihr Ziel ist eine Kirche, eine Kapelle oder eine Festwiese. Dort segnet ein Pfarrer die Tiere mit Weihwasser.

hausen selbst liegt an der Ostseite des Sees nur wenige Kilometer von Murnau entfernt. Früher lebten in dem Ort Bauern, Fischer und Handwerker wie Kistenmacher und Essigsieder. Mittlerweile spielt der Tourismus eine große Rolle. Dennoch greifen zahlreiche Veranstaltungen wieder alte Traditionen auf und machen sie erlebbar. Im Zentrum vieler Feiern steht der See. Höhepunkte sind die Seeprozession sowie das Fischerstechen, ein Wettstreit der jungen Männer des Ortes.

UFFING

Knapp 3000 Einwohner leben in der Gemeinde im Norden des Staffelsees, zu der neben Uffing auch der Ort Schöffau gehört. Erste Besiedlungsspuren stammen aus der Bronze- und Hallstattzeit, die erste Uffinger Urkunde von 739 n. Chr. Zu dieser Zeit gehörte die Siedlung zum Stiftungsgut des Klosters Benediktbeuern, später gingen Teile des Ortes in den Besitz des Klosters Staffelsee über. Einen Besuch lohnt das Heimatmuseum, das einen Überblick über die Geschichte des Ortes vermittelt. Sehenswert ist auch die katholische Pfarrkirche St. Agatha aus dem 15. Jahrhundert.

Oben: Am Staffelsee laden die idyllischen Ufer zum Verweilen ein.

Bilder links: Den Brauch eines festlichen Umzugs zu Ehren des heiligen Leonhard, bei dem auch die Pferde geschmückt werden, pflegt man in vielen bayerischen Orten.

Rechts: Der Riegsee vor dem Wettersteingebirge.

RIEGSEE
Der 1,8 Quadratkilometer große Riegsee ist einer der saubersten und wärmsten Seen Oberbayerns. Ein Bad in ihm ist oft schon im Mai möglich. Von seinem Ufer wie auch von der gleichnamigen Gemeinde, den Dörfern Riegsee, Aidling und Hagen sowie mehreren Weilern, hat man einen wunderbaren Blick auf die Alpenkette mit Ester- und Wettersteingebirge sowie auf die Ammergauer Berge. Rund um den idyllischen See laden verschiedene markierte Wander- und Radwege dazu ein, die Gegend zu erkunden und die wunderbare Aussicht zu genießen.

FROSCHHAUSER SEE
Der kleine Moorsee im Südosten von Froschhausen verdankt seinen Namen den lautstark quakenden Amphibien an seinem Ufer. Die Frösche fühlen sich auch heute noch am See wohl, da er in einem Naturschutzgebiet liegt und ihnen mit seinen schilfbestandenen Uferbereichen Schutz und Deckung bietet. Boote und Schwimmhilfen sind auf dem Gewässer nicht zugelassen. Baden ist jedoch erlaubt und in dem samtweichen Wasser eine Wohltat für die Haut.

OHLSTADT
Über 600 Jahre war der Ort Zentrum des Wetzstein-Handwerks. Zu den ehemaligen Steinbrüchen führt ein schöner Wanderweg. Aber auch Kulturschaffende, die hier lebten, wie der Porträtmaler Friedrich August von Kaulbach, haben den Ort geprägt. Sein Atelier, die Kaulbach-Villa, dient heute als Museum.

EICHSEE
Dieser malerische kleine See liegt versteckt im Moorgebiet nördlich des Kochelsees und gewährt einen fantastischen Blick auf Benediktenwand, Jochberg, Herzogstand und Heimgarten. Da der Eichsee nur zu Fuß oder mit dem Rad zu erreichen ist, gilt er immer noch als echter Geheimtipp. Wer es bis hierher geschafft hat, kann sich in dem warmen Moorwasser entspannen und sich auf der kleinen Liegewiese am Südende eine Auszeit vom Alltag gönnen.

KOCHELSEE
Ein »must« für Kunstfreunde ist das Franz Marc Museum in Kochel hoch über dem Kochelsee. Zu sehen sind die farbenfrohen Werke des Malers. Außerdem werden in wechselnden Ausstellungen weitere Künstler des Blauen Reiter und Werke der Brücke-Maler vorgestellt.

AUSGEHEN

REITERZIMMER IM ALPENHOF MURNAU
// Im ausgezeichneten Hotelrestaurant »Reiterzimmer« überwacht Sterne-Koch Thilo Bischoff die fantasievollen Kreationen der Gourmetküche. Er und sein versiertes Team bieten auch Kochkurse an.
// www.alpenhof-murnau.com

GRIESBRÄU ZU MURNAU // Gutbürgerliche Küche, die auch vegetarische Gerichte anbietet. Im urigen Gewölbekeller kann man das hausgebraute naturtrübe Bier verkosten.
// griesbraeu.de

Die Moorlandschaft mit ihren Birken hat viele Maler bezaubert.

ÜBERNACHTEN

CAMPINGINSEL BUCHAU // Die zweitgrößte Insel im Staffelsee ist Campinggästen vorbehalten, die zwar nicht mit Auto, aber mit Boot anreisen können. Die naturgeschützte Insel ist auto- und wohnmobilfrei und bei Familien sehr beliebt.
// www.buchau-campinginsel.de

MURNAU: AM EICHHOLZ // Die Galeristin und Malerin Gina Feder und ein Landschaftsarchitekt führen das bildschöne Galerie & Art Hotel mit Galerie und Skulpturengarten. Verwöhnt werden Gäste mit Genießerfrühstück und zum Wochenende hin mit kreativen mediterranen Menüs.
// www.ameichholz.de

MURNAU: HOTEL ALPENHOF // Das Naturhotel am Staffelsee bietet himmlische Ruhe und grandiose Ausblicke, kulinarische Genüsse im modernen Restaurant sowie Sauna und Badelandschaft.
// www.alpenhof-murnau.com

SHOPPING

GOLDSCHMIEDE TOM FIEDLER
Nicht nur feiner Schmuck aller Art, sondern auch zeitgemäße Kunst werden in der Goldschmiede in Murnau ausgestellt und zum Kauf angeboten.
// www.goldschmiede-fiedler.de

JOCKIS RARITÄTENLADEN
Der Laden in Murnau ist eine Fundgrube für schicken Kitsch und Krempel, aber auch für Antiquitäten, Sammlerstücke und Verrücktes.
// www.jockis-maerkte.de

AUSFLÜGE

● **MEDITATIONSWEG AMMERGAUER ALPEN**
Auf dem 106 Kilometer langen Fernwanderweg von Bad Kohlgrub bis nach Ettal kann man gleichzeitig wandern und meditieren. Für durchschnittlich Sportliche sind die sechs Etappen gut zu schaffen. Unterwegs informieren hölzerne Stelen über die Kultur und Landschaft und geben dem Wanderer wichtige Fragen zum Nachdenken mit auf den Weg.

BLAUES LAND

AUF KEINEN FALL VERPASSEN

○ DEN STAFFELSEE AUSGIEBIG VOM LAND UND VOM WASSER AUS ERKUNDEN

Den Staffelsee erkundet man entweder zu Fuß auf markierten Wanderwegen oder per Schiff. Eine der längeren Wandertouren ist der Staffelsee-Rundweg, der von Murnau aus 22 Kilometer am Ufer entlangführt. Spezialitäten des Blauen Landes sind Meditationswanderungen, in deren Verlauf Stationen mit Texten zu innerer Einkehr einladen, oder Kräuterwanderungen, deren Teilnehmer alles über die essbaren Kräuter im Voralpenraum erfahren. Zu Wasser gibt es eine 80-minütige Rundfahrt mit der »MS Seehausen« mit Haltepunkten in Murnau, Uffing und Seehausen. Eine Besonderheit des 2009 gebauten Motorschiffs ist, dass die Passagiere nicht an der Seite zusteigen, sondern von vorn über eine Bugklappe.

○ DEN MOOS-RUNDWEG ERWANDERN

Durch das Murnauer Moos führt ein zwölf Kilometer langer Rundweg, der am Ramsauer Ähndl startet und endet. Auf der dreistündigen Wanderung bieten sich viele Möglichkeiten, die einheimische Tier- und Pflanzenwelt zu erkunden. Hinweistafeln zur Flora und Fauna des Moores helfen dabei. Der Weg führt streckenweise über Bohlenwege und auf Anhöhen, von denen eine gute Aussicht auf das Moor garantiert ist.

○ AUF DEN SPUREN DES BLAUEN REITER

Am Blauen Reiter führt im Blauen Land kein Weg vorbei, zu sehr haben die Expressionisten Wassily Kandinsky, seine Lebensgefährtin, die Malerin Gabriele Münter, und Franz Marc sowie ihre kaum minder berühmten Malerfreunde die Region in den frühen Jahren des 20. Jahrhunderts geprägt. Ihren Spuren folgt man im Münter-Haus und im Schloss Museum in Murnau sowie im Franz Marc Museum am benachbarten Kochelsee.

○ ABENTEUER RAFTING ERLEBEN

Rafting ist eine »spritzige« Flussfahrt, bei der es auch mal feucht werden kann. In großen Schlauchbooten paddeln die Rafter durch wildes Wasser. Ein ideales Gewässer für Wildwasserfahrten ist die Loisach. Von Farchant am Fuß der Zugspitze geht es in mal bewegterem und mal ruhigerem Gewässer nach Norden bis Murnau. Mindestgröße für die Reisegruppe ist 1,50 Meter, das Mindestalter sechs Jahre. Trockene Kleidung zum Wechseln wird empfohlen.

○ FREILICHTMUSEUM GLENTLEITEN

Einen Einblick in die Lebens- und Arbeitswelt der Oberbayern, ihren Alltag und ihre Traditionen bietet dieses Freilichtmuseum. Auf etwa 38 Hektar sind 60 historische Gebäude aus dem Umland ausgestellt, darunter Bauernhöfe, Werkstätten und Wohnhäuser.

Der Moosrundweg öffnet den Blick für das Alpenpanorama

#30 DEUTSCHE WEINSTRASSE

Als eine der ältesten touristischen Straßen des Landes besticht die Deutsche Weinstraße mit ihren schmucken Winzerdörfern sowie ihren Weinkellern mit edlen Tropfen. Geschützt durch die Hügel des Pfälzerwaldes, herrscht in der Oberrheinebene ein einzigartiges mildes Klima. Rund 1800 Sonnenstunden im Jahr lassen die rund 100 Millionen Rebstöcke in Deutschlands zweitgrößtem Weinbaugebiet bestens gedeihen. Die Deutsche Weinstraße ist die erste und älteste touristische »Straße« in Deutschland, korrekter gesagt eine Route. Sie führt von Bockenheim im Norden bis zum Deutschen Weintor an der französischen Grenze und teilt sich in der Mitte bei Neustadt auf in die Abschnitte Nördliche und Südliche Weinstraße. Hübsche Orte, interessante Weingüter und malerische Burgen warten darauf, entdeckt zu werden.

Oben: Die alten Holzfässer in einem Weingut in Schweigen-Rechtenbach dienen noch als schöner Dekor.

Links: Die Deutsche Weinstraße ist eigentlich eine pfälzische, aber sie war die erste dieser Art, die 1935 ins Leben gerufen wurde. Auf 85 Kilometer bis zur französischen Grenze wird sie begleitet von Weinbergen, malerischen Weinorten und den hügeligen Ausläufern des Pfälzer Walds.

BOCKENHEIM

Das originelle, einem römischen Kastell nachempfundene Haus der Deutschen Weinstraße in Bockenheim bildet sozusagen das nördliche Tor zur Weinstraße, die in dem 1250 Jahre alten Ort beginnt. An die Weinbautradition erinnert die Traubenmadonna in der Kirche St. Lambert, bei der das Jesuskind gerade eine Traubenbeere aus der Traube in der anderen Hand löst.

GRÜNSTADT

Weinbau spielt auch in Grünstadt eine gewichtige Rolle. Die Großlage »Höllenpfad« mit den Einzellagen »Klostergarten«, »Hütt« und »Honigsack« genießt bei Weinfreunden einen guten Ruf. Grünstadt punktet mit einer 500 Meter langen Einkaufsstraße in der Fußgängerzone. Die Asselheimer Weinkerwe ist ein angesagter Treffpunkt und die Weinwanderhütte Asselheim ein beliebtes Ausflugsziel.

NEULEININGEN

Schöne alte Häuser drängen sich im Schatten einer mächtigen Burgruine. Diese war im 13. Jahrhundert in Konkurrenz zum benachbarten Altleiningen gebaut und im Pfälzischen Erbfolgekrieg zerstört worden. Im Sommer gibt es dort Open-Air-Konzerte und Ende Juli, Anfang August das Burg-Weinfest. Das alte Gemäuer mit seinem Aussichtsturm, dem Heimatmuseum und der Burgschänke lohnt einen Besuch.

HERXHEIM AM BERG

Mit der über 1000 Jahre alten Jakobskirche kann Herxheim eines der ältesten noch bestehenden Sakralgebäude der Pfalz aufweisen. Im Inneren finden sich die Reste mittelalterlicher Wandmalereien. Vom Schlossgarten hinter der Kirche genießt man einen legendären Blick weit in die Rheinebene hinein.

DEUTSCHE WEINSTRASSE

WARUM IM HERBST? Eine Landschaft mit grandiosen Farben und Düften, mit lebendiger Natur und Geschichte. Sie spielt zu jeder Jahreszeit ihre Reize voll aus, im Herbst, wenn die Weinernte ansteht und das Weinlaub in den schönsten Farben glüht, zeigt sich die Region aber von ihrer prächtigsten Seite. Kulinarischen Genüssen wird jetzt besonders viel Zeit gewidmet. In den urgemütlichen Straußenwirtschaften wird der erste neue Wein, der Federweiße oder der rote Rauscher, ausgeschenkt, dazu isst man Flammkuchen und pfälzische Spezialitäten.

FREINSHEIM
Das pittoreske Winzerstädtchen ist eine der größten und bedeutendsten Weinbaugemeinden in der Pfalz. Wegen seiner wirklich sehenswerten historischen Altstadt und der Stadtmauer wird es auch als das »Pfälzer Rothenburg« bezeichnet. Ein Rundgang um die Stadtmauer mit ihren vielen Toren und Türmchen erschließt die Hauptsehenswürdigkeiten. Gemütliche Weinlokale locken zur Einkehr und zum Genuss pfälzischer Spezialitäten. Empfehlenswert sind die kulinarischen Weinwanderungen.

KALLSTADT
Viele Fachwerkhäuser und Winzerhöfe schmücken die Innenstadt rund um die Salvator-Kirche mit ihrem 36 Meter hohen Haubenturm. Mit dem »Kallstadter Saumagen« besitzt der hübsche Ort auch eine der Spitzenweinlagen der Pfalz, auf der vor allem Riesling angebaut wird. Bei der »Saumagenkerwe« im September kann man dann beides probieren: die Pfälzer Fleischspezialität und die Weine.

● **BAD DÜRKHEIM**
Die große Kurstadt ist mit Spielkasino und dem 1,7 Millionen Liter fassenden Riesenfass ein Besuchermagnet. Mit Wein war das Fass jedoch nie gefüllt, stattdessen ist ein Weinlokal drin. Sehenswert sind die gotische Schlosskirche und der Kurpark mit Gradierwerk. Rund um die Stadt lohnen die Ruinen der Benediktinerabtei Limburg und der mächtigen Hardenburg ebenso einen Besuch wie das rekonstruierte römische Landgut Weilberg, der gut erhaltene antike Steinbruch am Kriemhildenstuhl, die keltische Heidenmauer und der Aussichtspunkt Drachenfels.

DEIDESHEIM
In Deidesheim verköstigte früher Helmut Kohl hohe Staatsgäste mit Saumagen und edlen Tropfen. Von der langen Tradition des Weinbaus, die bis ins frühe Mittelalter, vielleicht sogar in die Römerzeit zurückreicht, zeugen viele prächtige alte Weingüter und Villen. Im historischen Rathaus informiert das Museum für Weinkultur über die Geschichte. Auch der Schlosspark und der Kaisergarten sind sehens-

Links oben: Wie lange hätte es wohl gedauert, bis das 1,7 Millionen Liter fassende Bad Dürkheimer Riesenfass leer getrunken worden wäre? Allerdings war es nie mit Rebensaft oder etwas anderem gefüllt, sondern ist mit seinem zweistöckigen Restaurant ein Besuchermagnet.

Links: Eine Rundtour um die gut erhaltene Stadtmauer mit ihren Toren und Türmchen erschließt die Sehenswürdigkeiten im malerischen Winzerort Freinsheim.

wert, ebenso die hübsche Altstadt rund um die gotische Pfarrkirche St. Ulrich. Von den zahlreichen Veranstaltungen ragen die Weinkerwe im August und die Geißbockversteigerung am Dienstag nach Pfingsten heraus.

NEUSTADT AN DER WEINSTRASSE

Lohnenswert ist ein Bummel durch die Altstadt, die den größten Fachwerkbestand der Pfalz aufzuweisen hat. Ein lustiges Fotomotiv ist der einem Pfälzer Sagenwesen gewidmete Elwedritsche-Brunnen am Marstallplatz: Von April bis Oktober gibt es dort jeden Freitag für Touristen eine Weinprobe bei wechselnden Winzern. Bunt und fröhlich geht es zu beim Deutschen Weinlesefest im Oktober mit Wahl der Deutschen Weinkönigin, großem Winzerfestumzug, Weindorf, Jahrmarkt und Feuerwerk. Das Fest markiert den Höhepunkt der pfälzischen Weinfeste. Rund um die Stadt sind das Hambacher Schloss, die Wolfsburg, Burg Winzingen und das Haardter Schloss sehenswert.

SANKT MARTIN

Die kleine Gemeinde zu Füßen des Wingertsbergs mit seinen wunderschönen Weinterrassen weist einen hübschen, denkmalgeschützten Ortskern mit vielen alten Fachwerkhäusern auf. Das traditionsreiche Weingut »Herrengut St. Martin« befindet sich ebenfalls in der Ortsmitte. Der Martinstag am 11. November wird hier natürlich ausgiebig gefeiert.

EDENKOBEN

Schon der Bayernkönig Ludwig I. erkannte die klimatischen Vorzüge des Dorfes und ließ sich hier eine italienisch geprägte Villenanlage bauen, Schloss Ludwigshöhe. Im Haus des ehemaligen Klosterschaffners befindet sich das Museum für Weinbau und Stadtgeschichte.

LANDAU IN DER PFALZ

Die flächenmäßig drittgrößte Stadt der Pfalz hat viel zu bieten: prächtige alte Bürgerhäuser, Reste einer Vauban'schen Festungsanlage, eine Jugendstil-Festhalle, außerdem einen Zoo und viele Parks. Anschauen kann man auch das historische Frank-Loebsche-Haus, das eng mit dem Leben der Landauer Juden verknüpft ist.

Heute ist es Kulturzentrum. Im Oktober feiert Landau in knapp 70-jähriger Tradition das Fest des Federweißen.

ANNWEILER AM TRIFELS

Mit seinen hübschen Fachwerkhäusern und alten Gassen lohnt das romantische Stauferstädtchen am Rand des Naturparks Pfälzerwald den kleinen Abstecher von der Weinstraße. Annweiler ist ein guter Ausgangspunkt für Wanderungen. Und dann ist da noch der Trifels, eine alte Reichsburg, die zusammen mit den Ruinen Anebos und Münz auf den Hügeln thront. Heute kann man in den Räumen Nachbildungen der Reichskleinodien bewundern.

GLEISZELLEN-GLEISHORBACH

Das hübsche Fachwerkdorf ist die Hochburg des Gelben Muskatellers. Wer die Weine vergleichen möchte, die alle ihren eigenen Charakter haben, tut dies am besten in einem der urigen Lokale, die sich entlang der romantischen Winzergasse im Ortsteil Gleiszellen reihen.

AUSGEHEN

DEIDESHEIM: L. A. JORDAN // Im edlen Lokal im traditionellen Ketschauer Hof, mitten in der Altstadt von Deidesheim gelegen, werden asiatisch angehauchte Gerichte von namhaften Spitzenköchen kredenzt.
// www.lajordan.de

KLINGENMÜNSTER: CAFÉ ROSINCHEN // Von außen unscheinbar, doch von innen ein französisch angehauchtes Juwel in Klingenmünster. Doch nicht nur das Ambiente ist hervorragend, sondern auch die Kuchen und Torten.
// www.cafe-rosinchen.de/

BAD BERGZABERN
Das Wahrzeichen der Stadt ist ein Renaissanceschloss, in dem einst die bayerischen Herzöge der Linie Pfalz-Zweibrücken residierten. Rundherum erstreckt sich eine schöne Innenstadt mit vielen Fachwerkhäusern und Gebäuden aus rotem Sandstein. Im örtlichen Kurviertel finden Gäste die Südpfalz-Therme mit Heilwasser aus der Petronella-Quelle und einen weitläufigen Kurpark.

SCHWEIGEN-RECHTENBACH
Der Ort an der französischen Grenze wird durch das 18 Meter hohe Deutsche Weintor geprägt, das die Nazis hier 1935 errichten ließen, um für deutschen Wein zu werben, der damals einen dramatischen Preisverfall erlitt. Heute ist die Vinothek im Weintor Anlaufpunkt für Besucher.

WISSEMBOURG
Auch wenn die Weinstraße an der deutsch-französischen Grenze endet, sollte man noch den Fluss Lauter überqueren und das wunderhübsche Wissembourg in Frankreich besuchen. Rund um die prachtvolle Abteikirche St. Peter und Paul erstreckt sich eine gut erhaltene, mit Kanälen durchzogene Altstadt. Der beste Anlaufpunkt für Weinproben ist die Winzergenossenschaft Cleebourg.

SHOPPING

EDELKASTANIEN-IMKEREI
Im Verkaufsraum in Klingenmünster werden verschiedene Honigsorten, vor allem der für die Pfalz typische und sehr aromatische Kastanienhonig, angeboten, außerdem auch Linden-, Wildblüten-, Weißtannen- und Waldhonig.
// www.edelkastanienimkerei.de

WONNEGAUER ÖLMÜHLE
Der Familienbetrieb, der die Tradition der kleinen regionalen Ölmühlen aufgreift, gewinnt seine Öle durch mechanische Pressung. Im Hofladen in Worms-Hermsheim gibt es verschiedene Öle wie Walnussöl, Traubenkernöl und Mandelöl, aber auch Pesto und selbst kreierte Gewürzmischungen.
// www.wonnegauer-oelmuehle.de

ÜBERNACHTEN

DEIDESHEIM: KETSCHAUER HOF // Das alte Herrschaftshaus stammt noch aus dem Mittelalter. Modern eingerichtete Zimmer und Suiten und kulinarische Vielfalt in mehreren noblen Restaurants laden zum Verweilen ein.
// www.ketschauer-hof.com

RHODT: GÄSTEHAUS ZWEITE HEIMAT // Der Name ist Programm und zieht sich von der Gastfreundschaft bis zur individuellen Ausstattung der drei Ferienwohnungen mit viel Liebe zum Detail. Zentral in der Südpfalz.
// www.gaestehaus-zweite-heimat.de

AUSFLÜGE

WORMS
Untrennbar verbunden ist die 2000-jährige Kaiser- und Bischofsstadt am Rhein mit dem »Nibelungenlied«, wie das Nibelungenmuseum vermittelt. Auch der romanische Dom ist eine Schöpfung des deutschen Hochmittelalters. Wo einst die Kaiserpfalz stand, besucht man heute den Heylshof mit seiner Kunstsammlung.

DEUTSCHE WEINSTRASSE

AUF KEINEN FALL VERPASSEN

○ DEUTSCHE GESCHICHTE IM HAMBACHER SCHLOSS ERLEBEN

Der Name dieser imposanten Burg ist eng mit der deutschen Geschichte des 19. Jahrhunderts verbunden. Im Jahr 1832 versammelten sich rund 30 000 Menschen auf der von den Franzosen zerstörten Burg und protestierten vier Tage lang für mehr Demokratie und gegen Repressionen des bayerischen Königs. Als deutsches Freiheitssymbol gehört das Schloss zur 2007 eingerichteten »Straße der Demokratie« und ist Tagungsstätte, Museum und Veranstaltungsort. Mit dem alljährlichen bunten (Wein-)Festival »SchwarzRotGold« feiert Hambach die Geburtsstunde der Demokratie.

○ ZUR BURG TRIFELS WANDERN

In 494 Meter Höhe auf dem Sonnenberg liegt die Burg Trifels, die als Kulturgut geschützt ist. Sie gilt als liebste Burg von Kaiser Barbarossa (1122–1190). Der englische König Richard Löwenherz (1157–1199) wird sie weniger in sein Herz geschlossen haben. Er saß dort in Kerkerhaft. Von Mai bis Oktober findet ein Schauspiel um die Geschichte von Richard Löwenherz statt.

○ WEINFESTE GENIESSEN

Der Spätsommer und der Herbst laden zu zahlreichen Weinfesten ein. Im September findet etwa in Edenkoben das Weinfest der Südlichen Weinstraße statt. Und in Gleiszellen-Gleishorbach wird Anfang September ein Weinfest gefeiert, Mitte Oktober wird dann dem Federweißen gehuldigt.

○ DÜRKHEIMER WURSTMARKT FEIERN

Die Ursprünge des heutigen Wurstmarkts liegen in den mittelalterlichen Wallfahrten zum St. Michaelsberg. Damals kamen auch Bauern und Winzer in immer größerer Anzahl, die dort ihre Waren anboten. Gaukler und Musikanten fanden sich ein, und es entstand ein reges Markttreiben, das sich im Laufe der Zeit zum Volksfest entwickelte. Der »Wurstmarkt« wurde 1832 erstmals erwähnt. Heute ist er das größte Weinfest der Welt. Jedes Jahr am zweiten und dritten Septemberwochenende feiern mehr als 600 000 Besucher.

○ FÜSSE TRAINIEREN AUF DEM BARFUSSPFAD

Der Barfußpfad liegt etwa zwei Kilometer westlich von St. Martin und führt auf rund 500 Meter Länge rund um den Sandwiesenweiher. An zehn Stationen geht es unter anderem über Balancierstämme, durch weichen Sand und Rindenmulch oder feinen Kies. Am Schluss wartet ein kleiner Bachlauf als herrliche Erfrischung.

Auf dem Dürkheimer Wurstmarkt geht es im September hoch her.

#31 FISCHLAND-DARSS-ZINGST

Vorpommerns Küste ist Boddenküste – starke Strömungen lagerten über Jahrtausende jenen Sand ab, der Meeresbuchten von der Ostsee abtrennte. In diesen seichten Lagunen, hier Bodden genannt, herrschen einzigartige Lebensbedingungen für Tiere und Pflanzen. Auf den sandigen Nehrungen wächst Kiefernwald. Schon immer hat die Küste die Künstler fasziniert – hier »erfand« der tief religiös fühlende Caspar David Friedrich im 19. Jahrhundert die Romantik in der deutschen Malerei. In Ahrenshoop entstand eine berühmte Malerkolonie, auch heute inspiriert das einzigartige Licht viele Künstler und Schriftsteller zu immer neuen kreativen Äußerungen. Ganz im Osten ändert sich die Küste: Die Wälder reichen jetzt noch näher ans Ufer heran, die Dörfer sind kleiner, auch die Menschen gelten als stiller, weniger hektisch.

Oben: Ein Regenbogen über der Küste von Ahrenshoop verkündet das Ende eines Unwetters. Die Halbinsel Fischland-Darß-Zingst hat eine reizvolle Küstenlandschaft zu bieten.

Links: Lichtstimmung am Abend am Darßer Weststrand im Nationalpark Vorpommersche Boddenlandschaft.

VORPOMMERSCHE BODDENLANDSCHAFT

Königreich des Kranichs: Jedes Jahr pausieren bis zu 60 000 der stolzen Vögel auf der Durchreise im Nationalpark Vorpommersche Boddenlandschaft. Kurz nach der Wiedervereinigung wurde das Schutzgebiet eingerichtet. Einen Großteil davon bedeckt Wasser, das jedoch zumeist nur knietief ist. Das niederdeutsche »Bodden« bezeichnet flache Küstengewässer, die für viele Tierarten einzigartige Lebensbedingungen bieten. Vor allem Kraniche benötigen die Flachwasserzonen, um darin auf ihrem Zug ins Winter- oder Sommerquartier zu rasten.

FISCHLAND

»Das Fischland ist das schönste Land der Welt«, lässt der Schriftsteller Uwe Johnson seine Protagonistin Gesine Cresspahl in den »Jahrestagen« (1970) schwärmen. Doch das »Land« ist klein, beidseitig nagt Wasser daran. Fischland ist eine Nehrung, letztes Anhängsel Mecklenburgs, sozusagen der Wedel vom Stier im Landeswappen. Er streckt ihn bei Ribnitz zwischen Ostsee und Bodden, dem Binnengewässer, nordwärts bis hinauf zum Darßer Ort, doch das ist bereits Vorpommern. Nur fünf Kilometer sind mecklenburgisch; mit den Orten Althagen, Niehagen, Wustrow und Barnstorf. Der Grenzgraben war einst direkte Verbindung zwischen Bodden und Meer – die Hansestädte Wismar, Rostock, Stralsund ließen sie 1395 zuschütten, um den Ribnitzer Konkurrenten den Zugang zu erschweren und Piraten wie Störtebeker den Fluchtweg abzuschneiden. So wurde aus der Insel Festland.

AHRENSHOOP

An der Grenze zwischen Mecklenburg und Vorpommern lag der kleine Ort für Ewigkeiten im Dornröschenschlaf. Über ein Vierteljahrhundert

FISCHLAND-DARSS-ZINGST

WARUM IM HERBST? Mit der Ruhe ist es vorbei in der vorpommerschen Boddenlandschaft, wenn jeden Herbst Zehntausende von Kranichen einfallen, auf den abgeernteten Feldern nach Nahrung suchen und abends in schier endlosen Ketten zu ihren Schlafplätzen am Bodden zurückkehren. Mit ihnen kommen die Vogelliebhaber. Die Reedereien bieten Fahrten zu den Schlafplätzen an und das NABU-Informationszentrum startet eine Kranichwoche mit vielfältigen Angeboten. Aber auch den Rest des Jahres über ist es mit Exkursionen und Ausstellungen für Vogelliebhaber da.

Ganz oben: Kilometerlang Ostseeküste und Strand bei Ahrenshoop.

Oben: Viele Darßer Haustüren und Fassaden sind mit leuchtenden Farben bunt gestrichen.

Links: Kraniche im Nationalpark Vorpommersche Boddenlandschaft.

FISCHLAND-DARSS-ZINGST

Rechts: Dünen am Darßer Ort, der nördlichsten Landzunge der Halbinsel.

war man von Schweden verwaltet, kein Grund zur Aufregung. Die kam erst Ende des 19. Jahrhunderts, als erste Künstler den Zauber der Landschaft und die idyllischen Reetdachkaten als Motive für ihre Arbeit entdeckten. Der Maler Paul Müller-Kaempff war einer der ersten und legte den Grundstein für die Künstlerkolonie Ahrenshoop. Nach Kriegsende setzte sich diese Entwicklung fort. Im Kunstkaten wird wieder ausgestellt. Heute ist Ahrenshoop eine Perle unter den Ostseebädern und mit dem endlos langen Sandstrand, seinen Galerien und dem 400 Jahre alten Wald ein Besuchermagnet. Kunstinteressierte wandeln auf dem Kunstpfad auf den Spuren der frühen Maler, besuchen Ausstellungen im Ahrenshooper Kunstmuseum, Ateliers und Werkstätten oder erfreuen sich an vielfältigen Musik-, Kunst- und Literaturveranstaltungen.

DARSS

Noch vor 600 Jahren war der Darß eine Inselwildnis, die Piraten wie Klaus Störtebeker als Schlupfwinkel und Hinterhalt diente. Nach und nach versandete das Labyrinth der kleinen und großen Kanäle, doch die Ursprünglichkeit hat sich bis heute erhalten: Insbesondere der dreieckige Darß mit seinem riesigen Urwald ist ein einzigartiges Naturparadies. So wie am Weststrand mag die gesamte Ostseeküste vor 1000 Jahren ausgesehen haben: Einer der letzten Naturstrände Deutschlands zieht sich 13 Kilometer von Ahrenshoop bis zum Leuchtturm Darßer Ort im Norden und von dort westwärts bis nach Prerow – eine wilde Schönheit aus breitem Sandsaum, überwucherter Abbruchkante und umgestürzten Baumriesen. Dahinter liegt der Darßwald, einst Heimat der letzten Wisente und schon zur Schwedenzeit ein Jagdrevier.

DARSSWALD

Der 58 Quadratkilometer große Darßwald, auch Darßer Urwald genannt, beansprucht den größten Teil der Halbinsel, die ihm den Namen gab. Über 30 Wanderwege kreuzen sich hier. Wer auf ihnen unterwegs ist, wird sich nur schwer vorstellen können, dass die Gegend einst intensiv bewirtschaftet wurde. Nachdem viele Bäume geschlagen wurden, überwog Heideland-

AUSGEHEN

AHRENSHOOP: RESTAURANT & CAFÉ NAMENLOS // Das Namenlos zählt zu den besten Restaurants an der Ostseeküste. Romantik und kreative Frischeküche werden hier großgeschrieben.
// www.hotel-namenlos.de

PREROW: CAFÉ TEESCHALE // Ein traditionelles Haus mit Reetdach, Terrasse im wild wachsenden Garten, handgetöpfertem Geschirr – das Ambiente bezaubert. Höhepunkte bilden jedoch die leckeren Kuchen und Torten.
// www.teeschale.de

ZINGST: STRANDKATE // In der Strandkate kommen Fischliebhaber ebenso wie Vegetarier auf ihre Kosten. Auch nachmittags lohnt sich ein Besuch zu Kaffee und Kuchen.
// Klosterstraße 8

schaft. Förster haben dann Douglasien, Fichten und auch Europäische Lärchen gepflanzt. Lange wurde hier gejagt. Dafür eigens angesiedelte Wisente sind inzwischen verschwunden. Heute hat das Rot- und Schwarzwild nichts mehr zu befürchten. Auch Eichhörnchen gibt es reichlich, und mit etwas Glück sieht man eine Kreuzotter. Verschiedene Spechtarten erfüllen die Luft mit ihren typischen Klopfgeräuschen. Außerdem sind hier Zwergschnepper und Karmingimpel zu Hause. Am besten lässt sich der Wald auf dem Rundweg, der teilweise über Holzbohlen führt, erleben.

ZINGST

Im Osten des hübschen Landzipfels von Fischland-Darß-Zingst liegt – na klar – Zingst. Das Ostseeheilbad bietet Kultur und Unterhaltung. Vor allem aber überzeugt es durch Natur pur. Wenn man sich hier nicht erholen kann, wo dann? Der Strand scheint nicht enden zu wollen. Nur wenige Meter in die andere Richtung gewandert, schon steht man am deutlich ruhigeren, aber mindestens ebenso reizvollen Bodden. Vielen Gästen reicht das vollkommen. Andere buchen noch ein wenig Wellness hinzu. Alternativ halten sie all die zauberhaften Anblicke, die sich hier an allen Ecken und Enden bieten, fest. Nicht mit Pinsel und Farbe, sondern mit der Kamera. Die »Erlebniswelt Fotografie Zingst« bietet Kurse für Einsteiger und Master-Workshops. Die sind besonders im Frühjahr und Herbst begehrt, wenn mehr als 60 000 Kraniche im Nationalpark Vorpommersche Boddenlandschaft rasten. Viele der Fotografien werden in den Galerien in Zingst ausgestellt.

ÜBERNACHTEN

AHRENSHOOP: ELISABETH VON EICKEN // Im ehemaligen Künstlerhaus eingerichtetes kleines Hotel mit prämiertem Restaurant.
// www.seezeichen-hotel.de/hotel/elisabeth-von-eicken

WIECK/DARSS: HAFERLAND // Das Hotel besteht aus drei miteinander verbundenen Reetdachhäusern, in denen auch das Restaurant »Gute Stube« untergebracht ist.
// hotelhaferland.de

ZINGST: SCHLÖSSCHEN SUNDISCHE WIESE // Wer die Vorpommersche Boddenlandschaft erkunden möchte, liegt bei diesem Appartementhotel am Nationalparkeingang richtig.
// www.hotelschloesschen.de

AUSFLÜGE

● **HIDDENSEE**
Hiddensee ist mit 17 Kilometer Länge überschaubar und doch die größte Insel im Nationalpark Vorpommersche Boddenlandschaft und ein autofreies Naturparadies, das sich auf vielen Spaziergängen, beispielsweise zum Leuchtturm am Dornbusch, zu entdecken lohnt. Der Sand, der an der Steilküste im Westen abgetragen und nach Osten getrieben wird, hat zwei Landzungen geschaffen, Nehrungshaken genannt, den Alten und den Neuen Bessin. Der neue Teil ist ausschließlich den Wat- und Wasservögeln vorbehalten, die hier brüten und rasten. Den Altbessin darf man dagegen betreten. Man erreicht den Sandhaken über den Weg Richtung Enddorn. Am Ende des Pfads ist ein Punkt, von dem aus sich die Vögel auf dem Neuen Bessin sehr gut beobachten lassen. Das Insel-Kleinod schätzten schon im frühen 20. Jahrhundert Schriftsteller wie Gerhart Hauptmann, der auf der Insel begraben liegt. Im Heimatmuseum in Kloster ist die Nachbildung des Wikinger-Goldschmucks zu sehen, der vor 150 Jahren an Land gespült wurde.

FISCHLAND-DARSS-ZINGST

AUF KEINEN FALL VERPASSEN

○ GESCHICHTE HAUTNAH ERLEBEN IM FREILICHTMUSEUM KLOCKENHAGEN

Auf 60 000 Quadratmeter gibt es im Freilichtmuseum Klockenhagen viel zu entdecken. Aus 18 Dörfern Mecklenburg-Vorpommerns stammen die Häuser und Scheunen, die aus 300 Jahren landwirtschaftlichen Lebens erzählen. Darunter eine Mühle von 1795, die bis 1950 im Dienst war, eine Dorfkirche, eine Bäckerei und ein Dorfladen, selbst ein Friseurgeschäft aus den 1920er-Jahren. Man kann sich hier als Schmied versuchen, Wäsche auf dem Waschbrett scheuern, Spinnen, Filzen oder Flechten lernen und frisches Brot im Holzofen backen.

○ DARSS/PREROW: WANDERN ZUM LEUCHTTURM

Am Leuchtturm muss man einfach gewesen sein: Die wahrscheinlich schönste Wanderung auf dem Darß geht von Prerow am Strand entlang zum Darßer Ort, der zerklüfteten Nordspitze von Fischland-Darß-Zingst, und dann am Weststrand entlang zum Leuchtturm. Allein der herrliche Ausblick vom Turm lohnt den Weg. Doch daneben informiert auch noch das Natureum, ein Ableger des Meeresmuseums in Stralsund, über das Leben in und am Meer. Zurück geht es dann über den alten Leuchtturmweg. Die ganze Tour ist etwa 15 Kilometer lang, wird aber teils auch als Kutschfahrt angeboten.

○ DIE ZEESENBOOT-REGATTA BESTAUNEN

Mit ihrer großen Segelfläche können Zeesenboote beträchtliche Geschwindigkeiten erreichen. Tradition hat die Bodstedter Zeesbootregatta im September auf dem Bodstedter Bodden zwischen Fuhlendorf-Bodstedt und dem Darß. Im Juni und Juli finden Regatten in Zingst, Wustrow, Dierhagen und Barth statt. Den Abschluss bildet die Althäger Fischerregatta in Ahrenshoop.

○ EINE BODDEN-RADTOUR UNTERNEHMEN

Dass die Gegend neben Natur auch Kunst und Kultur zu bieten hat, kann man auf einer rund 25 Kilometer langen Rundtour über die Halbinsel Darß erleben. Start und Ziel ist das Ostseebad Ahrenshoop, genauer gesagt der Althäger Hafen. Über den Boddenweg geht es nach Born, wo die Häuser Reetdächer tragen und sich mit besonders hübschen Haustüren schmücken. Sowohl die Fischerkirche in Born als auch die Schifferkirche in Ahrenshoop, wohin es nach Durchqueren des Darßer Waldes geht, sollte man sich unbedingt ansehen.

○ GALERIEN IN DER ALTEN KÜNSTLERKOLONIE AHRENSHOOP BESICHTIGEN

Ende des 19. Jahrhunderts zogen die Künstler scharenweise ins Ostseebad Ahrenshoop. Unter anderem waren auch Mitglieder der »Brücke« und des »Blauen Reiter« hier. Heute gibt es dort ein Kunstmuseum und diverse Galerien, die alte und neue Kunst, Grafiken und Fotografien zeigen.

Traditionelles Zeesenboot im Bodden.

GRUSELSPAZIERGANG AN DER OSTSEE

Gespensterwald nennen Einheimische ihren Mischwald Nienhäger Holz über der Steilküste. Tatsächlich regt der knorrige Wuchs der bis zu 170 Jahre alten Buchen, Hainbuchen und Eschen über dem vom Wind freigefegten, eigentümlich strauchlosen Boden die Fantasie an.

Besonders in der Dämmerung glaubt man zwischen den nackten und kahlen Stämmen, die sich aufgrund des steten Ostseewinds allesamt nach Süden neigen, Gespenster, Geister, unheimliche Fabelwesen und andere Spukgestalten zu erblicken.

Aber auch am helllichten Tag wirkt das Szenario irgendwie mysteriös und bietet manches spannende Fotomotiv. Der Wind und die salzige Luft haben die Rinde an den Baumstämmen ganz hell gewaschen, sodass die Bäume wie aus einer fernen Welt entstiegen wirken. Perfekt für einen Gruselspaziergang ist der Sonnenuntergang.

Infos: www.ostseebad-ahrenshoop.de

#32 FRANKFURT AM MAIN

Spröder Finanzplatz und nüchterne Wirtschaftsmetropole war gestern, »Mainhattan«, wie Frankfurt mit seiner himmelwärts strebenden Wolkenkratzerkulisse gern genannt wird, hat sich in den letzten Jahren in eine junge, bunte und vibrierende Weltstadt verwandelt. In ihr fließt alles zusammen, was moderne urbane Städte bieten können: Geschichte neben kühner futuristischer Architektur, spektakuläre Aussichtspunkte, das Mainufer mit Museumsmeile und panoramareichen Uferpromenaden, dann wieder urgemütliche Ecken wie Alt-Sachsenhausen neben quicklebendigen Szenevierteln mit hippen Cafés, Kultbars, netten kleinen Läden und Trödelshops. Die Gastronomieszene ist so vielfältig wie die bunt zusammengewürfelten Nationen, die hier leben. Auch als angesagte Kulturmetropole darf sich die Geburtsstadt Goethes mit ihren großartigen Museen feiern lassen.

Ob beliebt oder nicht, der Name Mainhattan als Synonym für Frankfurt am Main hat seine Berechtigung. Gerade in der Abenddämmerung, wenn alle Hochhäuser beleuchtet sind, strahlt die Skyline am Fluss wie das nächtliche Manhattan.

● RÖMER

Der Gebäudekomplex aus elf Patrizierhäusern ist seit 1405 Sitz des Rathauses und heute das Wahrzeichen der Stadt. Drei der Gebäude sind mit gotischen Treppengiebeln versehen und seit dem 19. Jahrhundert auch mit einem Balkon. Sie bilden den auffälligsten Teil der Fassade. In dem geschichtsträchtigen Haus fanden die Vorverhandlungen zur Wahl der Könige und Kaiser statt, und die Nationalversammlung hätte hier ebenfalls getagt, wenn Platz gewesen wäre. Heute werden die Räume vom Oberbürgermeister, der Stadtverordnetenversammlung und für repräsentative Zwecke genutzt. Besonders prominent, fast schon deutschlandweit berühmt ist der Balkon vor dem Kaisersaal. Von hier winken Fußballer ihren Fans nach großen Siegen und Politiker halten ihre wichtigen Ansprachen.

RÖMERBERG

Der schöne Platz mit seinen markanten Fachwerkhäusern ist das historische Zentrum und so etwas wie die Seele Frankfurts. Und er ist bis heute Bühne für vielerlei Veranstaltungen. Im Mittelalter diente er als Markt- und Messeplatz. Hier fanden die Kaiserwahlen statt und es wurde Gericht gehalten, woran der Gerechtigkeitsbrunnen mit der Justitia in der Platzmitte erinnert. Im Winter ist er Standort für den Frankfurter Weihnachtsmarkt.

DIE NEUE ALTSTADT

Mit der im Jahr 2018 fertiggestellten Neuen Altstadt hat Frankfurt ein neues städtebauliches Highlight geschaffen. Auf dem Areal zwischen Römerplatz und Dom ist praktisch ein neues altes Viertel entstanden mit 35 Wohnhäusern nach Plänen und Fotos der früheren historischen Altstadthäuser im Fachwerk- und Renaissancestil, die im Krieg zerstört wurden. Bei 15 Häusern handelt es sich sogar um originalgetreue Rekonstruktionen. Prunkstück ist das Haus Goldene Waage. Neun Jahre hat der Bau gedauert, das Projekt war sehr umstritten, aber jetzt sind die Frankfurter mächtig stolz auf ihre wunderschön gelungene Neue Altstadt, kurz »DomRömer« genannt.

DOM ST. BARTHOLOMÄUS

Der größte Sakralbau der Stadt bietet mit seinem 95 Meter hohen Turm selbst den älteren Wolkenkratzern Paroli. Neben seiner Größe ist es vor allem seine historische Bedeutung als Wahl- und Krönungskirche der Könige und Kaiser des Heiligen Römischen Reiches Deutscher Nation. Zehn Kaiser wurden in den Jahren 1562 bis 1792 im Dom gekrönt. Deshalb galt die Kirche insbesondere im 19. Jahrhundert als Symbol der nationalen Einheit. Errichtet wurde sie im 14. Jahrhundert auf einem von mehreren Vorgängerbauten.

PAULSKIRCHE

Der klassizistische Bau aus auffallend rotem Sandstein und mit ovalem Grundriss ist 1833 als evangelische Hauptkirche eingeweiht worden. In ihr tagte 1848–1849 das erste Parlament Deutschlands. Im Zweiten Weltkrieg wurde

FRANKFURT AM MAIN

WARUM IM HERBST? Jetzt, wenn frischere Temperaturen das Energielevel wieder ansteigen lassen, ist eine gute Zeit, um die Stadt zu erkunden und vielleicht auch ausgiebig zu shoppen, auch dafür ist Frankfurt ein prima Pflaster. Und es ist Buchmesse-Zeit. 7000 Aussteller aus über 100 Ländern präsentieren im Oktober auf der größten Buchmesse der Welt ihre Neuerscheinungen. Begleitet wird die Messe in der ganzen Stadt von Lesungen, Diskussionen und Veranstaltungen rund ums Buch – auch fürs Publikum. Neben Verlegern und Buchhändlern kann man auch viele Autoren treffen. Im September findet überdies das Volksfest Dippemess' statt, heute mehr Jahrmarkt mit Schaustellern und Volksbelustigung sowie ein Markt für Haushaltswaren.

die Kirche zerstört und zügig wiederaufgebaut. Heute ist sie eine Gedenkstätte der Demokratie Deutschlands und wird für kulturelle und politische Veranstaltungen genutzt wie die Verleihung des Friedenspreises des Deutschen Buchhandels im Rahmen der Buchmesse.

MUSEUM FÜR MODERNE KUNST (MMK)
So modern wie die Kunst ist auch das »Tortenstück« genannte dreieckige Gebäude mit dem großen Glasdach. Seit 1991 wird internationale Kunst ab den 1960er-Jahren präsentiert, in Räumen, die so einzigartig und individuell sind wie die dort gezeigte Kunst. Malerei, Bildhauerei, Film, Fotografie, Video und Performance – mehr als 4500 Werke umfasst die Sammlung. Da immer nur ein Bruchteil davon gezeigt werden konnte, wurde Mitte 2014 eine Dependance im TaunusTurm eingerichtet.

SCHIRN KUNSTHALLE
Die Schirn ist allein schon wegen ihrer wundervollen Glaskuppel in der Rotunde und ihrer Architektur ein gestalterischer Höhepunkt in der Frankfurter Kunstszene. Mit ihren Ausstellungen moderner und zeitgenössischer Kunst in Kooperation mit internationalen Häusern wie Tate Gallery und Museum of Modern Art gehört sie zu den profiliertesten und angesehensten Kunsthäusern Europas. Das vielfältige Ausstellungsprogramm mit bekannten Künstlern aus aller Welt und zu progressiven Kulturthemen soll tradierte Muster aufbrechen und neue Sichtweisen fördern.

SAALHOF UND HISTORISCHES MUSEUM
Direkt am Flussufer liegt der Saalhof, das älteste Gebäude der Stadt. Es gründet auf einer Burg der Staufer aus der Zeit um 1200. Zum Gebäudekomplex gehören die Stauferkapelle, der spätmittelalterliche Rententurm, der barocke Bernusbau aus den Jahren 1715 bis 1717 sowie der Burnitzbau von 1842. Im Saalhof ist heute das Historische Museum untergebracht. Verschiedene Stadtmodelle, Wissenswertes über die Stauferzeit oder die Bibliothek der Alten, ein Archiv Frankfurter Autoren, gibt es in dem historischen Gebäude am Römerberg zu sehen.

Links oben: Die namensgebenden »Dippe« werden noch immer auf der Dippemess' verkauft. Es locken aber auch zahlreiche Fahrgeschäfte die Gäste an.

Links unten: Besucher an einem Verlagsstand der Frankfurter Buchmesse.

EISERNER STEG

Die 107 Meter lange Fußgängerbrücke wurde 1868 bis 1869 auf Betreiben Frankfurter Bürger errichtet, um vom Römerberg in den Stadtteil Sachsenhausen zu kommen. Heute dient die Stahlbrücke Besuchern vor allem auch als genialer Standort, um Frankfurts Skyline zu fotografieren und zu bewundern. Wer dieses faszinierende Panorama noch länger genießen möchte, überquert den Steg zum Südufer. Der Panoramaweg am Ufer entlang bietet in beiden Richtungen nach Westen oder zum Osthafen spannende Ansichten.

MUSEUMSUFER

Sage und schreibe um die zwei Dutzend Museen residieren direkt auf beiden Seiten des Mainufers und weitere in der Stadt. Das gibt es nicht mal in Berlin. Man könnte also Tage nur am Main mit Museumsbesuchen verweilen. Die Themen decken beinahe jedes Interesse ab. Um nur einige zu nennen: Am nördlichen Mainufer sind es neben der Schirn Kunsthalle und dem Historischen Museum auch das Archäologische und das Jüdische Museum. Am südlichen Mainufer reihen sich das Museum für Angewandte Kunst, das Weltkulturen- und das Deutsche Filmmuseum sowie das Museum für Kommunikation, gefolgt von Städel Museum und der Skulpturensammlung Liebieghaus.

DEUTSCHES FILMMUSEUM

Ein Museum nicht nur für Cineasten. Das Museum deckt mit seiner Vielfalt an Themen, Veranstaltungen, Aktionen, Bildungsangeboten die ganze Bandbreite filmischen Geschehens ab. Zu sehen sind Ausstellungen zu aktuellen Filmthemen oder Filmemachern. Im Kino des DFF werden Filme gezeigt, regelmäßig sind auch Filmschaffende aus aller Welt zu Gast. Im interaktiven Bereich kann man selbst Hand anlegen, Dialoge, Soundeffekte und Musik mischen, im Bereich Schnitt Szenen aus Harry Potter neu anordnen oder virtuell selbst zum Mitspieler werden.

AUSGEHEN

VEVAY // Das beste vegane Lokal Frankfurts hat sich mit Köstlichkeiten wie Quinoa-Spaghetti, Spirolina-Ravioli mit Trüffelfüllung und bunten Augenschmaus-Bowls in die Herzen nicht nur der Fleischlosfans gekocht. Auch die Desserts, Torten und Kuchen sind umwerfend gut. Vevay gibt es in zwei Ausgaben in der Neuen Mainzer Str. 20 und im Kleinen Hirschgraben 10.
// vevay-cafe.de

OOSTEN // Hip und cool – in dem neuen gläsernen Bau am alten Hafen isst und sitzt man gut mit Panoramablick auf die Skyline, Main und EZB, auch die Bar ist gut bestückt.
// oosten-frankfurt.com

EBBELWOI UNSER // Freundlich, authentisch, lecker – in diesem etwas anderen und sympathischen Ebbelwoi-Lokal mit einem singenden Wirt begegnet man auch Einheimischen. Die Stimmung ist gut, die Küche auch.
// www.ebbelwoi-unser.de

Rechts: Die Fußgängerbrücke Eiserner Steg über den Main ist mit ihren über 150 Jahren nicht nur ein bedeutendes Brückenbauwerk, sie dient auch gern als Fotohotspot für die Frankfurter Skyline.

STÄDEL MUSEUM

Das Städelsche Kunstinstitut und die Städtische Galerie zeigen Kunstwerke vom Mittelalter bis zur Gegenwart. Das Museum von Weltrang besitzt eine enorme Sammlung von Skulpturen, Gemälden, Zeichnungen und Grafiken weltberühmter Künstler aus sieben Jahrhunderten. Die alten Meister Holbein, Dürer, Cranach, Rembrandt und Vermeer sind ebenso vertreten wie die Moderne mit Monet, van Gogh, Cézanne, Matisse und Picasso und die Gegenwartskunst mit Bacon und Baselitz.

ALTE OPER

Man sieht es der Alten Oper nicht an, dass sie erst 1981 eingeweiht wurde. Das ursprüngliche Opernhaus wurde 1944 zerbombt. Fast 40 Jahre stand auf dem Opernplatz eine Ruine. Eine Bürgerinitiative gab schließlich den Ausschlag und das nötige Geld, um das Opernhaus im Stil der italienischen Renaissance neu zu errichten. Seitdem wird es für Konzerte und Kongresse genutzt.

SHOPPING

KLEINMARKTHALLE

Bei den Frankfurtern ist die denkmalgeschützte Halle mit ihren 60 Händlern und Feinkost aus aller Welt der angesagte Genusshotspot. Hier trifft man sich vor allem am Wochenende auch auf ein Glas Wein und schlemmt kulinarische Leckerbissen oder man isst bei »Frau Schreiber« die beste Wurst der Stadt.

// kleinmarkthalle.de

BERGER STRASSE & BRÜCKENVIERTEL

Die Zeil ist zwar die meistfrequentierte Einkaufsmeile in Frankfurt, gemütlicher kann man in der Berger Straße shoppen, wo sich auf 2,6 Kilometer Geschäfte, Boutiquen und Cafés reihen. Für kreatives Einkaufen empfiehlt sich die hippe Brücken- und die exklusivere Schweizer Straße, beide in Sachsenhausen.

// www.facebook.com/brueckenviertel/

MICHIS SCHOKOATELIER

Bei den selbst gemachten Schokoladen und Pralinen kriegen nicht nur Schokoladenfans große Augen. Beste Kakaobohnen werden hier zu Schokofiguren, Pralinen, Sahnetrüffel und feinen Tafeln verarbeitet. Dazu kommen Gewürze und raffinierte Beläge wie kristallisierte Rosenblüten, Wildfeigen und Nüsse.

// www.michis-schokoatelier.de

ÜBERNACHTEN

THE PURE // Die Zimmer des trendigen Hotels in Bahnhofsnähe sind in puristischem Weiß gehalten. Es gibt einen kleinen Wellnessbereich mit Gym und in der heimeligen Lifestyle-Lounge kann man prima entschleunigen.

// www.the-pure.de

HOTEL CULT // Die Zimmer in dem Vier-Sterne-Hotel im Süden Sachsenhausens sind hell, modern und komfortabel. In der coolen Cult Bar kann man den Tag schön ausklingen lassen. Das Preis-Leistungs-Verhältnis stimmt.

// www.hotelcult.de

LIBERTINE LINDENBERG // Kuschelige moderne Wohnatmosphäre, komfortable Betten, originelles Wohnzimmercafé, hausgemachtes veganes Frühstück, Kochlandschaft zum Selberkochen wie in einer WG. Frankfurts ungewöhnlichstes Hotel liegt zentral in Sachsenhausen.

// thelindenberg.com

FRANKFURT AM MAIN

AUF KEINEN FALL VERPASSEN

○ **ARCHITEKTUR BESTAUNEN IM BANKENVIERTEL**
Keine andere Stadt im Land hat ihr Erscheinungsbild in den letzten Jahren so verändert wie Frankfurt. Im Bankenviertel stehen die höchsten Gebäude Europas dicht beisammen. Wer mehr über die »Himmelsstürmer« wissen möchte, schließt sich am besten einer geführten Tour an. Andernfalls heißt es, mit Kamera und Skyline-Atlas (www.skylineatlas.de/bankenviertel/) ausgerüstet durch die Straßenschluchten zu ziehen. Besonders stimmungsvoll ist das Wolkenkratzer-Viertel am Abend, wenn die Lichter an sind.

○ **FRANKFURT VON OBEN BEWUNDERN**
Der Main Tower ist mit 200 Meter nicht das höchste Gebäude in der Stadt – diesen Rang beansprucht mit 259 Meter der Commerzbank Tower –, aber er ist der einzige, auf den man hinaufgelangen kann. Es liegt auf der Hand, dass die 360°-Aussicht von dort oben einem den Atem verschlägt. Für diejenigen, die sich die 9 Euro fürs Ticket sparen wollen, gibt es Alternativen, natürlich längst nicht so hoch und spektakulär, aber auch beeindruckend: so zum Beispiel vom Dom-Turm, von der Galeria-Kaufhof-Dachterrasse und von der obersten Etage des Einkaufscenters MyZeil.

○ **IM HAFENPARK JOGGEN**
Eine Runde Sport gefällig – dafür ist das vier Hektar große, neue Sport- und Freizeitgelände am Fuß der Europäischen Zentralbank (EZB), an den Gleisen des alten Güterhafens, genau richtig. Der Park ist ausgestattet mit BMX- und Skate-Parcours, Joggingpfaden und Basketballfeld, sodass man sich hier vor traumhafter Kulisse richtig auspowern kann.

○ **AUF DICHTERS SPUREN: GOETHE-HAUS UND -MUSEUM**
Am 28. August 1749 kam Johann Wolfgang Goethe in Frankfurt zur Welt. Die Räume des Museums mit der Original-Einrichtung vermitteln, wie der Dichter gewohnt und seine Frühwerke geschrieben hat.

○ **ÄPPELWOI PROBIEREN**
Die Schreibweisen differieren – von Äppelwoi bis Ebbelwei, das Getränk bleibt gleich säuerlich und für Nichteinheimische gewöhnungsbedürftig. Ein ganzes Viertel ist dem Nationalgetränk der Frankfurter gewidmet. Viele Apfelweinlokale in Alt-Sachsenhausen sind zu Touristenfallen geworden, aber es gibt noch authentische Ecken, in denen sich auch Einheimische einen Bembel mit Äppler und Rindfleisch mit Grüner Soße vorsetzen lassen, so im Umfeld der Textorstraße in Sachsenhausen.

Besonders eindrucksvoll ist die Frankfurter Skyline in der Abenddämmerung.

#33 MÜNCHEN

Die schönste Stadt der Welt? Die Münchner haben nie behauptet, dass dieser Superlativ ihrer Heimat zustünde, auch wenn sie auf ihre Stadt stolz sind. München ist eine Stadt, die alle Sinne anspricht: Das Leben genießt man in Straßencafés, in Biergärten oder direkt an der Isar und im Englischen Garten. In das kulturelle München taucht man beim Opern- oder Theaterbesuch ein oder bei der Besichtigung der zahlreichen Museen wie die drei Pinakotheken oder das Deutsche Museum. Auch die modernen architektonischen Höhepunkte sind längst zu Wahrzeichen der Stadt geworden, etwa die BMW Welt, die Allianz Arena oder das Olympiastadion mit seiner Zeltdachkonstruktion. In der Zeit während des Oktoberfests zeigt sich die Stadt fröhlich und lebenslustig, und der Slogan, der die Olympiastadt von 1972 international bekannt gemacht hat, fasst es zusammen: Weltstadt mit Herz.

Ihre Türme mit den welschen Hauben sind das Wahrzeichen Münchens. Der eine, »Stasi«, ist mit 100 Meter höher als der »Blasi« mit 99 Meter. Höheres gibt es nicht, denn die Stadt hat beschlossen, dass kein anderes Gebäude des Stadtzentrums höher als 100 Meter werden darf. »Aus, Äpfel, Amen«, wie der Münchner sagt.

● MARIENPLATZ
Münchens zentraler Platz wird gesäumt von bürgerlichen Häuserzeilen sowie vom Neuen Rathaus und dem Alten Rathaus. Den Mittelpunkt bildet die vergoldete Mariensäule mit ihrem von Putten umkränzten Sockel. Der Marienplatz markiert das pulsierende Zentrum der Stadt und ist ein beliebter Treffpunkt.

NEUES RATHAUS
In Formen der flämischen Gotik wurde im 19. Jahrhundert ein repräsentatives Bauwerk geschaffen. Berühmt ist das Glockenspiel, unter dem sich tagtäglich Touristen kurz vor 12 Uhr versammeln, um den Klängen des Schäfflertanzes zu lauschen; abends um 21 Uhr zeigt sich dann das Münchner Kindl.

ALTER PETER
Der von den Einheimischen Alter Peter genannte Turm der Pfarrkirche St. Peter kann über 306 Treppenstufen bis zu einer Aussichtsplattform bestiegen werden. Das Äußere der auf einer Anhöhe, dem Petersbergl, über dem Viktualienmarkt gelegenen Kirche wirkt gotisch, im Inneren steht ein gewaltiger Barockaltar.

VIKTUALIENMARKT
Längst ist der Viktualienmarkt über sich hinausgewachsen und zum Dorado für Feinschmecker und Genussmenschen avanciert. Hier und in den umliegenden Läden kauft und schlemmt Münchens Schickeria feine Delikatessen von regionalen Bauern und von überallher.

JÜDISCHES KULTURZENTRUM/ STADTMUSEUM, JAKOBSPLATZ
Ein Kubus mit vorgeschalteter Travertinwand dient der Darstellung jüdischer Identität in München. Das offene Ensemble mit der 2006 eröffneten Hauptsynagoge, dem Jüdischen Museum und dem jüdischen Gemeindehaus schafft eine neue Flaniermeile vom Viktualienmarkt zum Oberanger. Ebenfalls am Jakobsplatz liegt das Stadtmuseum, das Exponate aus Münchens Kulturgeschichte zeigt.

FRAUENKIRCHE
Der Liebfrauendom trägt die imposantesten Doppelzwiebeltürme im Land. Die Kuppeln sind das Wahrzeichen Münchens und weithin zu sehen. Im Inneren gibt es Ausstattungsstücke aus der Zeit der Gotik, etwa einen riesigen Bronzesarkophag Ludwigs des Bayern oder den sagenumwobenen Fußabdruck des Teufels vor dem Zutritt zum Kirchenschiff.

ASAMKIRCHE
Dieses Gotteshaus, dessen offizieller Name St. Johann Nepomuk lautet, gleicht einer Schmuckschatulle in einer Grotte. Die Brüder Cosmas Damian und Egid Quirin Asam schufen dieses rauschhaft überladene Vermächtnis ihrer Kunst zwischen 1733 und 1746.

VALENTIN-MUSÄUM
Das im Isartor untergebrachte Museum erinnert an den Meister des skurrilen Humors und Sohn der Stadt München: Karl Valentin.

MÜNCHEN

WARUM IM HERBST? Die ganze Welt schaut im Herbst auf München, wenn es Mitte September auf der Wiesn wieder heißt »O'zapft is!«. Sechseinhalb Millionen Bierfans zieht das Oktoberfest jährlich in die Festzelte auf der Theresienwiese. Im Herbst läuft außerdem auch Münchens Kulturleben zu Hochform auf: Saisonstart auf den Dutzenden Theaterbühnen, Opernpremieren, Konzerte von Weltruf, lange Galerie-Wochenenden, viele Museen an Sonntagen für gerade mal einen Euro Eintritt. Auch Shopping Fans kommen voll auf ihre Kosten bei der Schnäppchenjagd auf der traditionellen Herbst-Auer-Dult auf dem Mariahilfplatz und auf den beliebten Nachtflohmärkten. Und Münchens prächtige Parks und Gärten leuchten beim Herbstspaziergang in den schönsten Farben.

FELDHERRNHALLE
Die der Florentiner Loggia dei Lanzi nachgebildete offene Halle am Odeonsplatz wurde Mitte des 19. Jahrhunderts durch Friedrich von Gärtner als Denkmal für die Bayerische Armee und als Auftakt für die Ludwigstraße gebaut. Sie ist heute oft Schauplatz für Konzerte wie »Klassik am Odeonsplatz«.

THEATINERKIRCHE
Die Barockkirche mit ihren markanten Türmen steht am Ende der eigentlichen Altstadt. Außen kaisergelb, ist das Innere in zurückhaltender Farbigkeit gehalten.

RESIDENZ
Der mächtige Renaissancebau hütet eine beeindruckende Ansammlung von Schätzen der Wittelsbacher, unter anderem die bayerische Königskrone. Der Gebäudekomplex besteht aus mehreren Höfen, darunter das Cuvilliés-Theater im Rokokostil und die Allerheiligen-Hofkirche. Prunkstück im Inneren der Residenz ist das üppig freskengeschmückte Renaissancegewölbe Antiquarium.

NATIONALTHEATER
Am Max-Joseph-Platz erhebt sich das Nationaltheater mit imposantem Säulenportikus und doppeltem Giebel.

HOFGARTEN
Ein Garten zum Promenieren und Flanieren zwischen höfischer Architektur. Die Anlage ist auf den Diana-Tempel zentriert. Er wird von einer weiblichen Figur bekrönt, die eine Allegorie auf das Land Bayern darstellt (Tellus Bavarica, »Bayerische Erde«).

HAUS DER KUNST
Am Beginn der Prinzregentenstraße steht der Kunsttempel von 1937. Er hat keine eigene Sammlung, sondern zeigt mehrere Ausstellungen und Performances im Jahr zur zeitgenössischen Kunst.

ENGLISCHER GARTEN
Mit seinen weiten Grünflächen, Hainen, Bächen und Seen ist der Landschaftsgarten an der Isar

Links: Das Münchner Oktoberfest – ein Gruppenrausch für Millionen – ist die größte Party der Welt. Täglich kommen durchschnittlich etwa 400 000 Gäste auf die »Wiesn«.

MÜNCHEN

ein Paradestück unter den Parks. Mit 345 Hektar Grünanlagen und 78 Kilometer-Wegenetz ist er sogar eine der weltgrößten Freizeitflächen, sogar noch größer als der Central Park in New York und der Hyde Park in London. Wie kein anderer Ort verkörpert er Münchens Lebensgefühl. Viele kommen einfach nur zum Relaxen. Auf Spaziergängen kann man vom tempelartigen Rundbau Monopteros die Aussicht auf München genießen, Surfern auf der Eisbachwelle zuschauen oder beim Chinesischen Turm den Biergarten besuchen.

AUSGEHEN

TANTRIS // Seit über 50 Jahren beglückt das Tantris anspruchsvolle Gaumen mit exquisiter Gourmetküche. Seit Neuestem gibt es zweimal Tantris unter einem Dach: das Menü-Restaurant Tantris unter dem neuen Küchenchef Benjamin Chmura und das À-la-Carte-Restaurant Tantris DNA.
// www.tantris.de

JAVI // Sushi meets Sommerrollen: Hier kommen Freunde von vietnamesischer und von japanischer Küche auf ihre Kosten. Der vietnamesische Chef kann beides, er war 20 Jahre Sushikoch. Es gibt auch eine separate Sushikarte.
// www.javi-restaurant.de

CAFÉ FRISCHHUT // Das Café beim Viktualienmarkt wird auch »Die Schmalznudel« genannt und ist eine Institution. Schon frühmorgens kann man sich hier mit fettgebackenen Köstlichkeiten (»Auszogene«, Rohrnudeln, Krapfen, Striezel) stärken und plauschen oder im Sommer im Freien sitzen.
// Prälat-Zistl-Straße 8

● **KÖNIGSPLATZ**
Den königlichen Platz ließ König Ludwig I. von seinem Baumeister Leo von Klenze entwerfen. Der mächtige Torbau der Propyläen schließt die klassizistische Platzanlage zur Brienner Straße ab.

GLYPTOTHEK
Das Bauwerk mit seiner ionischen Säulenvorhalle beherbergt eine öffentliche Sammlung antiker Statuen und Büsten. Glanzstück ist der »Barberinische Faun«, eine römische Skulptur, die einen schlafenden Satyr darstellt.

LENBACHHAUS
Die ehemalige Residenz des Malerfürsten Franz von Lenbach dient als Ausstellungsrahmen für Kunst des 19. Jahrhunderts bis heute. Ein Schwerpunkt ist Bildern der Künstlergruppe des »Blauen Reiter« gewidmet.

ALTE PINAKOTHEK
Das frei stehende Gebäude versammelt als eine Galerie von Weltruf alte Meister von Holbein bis Rubens unter seinem Dach, darunter weltberühmte Werke wie Dürers Porträt des Oswolt Krel, Murillos »Trauben- und Melonenesser«, Rembrandts »Heilige Familie« oder das Bildnis Kaiser Karls V. von Tizian.

NEUE PINAKOTHEK
Von den französischen Impressionisten bis zu den deutschen Expressionisten, von den Nazarenern bis Böcklin, Liebermann und Cézanne bietet das Museum Kunst- und Architekturgenuss. Ein weltberühmtes Gemälde der Sammlung sind die »Sonnenblumen« von van Gogh.

PINAKOTHEK DER MODERNE
Die neueste der drei Münchner Pinakotheken beherbergt in dem 2002 eröffneten Bau Werke der klassischen Moderne, der Gegenwartskunst seit den 1950er-Jahren, Installationen und die Sammlung Neue Medien und Fotografie.

DEUTSCHES MUSEUM
Auf einer Isarinsel zwischen Ludwigs- und Corneliusbrücke erhebt sich eines der größten naturwissenschaftlichen und technischen Mu-

seen der Welt, das in anschaulichen Animationen und Vorführungen erklärt, wie Leben, Arbeit, Natur, Technik, die Erde und das Universum funktionieren. Im Innenhof steht ein Flugsimulator.

SCHLOSS NYMPHENBURG
Kurfürst Ferdinand Maria schenkte seiner Gemahlin Henriette das Schloss als Dank für die Geburt des Thronfolgers. Jahrhunderte diente es den Wittelsbachern als Sommerresidenz. Heute kann das prachtvolle Schloss im Westen Münchens besichtigt werden. Allein der kunstvolle Schlosspark mit seinen vier Schlösschen ist schon ein Erlebnis.

Schloss Nymphenburg ist der Höhepunkt im Münchner Nordwesten. Besonders beeindruckend ist, dass dieses herrliche Barockensemble in einer Großstadt steht und der Horizont von keinerlei Hochhauskonturen verstellt wird – heute ein seltenes Bild im deutschen Städtebau.

SHOPPING

JAN&INA TRACHTEN
Modische und fesche Trachten und Dirndl fürs Oktoberfest gibt es in diesem Schwabinger Geschäft, auch coole Trachtenmode für den Herrn – vom eleganten Hemd und Weste bis zu flotten Lederhosen.
// www.janinatrachten.de

LUDWIG BECK
Das »Kaufhaus der Sinne« bietet auf fünf Stockwerken schicke Kleidung, kreative Geschenke, Musik, Papeterie und vieles mehr.
// www.ludwigbeck.de

DALLMAYR
Ein Delikatessengeschäft vom Feinsten mit einer über 300-jährigen Geschichte! Eine kulinarische Erlebniswelt mit Kaffee-, Schokolade- und Weinabteilung.
// www.dallmayr.com

HOHENZOLLERNSTRASSE
Typisch Schwabing! Hier reihen sich Boutique an Boutique und exklusive Läden aneinander, für die Münchens Szenestadtteil bekannt ist.

ÜBERNACHTEN

OPÉRA // In einem kleinen Stadtpalais im Lehel befindet sich dieses elegante Hotel mit zauberhafter Atmosphäre und luxuriösem Ambiente. Alle Sehenswürdigkeiten der Innenstadt sind gut zu Fuß erreichbar.
// www.hotel-opera.de

BAYERISCHER HOF // Das erste Haus am Platz. Endlos ist die Liste der prominenten Gäste. Auf dem Dach befindet sich ein eleganter Spabereich, der nach Voranmeldung auch als Dayspa genutzt werden kann.
// www.bayerischerhof.de

TORBRÄU // Das älteste Hotel der Stadt liegt gegenüber dem Isartor. Die 91 Zimmer sind individuell eingerichtet und bieten topmodernen Komfort. Charmante Bar im Haus.
// www.torbraeu.de

MÜNCHEN

AUF KEINEN FALL VERPASSEN

○ **EINE »VIKTUALIENMARKT-SCHMANKERLTOUR« UNTERNEHMEN**

Ebenso unterhaltsam wie lehrreich ist die geführte Tour über den Viktualienmarkt mit einem Insider. Nahrhaft ist sie dazu, denn es gibt dabei viel zu probieren, Wurst, Käse, Antipasti, Brezn, Deftiges und Süßes. Am Ende der zweistündigen Tour ist man satt, zufrieden und hat vieles gelernt. Es gibt mehrere Anbieter, die kulinarische Führungen über den Markt und durch München anbieten, etwa zu den »Hotspots im angesagten Glockenbachviertel« oder »Kulinarische Stadtführungen durch München« jenseits der Touristenpfade.

○ **EIN BESUCH IM MÜLLER'SCHEN VOLKSBAD**

Stilvoller kann man seine Runden nicht drehen. Das Jugendstilhallenbad mit Wasserspeiern und barockisierendem Dekor zählt wohl zu den schönsten Bädern in Europa. Zur Auswahl stehen zwei Schwimmhallen, je eine für Frauen und Männer (heute für beide zugänglich). Schlemmen lässt es sich ganz wunderbar im Café nebenan.

○ **EISBACHSURFERN IM ENGLISCHEN GARTEN ZUSEHEN**

Die Eisbachwelle im Englischen Garten ist der Mittelpunkt der Surferszene weit weg vom Meer. Am besten kann man den waghalsigen Wellenreitern von der Brücke am Haus der Kunst aus zuschauen.

○ **EINEN MÜNCHNER BIERGARTEN BESUCHEN**

Die Biergartenkultur ist fester Bestandteil der Münchner Lebensart. Die Brotzeit darf in vielen Gärten mitgebracht werden, die Maß Bier muss man kaufen. Noch gibt es Dutzende Biergärten in allen Stadtteilen, die diese Tradition pflegen. Beliebte Biergärten sind am Chinesischen Turm und in der Augustiner-Brauerei. Manche befinden sich versteckt in Hinterhöfen, andere grenzen an Parks an. Gemütlich sind sie alle!

○ **DEN KOPF DER BAVARIA AUF DER THERESIENWIESE BESTEIGEN**

18 Meter ist die Bronzedame vor der Ruhmeshalle hoch. Von oben hat man einen prima Blick über die Theresienwiese, wo das Oktoberfest stattfindet.

Das Müller'sche Volksbad ist eine wahre Jugendstil-Oase.

SURFER-HOTSPOT IN MÜNCHEN

Radler mit Surfbrett unter dem Arm oder mit Brett im Neoprenanzug in der U-Bahn sind im Sommer durchaus kein seltener Anblick in München. Sie sind auf dem Weg beziehungsweise Rückweg zur Eisbachwelle im Englischen Garten.

Die stehende Welle beim Haus der Kunst an der Prinzregentenstraße ist sogar ein international bekannter Surfspot. Wo sonst kann man mitten in einer Stadt wellenreiten! Die Kult-Welle wird durch eine halbmeterhohe Steinstufe im stark strömenden Eisbach gebildet. Die mächtige Strömung ist allerdings nicht zu unterschätzen, weshalb sich eigentlich nur erfahrene Surfer darauf bewegen sollten. Für Anfänger und Ungeübte ist die kleinere Welle 1000 Meter weiter unten im Eisbach das bessere Übungsfeld.

Gekonntes ausdauerndes Surfen auf der Eisbachwelle wird von Schaulustigen gern ausgiebig mit Applaus belohnt.

Infos: www.eisbachwelle.de

#34 OBERLAUSITZ

Der Name Lausitz stammt aus dem Sorbischen und bedeutet »Moor« oder »Sumpf«. Unterschiedlichste Landschaften bestimmen die Region links der Neiße, deren Herrschaft häufig zwischen Polen, Sachsen, Brandenburg, Preußen und Böhmen wechselte. Aus geologischer Sicht stellt die Lausitz eine Fundgrube dar: Altmoränen und Flugsandgebiete, abbauwürdige Granit- und Sandsteinrücken, fruchtbare Lößflächen und große Braunkohle- und Basaltvorkommen sind hier im Untergrund anzutreffen. Gotthold Ephraim Lessing, der Philosoph Johann Gottlieb Fichte und der exzentrische »Gartenfürst« von Pückler-Muskau sind nur einige Persönlichkeiten, die aus der Lausitz stammen.

Oben: Blick auf Schloss Ortenburg, Nikolaikirche und Friedensbrücke in Bautzen.

Links: Im Kromlauer Park bei Gablenz ragt die malerische Rakotzbrücke über den gleichnamigen See.

● BAUTZEN

Eindrucksvoll thront die Hauptstadt der Oberlausitz auf einem Granitplateau oberhalb der Spree. Mit seiner mächtigen Stadtmauer, seinen Basteien, Wehr- und Wassertürmen verkörpert Bautzen das Bild einer mittelalterlichen Stadt. Im Sorbischen Museum und Haus der Sorben erfährt man Interessantes über die Kultur des kleinen slawischen Volks der Sorben mit eigener Sprache und Küche.

MICHAELISKIRCHE

Der Turm der Michaeliskirche ist das Wahrzeichen der Stadt. Hier konnten die Bautzener 1429 einen Angriff der Hussiten abwehren. Zum Dank bauten sie dem Erzengel Michael eine Kirche.

ALTE WASSERKUNST

Die Alte Wasserkunst ist ein Meisterwerk der Technik aus dem 16. Jahrhundert. Der Tüftler Wenzel Röhrscheidt staute die Spree so geschickt auf, dass ihre Strömung ein Schöpfwerk antrieb, das Wasser aus dem Fluss in einen höheren Sammelbehälter pumpte, daher die vielen Wassertürme im Ort.

DOM ST. PETRI

Der imposante spätgotische Dom am Fleischmarkt weist mehrere Kuriosa auf. Zum einen hat das Langhaus einen Knick. Auch sonst ist es mit vier Schiffen asymmetrisch. Vor allem aber ist er seit 1524 die erste Simultankirche Deutschlands. Getrennt durch den mittelalterlichen Lettner, feiern Katholiken Messe im Chor, Protestanten nutzen das Langhaus.

OBERLAUSITZER HEIDE- UND TEICHLANDSCHAFT

Es ist eine verwunschene Welt aus Wäldern und Teichen und größtes wirtschaftlich genutztes Teichgebiet Europas. Hier haben es sich

OBERLAUSITZ

WARUM IM HERBST? Weil die Oberlausitz nicht nur aus historischen Altstädten besteht, die man schließlich das gesamte Jahr über besichtigen kann. Es ist die Natur, die im Herbst ihren Reiz ganz besonders entfaltet. Eines der schönsten Beispiele ist der Muskauer Park, in dem passenderweise im September die »Mitteleuropäischen Apfel- und Genusstage« stattfinden. Überall färben sich die sanften Hügel bunt, laden zu kleinen und großen Wanderungen ein. Auch der (kulturelle) Veranstaltungskalender ist gut gefüllt: Von den Cunewalder Musiktagen bis zum Festival Folklorum ist einiges geboten.

Ganz oben: In seiner Altstadt hütet Görlitz Schätze der Renaissance wie das Rathaus.

Oben: Ein Meisterwerk der Frührenaissance ist die Rathaustreppe.

Links: Schloss und der kunstvoll angelegte Pückler'sche Landschaftspark von Bad Muskau.

OBERLAUSITZ

Rechts: Das Minigebirge Zittauer Berge im äußersten Osten Deutschlands an der tschechischen und polnischen Grenze ist zwar keine 800 Meter hoch, mutet aber viel »alpiner« an als weit höhere Mittelgebirge. Wanderer finden ein rund 500 Kilometer langes, abwechslungsreiches Wegenetz.

nicht nur die bedrohten Otter, sondern auch Rotbauchunken, Grasschlangen, Baumfrösche und die bedrohlich aussehenden Kammmolche bequem gemacht. Die Landschaft wurde 1996 zum Biosphärenreservat der UNESCO erklärt. Man kann es auf den Naturerlebnispfaden mit Infotafeln zu Fuß oder mit dem Fahrrad entdecken. Informationen, Filme und Ausstellungen gibt es im Haus der Tausend Teiche. Von dort werden auch Führungen und Wanderungen angeboten.

BISCHOFSWERDA

Hier hatten die Meißener Bischöfe ihren Stammsitz. Da die gesamte Stadt 1813 von Napoleons plündernden Soldaten dem Erdboden gleichgemacht wurde, fasziniert das Stadtbild heute durch seine Einheitlichkeit in der klassizistischen Architektur des frühen 19. Jahrhunderts, wie sie auch das Rathaus aufweist. Ein Highlight der Region ist das Barockschloss Rammenau mit seinem schönen Park und der klassizistischen Inneneinrichtung.

ZITTAU

Im Dreiländereck von Tschechien, Polen und Deutschland gelegen, hat Zittau als böhmischer Handelsplatz schon bessere Zeiten erlebt. Davon künden eindrucksvolle Bauten und eine weitgehend intakte Altstadt. Das von Karl Friedrich Schinkel entworfene Rathaus gibt dem Markt eine italienische Anmutung.

ZITTAUER GEBIRGE UND OYBIN

Deutschlands kleinstes Mittelgebirge ist durch ein kühles, feuchtes Klima geprägt. Der markanteste Berg ist der Oybin, der von den Ruinen einer Burg (später ein Kloster) bekrönt wird, die schon Caspar David Friedrich zu seinen Gemälden inspirierte.

GÖRLITZ

Hätte es den mörderischen Wahnsinn des Zweiten Weltkriegs nie gegeben, sähen die meisten deutschen Städte heute so wunderbar aus wie Görlitz, das von den Bomben fast vollständig verschont wurde. Dank dieser Gnade der Geschichte drängeln sich heute 4000 Baudenkmäler in der Altstadt und machen aus ihr eine Schatzkiste der Architektur. Vor allem Spätgotik, Renaissance und Barock haben herrliche Spuren hinterlassen und zeugen von den großen Zeiten von Görlitz, das in Mittelalter und früher Neuzeit berühmt für seine florierende Tuchindustrie und das Handelsmonopol

AUSGEHEN

BAUTZEN: RESTAURANT WJELBIK // Bürgerlich-sorbische Küche genießt man im Wjelbik in Bautzen. Die Lage im Kellergewölbe verleiht dem Ambiente Wirkung.

// www.wjelbik.de

GÖRLITZ: OBERMÜHLE // Die idyllisch gelegene Obermühle legt großen Wert auf saisonale Produkte aus der Region, deshalb werden alle Backwaren, Pasta und Ravioli im Haus hergestellt und eigenes Obst für den Apfelsaft verwendet. Sogar das Bier kommt aus der Hausbrauerei.

// www.obermuehle-goerlitz.de

mit dem begehrten Färbemittel Waid war. Dank seiner vielen Baustile ist Görlitz zu einer gefragten Filmstadt avanciert und hat als Drehort in über 100 Filmen mitgewirkt.

ALTSTADT
Der Kern von Görlitz erstreckt sich von der Neiße über Unter- und Obermarkt bis zur Bastion Kaisertrutz. Vor allem am Untermarkt und an der Brüderstraße finden sich prächtige Bürgerhäuser aus Spätgotik, Renaissance und Barock. Der rote Schönhof mit seinen Laubengängen gilt als das älteste bürgerliche Renaissancegebäude Deutschlands.

NIKOLAIKIRCHE
Die älteste erhaltene Kirche befindet sich in der Nikolaivorstadt. Die spätgotische Hallenbasilika wurde 1925 expressionistisch umgestaltet und zu einer Gedenkstätte für die Gefallenen des Ersten Weltkriegs gemacht.

KROMLAUER PARK & RAKOTZBRÜCKE
Der idyllische Rhododendron- und Azaleenpark nahe Bad Muskau ist ein Besuchermagnet, allerdings weniger wegen der wunderschönen Blüten – die mystische Rakotzbrücke mit ihrer kreisrunden Spiegelung über den künstlichen See stiehlt den Blüten die Show. Die dekorative Basaltbrücke gehört zu den beliebtesten Fotomotiven der Oberlausitz.

MUSKAUER PARK
Fürst Hermann von Pückler-Muskau war das Enfant terrible der deutschen Aristokratie im 19. Jahrhundert – ein Lebemann und Frauenheld, der exotische Pfauenkostüme trug und angeblich mehr Liebschaften hatte als Casanova. Doch der Fürst war auch ein besessener Baumeister. Sein Lieblingsprojekt, der Muskauer Landschaftspark, gleicht einem Kunstwerk mit durchdachten Landschaftsbildern und Stilelementen. Er gehört zum UNESCO-Welterbe. Den Park und die Ausstellungen im Neuen Schloss kann man besichtigen.

ÜBERNACHTEN

BAUTZEN: HOTEL VILLA ANTONIA //
In diesem denkmalgeschützten und liebevoll restaurierten Haus nächtigt man komfortabel. Das Restaurant serviert gutbürgerliche Küche.
// www.hotel-villa-antonia.de

GÖRLITZ: BEI SCHUMANN // Das vom Ehepaar Schumann geführte edle Hotel ist in einem Jugendstilbau untergebracht. Jedes Zimmer ist ein Unikat. Im römischen Spa-Tempel können Gäste die Seele baumeln lassen.
// www.bei-schumann.de

ZITTAU: SCHWARZER BÄR // Auf 300 Jahre Gasthausgeschichte blickt diese traditionsreiche Unterkunft zurück. Die Zimmer sind mit modernem Komfort ausgestattet. Das Hotelrestaurant sorgt für ausgezeichneten Gaumenschmaus.
// www.hotel-schwarzer-baer.de

SHOPPING

BAUTZEN: SENFLADEN
Bautzen ist für seinen Senf bekannt, den man hier im Laden kaufen kann. Zum Laden gehört auch ein Senfmuseum.
// bautzner-senfshop.de

GÖRLITZ: STRASSBURG-PASSAGE
In der stilvollen Straßburg-Passage von 1893 kann man zwischen den Läden flanieren und das historische Ambiente genießen.
// www.goerlitz.de/Strassburg-Passage.html

OBERLAUSITZ

AUF KEINEN FALL VERPASSEN

○ AUF DEM SPREERADWEG DIE NATUR ERFAHREN

Durch Bautzen führt der Spreeradweg. Er lässt sich für Tagesausflüge in die Oberlausitzer Teich- und Heidelandschaft nutzen. Ambitionierte können nach Süden in das Oberlausitzer Bergland aufbrechen. Bis zur Spreequelle sind es 54,5 Kilometer, inklusive einiger Höhenmeter, die sich auf dem Rückweg in bequeme Abfahrten verwandeln. Vor allem im Herbst ist die Landschaft reizvoll.

○ DAS KULTURHISTORISCHE MUSEUM GÖRLITZ ERKUNDEN

Auf drei sehenswerte Standorte, die markante Bastion Kaisertrutz, den Reichenbacher Turm und eines der schönsten Barockhäuser im Herzen der Altstadt, verteilt sich der Ausstellungsraum des Kulturhistorischen Museums. Neben den Dauerausstellungen zur Regionalgeschichte und einer reichhaltigen Bildersammlung lohnen sich auch der Blick vom Reichenbacher Turm und die originalen Räumlichkeiten des Barockhauses. Dazu gibt es immer wieder interessante Sonderausstellungen.

○ SORBISCHES MUSEUM BAUTZEN

Das Museum auf der Ortenburg ist die bedeutendste Ausstellung sorbischer Geschichte und Kultur überhaupt. Dort sind nicht nur Trachten oder Ostereier zu bewundern, sondern man kann sich auch über Herkunft, Sprache, Kultur und Literatur der Sorben informieren.

○ IM FINDLINGSPARK NOCHTEN ÜBER STEINE STAUNEN

Sehr ungewöhnlich zeigt sich das Landschaftsbild in dem mit großen Steinen übersäten, teils nackten, teils mit Gras und vereinzelten Sträuchern bedeckten Gelände. Ein Teil des Parks erblüht in kräftigen jahreszeitlichen Farben. Die riesigen Findlinge wurden während der Eiszeit von Gletschern herangetragen. In Nochten befinden sich 7000 skandinavische Findlinge, die gekonnt in die sieben Sektionen des Parks eingepasst wurden. Schöne Rundwege erschließen die fantastische Gartenwelt.

○ LAUSITZER SEEN UND SEENKETTE

Die Seenlandschaft der Lausitz besitzt nahezu zwei Dutzend geflutete Seen und schiffbare Kanäle, zwar alle vom Menschen geschaffen, aber das tut ihnen in Sachen Attraktivität nichts ab. Aktivurlaub und Freizeitspaß sind hier garantiert!

Ruhe und Erholung findet man an den Lausitzer Seen.

#35 RUHRGEBIET

Im Westen Duisburg und im Osten Dortmund – zwischen diesen Orientierungspunkten erstreckt sich das Ruhrgebiet, mit seinen über fünf Millionen Einwohnern das größte Ballungsgebiet Deutschlands. Kohle- und Stahlkrisen setzten der Glanzzeit des »Kohlenpotts« ein Ende und zwangen das größte Industriegebiet Europas zum Wandel von der Industrie- zur Dienstleistungsgesellschaft. Heute präsentiert sich das Ruhrgebiet als lebendige und überraschend grüne Metropole mit vielfältiger Kultur-, Bildungs- und Erlebnislandschaft. Industriebrachen, alte Zechen, Fabrikhallen wandelten sich in spannende Industriedenkmäler, Museen, Bühnen, Kunstobjekte und Schauplätze für Aktivitäten. Und das Feuerwerk an Festivals, Festspielen, Musicals, Konzerten und Unterhaltung ist nicht zu überbieten.

Oben: Auch wenn die Schlote, Kühltürme und Fördertürme der Zechen, Kokereien und Eisenhütten noch mancherorts im Ruhrgebiet die Silhouette bestimmen, sind viele dieser Anlagen heute stillgelegt.

Links: In der »Kathedrale der Arbeit« wurde bis 1986 Steinkohle gefördert. Die Essener Zeche Zollverein bietet heute Einblicke in die Industriegeschichte.

ESSEN
Als europäische Kulturhauptstadt des Jahres 2010 hat die rheinische Ruhrmetropole auch UNESCO-Weltkulturerbe zu bieten wie die Zeche Zollverein. Das Opernhaus nach Plänen des finnischen Architekten Alvar Aalto (1898 bis 1976) zählt zu den Schlüsselbauten der Moderne. Im karolingischen Münster mit majestätischem Westwerk ist die »Goldene Madonna« (um 980) zu bewundern, das älteste vollplastische Bildwerk der abendländischen Kunst.

ZECHE UND KOKEREI ZOLLVEREIN
135 Jahre lang wurden in der größten Steinkohlezeche der Welt Millionen Tonnen des »schwarzen Goldes« gefördert. Ende 1986 schloss die letzte der Essener Zechen ihre Tore. Man war sich schnell einig, dieses einmalige Industriedenkmal nicht verfallen zu lassen. So entstand die Idee, es kulturell zu nutzen. Wer den heutigen spektakulären Industrie- und Achitekturdenkmal-Komplex Zeche Zollverein besucht, kommt aus dem Staunen nicht mehr heraus. Es gibt unzählige Angebote, wie man die Welt von Kohle, Koks, Kunst und Kultur für sich entdecken kann, unter anderen Führungen durch die Schächte, Denkmalpfad, Mitmachzeche, Phänomania Erfahrungsfeld, diverse Restaurants, sogar schwimmen, eislaufen und tanzen in der Eisdisco sind im ehemaligen Werksgelände möglich. Auch Museen sind dort anzutreffen wie das Ruhrmuseum, und das Red Dot Design Museum, das innovative Produktdesigns und formschöne Alltagsgegenstände präsentiert

MÜLHEIM AN DER RUHR
Im Ortsteil Broich lohnt der Besuch des MüGA-Parks mit verschiedenen Attraktionen. Die Geschichte von Schloss Broich lässt sich

RUHRGEBIET

WARUM IM HERBST? Weil die Bundesliga-Saison wieder startet! Die Fußballspiele der vier Ruhr-Bundesligisten Borussia Dortmund, Borussia Mönchengladbach, FC Schalke 04 und VFL Bochum sind immer ein Erlebnis. Auf den zahlreichen Ruhrbühnen heißt es ebenfalls »Vorhang auf« für die neue Spielsaison. Bei den Dutzenden von Freiluftfestspielen verlagert sich das Geschehen jetzt mehr nach innen. Recklinghausen und der Maxipark in Hamm laden zum bunten Herbstleuchten ein. Jetzt ist auch die beste Zeit, sich aufs Fahrrad zu schwingen und auf Entdeckungstour entlang der 400 Kilometer langen »Route der Industriekultur« mit ihren einzigartigen Industriedenkmälern und Outdoor-Kunst zu begeben.

bis in die Karolingerzeit zurückverfolgen. In Mülheim-Saarn steht eine der wenigen nahezu vollständig erhaltenen Klosteranlagen der Zisterzienserinnen.

OBERHAUSEN

Nicht nur während der Kurzfilmtage ist die Stadt einen Besuch wert. Abgesehen von der Wasserburg Vondern sucht man alte Bauwerke zwar vergeblich, doch die Industriearchitektur an der Essener Straße und die Arbeitersiedlungen aus dem 19. Jahrhundert in Osterfeld sind nicht minder interessant. Nach einem Spazier-

AUSGEHEN

MÜLHEIM AN DER RUHR: AM KAMIN // Mit viel Lob und einem Michelin-Stern bedacht ist das Restaurant »Am Kamin«. Die Küche ist inspiriert von den verschiedensten europäischen Einflüssen und jedes Mal wieder ein Geschmackserlebnis.

// www.restaurant-amkamin.de

DORSTEN: QUARTIER FÜRST LEOPOLD // Allen, die sich gern spontan entscheiden möchten, sei die ehemalige Zeche Fürst Leopold empfohlen. Hier hat man im Künstler-Ambiente die Wahl zwischen sechs Restaurants und Cafés: Da ist für alle etwas dabei.

// www.creativquartier-fuerst-leopold.de

MOERS: OMA ROSA // Im Café und Konditorei Oma Rosa bleibt kein Wunsch offen. Neben einer vielfältigen Speisekarte, die auch Frühstück anbietet, ist es sogar möglich, seine eigene Mottotorte in Auftrag zu geben.

// www.omarosa.de

Links: Die berüchtigte »gelbe Wand« und ein blau-weißes Fahnenmeer: Wenn Dortmund und Schalke Heimspiele haben, ist sehr viel Herzblut auf den Rängen dabei.

RUHRGEBIET

Rechts: Das Museum Küppersmühle für Moderne Kunst ist eines der größten deutschen Privatmuseen und im Duisburger Innenhafen angesiedelt.

gang durch den Kaisergarten kann man im Schloss Oberhausen die Kunst der DDR besichtigen. Das gigantische CentrO steht für modernes Shopping, und der Revierpark Vonderort ist eine beliebte Freizeitanlage.

● DUISBURG

Zu Unrecht hat Duisburg nicht den besten Ruf, denn aus der ehemaligen Industriemetropole ist eine Stadt mit vielseitigen Gesichtern geworden. Eine Hafenrundfahrt im größten Binnenhafen Europas an Rhein und Ruhr ist immer noch ein Erlebnis. Das Trendviertel Innenhafen lockt mit coolen Lokalen. Absolute Highlights sind der Landschaftspark Nord mit seinem spannenden Rundweg Industriegeschichte und die Lichtinstallationen am umgebauten Hüttenwerk. Im riesigen Freizeitgelände des Parks mit Gärten und Wasserflächen kann man wandern, Rad fahren, klettern, sogar in einem 13 Meter tiefen Tauchgasometer nach einem Wrack tauchen. Im 14 Kilometer entfernten Angerpark gibt's begehbare Kunst zu bestaunen: Tiger & Turtle ist einer Achterbahn nachempfunden.

BOTTROP

Hier sollte man einen Besuch des Medienzentrums »Quadrat« einplanen, das ein Museum für Ur- und Ortsgeschichte, die Moderne Galerie sowie Werke des Bottroper Malers Josef Albers beherbergt. Im Umland kann man Outdoor-Kunst wie den Tetraeder und die Halde Haniel mit ihren Stelen bewundern. Für Kinder ist die Stadt mit Movie Park und Grusellabyrinth in der Erlebnisfabrik Eloria ein Paradies. Nahe dem barocken Wasserschloss Beck wurde ein Märchenwald eingerichtet.

GELSENKIRCHEN

Die Stadt ist mehr als nur die neue »Arena auf Schalke«. Auf einer Industriebrache entstand der »Skulpturenwald Rheinelbe«, und mit Schloss Horst im gleichnamigen Stadtteil hielt die Renaissancearchitektur in Westfalen Einzug. Die Zeche »Consolidation« und die Bergarbeitersiedlungen in Buer und Schüngelberg vermitteln immer noch einen guten Eindruck von der einstigen Bedeutung der Kohleförderung.

BOCHUM

Der 68 Meter hohe Förderturm des Bergbaumuseums ist so etwas wie das Markenzeichen Bochums und das Museum mit Schaubergwerk ein Besuchermagnet. Die nicht industrielle Seite Bochums ist grün, 40 Prozent der Stadt bestehen aus Parks und Grünflächen. 700 Freiluft-Kunstobjekte sind über die Stadt verteilt. Die Studenten der Ruhruniversität bringen viel frischen Schwung. Festivalkultur wird mit Zeltfestival am Kemnader See und Open-Air Bochum Total großgeschrieben. Wenn das keine Gründe für einen Bochum-Besuch sind, dann vielleicht noch das Zeiss-Planetarium mit seinem 360°-Sterne- und Galaxien-Abenteuer oder kosmischen Rockshows mit Queen & Co.

RECKLINGHAUSEN

Mit den Ruhrfestspielen hat sich die einstige Hansestadt in der Nachkriegszeit einen Namen als Kulturstadt gemacht. Darüber hinaus gibt es hier eine bedeutende Ikonensammlung sowie moderne Malerei und Grafik in der Städtischen Kunsthalle zu sehen. Nach einem Bummel im Stadtgarten oder einem Zoobesuch kann man im Planetarium der Volkssternwarte in entfernte Galaxien vordringen.

MARL

Am Nordwestrand des Ruhrgebiets entwickelte sich Marl schon früh zur Industriestadt. Die chemische Großindustrie verwandelte die Region aber nicht in eine eintönige Industrielandschaft, wie es der Citysee, der Volkspark in Alt-Marl, die Loemühle und der Naturpark Hohe Mark unter Beweis stellen. Ein Museum der besonderen Art ist der »Glaskasten« genannte Skulpturenpark, der etwa 60 Großplastiken namhafter Künstler des 20. Jahrhunderts unter freiem Himmel vereint, darunter Arbeiten von Max Ernst, Hans Arp und Richard Serra.

DORTMUND
Wer denkt nicht bei Dortmund automatisch an den ewigen Bayern-München-Konkurrenten Borrusia Dortmund. Die Spiele des Bundesliga-Spitzenklubs werden vermutlich die meisten Besucher in die Bierstadt ziehen, zumal es dort seit 2015 auch ein Fußballmuseum zu sehen gibt. Weitere Attraktionen in der Stadt sind der Westfalenpark, Dortmunds Hotspot für Festivals und Veranstaltungen, Dortmund kann aber noch mit einigen Industriedenkmälern und interessanten Museen punkten wie Brauereimuseum, Zentrum für internationale Lichtkunst, Industriemuseum Schiffshebewerk und Zeche Zollern. Die Reinoldikirche mit ihrem 104 Meter hohen Turm ist der Stolz der Stadt.

HAMM
Das auffälligste Kunstwerk im Nordosten des Ruhrgebiets ist der begehbare Glaselefant im Maximilianpark. Der Park verdankt Namen und Gelände einer Zeche, die nur kurz in Betrieb war, und ist heute eine Freizeitanlage mit Schmetterlingshaus und Eisenbahnmuseum.

ÜBERNACHTEN

BOTTROP: PARKHOTEL // Kreative Ideen prallen im Ruhrgebiet nicht selten auf industrielle »Überbleibsel«. So auch im Parkhotel in Bottrop. Hier schläft man in Betonröhren, die von einem Künstler umgestaltet wurden. Eng wird es aber nicht: Dreimal 2,40 Meter messen die Röhren.
// www.bernepark.de/parkhotel

ESSEN: UNPERFEKTHOTEL // Jung, zentral und gut ausgestattet präsentiert sich das Hotel als Teil des Kreativ-Treffpunkts »Unperfekthaus«. Das Hotel ist dabei alles andere als »unperfekt«, sondern bestens geeignet für Kurztrips und Coworker.
// www.unperfekthaus.de/hotel

DORTMUND: ROADSTOP MOTEL // USA-Feeling im Ruhrgebiet: Das Themenhotel im Western-Look versetzt Gäste mit seinen Zimmern auf Wunsch nach Las Vegas, Los Angeles, Arizona, New York oder Kentucky.
// www.roadstop.de/standorte/dortmund

SHOPPING

GLADBECK: GRUBENHELDEN SHOP
Wer Kühlschrankmagneten als Souvenir altbacken findet, sollte sich die Produkte der Grubenhelden genauer ansehen. Ein Stück original Bergmannsstoff ist in jedes Produkt eingearbeitet, angeboten werden Kleidungsstücke und Accessoires.
// Maria-Theresien-Str. 1, Gladbeck

DORTMUND: BVB FANSHOP
Tolle Mitbringsel für Fußballfans findet man in den Fanshops des BVB mit ihrer Riesenauswahl an Fanartikeln. BVB-Fanshops gibt es in der Strobelallee 54, in der Thier-Galerie im Westenhellweg 102 und Markt 10–14.
// shop.bvb.de

DORTMUND: KREUZVIERTEL
Lieblingsstücke und Angesagtes gibt's in den kreativen Stores und Läden im trendigen Kreuzviertel in Dortmund zu kaufen. In hippen Cafés und Bars kann man sich anschließend vom Einkaufsbummel erholen.

RUHRGEBIET

AUF KEINEN FALL VERPASSEN

○ DURCH DEN EMSCHER LANDSCHAFTSPARK STREIFEN

Zwischen Duisburg und Dortmund findet man das 450 Quadratkilometer große grüne Herz des Ruhrgebiets. Der Landschaftspark ist aus regionalen Revierparks geformt, die seit den 1970er-Jahren gegründet wurden, um den Freizeitwert des Ruhrgebiets zu erhöhen. Er verbindet die fünf Revierparks miteinander. So ist ein Naherholungsgebiet entstanden, das vielfältige Sport-, Kultur- und Freizeitmöglichkeiten bietet. In Oberhausen befindet sich das Haus Ripshorst. Das Besucherzentrum bietet Wissenswertes zu den Projekten des Parks.

○ MONUMENTE DER INDUSTRIEKULTUR BESICHTIGEN

Hochöfen, Gasometer, Zechen und Fördergerüste – um das eindrucksvolle industrielle Erbe des Ruhrgebiets ins richtige Licht zu rücken, hat der Regionalverband Ruhr eine touristische Route entwickelt, die auf 400 Kilometer die wichtigsten stillgelegten Monumente und Bauwerke berührt (www.route-industriekultur.ruhr). In 29 Themenrouten und Ankerpunkten erschließt das Projekt 57 Hauptstandorte zwischen Moers und Hamm, Zechen, Hüttenwerke, Halden, Arbeiterkolonien und Aussichtspunkte. 17 Panoramen und Landmarken weisen auf umgestaltete Flächen hin, die Erholung, Freizeit, Kunst und Geschichte miteinander verknüpfen. Einen Führer zu diesen Landmarken gibt es als kostenlosen Download (shop.rvr.ruhr/gipfelstuermen-haldenfuehrer).

○ THEMEN DER ZEIT IM GASOMETER OBERHAUSEN VERSTEHEN

Mit einer bildgewaltigen Ausstellung »Das zerbrechliche Paradies« ist das gigantische Industriedenkmal nach der Sanierung seit 2021 wieder für die Öffentlichkeit zugänglich. Die etwa anderthalb Jahre andauernden Wechselausstellungen in dem 117 Meter hohen Gasspeicher befassen sich mit wichtigen Themen der Zeit.

○ DEUTSCHES BERGBAU-MUSEUM BOCHUM ANSEHEN

Ebenerdige Ausstellungen und ein originalgetreues Anschauungsbergwerk in 17 bis 22 Meter Tiefe des Museumsgeländes eröffnen den Besuchern umfassende Einblicke in die Welt des Bergbaus. Gezeigt werden auf 7000 Quadratmeter Originalmaschinen und -geräte, Modelle, Schautafeln, Übersichtskarten, Mineralien- und Gesteinssammlungen und auch Exponate der Kunstgeschichte. Zusätzlich bietet das Fördergerüst in 50 und 62 Meter Höhe einen fantastischen Blick über Bochum und das Ruhrgebiet.

○ DIE VILLA HÜGEL BESUCHEN

Das ehemalige Wohnhaus der Krupp-Dynastie liegt in einem 75 Hektar großen Waldpark und ist seit 1953 der Öffentlichkeit zugänglich. Die Historische Sammlung Krupp im Kleinen Haus erzählt die Geschichte der Stahlbarone. Sehenswert ist auch der Park mit seinen 120 Baumarten, Rhododendren und Skulpturen.

Im Emscher Landschaftspark verschmelzen Industriedenkmal und Natur

#36 RUPPINER LAND

Das Ruppiner Land ist Fontane-Land. Hier begann der Dichter 1862 seine Schilderungen über die Mark Brandenburg, die weltberühmt geworden sind. Die Landschaften sind auch heute im Wesentlichen noch so, wie sie Fontane beschrieb: stille Seen, schilfbedeckte Ufer, Wiesen, Wälder und Weite, alte Dörfer mit Störchen auf den Dächern, herrliche Alleestraßen … Um einiges später erlag übrigens auch Kurt Tucholsky literarisch dem Zauber der Landschaft. Und nach ihm bis heute viele Feriengäste, Wanderer und Wasserwanderer. Denn das Ruppiner Land ist Wasserland. Auf der durch Flüsse und Kanäle verbundenen Rheinsberger Seenkette kann man wunderbar wasserwandern und Wassersport betreiben. Die Prignitz zwischen Elbe und Dosse ist ein Paradies für Zehntausende Wasservögel und zahlreiche Störche.

Links: Kurt Tucholsky verewigte Rheinsberg und sein schönes Schloss in seinem literarischen Werk.

● NEURUPPIN

Die beiden berühmtesten Söhne des schmucken Landstädtchens am Ruppiner See sind der 1781 hier geborene große Baumeister Preußens, Karl Friedrich Schinkel, sowie Theodor Fontane, der im Haus der Löwenapotheke (heute Fontane-Apotheke) im Jahr 1819 das Licht der Welt erblickte. Nach einem verheerenden Brand 1787 wurde der Ort frühklassizistisch wiederaufgebaut. Heute steht er als Beispiel klassizistischer Städtebaukunst komplett unter Denkmalschutz: Sehenswert sind Marienkirche, Klosterkirche, Rathaus, Tempelgarten und Stadtpark. Auch eine Schiffsfahrt auf dem See bietet sich an, oder man mietet ein Boot und paddelt selbst.

MUSEUM NEURUPPIN

»Was ist der Ruhm der Times gegen die zivilisatorische Aufgabe des Ruppiner Bilderbogens?«, fragte einst Theodor Fontane. In der Tat ist die in der Welt einmalige Sammlung dieser Bilderbögen beeindruckend. Vor der Erfindung der Fotografie wurden die wichtigen Ereignisse erstaunlich aktuell einem breiten Publikum vermittelt.

DEUTSCHE ALLEENSTRASSE

Schon wenige Jahre nach der Wiedervereinigung wurde 1993 der erste Teilabschnitt der heute quer durch Deutschland verlaufenden Deutschen Alleenstraße zwischen Sellin und Rheinsberg eröffnet. Vorbild für das Projekt war Brandenburg, das etwa 8000 Kilometer Alleen besitzt, damals waren es sogar noch mehr. Eingeführt hat die Alleenbepflanzung König Friedrich Wilhelm I. Zum einen dienten die Bäume als Straßenbegrenzung, zum anderen hatten sie für den preußischen König auch eine strategische Bedeutung, im Schatten konnten seine Soldaten länger marschieren.

RHEINSBERG

Ein junges, unverheiratetes Paar, Claire und Wolf, flieht vor der Eintönigkeit des wilhelminischen Berlins in ein brandenburgisches Städtchen, verbringt dort ein unbeschwertes Wochenende, besucht Schloss und Stadt, unternimmt Bootstouren auf den Seen, kehrt dann nach Hause zurück, nach Berlin, wo »es wieder Mühen für sie gab, graue Tage und sehnsüchtige Telefongespräche, Arbeit und das ganze Glück ihrer großen Liebe«. Das ist der Inhalt einer der schönsten Liebesgeschichten der deutschen Literatur, mit der Kurt Tucholsky 1911 Rheinsberg ein bezauberndes Denkmal setzte. »Rheinsberg: Ein Bilderbuch für Verliebte« heißt Tucholskys federleichte, vor Ironie und Zärtlichkeit nur so sprühende Erzählung, die einen autobiografischen Hintergrund hatte. Denn Tucholsky verbrachte selbst mit einer Freundin ein Turtelwochenende in der Stadt nördlich von Berlin, die freilich schon viele Jahre zuvor eine andere Berühmtheit mit Glück überhäuft hatte: 1736 schenkte der Preußenkönig Friedrich Wilhelm I. seinem Sohn, dem künftigen Friedrich II., Schloss Rheinsberg. Dieser verliebte sich sofort in das Anwesen und beschloss, hier zu leben. Vier sorglose Jahre verbrachte Friedrich in Rheinsberg, bis die Pflicht rief und er die Thronfolge antreten musste.

RUPPINER LAND

WARUM IM HERBST? Die Seen kühlen zwar langsam ab, doch ein jeder Spaziergang durch die Natur wird dafür zu einer Wanderung durch ein Kaleidoskop an Farben. Neben buntem Laub bietet das Ruppiner Land einige traditionelle Veranstaltungen, die vielleicht nicht immer rekordfähige Besucherzahlen aufweisen, dafür aber genau darin ihren gemütlichen, familiären Charme finden. Beispiele sind die Erntedank- und Apfelfeste einzelner Orte, bei denen von Pilzausstellungen bis Apfelkuchenwettbewerb einiges geboten wird, oder auch das Bahnhofsfest in Rheinsberg. Freunde der Handwerkskunst freuen sich auf den Rheinsberger Töpfermarkt (immer am zweiten Oktoberwochenende). Und nicht vergessen sollte man natürlich einen Schlossbesuch.

Ganz oben: Eine Wasserlandschaft zum Träumen – dem Zauber des Ruppiner Sees ist auch Fontane schon erlegen.

Oben: Fürstenberg/Havel hat mit seiner Vielzahl an Seen und Flüssen den passenden Beinamen Wasserstadt.

Links oben: Erntedankfest in Rheinsberg. Links unten: Bootshäuser in der Marina von Rheinsberg.

NATURPARK STECHLIN-RUPPINER LAND

Das sogenannte Großschutzgebiet Brandenburgs ist 680 Quadratkilometer groß und schließt neben dem Stechlinsee das Rheinsberger Seengebiet und die Ruppiner Schweiz ein. Der Stechlinsee ist mit knapp 70 Meter der tiefste See des Bundeslandes. Er gab Theodor Fontanes letztem Roman den Titel. Obere Havel und Rheinsberger Rhin fließen durch die Landschaft. Viele Spechtarten, aber auch Kranich, Fischadler und Eisvogel sind hier zu Hause. Wappentier des Parks ist die Schellente. Die Weibchen haben ein graues, die Männchen ein schwarz-weißes Gefieder. Weit über die Hälfte des Naturparks ist von Wäldern bedeckt. Typisch sind die ausgedehnten Buchenwälder. Dazwischen verstreut liegen über 100 Seen, die meisten davon Klarwasserseen, in denen man herrlich baden kann. Auch geangelt wird viel. Im Herzen der Region liegt obendrein das kulturelle Zentrum. Die Stadt Rheinsberg mit ihrem Schloss erlangte durch Kurt Tucholskys Erzählung »Rheinsberg« große Berühmtheit. Auch Theodor Fontane erwähnte die Stadt in seinen Wanderbeschreibungen. Man sollte auch einen Besuch in Wittstock/Dosse oder in Fürstenberg/Havel nicht versäumen.

FÜRSTENBERG/HAVEL

Hauptsehenswürdigkeiten des idyllischen Luftkurorts am Schwedt- und Röblinsee sind das Wasserschloss mit Heimatmuseum und das dreiflügelige Barockschloss. In unmittelbarer Nachbarschaft von Fürstenberg liegt das einstige »Frauen-KZ« Ravensbrück, das zwischen 1939 und 1945 Leidensstätte für über 130 000 Frauen und Kinder war. Im Jahr 1959 wurde die Anlage in eine Mahn- und Gedenkstätte umgewandelt.

KYRITZ

Die Stadt Kyritz trägt den Beinamen »an der Knatter«, der auf die früher am Fluss Jäglitz ansässigen geräuschvollen Wassermühlen zurückzuführen ist. Das Städtchen hat einen alten Ortskern mit sehenswerten Gebäuden wie der Stadtpfarrkirche St. Marien aus dem 12. Jahrhundert oder wie den Fachwerkhäusern in der Johann-Sebastian-Bach-Straße. Zu den berühmten Söhnen von Kyritz zählt u. a. Carl Diercke (1842–1913), der für seinen Weltatlas bekannt ist.

STORCHENDORF LINUM

Das 700-Einwohner-Örtchen erfreut sich der jährlich mehr als 40 000 Besucher, die nur wegen der vielen Störche nach Linum kommen. Jahr für Jahr brüten um die 20 Storchenpaare auf Giebeln, Masten und Kirchdächern.

AUSGEHEN

RHEINSBERG: GRÜNZEUG'S // Im Grünzeug's bekommt man nicht nur vegetarische und vegane Burger, Suppen und Wraps sowie selbst gemachte Limonade, sondern auch gute Fleischgerichte. Fleischliebhaber sollten sich also nicht vom Namen abschrecken lassen!
// gruenzeugsrheinsberg.metro.bar/

MOLCHOW: RIVER CAFÉ // Auch wenn man vielleicht nur eine Stunde hier verbringt, um einen Kaffee zu genießen, fühlt es sich wie Urlaub an. Das liegt an der Lage direkt am Ufer des Kanals zwischen Molchow- und Teetzensee, umgeben von Natur – ideal zum Entspannen. Mit Bootsanleger.
// www.river-cafe-molchow.de

FÜRSTENBERG, HAVEL: ALTE REEDEREI // Direkt am Wasser liegt die Alte Reederei, serviert werden hier bodenständige Gerichte, die nicht nur hervorragend schmecken, sondern auch liebevoll angerichtet werden, ganz nach dem Motto »Das Auge isst mit«.
// www.altereederei.de/

RUPPINER LAND

heide zählt zu den schönsten Werken der norddeutschen Backsteingotik. Um 1273 gestiftet, verfiel sie, wurde wiederentdeckt und in langen Phasen restauriert. Das ganze Jahr über gibt es Führungen, Ausstellungen, Veranstaltungen und Konzerte. Spirituelle Angebote sind Meditative Rundgäng, Stille Stunden und Ökumenisches Morgengebet.

Norddeutsche Backsteingotik in höchster Vollendung: Das Kloster Chorin ist eine ehemalige Zisterzienserabtei im Landkreis Barnim. Im frühen 19. Jahrhundert war der Bau in ruinösem Zustand und wurde daraufhin grundlegend renoviert.

Informationen rund um Meister Adebar hält die Storchenschmiede des Naturschutzbundes bereit.

ORANIENBURG UND SCHLOSS ORANIENBURG Ihren Namen verdankt die Stadt Kurfürstin Luise Henriette, die eine Prinzessin von Oranien war und hier das ab 1651 erbaute Schloss bewohnte. Von 1689 an wurde es nach holländischem Vorbild im Stil des Barock umgebaut. Das Schlossmuseum beherbergt Elfenbeinmöbel und Gemälde von niederländischen Meistern. Bedrückend, dennoch ist eine Führung in der Mahn- und Gedenkstätte des Konzentrationslagers Sachsenhausen sehr wertvoll, weil es um die Aufarbeitung jüngerer deutscher Geschichte geht. Bis 1945 wurden hier Zigtausende Juden, Sinti und Roma, Homosexuelle und Gegner des Nazi-Regimes ermordet oder starben an Hunger und Krankheiten. Nach Kriegsende befand sich hier das sowjetische »Speziallager Nr. 7«, in dem bis zur Auflösung 1950 rund 60 000 Häftlinge einsaßen.

AUSFLÜGE

● **KLOSTER CHORIN**
Ein Relikt aus vergangenen Zeiten ist das Kloster Chorin aus dem Jahr 1258. Die backsteinrote Klosteranlage im Herzen der Schorf-

ÜBERNACHTEN

FÜRSTENBERG/HAVEL: GUT BOLTENHOF // Das stattliche Gut bietet stilvolle Ferienwohnungen und Gästezimmer inmitten eines Landidylls mit viel Natur und vielen Tieren.
// www.gutboltenhof.de/uebernachten

KREMMEN: HOTEL SOMMERFELD // Wellness und Erholung stehen an erster Stelle im Hotel Sommerfeld zwischen Neuruppin und Oranienburg. Von Massagen über Sauna und Eisbrunnen bis zum Pool – alles dabei. Die Zimmer sind geräumig und in frischen Farben gehalten mit breiten, bequemen Betten. In der Küche wird regional und saisonal gekocht.
// www.hotel-sommerfeld.de

RHEINSBERG: SEEHOTEL // Das Seehotel liegt nicht nur seinem Namen entsprechend direkt am Ufer, sondern ist zudem auch komplett barrierefrei. Die zentrale Lage ist ideal für Ausflüge in der Gegend. Dank weiterer Freizeit- und Sportangebote kommt so schnell keine Langeweile auf.
// www.seehotel-rheinsberg.de

RUPPINER LAND

AUF KEINEN FALL VERPASSEN

○ **HEIMISCHEN TIEREN IM TIERPARK BEGEGNEN**
Am Rande des Naturparks in Neuruppin kann man Fischotter, Steinmarder, Iltisfrettchen und Waschbär kennenlernen. Auch Wölfe, Luchse, Wildschweine und Damwild sind im Tierpark Kunsterspring zu Hause. Der Park mit Terrarium und Uhu-Großfluganlage im Tal der Kunster lässt sich gut auf eigene Faust erkunden. Es werden aber auch Themen-Führungen angeboten (www.tierpark-kunsterspring.com).

○ **DIE DEUTSCHE TONSTRASSE ERKUNDEN**
Auf einer Länge von 215 Kilometern verbindet die Deutsche Tonstraße einige Orte, die eng mit der für die Region bedeutenden Ziegelproduktion in Zusammenhang stehen. Unter anderem sind Museen wie das Ofen- und Keramikmuseum Velten, der Ziegeleipark Mildenberg und das sehr sehenswerte Keramikmuseum Rheinsberg (links) Stationen der Route.

○ **IM LAUFPARK STECHLIN WALKEN UND WANDERN**
Laufen, Walken, Wandern, Nordic Walking oder Marathontraining – der Verein Laufpark Stechlin fördert jede Art von Beinbewegung mit bestens ausgeschilderten Routenvorschlägen für insgesamt 500 Kilometer Wegenetz in der Region. Besonders angenehm: Erfahrene Läufer stehen mit Trainingstipps zur Verfügung. Es gibt Angebote von Kursen oder Lauftreffs für gemeinsamen Sport (www.laufpark-stechlin.de).

○ **DEN TEMPELGARTEN NEURUPPIN BESUCHEN**
Neben dem Museum Neuruppin liegt der Tempelgarten, der vom damals noch jungen Friedrich II. angelegt wurde. Die mehrfach sanierte Parkanlage mit Apollo-Tempel und Skulpturen ist eine Oase der Ruhe. In die ehemalige Villa ist ein stilvolles Café-Restaurant eingezogen.

○ **TAUCHEN IM STECHLINSEE**
Der Große Stechlinsee, kurz »der Stechlin«, ist einer der wichtigsten Klarwasserseen Norddeutschlands. Er ist besonders sauber und ermöglicht einen Blick weit in die teilweise türkis schimmernde Tiefe. Was liegt näher, als dort auf Tauchstation zu gehen und Barsch und Hecht ganz nah zu kommen? Erlaubt ist das bei Neuglobsow, wo eine Tauchbasis ansässig ist. In der Bucht von Neuglobsow gibt es zudem eine Badestelle mit Einstiegshilfe für Menschen, die in ihrer Beweglichkeit eingeschränkt sind. Wer den See umrunden will, braucht Kondition für die 16 Kilometer lange Strecke. Ein Wanderweg ist vorhanden.

Im Neuruppiner Tempelgarten weilte schon Friedrich II.

#37 SPEYER

Die Stadt am linken Rheinufer macht keinen Hehl aus ihrer Vergangenheit. Sie ist eine der ältesten Städte Deutschlands. Das darf jeder spüren, und das tut man auch, wenn man zwischen Kaiserdom, Gedächtniskirche und historischem Rathaus flaniert. Wie an so vielen Orten in der Region zu sehen, liegt auch der Altstadtkern von Speyer innerhalb der alten Stadtmauern. Hier sind die Gassen schmal, weil immer mehr Bürger innerhalb der Befestigung ein Dach über dem Kopf brauchten. Leider teilt sie ebenfalls das Schicksal, 1689 nahezu komplett verwüstet worden zu sein. Speyer brauchte über 150 Jahre, um sich davon zu erholen und von vorn anzufangen. Das kann man sich kaum vorstellen, wenn man die Alte Münze betrachtet, das zauberhaft gestaltete Altpörtel oder die hübsche kleine Dreifaltigkeitskirche, Kleinod des Barock. Gäste der Stadt schätzen ganz gewiss die geballte Geschichte und Kultur, die sich hier an vielen Plätzen entdecken lässt. Sie begeistern sich aber auch für die Speyerer Lage in der lieblichen Tiefebene, wo der Speyerbach in den Rhein mündet und wo es noch Auenwälder gibt.

Oben: Durch mächtige Pfeiler aus Sandsteinquadern, die bei der Restaurierung 1957 bis 1961 freigelegt wurden, wird der Hauptbau des Speyerer Doms in drei Längsschiffe unterteilt. Hier fällt der Blick im Mittelschiff nach Osten auf den Altar.

Links: Der unter Kaiser Konrad II. Anfang des 11. Jahrhunderts als Grablege der Salier errichtete Dom von Speyer war zur Zeit seiner Erbauung das größte Gotteshaus des christlichen Abendlandes.

Rechts: Der Kaiserdom von Speyer beeindruckt schon äußerlich durch seine strengen romanischen Formen.

● DOM ZU SPEYER

Was mag sich zu Füßen der größten romanischen Kirche der Welt, die so gut erhalten ist, alles abgespielt haben? Seit über 1000 Jahren steht sie dort. Vieles wurde im Laufe der Zeit verändert. Die Krypta, in der die Gräber habsburgischer, staufischer und salischer Könige und Kaiser und Bischofsgräber zu sehen sind, ist der älteste Gebäudeteil. Im Sommer lockt auch eine Aussichtsplattform in etwa 60 Meter Höhe Besucher an. Der Dom St. Maria und St. Stephan, so der offizielle Name, wurde auf die Liste des Weltkulturerbes gesetzt. Ausschlaggebend dafür war, dass er die weltweit größte noch erhaltene romanische Kirche ist. Sicher hat auch die gesamte zugehörige Anlage eine wichtige Rolle gespielt. Da ist zum Beispiel der Domnapf von 1284, eine zwei Meter im Durchmesser große Steinschale in Form eines Kelchs vor der Kirche. Hier genau endete die städtische Macht. Wer sich im Mittelalter in der Stadt etwas hatte zuschulden kommen lassen und bis zum Napf floh, war vor Strafe zunächst einmal sicher. Ein weiteres Element ist der Domgarten, der an die Stelle des historischen Kreuzganges getreten ist.

RATHAUS

Im Jahr 1712 wurde der Grundstein für das Rathaus gelegt, in dem Speyers Stadtrat tagt. Auch das Stadtarchiv hat sein Zuhause in dem spätbarocken Bau mit der schmucken rot-

SPEYER

WARUM IM HERBST? Wegen der Herbstmesse! Wer bei dem Wort »Messe« allerdings an langweilige Verkaufsausstellungen denkt, irrt sich gewaltig. Denn auf dem Festplatz geht es laut, bunt und fröhlich zu und Riesenrad, Crêpeswagen und Autoscooter erfreuen sich am großen Zuspruch. Neben den zahlreichen Fahrgeschäften und Imbissbuden gibt es ein buntes Programm mit Familientag, Backstagetour oder Weinverkostung. Wer weniger auf Rummel denn auf Musik steht, kann sich auf das Altstadtfest freuen, bei dem sich die historischen Straßen zwei Tage lang in Bühnen für ein vielfältiges Musikprogramm von klassisch bis modern verwandeln. Und große und kleine Star-Wars-Fans warten alljährlich auf das Science-Fiction-Treffen im Technik Museum.

weißen Fassade. Das Rathaus steht am Alten Markt. Besonders stimmungsvoll ist es im Dezember, wenn der Weihnachtsmarkt stattfindet und alles in funkelnde Lichter taucht.

JUDENHOF
Im Mittelalter gab es im jüdischen Viertel von Speyer eine Männer- und eine Frauensynagoge (12. Jahrhundert), von denen heute nur noch Mauerreste übrig sind. Erhalten sind außerdem die Reste der Mikwe, ein rituelles Tauchbad, das ebenfalls aus der Zeit um 1100 stammt. Ab der Mitte des 16. Jahrhunderts waren die Gebäude dem Verfall preisgegeben. Eine neue Synagoge erbaute man im Jahr 1837.

HISTORISCHES MUSEUM DER PFALZ
Wie eine Festung liegt das Museum in der Nähe des Doms und zieht jedes Jahr so viele Besucher an wie kaum ein anderes im gesamten Land Rheinland-Pfalz. Neben packenden Sonderausstellungen warten die Abteilungen Früh-, Römer- und Neuzeit auf interessierte Besucher. Außerdem gibt es ein Weinmuseum

Oben: Das Altpörtel markierte einst den westlichen Zugang zur Stadt.

Links: Die Maximilianstraße mit der Alten Münze ist Veranstaltungsort für viele Feste im Jahresverlauf.

Links unten: Große und kleine Star-Wars-Fans treffen sich im Herbst bei der Science Fiction Convention.

SPEYER

Rechts: Die Weinstube Rabennest ist eine Institution in der Altstadt von Speyer.

und recht neu auch ein Kinder- und Jugendmuseum. Ein ganz besonderer Höhepunkt der Sammlungen ist der Domschatz mit den Grabbeigaben salischer Kaiser.

ALTE MÜNZE

Genau wie das historische Rathaus und das Altpörtel liegt auch die Alte Münze an der Maximilianstraße, dem Flanierboulevard der Stadt. Der Name weist auf das Haus der Münzer hin, das hier stand, nachdem die Bürger das Münzrecht für sich beansprucht hatten. Das jetzige Bauwerk wurde 1784 fertiggestellt und sollte als Kaufhaus für die wiedererstarkte Stadt dienen.

FEUERBACHHAUS

Das Leben des Malers Anselm Feuerbach (1829 bis 1880) war aufregend und tragisch zugleich. Der Sohn aus prominentem Haus bricht das Gymnasium ab, wird Künstler und stirbt zurückgezogen in Venedig. In seinem Geburtshaus in Speyer kann man ihm näherkommen und einige der Originalgemälde betrachten.

ALTPÖRTEL

Fast 70 Türme und Tore gehörten in der Vergangenheit zur Stadtbefestigung von Speyer. Geblieben ist unter anderem das westliche Stadttor, Altpörtel genannt. Im Inneren erfährt man Wissenswertes über Speyers Geschichte, insbesondere über die Zeit des Reichskammergerichts. Mit dem Bau des Turms wurde 1230 begonnen. Er kann heute bestiegen werden und bietet einen herrlichen Blick über die Stadt. Draußen kann man an der Nordseite nach einer eisernen Spange suchen. Sie bildete die Norm ab für das im Mittelalter gebräuchliche Speyerer Maß.

GEDÄCHTNISKIRCHE

Stolze 105 Meter reckt sich der Turm der Gedächtniskirche in den Himmel. Die neugotische Hallenkirche wurde erst im Jahr 1904 fertiggestellt. In der sechseckigen Vorhalle erinnert eine Bronzefigur Martin Luthers an die Reformation. Auch auf drei Fenstern ist Luther abgebildet, wie er beispielsweise die gegen ihn verhängte Bannbulle anzündet.

AUSGEHEN

WEINSTUBE RABENNEST // Manch einer bezeichnet die urige Gaststube als »Urgestein«. Fakt ist, dass man hier Pfälzer Hausmannskost in bester Qualität und passendem Ambiente serviert bekommt.

// www.weinstube-rabennest.de

SPRINGERS KAFFEEMANUFAKTUR // Schon beim ersten Schnuppern nach dem Betreten merkt man, dass hier auf guten Kaffee gesetzt wird – selbstgeröstet versteht sich. Dazu bekommt man ein ausgiebiges Frühstück oder leckeren Kuchen. Etwas versteckt, aber dafür äußerst ruhig gelegen im Kornmarkt.

// www.springers-kaffee.de/

RENTSCHLERS // Frische und Bioqualität sind die Pfeiler, auf die das Rentschlers setzt. Mittags und abends bekommt man regionale Kost, teils vegan. Frühstück von 10 bis 12 Uhr.

// www.rentschlers-speyer.de

Besonders der in eigenwilligen Mustern gestaltete barocke Landschaftsgarten von Schloss Schwetzingen lohnt einen Ausflug hierher.

SHOPPING

DAS HERZ SPEYERS
Unter dem Namen »das Herz Speyers« haben sich Händler aus der Innenstadt vereinigt. Neben der Maximilianstraße gehören unter anderen dazu: die Korngasse mit Modeboutiquen, die Gilgenstraße mit internationalen Spezialitäten und die Wormser Straße mit urigen Buchläden.

POSTGALERIE
Das Einkaufscenter ist überschaubar und gut gegen Langeweile an Regentagen. Nicht zuletzt ist es architektonisch interessant durch die Kombination aus historischem Äußerem und modernem Innen.

MARKT AUF DEM KÖNIGSPLATZ
Auf dem Königsplatz findet immer dienstags und samstags der Wochenmarkt statt. Hier kann man sich ganz unter die Einheimischen mischen und regionale Produkte kaufen oder Stadtgeheimnissen lauschen.

AUSFLÜGE

● **SCHWETZINGEN**
Der schöne Schlossgarten (18. Jahrhundert) beim kurfürstlichen Jagdschloss ist ein Meisterwerk barocker Gartenbaukunst mit hübschem Tempelchen, Badhaus (unbedingt innen besichtigen!), türkischer Moschee, Wasserspielen, Naturtheater und vielen Skulpturen.

● **NECKARGEMÜND**
Fachwerk dominiert in romantisch verwinkelten Gassen der gut erhaltenen Altstadt. Rathausfassade und Karlstor setzen klassizistische Akzente.

ÜBERNACHTEN

HOTEL AM WARTTURM // Drei Zimmerkategorien und zusätzliche Appartements lassen für jede Familien- oder Gruppengröße die richtige Lösung finden, auch schon ab einer Nacht buchbar. Großer Pluspunkt ist auch die freundliche Art der Gastgeber.
// www.hotel-amwartturm.de

HOTEL DOMHOF // Hierher kommt, wer die zentrale Lage zu schätzen weiß und gern mit modernem Komfort auf historischem Terrain nächtigen will. Im Restaurant und Biergarten der dazugehörigen Hausbrauerei wird herzhafte Küche serviert.
// www.hoteldomhof.de

GASTHAUS ZUM HALBMOND // Unweit vom Dom gelegen, ist das Fachwerkhaus nicht nur von außen schön anzusehen. Innen erwartet den Gast ein kleines, mit Liebe geführtes Hotel. Besonders für kurze Reisen sehr gut geeignet.
// www.halbmond-speyer.de

SPEYER

AUF KEINEN FALL VERPASSEN

○ PFÄLZER SAUMAGEN KOSTEN

Ob die Herzlichkeit der Pfälzer in der herzhaften Küche begründet liegt, sei dahingestellt. Wenn man in Speyer ist, sollte man sich in jedem Fall den Gaumenfreuden der Einheimischen hingeben. Für Vegetarier zwar ungeeignet, für Liebhaber der deftigen Küche mit Fleisch aber dafür umso besser: der Pfälzer Saumagen – Schweinefleisch, Brät und Kartoffeln. Gegessen wird die Pfälzer Spezialität, die noch immer in fast allen regionalen Metzgereien erhältlich ist, warm und in dicke Scheiben geschnitten.

○ DEN ÄLTESTEN WEIN DER WELT BESTAUNEN

Im Historischen Museum der Pfalz in Speyer ist eine Flasche Wein aus dem Jahr 325 n. Chr. erhalten. Der edle Tropfen wird in einer grün-gelben, zylindrigen Glasflasche aufbewahrt. Bei Ausgrabungen entdeckten Forscher 1867 ein Grab mit zwei Steinsarkophagen aus dem 4. Jahrhundert. Dabei wurde auch die Weinflasche gefunden.

○ EINEN TAG IM TECHNIK MUSEUM VERBRINGEN

Wissenschaft zum Anfassen, Verstehen und Mitmachen wird im Technik Museum Speyer bereits seit 1991 geboten. Auf einer Rampe über den Dächern ehemaliger Industriehallen »schwebt« eine Boeing 747 Jumbo, als wäre sie gerade am Start und würde gleich aufsteigen; in der Halle stehen Flugzeuge zum Anfassen und Begehen. Man erfährt, wie Landekapseln von Raumschiffen von innen aussehen oder wie viel Platz U-Boote tatsächlich bieten. Genial auch für Kinder: An realen Objekten wie Löschfahrzeugen oder Lokomotiven und Schiffen werden Funktionsweisen nachvollziehbar dargestellt. Wo sonst kann man schon mal im Cockpit einer Boeing 747 Platz nehmen? In der denkmalgeschützten »Liller Halle« und auf dem riesigen Freigelände beeindrucken die Vielzahl und Größe der Exponate aus dem gesamten Technikbereich der Mobilität und des Transportwesens, ob zu Wasser, Land oder Luft, von der Vergangenheit bis zur heutigen Zeit. 1993 machte das Unterseeboot der Bundesmarine mit 46 Meter Länge und 466 Tonnen den Anfang der Superlative. Auch jede Menge Oldtimer-Autos und -Motorräder begeistern nicht nur ältere Generationen, für Kinder gibt es zahlreiche Mitmachaktionen.

○ DIE STADT UND DIE UMGEBUNG PER RAD ERKUNDEN

Im Herzen der Kaiserstadt Speyer gelegen, bieten sich vom Technik Museum aus mehrere Radtouren unterschiedlichen Anspruchs in die nähere und weitere Umgebung an. Eine leicht zu fahrende Tour führt zum westlichen Stadttor Speyers, das gegenüber vom Dom den Abschluss der Maximilianstraße bildet: das Altpörtel. Danach geht es raus zum Johanneshof auf den Feldern nahe Hockenheim – in der Gartenwirtschaft gibt es leckere Maultaschen zu essen. Über eine Brücke geht es zur Ketscher Rheininsel und vorbei am alten Forsthäuschen. Zurück nimmt man die Kollerfähre für eine malerische Überfahrt, kehrt danach noch in dem schönen Biergarten entlang des Weges ein und hat bald darauf den Dom zu Speyer wieder im Blick.

Flugzeuge zum Anfassen und rassige Oldtimer im Technikmuseum

#38 SYLT

Sylt ist die nördlichste Insel Deutschlands, der Ellenbogen der nördlichste Punkt der Republik. Aber Sylt ist nicht einfach nur eine Insel. Sylt ist auch ein Lebensgefühl. Man lässt es sich gut gehen in und hinter den bis zu 30 Meter hohen Dünen und den grünen Deichen sowie an den endlos langen Sandstränden. Vor 8000 Jahren wurde die Insel während einer Flut vom Festland abgetrennt, 1927 durch den Hindenburgdamm wieder mit ihm verbunden. Seitdem fahren alljährlich über 600 000 Feriengäste auf die 38 Kilometer lange Insel, die nur in der Mitte 12,6 Kilometer, ansonsten nur zwischen 350 und 1200 Meter breit ist. Was Sylt so einmalig und reizvoll macht, sind die abwechslungsreiche Natur und Vogelwelt, das gesunde Reizklima, die Vielfalt an Aktivitäten. Auch die so unterschiedlichen Orte. Wer Luxus und hochkarätige Unterhaltung sucht, findet diese ebenso wie diejenigen, die Ruhe und Einfachheit schätzen.

Oben: Von seiner schönsten Seite zeigt sich Sylt bei Sonnenuntergang am Roten Kliff.

Links: Mal strahlt diese Landschaft große Ruhe aus, dann wieder wird sie von den tobenden Elementen regelrecht durchgepeitscht. Während eben noch die endlos scheinende Weite beeindruckte, fasziniert oft schon wenig später das unmittelbare Erleben von Wind und Wetter. Das alles ist Sylt und noch viel mehr.

ELLENBOGEN

Sylts Nordspitze ist eine einsame Halbinsel in der Form eines Ellenbogens. Sie eignet sich wunderbar für ausgedehnte Spaziergänge. Zwischen den Dünen erheben sich malerisch die beiden Leuchttürme List Ost und List West und bieten ein tolles Fotomotiv. Von der Ellenbogenspitze kann man übers Wattenmeer bis nach Dänemark blicken.

WANDERDÜNEN IM LISTLAND

Die letzten der Wanderdünen, die noch im 19. Jahrhundert den Süden und Norden der Insel ausmachten, stehen heute unter Naturschutz und dürfen nur auf den Wanderwegen betreten werden.

ERLEBNISZENTRUM NATURGEWALTEN

Ein hochmodernes Museum in List macht die Naturgewalten, die an der Nordsee herrschen, erlebbar. So kann man sich etwa im »Sturmraum« gegen den Wind stemmen, selbst Wellen erzeugen oder im Watttunnel Muscheln und Krebse beobachten. Weitere Themen befassen sich mit Sylt und dem Klima.

BRADERUPER HEIDE

Ein Traum für Naturfreunde: In der riesigen Heidelandschaft, die im Spätsommer wunderschön blüht, wachsen zahlreiche Heidekräuter und seltene Pflanzen wie Arnika und Lungenenzian. Frei laufende Schafe pflegen die geschützte Landschaft.

WARUM IM HERBST? World Cup Sylt: Ende September gehört der Brandenburger Strand wieder den Spitzen-Surfern. Auf ihrer vorletzten Station der PWA World Tour liefern sich rund 100 Sportler Wettkämpfe in den Disziplinen Wave, Freestyle und Slalom. Den besten Blick auf Wellen und Bretter hat man von der Promenade, wo auch ein großes Rahmenprogramm stattfindet.

SYLT

DENGHOOG
Die steinzeitliche Grabkammer bei Wenningstedt zählt mit ihren tonnenschweren Findlingen als »Bausteine« zu den bedeutendsten ihrer Art in Nordeuropa. Denghoog ist die einzige, die man von innen besichtigen kann.

ROTES KLIFF
Die bis zu 30 Meter hohe und vier Kilometer lange Abbruchkante zwischen Wenningstedt und Kampen leuchtet dank eisenhaltigen Lehms überraschend rot. Entlang des Kliffs führt ein Wanderweg, der auch am Quermarkenfeuer »Rotes Kliff« vorbeiführt. Der kleine verklinkerte Leuchtturm zählt zu Sylts Wahrzeichen.

VOGELKOJE KAMPEN
Was so harmlos klingt, war bis 1921 eine Entenfanganlage. In die Falle gingen Wildenten, die im 19. Jahrhundert als Delikatesse galten. Heute ist die Anlage mit Teich und Fangreusen nur noch Museum.

SYLT AQUARIUM IN WESTERLAND
Ob Stechrochen, Katzenhaie oder Kraken – im Meerwasseraquarium in Sylts quirligem

Oben: Keitum bezaubert mit seinen reetgedeckten Friesenhäusern aus Backsteinen und ihren blau-weiß gestrichenen Türen.

Links oben: Die Nordseeinsel Sylt ist das deutsche Mekka der Windsurfer, und das Meer vor Westerland wird häufig als Austragungsort von internationalen Wettbewerben genutzt.

Links unten: Im Aquarium von Westerland lernt man trockenen Fußes die Unterwasserwelt der Nordsee kennen.

Hauptort Westerland ist man mit den Meeresbewohnern auf Augenhöhe. Besondere Highlights sind die beiden Panoramatunnels durch die »Nordsee« und »Tropen«.

ALTFRIESISCHES HAUS IN KEITUM
Zeitsprung: Wer durch die Tür dieses 1739 erbauten Kapitänshauses in Keitum geht, betritt eine vergangene Welt. Mobiliar und Hausrat von damals lassen alte Zeiten lebendig werden.

KIRCHE ST. SEVERIN IN KEITUM
Der Kirchturm diente lange Zeit den Seefahrern als Orientierungshilfe und den Keitumern als Gefängnis. Diese Zeiten sind glücklicherweise längst vorbei. Ein wichtiger Termin für Musikfreunde sind die Mittwochskonzerte.

MORSUM-KLIFF
Das imposante Kliff im Osten der Insel ist eine geologische Besonderheit, denn die Millionen Jahre alten Erdschichten sind hier nicht waagerecht, sondern senkrecht gelagert. Außerdem haben sich dort seltene Pflanzen angesiedelt. Bei einer Führung gibt's spannende Fakten!

SYLTER HEIMATMUSEUM
Walknochen statt Gartenpforte – schon im Eingang ist klar, dass es hier im Keitumer Heimatmuseum auf eine spannende Zeitreise durch die Inselgeschichte geht.

STEINZEITGRÄBER HARHOOG UND TIPKENHOOG
Mit der ewigen Ruhe ist es nicht weit her, denn die Grabanlage Harhoog aus der Jungsteinzeit musste zweimal umgebettet werden, um Bauprojekten zu weichen. Nun liegt sie direkt neben dem Grab des Hünen Tipken, der von hier aus die Insel bewacht haben soll, bis ihn ein Däne niederstreckte.

RANTUMBECKEN
Von den Nationalsozialisten als Wasserflughafen angelegt, ist das Becken heute eines der artenreichsten Vogelschutzgebiete. Im Frühsommer und im Herbst kann man Tausende von Wattvögeln beobachten, sehr gut auf einer geführten Radtour.

HÖRNUM-ODDE
Bei einem Spaziergang um die Odde kann man sehen, wie das Meer permanent an der Insel nagt. Jahr für Jahr verschluckt es Strand und Dünen und lässt die malerische Inselspitze schrumpfen.

LEUCHTTURM UND HAFEN HÖRNUM
Vom Hafen in Hörnum fahren Schiffe zu den Nachbarinseln. Und am Oststrand kann man den Leuchtturm besichtigen und besteigen und den spektakulären Ausblick auf die Inselwelt bewundern.

AUSGEHEN

GOSCH LISTER FISCHHAUS // Wer ein leckeres Fischbrötchen sucht, kommt um die Kult-Fischbuden von Gosch nicht herum. Im hauseigenen Fischrestaurant in Lists Alter Bootshalle gibt es neben dem bodenständigen Snack zudem feine Gerichte mit allem, was das Meer zu bieten hat.
// www.gosch.de

SANSIBAR IN RANTUM // Mitten in den Sanddünen brunchen? Oder ein romantisches, abendliches Fondue mit weichem Sand unter den Füßen genießen? Das alles ist in der Sansibar Kult.
// www.sansibar.de

WESTERLAND: ALTE FRIESENSTUBE // Authentisch, gemütlich, herzlich. Hier gibt es Ente aus dem Rohr und typisch friesische Gerichte. Das reetgedeckte Haus besteht schon seit 1648 und versprüht Sylter Charme pur.
// altefriesenstube.de

SHOPPING

ALTE TONNENHALLE IN LIST
Aus einer Lagerhalle wird eine Mall: Wo sich früher Bojen und Boote stapelten, locken heute Souvenirs und Kleidung, Wohnaccessoires, Bücher und Co. Touristen und Einheimische in den Norden der Insel.

STRÖNWAI IN KAMPEN
Die Reichen und Schönen shoppen auf Sylts Luxusmeile. Ob Louis Vuitton oder Chopard – eine reetgedeckte Nobelboutique reiht sich an die nächste. Die wohlverdiente Pause gibt's dann im Gogärtchen: lecker und auch für weniger Betuchte erschwinglich.

FRIEDRICHSTRASSE IN WESTERLAND
Westerlands Haupt-Einkaufsstraße erstreckt sich vom Bahnhof bis zur Strandpromenade. Kleidung, Souvenirs, Delikatessen, Wohnaccessoires – hier findet man alles, was das Herz begehrt. In der Friedrichstraße steht übrigens auch das älteste Kaufhaus der Insel: H. B. Jensen versorgt Inselbewohner und Touristen seit über 160 Jahren mit allem Notwendigen.

TEEHAUS ERNST JANSSEN
Familie Janssen aus Westerland hat sich auf hochwertigen Biotee spezialisiert. Wer eine Sylter Friesenmischung als Mitbringsel erstehen möchte, ist hier richtig.

AUSFLÜGE

● AMRUM
Was Sylt abgeht, hat die ruhigere Nachbarinsel Amrum in Massen: Sand, so weit das Auge reicht. Der breite Kniepsand zieht sich an der gesamten Westküste entlang.

Links: Der malerische Dünengürtel im Westen Sylts ist nicht nur schöne Naturlandschaft, sondern dient auch als Küstenschutz. Gäbe es die vor etwa 500 Jahren entstandenen Sandhügel nicht, müssten Deiche gebaut werden. Gleichwohl braucht auch der feine Sand schützenden Halt durch Strandhafer und Bohlenwege, die vor dem Betreten schützen.

ÜBERNACHTEN

KEITUM: BENEN-DIKEN-HOF // Wohnen im friesischen Landhausstil in familiärer Atmosphäre und dabei nicht auf Wellness verzichten? Wer in Keitum erstklassig übernachten möchte, ist bei diesem privat geführten Feriendomizil richtig.
// www.benen-diken-hof.de

WENNINGSTEDT: HOTEL MARCUSSEN // Jedes Appartement und jeder Bungalow hat einen eigenen Gartenbereich mit Strandkorb. Das über 100 Jahre alte Gästehaus versprüht echten Sylter Charme.
// www.aparthotel-marcussen.de

WESTERLAND: ALTER KONSUMVEREIN // Die Appartements in dem über 100 Jahre alten Haus sind liebevoll eingerichtet und bieten Küche und Wohnbereich.
// www.alterkonsumverein-sylt.de

AUF KEINEN FALL VERPASSEN

○ **KAFFEE UND KUCHEN IN DER »KUPFERKANNE« SCHLEMMEN**
Ein Bildhauer landet nach Kriegsende in einem ehemaligen Bunker und macht daraus ein kultiges Café. Das ist die Kurzversion der spannenden Geschichte der »Kupferkanne«. Der Kuchen und der selbst geröstete Kaffee sind legendär!

○ **EINE WATTWANDERUNG MACHEN**
Natürlich könnte man das Watt auf eigene Faust erkunden. Die Gefahren von schnell einlaufender Flut, starken Prielströmungen, Schlicklöchern und Seenebel werden aber oft unterschätzt. Daher ist es unbedingt ratsam, sich einer Führung anzuschließen. Außerdem erfährt man dabei auch viel Interessantes über das Wattenmeer.

○ **IM STRANDKORB ENTSPANNEN**
Nirgendwo lässt es sich so gut relaxen wie im Strandkorb. Gut 12 000 Stück warten an den Sylter Stränden, wer sichergehen will, bucht ihn besser schon vor der Reise. Im Oktober werden ausgemusterte Exemplare versteigert.

○ **SCHWEINSWALE BEOBACHTEN**
Wer an der Westküste Sylts merkwürdige Rückenflossen sichtet, braucht sich nicht zu erschrecken. Es sind harmlose Schweinswale. Etwa 6000 dieser 1,50 bis 1,80 Meter langen Meeressäuger leben vor der Sylter Küste. Schweinswale sind die kleinsten unter den Walarten. Überall, wo an den Strandzugängen Infotafeln auf die Wale hinweisen, kann man sie noch bis Anfang Oktober bei Windstille oder schwachem Ostwind an der Wasseroberfläche mit etwas Glück entdecken. Sogar beim Baden, wenn man etwas weiter rausschwimmt, auch beim Stehpaddeln kann man ihnen näherkommen. Die Wale sind neugierig. Wer lauscht, kann die Wale beim Luftholen hören.

○ **EINE RADTOUR ÜBER DIE INSEL MACHEN**
200 Kilometer Radwege ziehen sich über die Insel, da ist für jeden eine passende Route dabei. Und wenn der Wind mal zu sehr pustet, steigt man in den Linienbus (der auch Räder mitnimmt). Ausleihen kann man die Drahtesel überall.

Zu einem richtigen Sylt-Urlaub gehören Strandkörbe dazu.

HÜNENGRÄBER

AUSFLUG IN DIE FRÜHGESCHICHTE SYLTS

Archäologie ist vielleicht nicht das Erste, das einem einfällt, wenn man an Sylt denkt. Dabei zeugen noch viele Grabhügel von der frühen Besiedlung der Insel. Etwa 530 Grabkammern aus der Bronze-, Wikinger- und Jungsteinzeit soll es gegeben haben, das älteste von um die 3500 Jahre v. Chr. Viele hat sich die Nordsee geholt, andere liegen unter Dünen begraben oder wurden zerstört.

Der bedeutendste Fund ist das Großsteingrab Denghoog in Wenningstedt, das sich aus tonnenschweren Findlingen zusammensetzt. Solcherart Megalithgräber wurden kollektiv über einen langen Zeitraum genützt. Wenn man die Leiter hinabsteigt, sieht man, wie geräumig es innen ist. 30 Hünengräber, die meisten im Norden, kann man auf Radtouren erkunden.

Tourenvorschläge gibt's im Flyer »hünen.kulTour« in den Tourist Informationen oder als Download.

Infos: www.wenningstedt.de
www.sylt.de

#39 WÜRZBURG

Eingebettet in eine liebliche Hügellandschaft und steile Weinberge, an denen beste Reben heranwachsen, ist die alte fränkische Bischofsstadt am Main noch heute ein Zeugnis dafür, mit welcher Pracht die geistlichen Würdenträger einst residierten. Allerorten begegnet man den Heiligen Kilian, Kolonat und Totnan, drei iroschottischen Mönchen, die im 7. Jahrhundert angeblich bei dem Versuch, die Franken zu bekehren, ermordet wurden. Einige Jahrzehnte später weihte dann der heilige Bonifatius 742 den ersten Würzburger Bischof. Wie mächtig seine Nachfolger wurden, zeigen die beiden größten Gebäude der Stadt, die imposante Burg auf dem Marienberg hoch über der Stadt und das prachtvolle Barockschloss im Zentrum. Beide dienten als Bischofsresidenz. Daneben bestimmen Dutzende von Kirchtürmen und die alte Mainbrücke mit ihren mächtigen Heiligenfiguren das Stadtbild. Doch Würzburg hat auch eine lange Tradition als Universitätsstadt. Dank ihrem hohen Studentenanteil erstarrt die Frankenmetropole nicht in sakraler Ehrwürdigkeit, sondern ist bunt, frisch und lebendig.

Die Universitätsstadt am Main, in schönster Lage am Fuße der Festung Marienberg und der städtischen Weinlagen, hat trotz der fast völligen Zerstörung im Zweiten Weltkrieg heute wieder eine liebenswerte Altstadt.

Links: Festung Marienberg und die Alte Mainbrücke.

DOM ST. KILIAN
Der im 11. Jahrhundert erbaute Dom ist die viertgrößte romanische Kirche Deutschlands. Als Innenraumschmuck dient vor allem eine große Sammlung von Grabplatten, darunter die berühmte, lebensgroße Darstellung des Bischofs Rudolf von Scherenberg durch Tilman Riemenschneider.

NEUMÜNSTER
Das Neumünster wurde über dem Grab der Märtyrer Kilian, Kolonat und Totnan errichtet. Um 1700 bekam es eine neue Fassade im Stil des bewegten italienischen Barock und wurde auch im Inneren barockisiert, hier allerdings in zurückhaltendem, elegantem Weiß. Unter anderem waren die Wessobrunner Brüder Johann Baptist und Dominicus Zimmermann an der Ausgestaltung beteiligt. Sehenswert ist auch das Lusamgärtlein im ehemaligen Kreuzgang der Kirche mit dem Grabmal von Walther von der Vogelweide.

● RESIDENZ
Das von Balthasar Neumann im 18. Jahrhundert erbaute Schloss gilt als Meisterwerk des europäischen Barock, ein Gesamtkunstwerk im Zusammenspiel von Architekten, Malern und Bildhauern aus verschiedenen Ländern Europas. Besonders berühmt ist das Barockschloss für die kunstvolle Ausgestaltung der Innenräume wie beispielsweise der prunkvolle Kaisersaal und das Spiegelkabinett, ganz besonders auch für sein Treppenhaus mit dem größten Deckenfresko der Welt von Giovanni Battista Tiepolo. Sowohl die Residenz als auch der barocke Hofgarten sind UNESCO-Welterbe. Sehenswert sind auch die Hofkirche mit ihren Putten und Malerei und der Staatliche Hofkeller tief im Inneren der Residenz.

FALKENHAUS
Weiße Stuckgirlanden im Zuckerbäckerstil garnieren die hellgelbe Fassade des Falkenhauses am Marktplatz. Heute sind in dem schönen Rokokogebäude die Tourist Information und die Stadtbücherei untergebracht. In der Vergangenheit war das Haus ein nobles Gasthaus, in dem sich lange Zeit der einzige Konzert- und Tanzsaal der Stadt befand.

MARIENKAPELLE
Die gotische Bürgerkirche am Unteren Markt ist zwar kirchenrechtlich eine Kapelle, aber trotzdem von imposanter Größe. Am Marktportal sind Kopien der berühmten Riemenschneider-Figuren von Adam und Eva zu sehen. Die Originale befinden sich im Mainfränkischen Museum.

ALTE MAINBRÜCKE
Die Alte Mainbrücke mit der Festung im Hintergrund ist das Wahrzeichen Würzburgs. Die Steinbogenbrücke selbst wurde bereits im

WÜRZBURG

WARUM IM HERBST? Unbestreitbar ist Würzburg eng mit dem Weinanbau verbunden. Wer gern mehr über den Anbau, die Lagerung oder Ähnliches erfahren möchte oder sowieso schon ein Kenner und Genießer des guten Tropfens ist, darf sich im Herbst die Nacht der offenen Weinkeller nicht entgehen lassen. In den vier VDP-Prädikatsweingütern finden dann Verkostungen statt und man bekommt Einblicke »hinter die Bühne« oder besser gesagt »in den Keller«. Und noch eine Tradition dreht sich hier um den Wein, denn im Frühherbst öffnen die Heckenschänken für eine kurze Zeit ihre Türen. Dann gibt es schlichte Hausmannskost und natürlich den guten Trank in einer urigen, fränkisch-familiären Atmosphäre.

15. Jahrhundert errichtet. Die bis zu 4,50 Meter hohen zwölf Heiligenfiguren, darunter Kilian, Kolonat, Totnan, ferner Bischöfe und Patrona Franconiae, kamen ab 1725 hinzu. Die Brücke ist ein beliebter Bürgertreff: Man trinkt dort gemütlich einen Schoppen Wein, isst eine Mühlenbratwurst und genießt die tolle Aussicht auf die Stadt, die Festung und die Weinberge.

ALTER KRANEN

Der Hafenkran aus dem Jahr 1773 diente dem Entladen der Schiffe auf dem Main. Er wurde durch zwei große Laufräder bewegt, die jeweils von sechs Männern angetrieben wurden. Das malerische Industriedenkmal wurde von Anfang an unter ästhetischen Gesichtspunkten geplant. Baumeister war Balthasar Neumanns Sohn Franz Ignaz. Heute ist der Platz um den Alten Kranen an der Mainpromenade eine beliebte Ausgehadresse mit Biergarten und mehreren Restaurants.

JULIUSSPITAL

Hinter der langen Fassade an der Juliuspromenade befindet sich ein Krankenhaus, das Julius Echter von Mespelbrunn 1576 errichten ließ. Der Bischof sorgte mit der Schenkung

Oben: Auch der Alte Kranen von 1773 ist ein Wahrzeichen von Würzburg. Populär ist der Standort jedoch eher durch die netten Lokale am Main.

Links: Im 14. Jahrhundert gründeten reiche Würzburger Bürger ein Spital zur Pflege armer und kranker Menschen und statteten es mit Weinbergen aus, um den Betrieb zu finanzieren. Heute gehören Bürger- und Juliusspital zu den renommiertesten und größten Weingütern Frankens.

von Äckern, Wäldern und dem Weingut Juliusspital für die Finanzierung. Das monumentale Krankenhaus wirkt seit über 440 Jahren bis heute im christlich-sozialen Auftrag. Hinzu gekommen sind ein Seniorenstift, Palliativversorgung, Hospiz, Seelsorge und mehrere Ausbildungsstätten für Pflege- und medizinische Berufe. Das Weingut Juliusspital gehört zu den größten Deutschlands. Eine Führung durch das Weingut, vor allem durch den 250 Meter langen historischen Weinkeller mit seinen 220 Holzfässern ist absolut beeindruckend. Und in der Weinstube erwartet die Besucher gemütlich-fränkische Gastlichkeit und bester Würzburger Silvaner.

RÖNTGEN-GEDÄCHTNISSTÄTTE
Im ehemaligen physikalischen Institut der Universität Würzburg, wo Wilhelm Conrad Röntgen am 8. November 1895 die nach ihm benannten revolutionären Strahlen entdeckte, ist heute eine Gedächtnisstätte eingerichtet. Dort wird Röntgens damalige Versuchsapparatur gezeigt, aber auch ein Einblick in die experimentelle Physik des 19. Jahrhunderts gegeben. Führungen durch die Ausstellung sind nach Voranmeldung möglich.

MUSEUM IM KULTURSPEICHER
In dem einstigen Getreidespeicher am Alten Hafen wurden die Städtische Galerie und die Sammlung Peter C. Ruppert zusammengeführt. Während Erstere vor allem einen regionalen Bezug hat, handelt es sich bei der Letzteren um eine herausragende Kollektion zeitgenössischer Konkreter Kunst, die sich vor allem im Arrangement geometrischer Formen äußert. Außerdem gibt es Sonderausstellungen zur Klassischen Moderne.

SCHLOSS UND FESTUNG MARIENBERG
Die imposante Festung oberhalb der Stadt geht auf eine keltische Fliehburg zurück. Im 8. Jahrhundert wurde eine erste Marienkirche errichtet, um 1200 die Grundlagen der heutigen Burg, die im 16. Jahrhundert zum Renaissanceschloss umgebaut und in der Folgezeit zur barocken Festungsanlage umgestaltet wurde. Bis zum Umzug in die neue Residenz war sie Wohn- und Regierungssitz der Würzburger Fürstbischöfe. Heute sind dort das Mainfränkische Museum und das Fürstenbaumuseum zur Stadtgeschichte untergebracht.

MAINFRÄNKISCHES MUSEUM
Das Museum auf der Festung Marienberg widmet sich in 45 Räumen der Geschichte des mainfränkischen Raumes. Es gilt auch als bedeutendes Kunstmuseum. Das liegt vor allem

AUSGEHEN

BACKÖFELE // Ein weit über Franken hinaus bekanntes uriges Speise- und Weinlokal. Bei Kerzenschein an langen Holztischen sitzend kann man sich die vorzügliche fränkische Kost und edle Tropfen munden lassen.
// www.backoefele.de

SCHLOSSHOTEL STEINBURG // Nicht einfach ist es hier, sich für einen Essplatz zu entscheiden, alle Räume im »Traumschloss auf dem Stein«, ob Rittersaal, Gewölbe oder Terrassen, bestechen durch einzigartiges Flair. Die feinen Genießermenüs sind jahreszeitlich mediterran ausgerichtet mit orientalischen und exotischen Anleihen.
// www.steinburg.com

GASTHOF ALTER KRANEN // Dass in Würzburg auch gutes fränkisches Bier gebraut wird, beweist dieses Brauereiwirtshaus mit herrlichem Biergarten direkt am Main. Schöner kann man nicht sitzen, zapffrischen Gerstensaft genießen und fränkische Schmankerl schlemmen mit Blick auf den Main, Festung und Weinberge.
// www.alterkranen.de

an der mit rund 80 Objekten weltweit größten Sammlung von Werken Tilman Riemenschneiders, der wegen der Lebendigkeit seiner Figuren als herausragender Holzschnitzer und Bildhauer der Spätgotik angesehen wird.

KÄPPELE AUF DEM NIKOLAUSBERG

Als Käppele wird in Würzburg die Wallfahrtskirche Mariä Heimsuchung inmitten der Weinberge auf dem Nikolausberg bezeichnet, zu dem ein von Kreuzwegstationen gesäumter Treppenaufgang hinaufführt. Die Wallfahrtskirche selbst ist das letzte Bauwerk von Balthasar Neumann und wurde nach seinem Tod im überschwänglichen Rokokostil ausgestattet.

ÜBERNACHTEN

HOTEL REBSTOCK // Das nahe der Weinberge und der Innenstadt gelegene Haus wurde im Jahr 1408 erstmals erwähnt und ist somit eine der ältesten Herbergen Deutschlands. Das denkmalgeschützte Gemäuer hat 70 Zimmer und besticht durch den freundlichen, nahezu familiären Service und durch das mehrfach ausgezeichnete Gourmetrestaurant.
// www.rebstock.com

FRANZISKANER// Das familiengeführte Hotel zeichnet sich durch seine zentrale Lage und soliden Mittelklassekomfort in den modern eingerichteten, hellen Zimmern aus. Alle Sehenswürdigkeiten in der Stadt sind gut fußläufig erreichbar. Toll ist die Dachterrasse mit Blick auf Würzburg. Allerdings gibt es keinen hauseigenen Parkplatz.
// www.hotel-franziskaner.de

SHOPPING

FRANKONIA OUTLET
Das Würzburger Unternehmen ist auf Jagd- und Sportwaffen sowie Funktions- und modische Bekleidung spezialisiert und unterhält Filialen in ganz Deutschland. Hochwertige Restposten und Einzelstücke aus dem Kleidungs- und Jagdsortiment werden in diesem Shop angeboten.
// www.frankonia.de

STAATLICHER HOFKELLER
Eines der bekanntesten Weingüter Frankens und im Besitz des Freistaates Bayern. Der Hofkeller ist zudem das drittgrößte Weingut in Deutschland und unterhält Rebflächen in ganz Franken mit unterschiedlichen Rebsorten. Die Weine werden in den Kellerräumen der Residenz gekeltert und in der Vinothek im Rosenbachpalais direkt an private Kunden verkauft. Auch die Gewölbe sind – wie die restliche Residenz – Welterbe der UNESCO.
// www.hofkeller.de

AUSFLÜGE

● KITZINGEN

Die lebhafte Kreisstadt am Main mit dem alten Stadtkern, der noch den dreieckigen mittelalterlichen Grundriss erkennen lässt, war von jeher ein Zentrum des Weinhandels. Ob die Haube auf dem spätmittelalterlichen Falterturm deshalb schief geraten ist? Jedenfalls passt das Deutsche Fastnachtsmuseum dazu. Zu den architektonischen Höhepunkten der Stadt gehören insbesondere das Rathaus mit dem prächtigen Renaissancegiebel und die spätgotische Johanneskirche mit der ungewöhnlichen Freitreppe zur Empore.

WÜRZBURG

AUF KEINEN FALL VERPASSEN

○ **WEINWANDERN AUF DEM STEINWEINPFAD**
Wer genug Zeit mitbringt, sollte diesen Spaziergang auf dem vier Kilometer langen Rundweg durch Würzburgs prominenteste Weinlage nicht versäumen. Belohnt wird die Mühe des Aufstiegs mit herrlichen Panoramen. Auf Infotafeln erfährt man alles zu Wein und Weinbau, am Wegesrand liegen mehrere Weingüter und ihre Vinotheken.

○ **WÜRZBURGER RESIDENZ UND HOFGARTEN BESICHTIGEN**
Das Barockschloss Residenz gehört zu den beliebtesten Sehenswürdigkeiten in Würzburg. Prunkstück ist der Kaisersaal, prachtvoll auch die Kaiser- und Paradezimmer, Vestibül und Treppenhaus, auch die Räume der Staatsgalerie mit den Bildern venezianischer Meister, darunter Tizian, Tintoretto, Tiepolo, Veronese. In den Toskanaräumen kann man edle Möbel des Empire bewundern. Nicht versäumen sollte man einen Rundgang durch den barocken Hofgarten mit seinen ungewöhnlich in Kegelform geschnittenen Eiben im Südgarten.

○ **AUGUSTINERKIRCHE BESUCHEN**
Der Würzburger Augustinerorden wagte das Experiment, seine Kirche am Dominikanerplatz von aller barocken Pracht zu befreien und einen Andachtsort zu schaffen, der durch seine ungewöhnliche Atmosphäre, moderne Kunst, Musik und Meditation Menschen zur Besinnung einladen möchte, die nicht traditionell kirchlich gebunden sind.

○ **WEINSTUBEN ERKUNDEN UND FRANKENWEIN PROBIEREN**
Würzburg und Wein – daran führt fast kein Weg vorbei. Sehenswert sind die historischen Weinkeller mit ihren Weinschätzen allemal, zumal, wenn nach den obligatorischen Führungen eine Weinprobe winkt. Neben der Staatlichen Hofkellerei in der Residenz lohnt sich auch eine Führung im Weinkeller im Juliusspital. Im nicht weit entfernten Weingut des Bürgerspitals wird sogar schon seit 700 Jahren Wein gekeltert. Dessen Steinwein, Silvaner und Riesling kann man sowohl in der Vinothek als auch bei Kellerführungen und in den Weinstuben des Bürgerspitals verkosten, unter anderem in der kultigen Trinkstube Hockerle.

○ **AN EINER NACHTWÄCHTERFÜHRUNG TEILNEHMEN**
Auf dem kurzweiligen einstündigen Rundgang erzählt er mit Witz und Augenzwinkern Anekdoten und Geschichten zu den historischen Gebäuden.

Von der Festung Marienberg hat man einen spektakulären Blick auf die Stadt.

WINTER

Weihnachtsmärkte sind die Anziehungspunkte eines Städtetrips im Winter – und der Dresdner Striezelmarkt ist Deutschlands traditionsreichster Markt.

#40 BERLIN

Die deutsche Hauptstadt war schon immer ein Touristenmagnet und hat sich seit der Wiedervereinigung zu einem international angesagten Besucher-Hotspot entwickelt. Die riesigen Kunstsammlungen, die neuen Bauten des Regierungsviertels um den Reichstag oder auf den alten Stadtbrachen wie am Potsdamer Platz locken ebenso wie die historischen Prachtfassaden, die Parks in der Innenstadt und nicht zuletzt die kreative junge Szene in Stadtteile wie Mitte, Prenzlauer Berg, Friedrichshain und Kreuzberg.

Links: Das symbolträchtige Brandenburger Tor ist das einzige von einst 18 Berliner Stadttoren. Zugleich ist es mit der Quadriga obenauf auch glorreiches Triumphtor und wie kein anderes Monument eng mit der deutschen Geschichte verknüpft. Unter anderem markierte es die lange Teilung Deutschlands und ab 1989 die Wiedervereinigung.

Rechts: Reichstagsgebäude am Platz der Republik: Seit 1999 ist es Sitz des Deutschen Bundestages. Mit seiner gläsernen Kuppel wurde das grundlegend umgestaltete Bauwerk rasch zu einer der Hauptattraktionen Berlins.

● BRANDENBURGER TOR
Es ist das Wahrzeichen Berlins, war Symbol der Teilung und ist heute Symbol der Einheit Deutschlands: das 26 Meter hohe und 65,50 Meter breite Brandenburger Tor, das die Prachtstraße Unter den Linden mit fünf Durchlässen nach Westen abschließt.

REICHSTAG
Schon im Deutschen Kaiserreich und während der Weimarer Republik war der heutige Regierungssitz Zentrum der Macht. Für eine Führung mit Besuch der gläsernen Kuppel muss man sich anmelden. Die Reichstagskuppel, von Stararchitekt Norman Foster auf das bestehende Gebäude aufgesetzt, gehört zu den beliebtesten Touristenattraktionen Berlins.

HOLOCAUST-MAHNMAL
Unweit des Brandenburger Tors erinnert ein stets zugängliches Stelenfeld an die ermordeten Juden Europas. Informativ und berührend ist das Zentrum unterhalb der Stelen.

UNTER DEN LINDEN
Der Prachtboulevard führt zu einigen der wichtigsten Sehenswürdigkeiten der Stadt. Dazu gehören die Staatsoper, die Museumsinsel, der Dom und das neu eröffnete Berliner Schloss und Humboldt Forum.

GENDARMENMARKT
Mit dem Ensemble aus klassizistischen Prachtbauten wie dem Konzerthaus, dem Deutschen und Französischen Dom ist der Gendarmenmarkt der wohl schönste Platz Berlins. In seinem Zentrum steht eine Statue Friedrich Schillers.

BERLINER SCHLOSS & HUMBOLDT FORUM
Berlin hat sein Stadtschloss wieder, zwar nur angelehnt an den im Krieg zerstörten barocken Vorgängerbau und auch nur mit drei Seiten, die an ein Schloss erinnern. Die vierte, eher puristische Seite beansprucht das neue Humboldt Forum, ein Museumskomplex für außereuropäische Kulturen und Kunst sowie eine Ausstellung zur Stadtgeschichte. Tatsächlich ist das Humboldt Forum mit dem Ethnologischen und Museum für Asiatische Kunst der eigentliche Hausherr. Besucher sollten sich in dem populären Museum frühzeitig anmelden.

MUSEUMSINSEL
Auf einer Landzunge in der Spree befindet sich eine Konzentration hochklassiger Museen: Pergamonmuseum, Altes und Neues Museum, Antikensammlung, Museum für Vor- und Frühgeschichte und weitere Institutionen sind in fünf prächtigen Bauten zu Hause.

BERLIN

WARUM IM WINTER? Berlins Touristenmassen halten sich im Winter in Grenzen, das heißt, weniger lang anstehen vor den Museen; und bei kühlen Temperaturen auch mehr Muße haben, den gewaltigen Schatz an Museen anzuschauen. Das Bühnenprogramm in den großen Theatern der Hauptstadt, in Staatsoper, Philharmonie und unzähligen Showbühnen läuft jetzt auf Hochtouren. Und wenn dann noch im Februar vor dem Berlinale Palast die roten Teppiche ausgerollt werden, rüstet sich Berlin für das schillerndste Ereignis im Jahr: die Berlinale. Dann steht man Schlange, um Karten für das weltgrößte Publikumsfestival des Films zu ergattern oder reiht sich in die Reihen der Fans ein, um einen Blick auf die internationale Filmprominenz zu erhaschen, die bei eisiger Kälte in dünnen Abendkleidern auf dem roten Teppich posiert.

NIKOLAIVIERTEL
Zum 750. Geburtstag der Stadt wurde 1987 das fast völlig zerstörte Nikolaiviertel nach historischen Vorbildern neu aufgebaut, sodass die Illusion einer Altstadt entstanden ist. Sehenswert in dem Flanierviertel sind die Nikolaikirche mit ihren zwei Türmen, Ephraimpalais, Knoblauchhaus und das Theater. Auch diverse Altberliner Kneipen lohnen einen Besuch.

POTSDAMER PLATZ
Er ist mehr als ein Platz – ein gigantisches urbanes Zentrum voller Glanz und Glas mit Wohnquartieren, Shoppingmalls, Luxushotels, Entertainment- und Showbühnen. Stararchitekten wetteiferten um die kühnsten Konstruktionen, deren eindrucksvollste das Sony Center mit seiner Zeltdachkonstruktion ist. Noch immer wird gebaut und umgebaut, ganz neu sind die Potsdamer Platz Arkaden mit 90 Geschäften und Flagship Stores.

KULTURFORM & NEUE NATIONALGALERIE
Das Kulturforum westlich vom Potsdamer Platz gehört mit seinen Kunstmuseen, Biblio-

Oben: Wer die restaurierten Hackeschen Höfe betritt, wird mit Glanz empfangen: Golden, blau und grün glasierte Ziegel, nach historischem Vorbild gebrannt, in dynamischen Mustern angeordnet – sie ziehen einen geradezu hinein in die eleganten Höfe.

Links: Während der Filmfestspiele wird das Musical-Theater am Potsdamer Platz jedes Jahr zum Berlinale-Palast.

Rechts: Seit 1969 steht der Fernsehturm, mit 368 Meter höchstes Bauwerk Berlins, mitten in der Stadt. In nur 40 Sekunden bringt ein Fahrstuhl Besucher zur 203 Meter hohen, rotierenden Aussichtsplattform.

theken und der Philharmonie zu den kulturellen Highlights in Berlin, insbesondere nachdem unlängst nach einem Umbau die Neue Nationalgalerie wiedereröffnet worden ist. Auch ein Konzert der Berliner Philharmoniker in dem kühn geschwungenen Konzerthaus von Hans Scharoun dürfte zu den Höhepunkten eines Berlinbesuchs gehören.

CHECKPOINT CHARLIE
Eine nachgebaute Kontrollbaracke erinnert an den denkwürdigen Grenzübergang zwischen Ost- und Westberlin in der Friedrichstraße und Schauplatz spektakulärer Fluchten von der DDR in den Westen.

AUSGEHEN

ARMINIUS MARKTHALLE // Von allem etwas probieren – alte Markthallen mit ihren Street-Food-Ständen sind der Hit in Berlin: Ceviches, Pasta, Teigtaschen, Puddingtörtchen holt man sich an den Ständen und verspeist sie an langen Tischen.
// arminiusmarkthalle.com

FACIL // Das Gourmetrestaurant im fünften Stock des Mandala Hotels am Potsdamer Platz zeichnet sich durch exzellente französische Küche aus. Der besondere Clou: Im Sommer kann das Glasdach des Restaurants einfach beiseite geschoben werden.
// www.facil.de

SAIGON GREEN // Vietnamesische Lokale gibt es wie Sand am Meer in Berlin, das zentrumsnahe Lokal in der Kantstraße ist eines der besten, auch Sterneköche sollen hin und wieder gesichtet worden sein.
// saigon-berlin.de

JÜDISCHES MUSEUM
Schon wegen des Neubaus von Daniel Libeskind ist dieses Museum einen Besuch wert. Die Dauerausstellung beschäftigt sich mit zwei Jahrtausenden deutsch-jüdischer Geschichte.

FERNSEHTURM UND ALEXANDERPLATZ
Einfach grandios ist der 360°-Panoramablick von der Aussichtsplattform des Fernsehturms in 203 Meter Höhe. Das Drehrestaurant auf dem selben Level öffnet schon morgens, sodass man sogar frühstücken kann in luftiger Höhe. Der Alex, wie der Alexanderplatz kurz heißt, ist ein beliebter zentraler Treffpunkt, vor allem unter der fotogenen Weltzeituhr. Mit den großen Kaufhäusern ist der Alex auch Shoppingmeile.

HACKESCHE HÖFE
Sie ist die schönste Hofanlage im Zentrum Berlins: Ein Gebäudekomplex mit Wohnungen, Ateliers, Boutiquen, Läden, Restaurants, Kinos und Galerien gruppiert sich um acht Innenhöfe, die alle Anfang des 20. Jahrhunderts entstanden sind, damals mit Jugendstilelementen ausgeschmückt und mit farbig glasierten Kacheln verkleidet, nun nach altem Vorbild restauriert und Magnet für Berliner und Touristen.

GEDENKSTÄTTE BERLINER MAUER
Mitten durch die Bernauer Straße verlief die Grenze. Die Gedenkstätte der Berliner Mauer erinnert mit Filmen, einer Ausstellung und einem Dokumentationszentrum an diese Zeit.

PRENZLAUER BERG
Der Vorzeige-Stadtteil mit seinen sanierten Bürgerhäusern ist Wohnquartier für gut Betuchte und bekannt für seine internationalen Restaurants, Cafés und Bars sowie dem schönsten Wochenmarkt Berlins, samstags auf dem Kollwitzplatz, Ökomarkt am Donnerstag.

EAST SIDE GALLERY
Wenige Monate nach dem Fall der Mauer bemalten 118 Künstler aus 21 Ländern den längsten noch erhaltenen Abschnitt der Mauer in Berlin-Friedrichshain. So entstand das einzigartige Mauer-Zeitzeugnis an der Mühlenstraße zwischen Ostbahnhof und Oberbaumbrücke.

GEDÄCHTNISKIRCHE
Eines der Wahrzeichen Berlins ist die Kaiser-Wilhelm-Gedächtniskirche, die Ende des 19. Jahrhunderts erbaut, 1943 zerbombt und danach nicht wiederaufgebaut, sondern ab dem Jahr 1961 durch einen neuen Altarraum ergänzt wurde. Dieser erstrahlt im Innern in magisch blauem Licht.

SCHLOSS CHARLOTTENBURG
Das größte und schönste Berliner Schloss besitzt eine gelbe Fassade, die rekordverdächtige 505 Meter Breite misst. In seinem Inneren sind verschiedene Prunkräume zu besichtigen sowie das Museum für Vor- und Frühgeschichte.

SHOPPING

GALERIES LAFAYETTE
Pariser Einkaufsflair mitten in Berlin: Auf den fünf Etagen findet man elegante französische Mode und Accessoires, eine französische Buchhandlung und eine exquisite Lebensmittelabteilung.
// www.galerieslafayette.de

KADEWE
Das 1907 eröffnete Kaufhaus des Westens ist seit jeher ein Shopping-Tempel der Extraklasse. Nicht zu toppen ist die Feinschmeckeretage mit ihren Champagner-Bars.
// www.kadewe.de

FLOHMARKT IM MAUERPARK
Immer wieder sonntags kann man in Berlins beliebtestem Flohmarkt nach Vintage-Klamotten, extravaganten Accessoires, Möbeln, Trödel und Schallplatten stöbern. Bei 400 bis 450 Händlern wird man garantiert fündig. In den Seitenstraßen gibt's nette, alternative Cafés zum Chillen.
// www.flohmarktimmauerpark.de

ÜBERNACHTEN

ART LUISE KUNSTHOTEL // Freunde der Kunst zieht es in das restaurierte klassizistische Stadtpalais aus dem Jahr 1825. Über 50 Künstler haben den Zimmern ihre persönliche künstlerische Note gegeben.
// www.luise-berlin.com

GARDEN LIVING HOTEL // Romantisch wohnen in einer grünen Oase mitten im historischen Zentrum Berlins. Das stilvolle Hotel von 1865 bietet behagliche Zimmer und Appartements, angesagte Cafés, Bars und Restaurants vor der Türe.
// www.gardenliving.de

ART NOUVEAU // Ein Stilmix aus Alt und Modern in einem Jugendstilgebäude nahe Kurfürstendamm. Individuell und kräftig farbig gestaltete Interieurs.
// www.hotelartnouveau.de

AUF KEINEN FALL VERPASSEN

◯ **SICH INS BERLINER NACHTLEBEN STÜRZEN – IN KNEIPEN, BIERGÄRTEN ODER KELLERKLUBS**
Das Berliner Nachtleben ist so vielfältig wie die Stadt selbst. Ab in den Osthafen mit Techno-Tempel Watergate oder an den Savignyplatz in den Jazzkeller Quasimodo! Neues Partyviertel ist Kreuzkölln zwischen Kreuzberg und Neukölln.

◯ **ÜBER BERLINER WEIHNACHTSMÄRKTE BUMMELN**
Nicht nur einer, sondern gleich mehrere Weihnachtsmärkte locken mit Glühweinduft und Lichterglanz Besucher an. Aber keiner strahlt so schön und märchenhaft wie der Weihnachtsmarkt am Gendarmenmarkt. Bei so viel Show, Kunsthandwerk und Gaumenfreuden bekommen selbst Erwachsene glänzende Augen.

◯ **EINE ORIGINAL BERLINER CURRYWURST ESSEN**
Die Berliner Currywurst wird ohne Darm im Öl gebraten. Am besten genießt man sie im Traditionsimbiss Konnopke in der Schönhauser Allee, bei Curry36 am Bahnhof Zoo oder in Bioqualität bei Witty's am Wittenbergplatz.

◯ **EINE RUNDFAHRT AUF DER SPREE BUCHEN**
Berlin vom Wasser aus, auf einer zwei- bis dreistündigen Brückenfahrt unter einem anderen Blickwinkel erleben, macht im Sommer natürlich noch mehr Spaß. Im Winter ist aber auch schon die einstündige Historische Rundfahrt ziemlich eindrucksvoll. Mehrere Anbieter haben Spreefahrten im Programm, darunter Stern + Kreis Touristik.

◯ **SHOWTIME AUF BERLINS BÜHNEN GENIESSEN**
Die dunkle Jahreszeit ist auch Blütezeit für die großen Bühnen der Weltstadt: Oper oder Ballett in der Staatsoper Unter den Linden, ein Musical oder eine Operette im Theater des Westens, Amüsement im Wintergarten Varieté oder Blaues Wunder in der Blue Man Show, eine der Vorstellungen krönt jeden Berlinbesuch.

Mehrere Hundert Currywurstbuden in der Stadt verkaufen Berlins Imbissschlager.

BERLINER MUSEEN

MIT DEM MUSEUMSPASS AUF TOUR

Draußen ist es kalt und frostig – endlich eine gute Zeit für eine Tour durch die reiche Museumslandschaft der Hauptstadt. Wer sich für alte Kulturen und Kunst interessiert, kommt an den fünf Museen auf der Weltkulturerbe-Museumsinsel nicht vorbei und erst recht nicht am neuen Humboldt Forum. Auch der Moderne zugeneigte Kunstliebhaber haben die Qual der Wahl, die Neue Nationalgalerie sollte aber erste Wahl sein.

Beim Finden seiner Lieblingsmuseen ist das Museumsportal Berlin eine tolle Hilfe, es führt nach Themen gefiltert zu den 200 Sammlungen der Hauptstadt und deren aktuellen Ausstellungen.

Die zweite lobenswerte Einrichtung ist der Museumspass Berlin: Zum Preis von 29 Euro erhält man drei Tage lang freien Zugang zu 30 bekannten Museen. Aber Stopp! Nicht gleich losziehen, sondern vorher via Internet ein Zeitfenster buchen, denn ohne das kostenlose Zeit-Ticket kommt man in die angesagten Museen Berlins nicht oder nur mit langen Wartezeiten hinein.

🌐 Infos: www.museumsportal-berlin.de // www.visitberlin.de/de/museumspass-berlin

#41 BREMEN

Bremen, bereits im Mittelalter mächtig stolze Hansestadt, ist immer noch ein bedeutender Seehandelsplatz. Der Zweite Weltkrieg hat das Gesicht der Stadt stark entstellt. Viel historische Bausubstanz ging verloren, moderne Trabantenstädte entstanden. Doch zwischen Domhügel und Weser blieb der alte Charme erhalten. Bei einem Spaziergang durch Bremen wird die Bedeutung der Bürgerlichkeit rasch sichtbar. Kirchen oder Kathedralen prägen hier nicht wie anderswo die Architektur. Eine Ausnahme macht der Dom St. Petri mit seinen zwei Türmen direkt am Marktplatz. Der spätgotische Bau ist durchaus imposant, hat aber unter jahrelanger Vernachlässigung gelitten. Aufwendiger angelegt und liebevoller gepflegt ist das 600 Jahre alte Rathaus. Oder die Böttcherstraße zwischen Rathaus und Weser. Mittelalterliche Häuser, dem Verfall geweiht, erstrahlen längst wieder in neuem Glanz. Auch das Schnoor, eines der ältesten Viertel der Stadt, ist durch und durch bürgerlich. Hier reihen sich Fachwerkhäuser aneinander, die man in Bremen sonst nicht häufig sieht.

Oben: Der mehr als 3400 Quadratmeter große Marktplatz von Bremen zählt zu den schönsten des Landes. Außer dem Weihnachts- und dem Kleinen Freimarkt finden hier jedoch keine Märkte mehr statt.

Links: Durch und durch ein Gesamtkunstwerk ist die elegante Böttcherstraße.

● ALTSTADT

In der Altstadt, umzogen von Stadtgraben und ehemaligen Wallanlagen, zeigt sich Bremen von einer besonders romantischen und malerischen Seite. Rund um den Marktplatz sind die ältesten Gebäude und berühmtesten Skulpturen der Stadt versammelt. Neben dem Rathaus aus dem 15. Jahrhundert mit einer Renaissancefassade aus dem 17. Jahrhundert steht die berühmte Bronzeplastik der Bremer Stadtmusikanten von Gerhard Marcks. Im Dom St. Petri aus dem 11. Jahrhundert mit zwei 98 Meter hohen Türmen wird von einer Barockkanzel aus dem 17. Jahrhundert – einem Geschenk von Königin Christine von Schweden – gepredigt. Sehenswert sind auch die Böttcherstraße mit ihren hohen Giebelhäusern und das Schnoorviertel, das älteste Wohn- und Künstlerviertel. In den Bürgerhäusern aus dem 15. bis 18. Jahrhundert befinden sich Galerien, Museen und Kunstgewerbegeschäfte.

RATHAUS UND ROLAND

Das Rathaus und der Roland auf dem Marktplatz gehören zu den prominentesten Bauwerken der Hansestadt Bremen. Das Rathaus wurde zwischen 1405 und 1410 im Stil der Backsteingotik errichtet. 200 Jahre später verschönerte man es mit einer Renaissancefassade. Die 13 Meter breite, 40 Meter lange und acht Meter hohe Halle war einst ein Gerichtssaal. Seit vielen Jahren dient die vornehme Halle den Bremer Reedern und Schiffern als Kulisse ihrer alljährlich stattfindenden »Schaffermahlzeit«. Ebenso berühmt wie sein Festsaal ist der Weinkeller des Rathauses. Über

BREMEN

WARUM IM WINTER? Um Tee zu trinken im Schnoor: Das behagliche Teestübchen in einem schmalen Fachwerkhaus passt perfekt, um sich nach einem Winterspaziergang im Bürgerpark aufzuwärmen. Im Winter ist zudem Saison für Kohl und Pinkel. Das deftige Nationalgericht Bremens genießt man am besten in der Gruppe auf einer zünftigen Kohltour mit Bollerwagen und Hochprozentigem und übt sich unterwegs in allerhand Schabernackwettkämpfen. Wer keine Gruppe hat, kann das traditionelle Wintergericht in zahlreichen Lokalen probieren. Literarisch Interessierte zieht es im Januar zur Literarischen Woche mit Lesungen, Filmen, Talks und Ausstellungen.

Ganz oben: Prächtige Bürgerhäuser und das Rathaus säumen den Marktplatz.

Oben: Die 50 Meter hohe Rolandstatue auf dem Marktplatz ist ein Wahrzeichen von Bremen.

Bilder links: Wie aus der Zeit gefallen wirkt Bremens ältester Stadtteil Schnoor.

BREMEN

Rechts: Das Innere des St.-Petri-Doms ist im Stil der Gotik gehalten.

600 alte Weine lagern in den Gewölben. Mitten auf dem Platz vor dem Rathaus steht der 5,50 Meter hohe Roland (1404), ein Sinnbild der Stadtfreiheit und der Gerichtsbarkeit Bremens. Seit 2004 gehört das Ensemble Rathaus mit Roland zum Weltkulturerbe der UNESCO.

BÖTTCHERSTRASSE

Die berühmteste Straße Bremens ist eine 108 Meter lange, stilvoll rekonstruierte mittelalterliche Handwerkergasse mit dekorativen Backsteinhäusern mit kunstvollen Giebeln, Erkern, Türmchen und Bogengängen. Die meisten Gebäude gehen zurück auf die Initiative des Bremer Kaffeekaufmanns und Mäzens Ludwig Roselius, dessen hochkarätige Kunstsammlung aus dem Spätmittelalter, der Renaissance, Gotik und des Barock im gleichnamigen Museum in der Böttcherstraße zu sehen ist, unter anderem mit Bildern von Lucas Cranach d. Ä., Tafelmalerei und einem Silberschatz aus Riga. Ebenfalls sehenswert in der Straße ist das Paula Modersohn-Becker Museum, das die Werke der Worpsweder Künstlerin zeigt. Auch die exquisiten Kunsthandwerksgeschäfte, Manufakturen und Galerien laden zum Schauen, Stöbern und Bummeln ein.

DOM ST. PETRI

Der Bremer St.-Petri-Dom ist wie so viele Kirchen ein über die Jahrhunderte gewachsenes Bauwerk, das erst im 19. Jahrhundert sein heutiges Erscheinungsbild bekam. Ab dem 11. Jahrhundert wurde der romanische Bau aus Sandstein und Backstein über den Fundamenten vorheriger Bauten errichtet. Im gotischen Stil wurde er bis in das 13. Jahrhundert umgebaut, seitliche Kapellen wurden im 14. Jahrhundert hinzugefügt, und ab 1502 wurde er in eine spätgotische Hallenkirche umgestaltet, bis die Reformation den Umbau stoppte, als nur ein neues Nordseitenschiff entstanden war. Eine umfassende Restaurierung erfolgte schließlich im späten 19. Jahrhundert in Anlehnung an das Aussehen mit Doppelturmfassade im Westen und neoromanischem Vierungsturm. 265 Wendeltreppenstufen führen auf den 98 Meter hohen südlichen Turm hinauf. Oben winkt eine traumhafte Aussicht auf die Stadt.

AUSGEHEN

»DAS VIERTEL« // Ostertor und Steintor sind die Szeneviertel Bremens und vor allem bei Nachtschwärmern beliebt. Hier finden sich hippe Kneipen und Bars.
// www.bremen-city.de/quartiere/das-viertel

SCHÜTTINGER GASTHAUSBRAUEREI // In der ältesten Gasthausbrauerei der Stadt sitzt man gesellig an langen Holztischen. Es wird gediegene Hausmannskost serviert und es gibt nicht nur Gerstensaft zu trinken. Die Bier-Happy-Hour ist täglich zwischen 15 und 18 Uhr!
// www.schuettinger.de

BECKS IN'N SNOOR // Mit dem urgemütlichen Lokal mitten im Schnoorviertel setzt die bekannte Bremer Brauerei die uralte Tradition der Brauerei-Gasthöfe fort. Die Grützwurst kommt kross gebraten mit Bratkartoffeln, Gewürzgurke und Apfelkompott auf den Teller.
// www.becks-im-schnoor.de

SCHNOORVIERTEL

Auf dem Pflaster der autofreien verwinkelten Gassen im Schnoorviertel fühlt man sich in die Vergangenheit versetzt. Dieses Gängeviertel aus dem Mittelalter zählt zu dem wohl am frühesten besiedelten Teil der Stadt. Das Schiffshandwerk gab ihm seinen Namen: In den Gassen und Gängen wurden typische Berufe und Handwerke ausgeübt, darunter auch Seile- und Tauemacher – »Schnoor« beutet Schnur. Die ältesten noch erhaltenen Häuser sind das Haus Schnoor 15 aus dem Jahr 1402 und das Packhaus Schnoor 2 von 1401. In den 111 schmalen und giebelständigen Häusern verschiedener Baustile wohnen und arbeiten Kunsthandwerker und Schmuckdesigner. Stilvolle Restaurants, Antiquitätengeschäfte, Teestübchen und Cafés. Außerdem findet sich dort ein kleines Museum, das Bremer Geschichtenhaus, ein Hochzeitshaus zum Übernachten und kleine Packhaustheater.

SHOPPING

BERNSTEIN-ATELIER AM SCHNOOR
Mitten im historischen Schnoorviertel, in der kürzesten Straße Bremens hat sich ein Atelier für Bernstein-Schmuck etabliert.
// www.bernstein-atelier.de

BREMER BONBON MANUFAKTUR
Süße Mitbringsel von Bremen – in der Bonbon Manufaktur ist alles vor Ort handgemacht: Bremer Babbelerstangen, Tannenbaum-Lollis, Weihnachtsbonbons, Lakritz, Salzkaramell, Bonbons in allen Geschmacksrichtungen von Amaretto bis Scharfe Cola. Läden in der Böttcherstraße und im Schnoor.
// www.bremer-bonbon-manufaktur.de

AUSFLÜGE

● BREMERHAVEN
Bremens Hafen an der Nordsee liegt 60 Kilometer nördlich der Hansestadt. Ein echtes Highlight für Maritim-Fans ist am Alten Hafen das Schifffahrtsmuseum mit seinen Museumsschiffen. Besuchermagnet im Neuen Hafen sind die »Havenwelten« mit dem multimedialen Klimahaus und den Ausstellungen zum Weltklima, die Aussichtsplattform Sail City, Leuchtturm und Zoo am Meer. Damit nicht genug: Im historischen Teil des Fischereihafens ist mit dem »Schaufenster Fischereihafen« eine bunte Meile entstanden mit Cafés, Bistros, Kneipen und maritimen Läden.

AUF KEINEN FALL VERPASSEN

○ DEN BREMER STADTMUSIKANTEN EINEN BESUCH ABSTATTEN

Wer kennt nicht das Märchen von Esel, Hund, Hahn und Katze, die ihr nacktes Leben retten und in Bremen musizieren wollen? Es steckt ein Fünkchen Wahrheit darin. Zum Beispiel, dass die Stadt im 14. Jahrhundert wirklich ein bekannter Ort für musikalische Veranstaltungen war. Und noch etwas soll stimmen: Mittellose Musikanten konnten darauf hoffen, in Bremen auf mildtätige und sozial eingestellte Bürger zu treffen, die sie aufnahmen. In Bremen gibt es mehrere Abbildungen der vier Tiere. Die berühmteste Skulptur steht an der Westseite des Rathauses.

○ DIE MUSEEN DER BÖTTCHER-STRASSE BESUCHEN

In der »heimlichen Hauptstraße« Bremens, der Böttcherstraße, befinden sich zwei miteinander verbundene Museen: Das Ludwig Roselius Museum zeigt Kunst vom Mittelalter bis zum Barock; außerdem verbindet es großbürgerliche Wohnkultur mit Kunst. Das Gebäude des Paula-Modersohn-Becker-Museums ist ein wichtiges Beispiel expressionistischer Architektur. In seinem Innern birgt es Sammlungen von Paula Modersohn-Becker (1876–1907) und Bernhard Hoetger (1874–1949). Wechselnde Sonderausstellungen komplettieren das hochkarätige Programm der beiden Museen.

○ DURCHS SCHNOORVIERTEL SCHLENDERN

Als ältester Stadtteil Bremens breitet sich das Schnoorviertel zwischen Dombezirk und Weser aus. Viele Häuser des ehemaligen Wohnquartiers der Handwerker und Fischer stammen noch aus dem 15. und 16. Jahrhundert. Das Viertel wurde in den Jahren 1955 bis 1975 saniert und zeigt sich heute malerisch ausgestattet mit vielen schnuckeligen Läden, Galerien, Werkstätten und Gastronomiebetrieben.

○ IM UNIVERSUM SCIENCE CENTER STAUNEN

250 Stationen auf 4000 Quadratmeter Ausstellungsfläche: Bei einem Rundgang durch das Wissenschaftserlebniszentrum werden die Besucher durch drei große Themenbereiche geleitet: Mensch, Erde und Kosmos. Das Thema Mensch erstreckt sich von der Sekunde der Zeugung über unsere Sinne bis zu den Welten in unseren Köpfen. Das Thema Erde ist eine Expedition zum Mittelpunkt unseres Planeten. Man erlebt, wie Planeten entstehen, wie die Erde im Innersten und an der Oberfläche aussieht. Das Thema Kosmos bringt uns die Weiten des Alls näher.

○ EINER RATHAUS- UND RATSKELLERFÜHRUNG FOLGEN

Das von über 600 Jahren Tradition geprägte Bremer Rathaus ist das größte noch in seiner Funktion erhaltene mittelalterliche Rathaus und seit 2004 UNESCO-Welterbe. Die einstündige Führung lässt sich gut mit einer Ratskellerführung verbinden, die ein traditionsreiches Kapitel von Bremen in Geschichte und Geschichten, auch über die illustren Gäste und Schätze, die hier lagern, offenbart.

Das Goldrelief markiert den Eingang zur Böttcherstraße.

#42 DRESDEN

Über das »Florenz« an der Elbe muss man eigentlich keine Worte verlieren. Die sächsische Landeshauptstadt gilt zu Recht als eine der schönsten Städte Europas. Dabei gibt es noch viel mehr zu entdecken als Frauenkirche, Zwinger und Semperoper. Dresdens Stern ging im Jahr 1485 auf. Die Brüder Ernst und Albrecht III. von Sachsen beschlossen, das Herzogtum zu teilen, und Albrecht, der den Südosten erhielt, brauchte nun eine neue Residenzstadt. Die Wahl fiel auf das unbedeutende Dresden. Seinen wahren Glanz und viel seiner heutigen Gestalt erhielt es unter Kurfürst August dem Starken. Der scheute keine Kosten und Mühen, Dresden zu einer der schönsten Städte Europas auszubauen. Im Gegensatz zu dem französischen Sonnenkönig Ludwig XIV. aber, der das gigantische Schloss Versailles zum absoluten Mittelpunkt seines Reiches machte, ließ August eine Vielzahl kleinerer Gebäude schaffen, darunter auch die ersten öffentlichen Museen. Die Bomben des Zweiten Weltkriegs richteten dann im Zentrum großen Schaden an, inzwischen aber erstrahlen die meisten wichtigen Gebäude in altem Glanz.

Links: Im Jahr 2005 wurde die neue Frauenkirche geweiht. Menschen aus aller Welt hatten sich mit Spenden am Wiederaufbau beteiligt und die Kirche zu einem Sinnbild der Versöhnung werden lassen.

Rechts: Dresden zeigt sich von seiner besten Seite: Die Brühlsche Terrasse und die Türme der historischen Altstadt sind das Aushängeschild der Stadt.

● FRAUENKIRCHE
George Bährs barockes Meisterwerk wurde 1726 bis 1743 errichtet. Zwei Jahrhunderte prägte die Kuppel der Frauenkirche die Stadtsilhouette, bevor sie zwei Tage nach den Luftangriffen vom 13. Februar 1945 schwer getroffen zusammenbrach. Nach beinahe 50 Jahren als Ruine und nach einem Aufbauwerk, an dem sich Menschen aus aller Welt beteiligten, konnte das protestantische Gotteshaus im Oktober 2005 wieder geweiht werden. Von der Aussichtsplattform über der Kuppel hat man einen phänomenalen Rundumblick.

NEUMARKT
Im Streit um den Wiederaufbau des Neumarkts obsiegten die Traditionalisten. Bei den fertiggestellten Gebäuden sind nun »barocke« Fassaden mit modernem Innenleben die Regel. Der Platz mit dem Blick auf die Frauenkirche ist historischer und gegenwärtiger Mittelpunkt der Stadt.

FÜRSTENZUG
Eine außergewöhnliche Ahnengalerie ziert die Außenseite des Langen Gangs in der Augustusstraße. Sie zeigt die Wettiner Herrscher von Konrad dem Großen bis zu König Georg. Das zunächst in der Sgraffito-Technik ausgeführte, 102 Meter lange Werk wurde im Jahr 1907 auf 25 000 Meißner Kacheln übertragen und gilt seither als das größte Porzellanbild der Welt.

BRÜHLSCHE TERRASSE
Einen Teil der einstigen Stadtbefestigung schenkte Kurfürst Friedrich August II. seinem Premierminister Graf Heinrich von Brühl, der das Areal zu einem Lustgarten umgestalten ließ. Die heutige Promenade über dem Fluss besticht durch ihre grandiose Aussicht auf die Elbe und auf einige repräsentative Bauten der Stadt wie die Hochschule für Bildende Künste mit ihrer mächtigen Glaskuppel, das Palais Sekundogenitur sowie auf Kunstmuseum Albertinum mit Skulpturensammlung und Gemäldegalerie Neue Meister.

HOFKIRCHE
Friedrich August II., der wie sein Vater August der Starke zum katholischen Glauben überge-

DRESDEN

WARUM IM WINTER? Alljährlich am Mittwoch vor dem ersten Advent ist es wieder so weit: Der Altmarkt in Dresden erstrahlt in weihnachtlichem Glanz. Die umstehenden Gebäude sind festlich beleuchtet, aus den weihnachtlich geschmückten Buden strömt der Duft von gebrannten Mandeln, obwohl auf dem Striezelmarkt der Dresdner Stollen der Star ist. Nach ihm ist auch der Markt benannt. Mittelpunkt des Marktes ist die fast 15 Meter hohe Stufenpyramide aus dem Erzgebirge; sie ist die größte der Welt. Der Striezelmarkt ist der älteste Weihnachtsmarkt in Deutschland. 1434 wird er erstmals urkundlich erwähnt. Wenn am Posaunenabend die Hörner erklingen, dann sind all die Weltrekorde vergessen und man taucht ein in eine einmalige Weihnachtsstimmung.

treten war, ließ ab 1738 die katholische Hofkirche errichten. Die Entwürfe im Stil des römischen Spätbarock lieferte der Baumeister Gaetano Chiaveri, den Figurenschmuck steuerte Lorenzo Mattielli bei. Im Inneren befindet sich ein Umgang für die Prozessionen, welche auf den Straßen des protestantischen Dresden verboten waren. In der Gruft der Kirche birgt eine Urne das Herz Augusts des Starken.

RESIDENZSCHLOSS

Der prachtvolle Renaissancebau gegenüber der Semperoper wurde im Lauf seiner über 700-jährigen Geschichte mehrfach umgebaut und den jeweiligen Bedürfnissen wie auch dem Zeitgeschmack angepasst. Nach der Zerstörung am 13. Februar 1945 begann man noch zu DDR-Zeiten mit der Rekonstruktion. Das Schloss beherbergt einen Teil der Staatlichen Kunstsammlungen Dresden (SKD), die 15 hochkarätige Museen umfasst, darunter das Neue und das Historische Grüne Gewölbe, die Kunstbibliothek sowie das Kupferstichkabinett. Vom 100 Meter hohen Hausmannsturm des Schlosses hat man einen tollen Blick über die Stadt.

Oben: Von den Lang- und Bogengalerien blickt man über das barocke Gesamtkunstwerk des Zwingers mit dem Wallpavillon auf der Westseite der Anlage.

Links: Auch auf dem Weihnachtsmarkt auf dem Neumarkt stehen Buden.

GRÜNES GEWÖLBE

Die Schatzkammer Dresdens ist einer der größten Besuchermagnete in der Stadt. Die in zehn unterschiedlich gestalteten Prachtsälen im Historischen Grünen Gewölbe ausgestellten 3000 Exponate aus der Kunstsammlung Augusts des Starken sind von unschätzbarem Wert. Das Neue Grüne Gewölbe präsentiert hochkarätige Schatzkunst in etwa 1000 Einzelstücken der Superlative aus Gold, Silber, Elfenbein und Edelsteinen, neben dem größten je gefundenen Diamanten und dem mit über 5000 Diamanten und Smaragden besetzten Thron eines Großmoguls auch Kurioses wie ein Kirschkern, in den 185 Köpfe eingeritzt sein sollen.

● ZWINGER

Er ist das Aushängeschild des sächsischen Barock und ein Höhepunkt höfischer Festarchitektur. Im Auftrag Augusts des Starken wurde der Zwinger ab 1709 an der Stadtbefestigung – daher der Name – errichtet. Das einzigartige Ensemble besteht aus Pavillons sowie Lang- und Bogengalerien, die von dem Baumeister Matthäus Daniel Pöppelmann spiegelbildlich um einen Hof gruppiert wurden. Wahrzeichen des Zwingers wie der Stadt Dresden ist das Kronentor mit seiner von Adlern getragenen Königskrone auf der markanten Zwiebelkuppel. Der Zwinger beherbergt die Porzellansammlung und den Mathematisch-Physikalischen Salon sowie – in dem bis 1855 von Gottfried Semper geschaffenen Galeriebau – die »Gemäldegalerie Alte Meister«.

SEMPEROPER

Das im Zweiten Weltkrieg zerstörte Haus wurde 40 Jahre später, am 13. Februar 1985, mit Carl Maria von Webers »Der Freischütz« wiedereröffnet. Heute zählt es zu den bekanntesten Opernspielstätten der Welt. Besucher kommen nicht nur wegen des Ensembles und der hier beheimateten Staatskapelle, sondern auch wegen des prächtigen Zuschauerraums und der originalgetreu rekonstruierten Vestibüle und Foyers.

GEMÄLDEGALERIE ALTE MEISTER

Die Gemäldesammlung alter Meister vom 15. bis 18. Jahrhundert im Semperbau am Zwinger gehört zu den weltweit renommiertesten Kunstsammlungen. Glanzstücke sind Raffaels »Sixtinische Madonna«, Rubens' »Leda mit dem Schwan« und Rembrandts »Saskia«. Auch Canalettos berühmter Blick auf Dresden hängt hier. Unter den weiteren Künstlern finden sich u.a. Tizian, Botticelli, Mantegna, van Eyck, Dürer und Cranach.

PORZELLANSAMMLUNG

Das Besondere an diesem weltgrößten Porzellanmuseum sind neben der Porzellankunst aus Meissen auch wunderschöne Stücke aus China und Japan. August der Starke war fasziniert von ostasiatischer Kunst und sammelte Tau-

AUSGEHEN

CAFÉ SCHINKELWACHE (ALTSTÄDTER WACHE) // Am Theaterplatz befindet sich mit der von Schinkel erbauten Altstädter Wache ein Meisterwerk des Klassizismus. Heute kann man dort Kaffee trinken und Opernkarten kaufen.
// www.schinkelwache-dresden.de

ALTE MEISTER // Am Tag dient das Lokal als Museumscafé der Gemäldegalerie, am Abend wird es zum Restaurant mit frischer und ideenreicher internationaler Küche.
// altemeister.net

ITALIENISCHES DÖRFCHEN // Vom Café bis zur Pizzeria gibt es in diesem Touristen-Dorado, was das Herz begehrt. Das zu Beginn des 20. Jahrhunderts errichtete Gebäude erhielt den Namen nach den italienischen Erbauern der Hofkirche, die 150 Jahre zuvor an dieser Stelle gewohnt hatten.
// www.italienisches-doerfchen.de

sende Porzellane von dort, die erlesensten Figurinen, Gefäße, Vasen sind im Museum zu sehen.

KREUZKIRCHE
Auch das größte Gotteshaus der Stadt wurde beim Angriff 1945 schwer in Mitleidenschaft gezogen. Die provisorische Nachkriegsgestaltung des Innenraums wird mittlerweile als würdige Dauerlösung anerkannt. In der Kreuzkirche ist der mehr als 700 Jahre alte Dresdner Kreuzchor zu Hause.

SCHLOSS PILLNITZ
Direkt an der Elbe liegt dieses zauberhafte Schloss August des Starken, das er als Sommerresidenz nutzte. Es besteht aus drei Palais im spätbarocken und im klassizistischen Stil. Im Wasser- und Bergpalais ist das Kunstgewerbemuseum untergebracht, das wie das Schloss von November bis März geschlossen ist. Der Schlosspark ist ganzjährig frei zugänglich.

KUNSTHANDWERKERPASSAGEN
In den Passagen der Bürgerhäuser in der Hauptstraße bieten Werkstätten sächsische Handwerkskunst: von der Lederwerkstatt bis zur Designmanufaktur.
// www.kunsthandwerkerpassagen.de

SHOPPING

KULTISCH
Der hübsche Laden bietet feines Porzellan, Bestecke, Küchenutensilien und Raumschmuck für besondere Anlässe.
// Pillnitzer Landstraße 4

ALTMARKTGALERIE DRESDEN
Mitten in der Stadt lässt es sich hier auch bei schlechtem Wetter bequem shoppen. 200 Geschäfte, Restaurants und Cafés bieten ein besonderes Einkaufsvergnügen.
// www.altmarkt-galerie-dresden.de

WEIHNACHTSLAND AM SCHLOSS
Eine große Auswahl an erzgebirgischer Volkskunst und weihnachtlichen Mitbringseln gibt es in den drei Filialen am Schloss, an der Frauenkirche und am Kulturpalast.
// www.weihnachtsland-dresden.com

ÜBERNACHTEN

PULLMAN DRESDEN NEWA // Der moderne Hotelbau überragt mit seinen 14 Etagen das Zentrum und Dresdens Einkaufsmeile. Das Innere des ehemaligen DDR-Plattenbaus ist nicht mehr wiederzuerkennen: komfortabel und gefällig eingerichtete moderne Zimmertypen, die einen Panoramablick auf Dresden eröffnen. Sehr gutes Restaurant im Haus.
// www.pullman-hotel-dresden.de

VILLA EMMA // An der Dresdner Heide – im wohl schönsten Stadtteil Dresdens, dem Weißen Hirsch – liegt die restaurierte Jugendstilvilla mit Vier-Sterne-Komfort. Die Zimmer sind geschmackvoll und individuell eingerichtet; die Fahrt in die Innenstadt beträgt nur zehn Minuten. In der Nähe befindet sich das Vital- und Wellnesszentrum.
// www.hotel-villa-emma.de

IBIS DRESDEN // Wer schlichten und funktionalen Komfort bevorzugt, ist hier genau richtig. Das Drei-Sterne-Haus gibt sich lässig und modern. Zwischen Altmarkt und Hauptbahnhof gelegen, gilt es als unschlagbar zentral.
// www.ibis-dresden.de

AUF KEINEN FALL VERPASSEN

◯ **AUTOBAU DER ZUKUNFT IN DER GLÄSERNEN MANUFAKTUR ERLEBEN**

Elektromobilität der Zukunft – ein geführter Rundgang in der VW-Ausstellungs- und Erlebniswelt Gläserne Manufaktur erschließt transparent die einzelnen Schritte der Fertigung von E-Autos, aber auch Themen und Fragen zur künftigen Automobilität, mit denen sich Autohersteller befassen müssen (www.glaesernemanufaktur.de).

◯ **SCHWIMMENDES WINTERVERGNÜGEN AUF DER ELBE GENIESSEN**

An Bord der ältesten und größten Raddampferflotte der Welt lässt sich Dresdens Silhouette von der Elbe aus erleben. Auch im Winter bietet die Raddampferflotte einstündige Schiffstouren auf der Elbe an. Ein schöne Alternative ist ein romantischer Adventslunch oder ein schwimmendes Dinner auf einem Elbschiff. Diverse Reeder legen jedes Jahr im Advent beschauliche Schiffstouren auf.

◯ **AUSFLUG NACH RADEBEUL**

Dresdens westliche Nachbarstadt ist das Herzstück der Sächsischen Weinstraße und wird wegen ihrer vielen Villen und Gärten auch das »sächsische Nizza« genannt. Mit ihren hübschen historischen Ortskernen ist sie ein ganzjähriges Ausflugsziel. Im Advent zieht der Weihnachtsmarkt »Lichterglanz & Budenzauber« im Ortsteil Altkötzschenbroda viele Besucher an. Ihrem berühmtesten Bewohner ist das Karl-May-Museum gewidmet. Sehenswert ist auch das Weinmuseum und Weingut Hoflößnitz. .

◯ **ÜBER DIE LADENGESTALTUNG IN PFUNDS MOLKEREI STAUNEN**

1880 gründeten die Brüder Pfund die Dresdner Molkerei »Gebrüder Pfund«. Als Aushängeschild der Molkerei diente der 1892 eröffnete Milchladen mit Trinkhalle in der Bautzner Straße. Wände, Decken, Verkaufstresen und der Kühlschrank wurden mit exquisiten Fliesen verkleidet. Die Ladeneinrichtung überstand Wirtschaftskrisen, Kriege und die DDR-Zeit, und in den 1990er-Jahren schaffte es der »schönste Milchladen der Welt« ins Guinnessbuch der Rekorde.

◯ **EINE TEA TIME IM TASCHENBERGPALAIS GENIESSEN**

Nach dem Spaziergang über den Striezelmarkt und durch die barocke Altstadt stehen Kaffee und Kuchen auf dem Programm. Besonders stilvoll genießt man diese oder einen klassischen Englischen Afternoon Tea im Luxushotel Taschenbergpalais. Das Gebäude ließ August der Starke für eine seiner Mätressen errichten.

Prachtvolle Fliesenkeramik ziert Pfunds Molkerei in Dresden

DRESDNER STOLLEN

WEIHNACHTSGEBÄCK MIT TRADITION

Nur mit dem goldenen Stollensiegel ist er echt. Für den Dresdner Christstollen gibt es sogar einen Schutzverband. Denn tatsächlich kursieren unzählige Kopien und Fake-Varianten des traditionsreichen Dresdner Weihnachtsgebäcks.

Das Original, wie wir es heute kennen, mit reichlich Butter und Rosinen, süßen und einer Spur bitterer Mandeln, Orangeat und Zitronat, dürfen nur noch gut Hundert Bäcker und Konditoren in und um Dresden produzieren. Das Grundrezept ist genau festgeschrieben, erlaubte geheime Nuancen machen ihn aber unverwechselbar.

Immerhin wurde das Gebäck schon nachweislich vor 550 Jahren in den Ofen geschoben, anfangs aber nur als trockenes Fastengebäck. Klar, dass die Dresdner bei so langer Tradition auch ein Stollenfest feiern (Samstag vor 2. Advent), in der Bäckerei Wippler gibt es ein kleines Stollenmuseum und jährlich wird ein Dresdner Stollenmädchen gewählt.

Infos: www.dresdnerstollen.com

#43 DÜSSELDORF

Seit 1946 ist Düsseldorf die Hauptstadt von Nordrhein-Westfalen. Landespolitik ist jedoch nur eine Facette der vielseitigen Metropole am Rhein. Die einen lieben die Stadt wegen ihrer eleganten »Kö« und ihren namhaften Modelabels, die exklusives Shopping verheißen. Andere zieht es an »die längste Theke« der Welt, wie die Altstadt mit ihren urigen Altbier-Lokalen mit Augenzwinkern genannt wird. Wieder andere stürzen sich ins Kulturleben und erfreuen sich an moderner Kunst in einer Vielzahl an Museen und Sammlungen. Architekturfans bietet der MedienHafen imponierendes Anschauungsmaterial. Sogar in den U-Bahn-Stationen der neuen Wehrhahn-Linie gibt's Urban Art zu bestaunen. Schließlich lässt auch Düsseldorfs kulinarische Seite keinerlei Wünsche offen: Der Bogen spannt sich vom Foodie-Dorado Carlsplatz-Markt bis zu internationalen und insbesondere japanischen Spitzenrestaurants der Little-Japan-Gemeinde. Auch wenn Düsseldorf unübersehbar mehr dem 21. Jahrhundert zugewandt ist, mangelt es andererseits nicht an achtungsvoll gepflegten historischen Zeugnissen.

Oben: Zu Düsseldorfs Highlights zählt das Alte Rathaus am Marktplatz. Vor ihm wacht das Jan-Wellem-Reiterdenkmal.

Links: Der Burgplatz in der Altstadt ist Veranstaltungsort zahlreicher Feste, im Winter findet hier auch ein Skilanglauf-Weltcup statt.

● CARLSPLATZ

Auf dem Carlsplatz im Herzen Düsseldorfs wird schon seit über 500 Jahren Markt betrieben. Mit seinen 60 Ständen ist er heute Lebensmittelmarkt, beliebter Treffpunkt und Lieblingsort für Genussmenschen. Hier gibt es von Montag bis Samstag alles Essbare, was das Herz begehrt, aus der Region und aus fernen Ländern, Delikates zum Mitnehmen oder zum gleich Essen.

RATHAUS

Der Rathauskomplex in der Altstadt besteht aus drei unterschiedlich alten Gebäuden: das »Alte Rathaus« aus dem Jahr 1573, der »Wilhelminische Bau«, der 1875 entstand, und das »Grupello-Haus« von 1706. Kostenlose Rathausführungen gibt es immer mittwochs.

FILMMUSEUM

Das in der Altstadt gelegene interaktive Filmmuseum eröffnet einen tiefen Einblick in das Medium Film von seinen Anfängen bis heute. Die Ausstellung präsentiert jede Menge Objekte zur Film- und Frühgeschichte des Films, Projektoren, Kameras, Requisiten, Set-Modelle, Kostüme, ferner Plakate, Fotos, Drehbücher. Im Kino werden Filme und Filmreihen in Originalsprache mit Untertiteln gezeigt. Außerdem werden Führungen, Workshops und Seminare zum Thema Film angeboten.

BURGPLATZ

Hier befand sich bis zum Jahr 1872 die mächtige Burganlage der Grafen von Berg. Ein Feuer zerstörte die Burg fast vollständig. Lediglich ein

WARUM IM WINTER? In der Adventszeit ist ein Bummel über die Königsallee besonders schön. Dann ist die Einkaufsmeile stimmungsvoll weihnachtlich geschmückt und gibt die Bühne frei für die traditionelle Winterwelt mit Eislaufen, Buden, Glühweinzauber und Lebkuchen, während bereits am 11. November die Narren ihre Füße scharren für Düsseldorfs größtes Winterhighlight: den Karneval mit seinen großen Umzügen im Februar.

DÜSSELDORF

ehemaliger Flankierturm überlebte das Inferno. Er beherbergt heute in seinen Mauern das Schifffahrt-Museum, das 2000 Jahre Schifffahrtsromantik und -alltag wieder aufleben lässt. Der Platz selbst wurde als einer der schönsten Plätze der Nachkriegszeit ausgezeichnet.

ALTSTADT
Die Düsseldorfer Altstadt wird auch gern als »längste Theke« der Welt bezeichnet. Und das nicht zu Unrecht, in 260 Bars und urigen Altbier- und Brauhauskneipen wie Uerige und Zum Schlüssel wird das lokaltypische Altbier ausgeschenkt und deftige Hausmannskost serviert. Die Altstadt ist aber nicht nur Vergnügungsmeile, es gibt auch einiges zu sehen wie das Alte Rathaus, Burgplatz und Heine-Haus.

HEINE HAUS
Deutschlands bedeutender Romantik-Dichter Heinrich Heine wurde 1797 im Hinterhaus der Bolkerstraße 53 geboren. Die Universität der Stadt ist sogar nach ihm benannt. Seit 2006 ist das Haus ein Zentrum für Literatur, ein bis zwei Mal in der Woche finden dort Autorenlesungen statt. Im Haus befindet sich eine Literaturhandlung und ein Literaturcafé.

KÖNIGSALLEE & KÖ-BOGEN
Wer dem Treiben auf dem Luxusboulevard nichts abzugewinnen vermag, der kann den Glimmer und Glitzer in den Schaufenstern und schicken Cafés einfach ignorieren und die andere, die grüne Seite der »Kö« entdecken und ganz entspannt am Wasser entlang spazieren und Düsseldorfs jüngstes architektonisches und zugleich grünes Großprojekt bewundern: Kö-Bogen II. Nachdem schon das von Stararchitekt Daniel Libeskind realisierte, elegant geschwungene Einkaufszentrum Kö-Bogen I zum Wahrzeichen von Düsseldorf avanciert ist, macht jetzt der Kö-Bogen II mit seiner Rundum-Bepflanzung mit 30 000 Hainbuchen über den gesamten Gebäudekomplex Furore. Die grüne Gebäudehülle des erst 2021 eröffneten Shoppingtempels dient dank eines ausgeklügelten Systems nicht nur dem Klimaschutz, sondern bietet als Insel für Biodiversität Lebensraum für Insekten und Vögel.

Hat man vom Einkaufsbummel auf der Düsseldorfer Modemeile, der »Kö«, genug, lockt der Weihnachtsmarkt mit süßen Naschereien.

RHEINUFERPROMENADE

Neben der Königsallee gilt die Rheinuferpromenade als zweite große Flaniermeile der Stadt. Sie verbindet die Altstadt mit dem Medienhafen. An den Kasematten direkt am Rheinufer bei den Schiffsanlegern reihen sich in den warmen Monaten dicht an dicht Open-air-Bars, Biergärten und Lokale zwischen Burgplatz und Schulstraße. Sie bieten 5000 Sitzplätze, entsprechend groß ist das Völkchen, das sich hier zu einem Bierchen und gelegentlichen Fußballspielübertragungen trifft.

STADTMUSEUM

Das Museum thematisiert die Geschichte, Kunst und Kultur der Stadt bis heute. Speziell zum 19. Jahrhundert zeigt es eine interessante Fotosammlung und beleuchtet die Düsseldorfer Kunstszene in der Weimarer Republik bis 1945.

KUNSTSAMMLUNG NRW

Die 1960 gegründete Sammlung des Landes Nordrhein-Westfalen ist mit K20 und K21 auf zwei Standorte in der Landeshauptstadt Düsseldorf verteilt. Das K20 am Grabbeplatz ist das »Mutterhaus«. Mit bedeutenden Werken unter anderem von Pablo Picasso, Henri Matisse und Piet Mondrian sowie der umfassenden Sammlung von etwa 100 Zeichnungen und Gemälden Paul Klees eröffnet dieses Museum einen einzigartigen Blick auf die klassische Moderne. Damit zählt das K20 nicht nur zu den bedeutendsten Museen der Kunst des 20. Jahrhunderts in Deutschland, sondern muss auch den internationalen Vergleich nicht scheuen. Im ehemaligen Gebäude des Landtags hat das K21 seit 2002 sein Domizil. Hinter der historischen Neorenaissance-Fassade befindet sich der moderne, von einem gläsernen Kuppeldach überspannte Museumsbau. Es zeigt sensationelle Objekte der Gegenwartskunst wie die riesige auf Stahlnetzen begehbare Rauminstallation »in orbit« von Tomás Saraceno, die 25 Meter über der Piazza schwebt, aber auch Werke von Ai Weiwei und weltbekannten Gegenwartskünstlern. Wechselausstellungen sind nationalen und internationalen Künstlern der Gegenwart und wichtigen Fragen der Zeit gewidmet.

MEDIENHAFEN

Der Düsseldorfer MedienHafen gilt als gutes Beispiel für eine gelungene Stadt(teil)sanierung. Bei der Sanierung des brachliegenden Hafens wurde streng darauf geachtet, denkmalgeschützte Bauten zu erhalten. So erlebt man bei einem Rundgang durch das sehenswerte Viertel sozusagen hautnah die spannenden Gegensätze von Alt und Postmoderne wie beispielsweise beim »Port Event Center« und »Pumpenhaus«. Besonders eindrucksvoll sind die weithin sichtbaren »krummen Häuser« von Frank O. Gehry. Auch weitere Stararchitekten wie David Chipperfield haben im MedienHafen ihre Handschrift hinterlassen. Luxushotels und

AUSGEHEN

CAFÉ HÜFTGOLD // Im östlichen Stadtviertel Flingern lässt es sich herrlich schlemmen: Vor einer Vitrine voller hausgemachter Kuchen (auch laktose- und glutenfreie sind dabei), Croissants und Bagels hat man die Qual der Wahl.
// www.cafehueftgold.de

EM BRASS // Kreative mediterran inspirierte Küche mit internationalen Anleihen und tolle Atmosphäre zeichnen das Em Brass aus. Die Terrasse im Sommer ist leider immer ziemlich voll.
// Moltkestraße 122

NAGAYA // An japanischer Küche kommt man in Düsseldorf nicht vorbei. Da ist Yoshizumi Nagayas von Michelin gekrönte Fusion-Küche genau richtig für das Spitzen-Gaumenerlebnis. Nicht billig, aber ein außergewöhnliches Genussfest, das lohnt.
// nagaya.de

viele renommierte Restaurants lockern das neue Vorzeigeviertel Düsseldorfs auf, in dem ansonsten 700 Unternehmen residieren.

NRW-FORUM DÜSSELDORF
Das NRW-Forum Düsseldorf zeigt wechselnde Ausstellungen. Das Programmkonzept des Ausstellungshauses verzichtet dabei bewusst auf eine Trennung zwischen »hoher« und »populärer« Kunst. Man widmet sich schwerpunktmäßig der Verschmelzung vielfältigster kultureller Bereiche wie Angewandter Kunst, Design, Werbung, Architektur, Fotografie, Video oder Mode.

MUSEUM KUNSTPALAST
Das im Jahr 2001 von Oswald Matthias Ungers neugestaltete Museum Kunstpalast zeigt Sammlungen wie die viel beachtete Rubensgalerie, die Skulpturensammlung, das Grafische Kabinett sowie die Glassammlung Hentrich. Viele hochkarätige Ausstellungen beispielsweise zu Miró, Dalí, Warhol oder Caravaggio ergänzen immer wieder die ständige Sammlung.

AQUAZOO
Der Aquazoo erfüllt gleichzeitig die Aufgaben eines naturkundlichen Museums und eines Zoos. Sein Herzstück ist die Tropenhalle. Hier kann man seltene Krokodile und Warane in einer den Tropen nachempfundenen Anlage mit hoher Luftfeuchtigkeit bewundern. Darüber hinaus sind hauptsächlich Fische und Insekten zu sehen.

JULIA STOSCHEK COLLECTION
Die Stoschek-Collection, benannt nach der Kunstsammlerin Julia Stoschek, ist eine vielbeachtete, internationale private Ausstellung mit modernen Kunstinstallationen, Gemälden, Skulpturen, Fotografien, Filmen und Talks.

ÜBERNACHTEN

AUSZEIT-HOTEL DÜSSELDORF //
Moderne, komfortable Zimmer und ein ausgiebiges Frühstücksbüfett lassen keine Wünsche offen.
// auszeit-hotel.de

HOTEL THE FRITZ // Das zentrumsnahe, stylische FRITZ setzt auf eine Dreifachkombination aus Hotel, Restaurant und netter Bar.
// the-fritz-hotel.de

25HOURS HOTEL DAS TOUR //
Pariser Chic mit Höhenluft, diverse Zimmertypen ab dem 11. Stock, Wellness in der 14., Restaurant in der 16. und Bar in der 17. Etage.
// www.25hours-hotels.com/hotels/duesseldorf/das-tour

SHOPPING

GEWÜRZHAUS ALTSTADT
Ausgefallenes Mitbringsel gesucht? Wie wäre es mit arabischem Kaffeegewürz oder Aphrodites Geheimnis? Passend zu den Gewürzen gibt's hier auch nette Gefäße.
// www.gewuerzhaus-altstadt.de

TRÖDELMARKT
Jeden Samstag ab acht Uhr geht es am Aachener Platz rund. Neben Flohmarktware gibt es Wurst, Käse und Blumen. Im beheizten Großzelt bekommt man Antikes, Design und Livemusik auf die Ohren.
// www.troedelmarkt-aachenerplatz.de

BRIGITTE ROOS
Bei Brigitte Roos in der Bastionstraße gibt es Hüte in sämtlichen Stilrichtungen.
// Bastionstraße 23

DÜSSELDORF

AUF KEINEN FALL VERPASSEN

○ **DEN LANDTAG BESUCHEN**
Seit 1988 tagt der Landtag im neuen Gebäude am Rheinufer. Das auch architektonisch reizvolle Gebäude steht Besuchern grundsätzlich offen. Sie haben die Möglichkeit, Plenarsitzungen zu verfolgen und sich an Tagen ohne Sitzungen über das Gebäude und die Arbeit der Abgeordneten zu informieren. Hierzu werden eine Reihe unterschiedlicher Besucherprogramme angeboten (vorherige Anmeldung ist nötig).

○ **EIN ALTBIER TRINKEN IN EINER BRAUEREIGASTSTÄTTE**
Eine gepflegte Kneipentour durch die Altstadt gehört irgendwie zu einem Düsseldorf-Besuch dazu. Aber wo fängt man an? Beispielsweise in der Bolkerstraße, wo auch die Hausbrauerei Zum Schlüssel ihr Domizil hat. In der Bolkerstraße kann man sich dann bequem von Bar zu Bar hangeln. Die Ratinger Straße mit der Brauerei »Im Füchschen« eignet sich ebenfalls bestens, um Düsseldorfs typisches Altbier am Ort seiner Entstehung zu verkosten. Weitere traditionelle Brauhäuser sind Uerige in der Berger Straße 1 und Zum Schiffchen in der Hafenstraße 5.

○ **EINEN AUSFLUG INS HISTORISCHE KAISERSWERTH UNTERNEHMEN**
Düsseldorfs nördlicher Stadtteil wird auch von den Einwohnern gern besucht. Er verfügt über einen malerischen Ortskern mit Barockhäusern aus dem 17./18. Jahrhundert. Direkt am Rheinufer erhebt sich die sehenswerte Ruine der »Kaiserpfalz« des sagenumwobenen Kaisers Friedrich Barbarossa. Die Burganlage besteht heute noch aus imposanten Gemäuern, die bis zu viereinhalb Meter dick sind. Im Sommer ist sie täglich von 9 bis 18 Uhr zugänglich. In der Nähe findet man Cafés und Biergärten. Am Stiftsplatz liegt die St.-Suitbertusbasilika, eine dreischiffige romanische Pfeilerbasilika mit einem Schrein für die Gebeine des heiligen Suitbertus.

○ **DIE SPEKTAKULÄRE AUSSICHT VOM RHEINTURM GENIESSEN**
Ein unübersehbares Wahrzeichen der Stadt ist der 240,5 Meter hohe Rheinturm am MedienHafen. Bei guter Sicht lohnt sich die blitzschnelle Auffahrt zur 168 Meter hohen, drehenden Aussichtsplattform, wo man an klaren Tagen bis zum Kölner Dom schauen kann. In der Bar & Lounge ist die langsame 360°-Runde mit der Stadt zu Füßen noch bequemer. Wer noch höher hinaus möchte, muss einen Tisch im exklusiven Drehrestaurant Qomo mit erlesener japanischer Fushion-Style-Küche buchen. Beides – die Küche und die Höhe zwischen Himmel und Erde ist ein unvergessliches Erlebnis.

○ **EKŌ-HAUS DER JAPANISCHEN KULTUR BESUCHEN**
Um einen Einblick in die japanische Kultur zu bekommen, braucht man kein Flugzeug zu besteigen. Denn die rund 6500 Japaner in Düsseldorf pflegen in ihrem Japantown ein eigenes kulturelles Zentrum mit traditionellem Tempel und Gartenanlagen, die man im Ekō-Haus besichtigen kann. Außerdem werden in den japanischen Räumen religiöse und kulturelle Veranstaltungen angeboten wie Teezeremonien, Konzerte, Kurse und buddhistische Feste (www.eko-haus.de).

Ekō-Haus mit japanischem Garten.

#44 ERZGEBIRGE

Mit Erhebungen von über 1200 Meter gehört das Erzgebirge zu den höchsten deutschen Mittelgebirgen. Rund 60 Prozent des Naturparks Erzgebirge sind von ausgedehnten Wäldern bedeckt. »Alles kommt vom Bergwerk her« – so lautete jahrhundertelang das Lebensmotto der Menschen im Erzgebirge, und treffender hätte es nicht sein können. Denn wie bei keinem zweiten deutschen Mittelgebirge prägte der Bergbau Land und Leute, war Segen, aber auch immer wieder Fluch. Vor allem das Silbererz begründete Ruhm und Reichtum des Gebirges, war die Grundlage für die Blütezeit Sachsens und finanzierte Prunk und Pracht Augusts des Starken. Nachdem das Silber zur Neige ging, erlebte der Bergbau einen Niedergang, aus dem ihn das Kobalt wie eine gute Fee erlöste. Es wurde im 19. Jahrhundert zur Farbe Kobaltblau verarbeitet, auf deren Produktion Sachsen 100 Jahre lang das Weltmonopol besaß. Der Bergbau ist nun endgültig Vergangenheit. Heute schmückt sich das Erzgebirge mit den drei »W« für Weihnachtsland, Wintersportregion, Welterbe. Ein großer Teil der Region gehört zudem zum Naturpark Erzgebirge/Vogtland, wo noch viele seltene Tier- und Pflanzenarten beheimatet sind. Und die Montanregion Erzgebirge/Krušnohoří ist seit 2019 UNESCO-Welterbe.

Oben: Wenn sich Schnee über den Fichtelberg legt, rücken bald die Wintersportler an.

Links: Weihnachtspyramiden in Klein und Groß gehören in der Adventszeit zum Stimmungsbild im Erzgebirge. Dann schmückt ein besonders großes Exemplar das Zentrum von Oberwiesenthal.

● NATURPARK ERZGEBIRGE/VOGTLAND

Wellige Hügel im Westen, raue Höhenzüge im Osten, so präsentiert sich Deutschlands längster Naturpark. Er zieht sich von der Weißen Elster im Vogtland bis zur Freiberger Mulde im Osterzgebirge über 120 Kilometer an der deutsch-tschechischen Grenze entlang. Wie der Name nahelegt, wurde hier bereits seit dem Mittelalter intensiver Erzbergbau betrieben. Heute stellt der Kontrast zwischen der abwechslungsreichen Kulturlandschaft und den Relikten fast unberührter Natur den besonderen Reiz der Gegend dar. Unbesiedelte Täler mit Schluchtenwäldern und Quellmooren, Hochmoore in den Kammlagen, Feucht- und Bergwiesen sowie die Reste der ursprünglichen Bergmischwälder bieten seltenen Tier- und Pflanzenarten wie dem Sperlingskauz, dem Birkhuhn, dem Eisvogel, der Flussperlmuschel und der Feuerlilie sowie vielen Enzian- und Orchideenarten ein einzigartiges Refugium. Daneben zeugen alte Bergwerksstollen, Halden, Stauanlagen, idyllische Heckenlandschaften und Bergbaustädtchen von Jahrhunderten menschlicher Nutzung.

FICHTELBERG

Mit 1215 Meter ist der Fichtelberg bei Oberwiesenthal der höchste Gipfel des deutschen Erzgebirges. Er liegt inmitten der größten geschlossenen Waldfläche Sachsens und

ERZGEBIRGE

WARUM IM WINTER? Weil der Wintersport ruft! Im Erzgebirge heißt es nicht nur »Ski und Rodeln gut«, auch für andere beliebte Wintersportarten wie Snowboarden, Snowkiten, Skilanglaufen, Skiwandern gibt es genug Pisten und Loipen am Fichtelberg bei Oberwiesenthal und anderswo im Erzgebirge und Vogtland. Den zentralen Wintersportort erreicht man im Winter von Cranzahl mit der dampfbetriebenen Fichtelbergbahn. Auf der noch unter DDR-Zeiten errichteten Rennschlitten- und Bobbahn Altenberg (ENSO-Eiskanal), eine der anspruchsvollsten Kunsteisbahnen weltweit bei Altenberg, werden jeden Winter Weltcuprennen im Bobfahren und im Rennrodeln und Skeleton ausgerichtet. Unvergessliche Highlights sind Gäste-Bobfahrten auf dem Eiskanal.

Ganz oben: Stimmungsvolle Weihnachtsmärkte wie hier in Freiberg erhellen die dunkle Jahreszeit im Erzgebirge.

Oben: Außen schlicht, aber innen beeindruckt die St.-Georgen-Saalkirche in Schwarzenberg mit ihrem barocken Dekor.

Links: Bunte Zugdrachen schmücken den Himmel über der verschneiten Piste auf dem Fichtelberg.

weist etwa 165 Kilometer Wanderwege sowie zahlreiche Mountainbike-Routen auf. Der Aufstieg von Oberwiesenthal auf das Fichtelbergplateau ist nicht anspruchsvoll und in knapp einer Stunde zu machen. Im Winter gehört der Fichtelberg zusammen mit dem leicht höheren Klinovec (Keilberg) auf tschechischer Seite zur bedeutendsten Skiregion im Erzgebirge, die mit einer Seilschwebebahn und einem Vierersessellift bedient wird. Das Loipennetz umfasst 75 Kilometer, auch Rodeln, Winterwandern und andere Wintersportarten sind möglich.

SCHWARZENBERG
Die St.-Georgen-Kirche bietet ein barockes Raumerlebnis. Das Schloss (1555) und die malerische Altstadt lohnen ebenfalls einen Besuch.

SCHNEEBERG
Im 15. Jahrhundert wurde hier Silber gefunden. Vom einstigen Reichtum zeugen St. Wolfgang, die größte gotische Hallenkirche Sachsens, und das barocke Stadtbild. Hier ist ein Zentrum der erzgebirgischen Weihnachtstradition.

PÖHLSEE
Der kleine See zwischen Plauen und Elsterberg wurde einst als Hochwasserschutz angelegt. Er ist nicht nur ein Refugium für seltene Vogelarten, sondern im Sommer auch ein beliebtes Wassersport-Revier. Seinen Namen erhielt er von dem überfluteten Dorf Pöhl, dessen Ruinen auf dem Seegrund von Tauchern erkundet werden können. Für Wanderer gibt es einen 20 Kilometer langen Rundweg um den See.

SCHLOSS AUGUSTUSBURG
Schon von Weitem sieht man Sachsens bekanntestes Renaissanceschloss auf der Kuppe des 516 Meter hohen Schellenbergs. Kurfürst August ließ den Prachtbau 1568–1572 als Jagdschloss errichten. Sehenswert sind insbesondere das Altarbild von Lucas Cranach in der Schlosskirche und für Fans von motorisierten Zweirädern das Motorradmuseum.

FREIBERG
In der restaurierten Silberstadt findet sich mit Rathaus, Marktplatz, alten Kirchen und einem der ältesten Stadttheater Deutschlands historisches Flair. Der Dom offenbart seine Werte erst im Inneren, mit goldener Pforte, zwei Kanzeln und einer Silbermann-Orgel. Sehenswert ist auch die Mineraliensammlung »terra mineralia« auf Schloss Freudenstein. Die Besucherbergwerke »Reiche Zeche« und »Alte Elisabeth« veranschaulichen, was die Stadt einst reich gemacht hat.

FRAUENSTEIN
Die mächtige Burg bietet nicht nur Ausblicke auf die Erzgebirgslandschaft, sondern auch Einblicke in Leben und Werk des Orgelbaumeisters Gottfried Silbermann.

SEIFFEN
Spielzeugwinkel nennt man den staatlich anerkannten Erholungsort Seiffen auch. Über 140 Werkstätten drechseln und schnitzen hier

AUSGEHEN

ALTENBERG: WALDSCHÄNKE ALTES RAUPENNEST // Bereits seit 1924 besteht das traditionsreiche, mitten im Wald gelegene Gasthaus, in dem es regionale Spezialitäten gibt.
// www.altesraupennest.de

ALTENBERG: GASTHOF BÄRENFELS // Der liebevoll erhaltene historische Gasthof gehört zum gleichnamigen Naturhotel. Sehr gute regionale Küche.
// www.naturhotel-baerenfels.de

SEIFFEN: GASTSTÄTTE HOLZWURM // Ganz in der Nähe des Spielzeugmuseums kann man in diesem gemütlichen Restaurant einkehren und typisch erzgebirgische Spezialitäten essen.
// www.holzwurm-seiffen.de

das traditionelle Spielzeug der Bergmänner, ob nun Nussknacker, Pyramiden, ganze Weihnachtskrippen oder Engel. Besucher werden die Stadt ziemlich wahrscheinlich mit einem der Holzspielzeuge verlassen. Wer erfahren will, dass hinter den Nussknackern und Räuchermännern nicht nur Spielerei steckt, sondern sie aus purer Not geboren sind, besucht das Spielzeugmuseum in Seiffen. Ganz nah kommt man der Welt der Bergmänner im Freilichtmuseum. Hier kann man einen Blick in eine historische Spielzeugmacherwerkstatt werfen, ein Wohnhaus eines Bergmanns besuchen und einem Wasserkraft-Drehwerk zuschauen.

Eine riesige Pyramide schmückt das Spielzeugmuseum Seiffen.

ALTENBERG
Hier versammelt sich einmal im Jahr die Weltelite der Bobfahrer, der Rodler und Skeleton-Fahrer. Im Osterzgebirge steht die Bobbahn Altenberg, die als die schwierigste Rennstrecke der Welt gilt. 1,4 Kilometer lang stürzen sich die Bob- und Skeleton-Fahrer über ein bis zu 15-prozentiges Gefälle hinab.

LAUENSTEIN
Ein Renaissanceschloss mit Erzgebirgsmuseum und Falkenzucht sowie ein historischer Marktplatz machen den Ort hoch über der Müglitz zu einem beliebten Ausflugsziel.

GLASHÜTTE
Gleich drei renommierte Manufakturen produzieren Präzisionsuhren. Im Uhrenmuseum kann man mehr darüber erfahren.

SCHLOSS KUCKUCKSTEIN
Das neugotische Schloss war einst Ritterburg und Zentrum der sächsischen Freimaurer. Heute thront es wie ein verwunschenes Märchenschloss über dem Städtchen Liebstadt. Führungen nur auf Anfrage.

ÜBERNACHTEN

PARKHOTEL SCHWARZENBERG // Das Hotel liegt oberhalb von Schwarzenberg. Es bietet diverse Zimmertypen, Frühstück ist inklusive.
// www.parkhotel-schwarzenberg.de

BERGHOTEL TALBLICK // Das dem Verbund der Flair Hotels angehörende Haus im Grünen in Holzhau bei Rechenberg-Bienenmühle bietet gemütliche Zimmer in unterschiedlichen Größen, Restaurant und Sauna.
// www.talblick.de/

SCHLOSSHOTEL PURSCHENSTEIN // Auf einem Landsitz bei Neuhausen bietet dieses märchenhafte Schloss luxuriöse Unterkunft, familiäre Gastlichkeit, Schlosspark und ein exzellentes Restaurant.
// www.purschenstein.de

AUSFLÜGE

● **CHEMNITZ**
Sehenswert sind die Schlosskirche, die Jugendstilvilla Esche, der Theaterplatz und die Kunstsammlungen Chemnitz, der Steinerne Wald im Naturkundemuseum und das Barockschloss Lichtenwalde.

ERZGEBIRGE

AUF KEINEN FALL VERPASSEN

○ SCHNEEBERGER LICHTELFEST FEIERN

In der Adventszeit sind die im Stil des Barock und Rokoko gehaltenen Häuser der Altstadt stimmungsvoll beleuchtet, ein Stadtbummel lohnt sich also. Der Höhepunkt ist jedoch das alljährlich am zweiten Adventswochenende abgehaltene Lichtelfest mit Bergparade.

○ DURCH ANNABERG-BUCHHOLZ BUMMELN UND STAUNEN

Die traditionsreiche alte Stadt mitten im Erzgebirge wird von der wuchtigen St.-Annen-Kirche überragt. Direkt neben der Kirche geht es im Bergbaumuseum in die Unterwelt. Ein Museum erinnert an den hier geborenen Rechenkünstler Adam Ries. Zu Weihnachten verwandelt sich die ehemalige Bergbaustadt in einen Weihnachtstraum mit einer riesigen Weihnachtspyramide auf dem Markt und einer bergmännischen Weihnachtskrippe in der Marienkirche.

○ WINTERSPORT BETREIBEN

Aufgrund der häufigen Niederschläge im Winter ist das Erzgebirge ein schneesicheres Wintersportgebiet. Es gibt ein großes Netz an Langlaufloipen sowie zahlreiche Wintersportzentren mit Liftanlagen, etwa in Oberwiesenthal, Klingenthal, Johanngeorgenstadt oder Altenberg. Funparks für Snowboarder finden sich am Fichtelberg, in Eibenstock, Holzhau, Hermsdorf, Altenberg und Schellerhau.

○ AUF DEN WEIHNACHTSMÄRKTEN SCHLEMMEN

In nahezu jedem Ort im Erzgebirge findet über die gesamte Adventszeit ein Weihnachtsmarkt statt. Hier werden noch alte Traditionen gelebt. Es gibt erzgebirgische Holzkunst und Spezialitäten, kunsthandwerkliche Präsentationen, typische Erzeugnisse wie Räucherkerzen, Räuchermännchen und Faltsterne. Highlight ist das Einläuten der Weihnachtszeit mit dem Pyramidenanschieben, wenn die großen Holzpyramiden das ersten Mal entzündet werden. Als schönster Weihnachtsmarkt in der Region gilt der in Annaberg-Buchholz mit Wichtelwerkstatt und -backstube.

○ MIT DER FICHTELBERGBAHN FAHREN

Schnaufend schiebt sich die Dampflokomotive den Berg hinauf, denn der Endpunkt der Schmalspurbahn ist das 914 Meter hoch gelegene Oberwiesenthal. Die Strecke schlängelt sich von Cranzahl aus durch schneebedeckte Wälder und führt kurz vorm Ziel über das 23 Meter hohe Hüttenbachviadukt.

Weihnachtsmark in Annaberg-Buchholz.

#45 FREIBURG IM BREISGAU

Es ist kein Zufall, dass Freiburg zu den beliebtesten Städten Deutschlands gehört, in denen man leben möchte. Schließlich vereinigt die junggebliebene Unistadt im Südwesten alles, was eine Stadt liebenswert macht. Mit ihren 230 000 Einwohnern, davon allein 25 000 Studenten, ist sie überschaubar und wirkt eher gemütlich, lässig, entspannt. Man trifft sich auf ein Weinchen in den urigen Wirtschaften in der pittoresken Altstadt, kühlt im Sommer schon mal die Füße in den typischen Freiburger Bächle, chillt an der Dreisam und tanzt bei »Salsa in the City« auf den Straßen den Kopf frei. Wahrzeichen ist das Freiburger Münster mit seinem filigranen, 116 Meter hohen Turm. 300 Jahre (1200–1503) hat man an diesem Prachtbau der Gotik gebaut. Auch der Marktplatz ums Münster herum hält einen mit seinen historischen Häusern fest, vor allem der Wochenmarkt, der an Buntheit und regionalen Genüssen nicht zu toppen ist. Schlossberg, Sternwald und der Hausberg Schauinsland bilden grüne Inseln und machen die ausgewiesene Ökostadt noch grüner.

Oben: Winterliches Panorama von Freiburg im Breisgau.

Links: Das »Tor zum Südschwarzwald« wird die Stadt auch genannt. Aber das allein ist es noch nicht, was Freiburg zu den schönsten Städten Deutschlands zählen lässt. Es ist auch die sehenswerte Altstadt mit ihren Bürgerhäusern aus dem 15. und 16. Jahrhundert.

● FREIBURGER MÜNSTER

Der filigrane Hauptturm des Münsters zählt zu den schönsten gotischen Türmen. Um die 335 Treppenstufen zum höchsten Aussichtspunkt hochzusteigen, sollte man nicht nur fit, sondern auch schwindelfrei sein. Es reicht schon aus, die 240 Stufen bis zur Glockenstube zu erklimmen zum imposanten Geläut mit dem Prachtstück der 750 Jahre alten Hosanna (3 Tonnen); die Aussicht reicht bis zu den Vogesen im Elsass. Beeindruckend im Inneren des Doms sind das in die Höhe strebende Langschiff, ferner das Altarbild von Hans Baldung Grien und die alten Glasfenster aus der Entstehungszeit. Ein Blick von außen nach oben fördert Kuriositäten zutage wie das Gruselkabinett von Dämonen und Fratzen, die bei Regen das Wasser ableiten. Am Eingangsportal sind links Einritzungen zu sehen, die den Marktleuten als Norm für Brote dienten.

MÜNSTERPLATZ

Der Marktplatz ist mit dem knallroten Historischen Kaufhaus von 1532 auf der Südseite, seinen Weinstuben und dem täglichen Wochenmarkt samt berauschenden Farben der Blumenstände ein beliebtes Fotomotiv. Viele Bauern kommen aus dem Schwarzwald und dem nahen Elsass und breiten hier ihre ganze Palette an Köstlichkeiten aus. Eine berühmte »Lange Rote im Weckle« zu verspeisen, ist Kult und gehört zum Marktbesuch einfach dazu.

FREIBURG IM BREISGAU

WARUM IM WINTER? In der Adventszeit erstrahlt fast die ganze Altstadt in zauberhaftem Lichterglanz. Und vom Weihnachtsmarkt am Rathausplatz und in den Gassen drumherum bis zum Colombipark wehen Tannendüfte, Aromen von Lebkuchen und von heißen Maroni in die Nase. Wenn sich dann noch eine weiße Schneedecke über Freiburgs Hausberg, den knapp 1300 Meter hohen Schauinsland, legt und zu Spaziergängen in der tief verschneiten Landschaft einlädt, zeigt sich der Winter von seiner schönsten Seite. Bis er bei der Freiburger Fasnet in den Tagen ab »Schmutzigen Dunschtig« im Februar lautstark, bunt und fröhlich mit Narri! Narro!, Narrenbäumen und Narrenumzügen verabschiedet wird.

Ganz oben: Der Hochaltar mit seinen elf Bildtafeln stammt von Hans Baldung Grien.

Oben: Die Fischerau ist mit dem Gewerbebach zu jeder Tageszeit ein Altstadtidyll.

Bilder links: Auf das Wintermärchen auf dem Schauinsland folgt das Narrentreiben der Freiburger Fasnet.

WENTZINGERHAUS/ MUSEUM FÜR STADTGESCHICHTE
In Erinnerung an den Maler, Bildhauer und Architekten Johann Christian Wentzinger (1710–1797) wurde in seinem von ihm selbst gestalteten Wohnhaus am Münsterplatz ein Museum eingerichtet. Das spätbarocke Gebäude beherbergt zahlreiche Kunstwerke aus mehr als 900 Jahren Stadtgeschichte.

ALTE WACHE
Einst diente das gelbe Haus auf der Südseite des Münsterplatzes als Hauptwache der österreichischen Wachgarnison, heute beherbergt es als Alte Wache das »Haus der Badischen Weine« mit Vinothek und Weinbar. Das denkmalgeschützte Haus ist eines der wenigen Überbleibsel an Bauten aus dem 18. Jahrhundert.

ALTSTADT
In der Altstadt von Freiburg lenkt vieles in Augenhöhe die Blicke auf sich. Dennoch sollten Fußgänger zwischen Universität und Schwabentor ab und zu den Boden mustern – um nicht in ein »Bächle« zu treten. Diese im Pflaster verlaufenden Kanälchen werden mit Dreisamwasser gespeist und kühlen im Sommer heiß gelaufene Füße. Das rund 15,5 Kilometer lange Netz diente einst dem Gewerbe und der Brandbekämpfung. Ein Rundgang durch die autofreie Altstadt führt durch Sträßchen und Gassen auch zur schmucken Konviktstraße, die vor dem Abriss gerettet heute als Modell für gelungene Altstadtsanierung dient, und weiter zu den beiden noch erhaltenen Stadttoren und zum Rathaus.

MÜNSTERBAUHÜTTE
Bei einer Führung durch den 800 Jahre alten Steinmetzbetrieb kann man die knifflige Arbeit der Steinmetze am Münster und die skurrilen Wasserspeier aus der Nähe bestaunen.

SCHWABENTOR
Das Schwabentor ist das jüngere der beiden noch erhaltenen Stadttore. Eine kleine private Zinnfigurenklause in den oberen Stockwerken thematisiert die Befreiungsbewegung Badens und die Kämpfe der Bauern und Bürger.

AUGUSTINERMUSEUM
Das Augustinermuseum – eine ehemalige Klosterkirche – beherbergt Kirchenkunst vom Mittelalter bis zum Barock. Auch Malerei des 19. Jahrhunderts ist hier ausgestellt.

FISCHERAU UND GERBERAU
Nur wenige Schritte vom Augustinerplatz befindet sich das von den Freiburgern »Klein Venedig« titulierte Idyll Fischerau mit dem rauschenden Gewerbebach und netten Lokalen. Die Gerberau punktet dagegen mit ihren Galerien, Läden und Kunsthandwerk-Shops.

MARTINSTOR
Das Martinstor ist älter als das Schwabentor und gehörte ebenfalls zur Stadtbefestigung im Mittelalter. Um 1900 wurde es auf die heutigen 60 Meter aufgestockt.

AUSGEHEN

HAUSBRAUEREI FEIERLING // Der Gastraum ist groß, der Biergarten lauschig, das naturtrübe »Inselhopf« süffig, die Speisen schmackhaft. Tipp: das Inselschnitzel mit Brägele.
// www.feierling.de

ZIRBELSTUBE // Edles holzgetäfeltes Ambiente und exquisite klassische Küche – das Toprestaurant im Colombi Hotel ist eine genussvolle Erfahrung.
// www.colombi.de

GREIFFENEGG SCHLÖSSLE // Mit Aussicht auf die Altstadt genießt man am Schlossberg gutbürgerliche Küche oder den beliebten Sonntagsbrunch. Aufzug vorhanden. Nebenan gibt's den schönsten Biergarten Freiburgs.
// www.greiffenegg.de

RATHAUSPLATZ

Der malerische Platz blickt auf das Alte Rathaus im Renaissancestil, wo auch die Tourist Information untergebracht ist, und auf das Neue Rathaus in der Gestalt von 1901 nebendran. Tatsächlich ist das Gebäude älter als das Alte Rathaus, es wurde schon im 16. Jahrhundert erbaut, gehörte aber lange Zeit der Universität. Mittags um 12 Uhr erschallt vom Rathausturm ein Glockenspiel. Die Figur auf dem Brunnen auf dem Platz zeigt Bertold Schwarz, der das Schießpulver erfunden hat. Dahinter erhebt sich die mittelalterliche Martinskirche. Auf dem Platz befand sich von 1229 bis 1785 ein Franziskanerkloster, Teile des alten Kreuzgangs sind noch zu sehen.

ARCHÄOLOGISCHES MUSEUM COLOMBISCHLÖSSLE

Das Archäologische Museum im 1861 erbauten Colombischlössle nimmt die Besucher mit auf eine Zeitreise durch die Jahrtausende. Die Villa im Stil englischer Neugotik zeigt Ur- und Frühgeschichtliches. Nach dem Stadtgarten ist der Landschaftspark zwischen Rathaus und Bahnhof eine grüne Relax-Oase mit Blumen, Springbrunnen und 30 Bänken.

SHOPPING

SCHWARZUNDWALD
Hier gibt's schräge Kuckucksuhren, hippe Bollenhut-Stofftaschen und weitere sinnige oder weniger sinnige Schwarzwald-Souvenirs.
// Rathausgasse 12

MÜNSTERMARKT
Hochgeistige Obstwässerchen von Kirschen, Himbeeren, Birnen kann man direkt von den heimischen Erzeugern kaufen, auch süße Liköre und andere delikate Mitbringsel.

AUSFLÜGE

● HÖLLENTAL
Hier ist der Weg das Ziel: Durch das enge, stetig ansteigende Tal geht die Fahrt mit dem Zug am Denkmal des mutigen Hirsches rechts oben auf einem Felsen (Hirschsprung) vorbei via Höllsteig, Himmelreich zum beliebten Weihnachtsmarkt und Ravenna-Viadukt oder weiter in den Wintersportort Hinterzarten.

● BREISACH AM RHEIN
Entlang den Weinbergen des Kaiserstuhls oder mittendurch führt die Fahrt an den Rhein nach Breisach. Wegen seiner strategischen Lage an der Grenze zu Frankreich war das heutige Weinstädtchen immer wieder umkämpft. Am höchsten Punkt thront das gotische Münster mit dem berühmten dreiflügeligen Schnitzaltar von 1526.

ÜBERNACHTEN

HOTEL SICHELSCHMIEDE // Im Herzen der Altstadt von Freiburg befindet sich dieses romantische alte Hotel. Die urigen, mit alten Holzbalkendecken ausgestatteten Gästezimmer und ein gutes Frühstücksbüfett machen das Haus sehr beliebt.
// www.sichelschmiede.de

RINGHOTEL ZUM ROTEN BÄREN // Im Bären herrscht eine familiäre und herzliche Atmosphäre. Das älteste deutsche Gasthaus (seit 1120) verfügt über 25 moderne Zimmer und Suiten, die zum Innenhof oder zum Oberlinden hin liegen.
// roter-baeren.de

FREIBURG IM BREISGAU

AUF KEINEN FALL VERPASSEN

○ EINEM ORGELKONZERT IM MÜNSTER LAUSCHEN

Eine hervorragende Akustik zaubert einen unvergesslichen Klang. Seit ihrer Gründung haben sich die Münsterorgelkonzerte einen erstklassigen Ruf verdient. Hier finden internationale Orgelkonzerte und das ganze Jahr über Konzerte statt. Hervorzuheben sind die entspannenden Orgelklänge, die immer am Samstagmittag zur Marktzeit erklingen.

○ IN DER KEIDEL-THERME ENERGIE AUFTANKEN

Wohlfühlen, entspannen, Energiereserven auffüllen – besser als im Keidel-Thermalbad mit seinen 34° und 38° heißen Becken kann man nicht relaxen. Saunen, diverse Massagen und die »Freiburger Auftriebstherapie« unterstützen die Heilwirkung, das Bad ist bis in die Abendstunden geöffnet.

○ BEIM NARRENTREIBEN DER »FASNET« MITMACHEN

»Fasnet« nennt sich die schwäbisch-alemannische »Fasnacht« hier. Im Gegensatz zum Narrentreiben in Mainz, Köln oder Düsseldorf, das als eine Art Protest gegen die französische Besatzung unter Napoleon entstand, ist die Fasnet heidnischen Ursprungs. Das Narrentreiben hat ein strenges Ritual, über das die Narrenzünfte wachen. Unabdingbar sind das Narrenkostüm (»Häs«) und die Gesichtsmaske (»Scheme«). Furchterregend kommen auch die Hexen mit bitterböser Maskenmimik und langem Besenstiel daher. Andere Narren schlagen (schnellen) mit überlangen Peitschen (Karbatschen) oder machen mit Ratschen und Klappern Krach.

○ AUSSICHT VOM SCHLOSSBERG GENIESSEN

Sozusagen mitten in der Stadt beim Schwabentor und hinter dem Stadtgarten führen schöne Spazierwege auf den Schlossberg hinauf. Schon nach wenigen Minuten Aufstieg blickt man vom Kanonenplatz auf die Dächer von Freiburg, den Münsterturm und die beiden Stadttore direkt vor der Nase, in der Ferne sind bei klarer Sicht der Kaiserstuhl und die Vogesen im Elsass zu sehen. Wer noch höher hinauf will, steigt die Salzbüchsletreppe und ihre 251 Stufen zum Schlossbergturm hinauf.

○ FREIBURGER BÄCHLE BEWUNDERN

Auch im Winter fließt durch die urigen Bächle auf den Straßen der Altstadt Wasser. Die von der Dreisam gespeisten Rinnsale dienten im Mittelalter dem Brandschutz, der Wasserversorgung fürs Gewerbe und der Entsorgung von Abfällen. Heute haben Einheimische, Touristen und Kinder gleichermaßen ihren Spaß damit, dafür wurden eigens kleine Bächleschiffchen entwickelt.

Auch im Winter lädt der Schlossberg zu aussichtsreichen Spaziergängen ein.

SCHAUINSLAND

FREIBURGS WINTERMÄRCHEN

Mit leisem Rauschen gondelt die Schauinslandbahn dem Winter entgegen. Eben noch knappe Plusgrade in der City, schwebt sie in nur 20 Minuten in eine märchenhafte Schneelandschaft ein.

Für ihren 1284 Meter hohen Hausberg nebst Seilbahn könnte man die Freiburger glatt beneiden. Denn oben ist das Wintermärchen vollkommen. Tief verschneite Bergwelt ringsum, strahlende Sonne, glasklarer blauer Himmel, glitzernder Schnee, Weitblick ins Land.

Für Aktiv-Wintersportler gibt es Ski-alpin-, Snowboard- und Rodelpisten, Letztere sogar mit Schlittenlift. Loipen und Winterwanderwege laden zu sanfteren Läufen ein – fast kein Wintersport, den man hier oben nicht betreiben könnte. Und je nach Tageszeit lockt die Gaststätte DieBergstation mit Frühstück vom Bergbüfett, Flammkuchen, Schwarzwälder Kirschtorte oder mit Hüttenzauber, heißem Punsch und warmer Suppe.

Infos: www.schauinslandbahn.de

#46 KÖLN

»Köln gibt's schon, aber es ist ein Traum«, sagte einst Heinrich Böll über seine Heimatstadt und meinte damit, dass sich Köln jeder Einordnung entzieht. Die Stadt vereinigt etliche Gegensätze: Sie ist die zweitälteste Deutschlands und eine moderne Metropole. Sie ist das heilige Köln mit dem zum UNESCO-Welterbe gehörenden Dom, einem Dutzend romanischer Kirchen und einem Erzbischof, aber gleichzeitig auch eine sündige und sinnenfrohe Karnevalshochburg. Und nirgendwo sonst flattert das rheinische Lebensgefühl so fröhlich durch die urigen alten Gassen, Kneipen und neuen Rheinboulevards wie in Köln am Rhein.

Oben: In weniger als 14 Jahren Bauzeit entstand im nicht mehr gebrauchten Rheinauhafen in der Südstadt ein lebendiges urbanes Trendviertel, das Alt und Neu geschickt miteinander verknüpft. In die futuristischen Kranhäuser und alten Lagerhäuser wurden Wohnungen und Büros eingebaut, Weltfirmen wechselten in elegante Neubauten, Restaurants, Bars und Cafés folgten.

Links: Der Dom mit der alten Hohenzollern-Eisenbahnbrücke von 1911 – für dieses bezaubernde Fotomotiv von Köln ist der Weg über die Brücke nicht zu weit.

● ALTSTADT

Die Kölner Altstadt im Schatten des Doms ist eine gelungene Mischung aus alten Gassen, hübschen Plätzen wie der Alte Markt, der Heu- und der Fischmarkt. In den Straßen und Gassen reihen sich historische und am Rheinufer bunte Giebelhäuser, und mittendrin in der Altstadt drängen sich urige Lokale und Brauhäuser, die das typisches Kölsch servieren. Auch das Rathaus, die Oper, einige Museen und mindestens ein Dutzend Kirchen haben ihr Domizil in der Altstadt.

KÖLNER DOM

Der Dom ist nicht nur der größte Deutschlands, sondern auch eine der weltgrößten gotischen Kathedralen. Vor allem prägt das Wahrzeichen von Köln mit seinen beiden Türmen das Stadtpanorama. Auch innen beeindruckt er mit seinem in die Höhe strebenden Hauptschiff und seinen bunten Glasfenstern. Wer einen Turm besteigen möchte, muss fit sein: 533 Stufen müssen bis zur Aussichtsplattform auf 100 Meter überwunden werden, die Aussicht ist aber überwältigend.

HOHENZOLLERNBRÜCKE

Die über 110 Jahre alte Eisenbahnbrücke und der Kölner Dom sind das beliebteste Fotomotiv aller Köln-Besucher. Die begeben sich eigens dafür zum Kennedy-Ufer auf der rechtsrheinischen Seite, um die großartige Dom-Brücke-Altstadt-Kulisse aufzunehmen. Tatsächlich gibt es noch einen kuriosen Grund, die mächtige Dreibogen-Brücke zu Fuß zu überqueren: die Liebesschlösser. Nach großem Aufschrei hat die Bahn sich berappelt und die bunten Schlösser, die hier zu Tausenden hängen, nicht entfernen lassen. Heute gelten sie als Sehenswürdigkeit.

MUSEUM LUDWIG

Die Sammlung Ludwig, die moderne und zeitgenössische Kunst präsentiert, wurde 1976 mit der Schenkung von 350 Kunstwerken gegründet. Unter dem gleichen Dach befindet sich auch die Kölner Philharmonie mit ihrem Konzertsaal.

WARUM IM WINTER? Um den Straßenkarneval zu feiern: Zwischen Weiberfastnacht und Aschermittwoch herrscht in der ganzen Innenstadt Ausnahmezustand. Eröffnet wird der bundesweit berühmte Straßenkarneval an Weiberfastnacht um 11.11 Uhr. Das närrische Treiben erreicht seinen Höhepunkt mit dem Rosenmontagszug. Die Karnevalssaison beginnt natürlich schon viel früher: am 11.11. pünktlich um 11.11 Uhr.

KÖLN

RÖMISCH-GERMANISCHES MUSEUM
Um das Dionysos-Mosaik herum, das einst eine römische Villa schmückte, wurde 1970–1974 das Römisch-Germanische Museum erbaut, das vom Alltagsleben in der Römerstadt Colonia Claudia Ara Agrippinensium erzählt.

RATHAUS
Der auffälligste Teil des Rathauses ist sein spätgotischer Turm, der mit Skulpturen von 130 Kölner Persönlichkeiten geschmückt ist. Mit dem Fernglas kann man einzelne davon erkennen: so zum Beispiel Heinrich Böll oder Konrad Adenauer. Beachtenswert sind aber auch der hochgotische Hansasaal und der renaissancezeitliche Vorbau.

GROSS ST. MARTIN
Von außen groß, mächtig und wuchtig, im Inneren aber überraschend leicht und hell – so präsentiert sich die Kirche Groß St. Martin, die Mitte des 13. Jahrhunderts fertiggestellt wurde. Sie ist die größte unter den zwölf romanischen Kirchen Kölns mit erkennbaren Spuren der aufkommenden Gotik.

ALTER MARKT
Der größte und belebteste Platz in der Altstadt und ihr Mittelpunkt ist »Alter Markt«, der von einigen traditionellen Bürgerhäusern und der ältesten Apotheke der Stadt Köln gesäumt wird.

WALLRAF-RICHARTZ-MUSEUM
Die Gemäldesammlung zeigt überwiegend europäische Kunst vom 13. bis zum Ende des 19. Jahrhunderts, darunter Werke von Lochner, Dürer, Rubens und Renoir.

GÜRZENICH
Der nach dem Rathaus größte gotische Profanbau Kölns wurde im 15. Jahrhundert als Festhaus der Kölner Bürger errichtet – und er dient auch heute noch seinem Zweck, denn hier werden auch viele Karnevalsbälle in rheinischer Ausgelassenheit gefeiert.

ST. MARIA IM KAPITOL
Die auf den Fundamenten eines römischen Tempels erbaute Anlage ist die größte und äl-

Links: »Kölle alaaf!« Bunt geht es in der fünften Jahreszeit zu, wenn der Karneval die Kölner auf die Straßen lockt.

teste romanische Kirche Kölns. Ein Vorläufer entstand bereits um 690, der heutige Bau wurde im 11. Jahrhundert vollendet.

RAUTENSTRAUCH-JOEST-MUSEUM

Das Kölner Museum für Völkerkunde besitzt bedeutende Sammlungen zur indianischen Kunst und Lebensweise in Nord- und Südamerika sowie zur Kunst und Kultur Afrikas und Ozeaniens.

RHEINAUHAFEN

Aus nicht mehr gebrauchtem Hafengelände in Kölns Süden ist ein spannendes Trendviertel entstanden, das auf geschickte Weise Alt und Neu innovativ und symbiotisch miteinander verbindet, am augenfälligsten bei den drei Kranhäusern am Rheinufer. Renommierte Unternehmen haben ihren Firmensitz in den Rheinauhafen verlegt. Trendige Cafés, coole Bars, angesagte Restaurants, Galerien, Museen und kulturelle Treffpunkte sorgen für die erwünschte Lebendigkeit im neuen Viertel.

SCHOKOLADENMUSEUM

Alles Wissenswerte über den Anbau und die Verarbeitung von Kakao wird hier vermittelt – allerdings nicht nur in trockenen Fakten und Schaubildern. Probieren darf man auch, zum Beispiel am Schokoladenbrunnen im Foyer.

DEUTSCHES SPORT- UND OLYMPIAMUSEUM

Von den antiken Olympischen Spielen bis hin zum heutigen Profisport informiert das Museum über die Entwicklung des Leistungssports, über Highlights, große Sportler, triumphale Siege und bittere Niederlagen.

SÜDSTADT

Nicht in der Altstadt, sondern in der Südstadt rund um den Chlodwigplatz und dem alten Stadttor Severinstorburg pulsiert das echte kölsche Herz. In dem bunten Nebeneinander von Kneipen, Cafés, Tapas-Läden, alteingesessenen Metzgereien, türkischen Gemüsehändlern, Trödelläden, altem Handwerk, kann man das wahre Köln entdecken. Die Lokale heißen Lotta, Früh em Veedel, La Esquina oder ganz profan Haus Müller, aber alle sind sie von den Südstädtern geliebte Originale. Ihr Veedel, wie sie liebevoll ihr Viertel nennen, ist auch Hochburg des Kölner Karnevals, in der jecken Zeit tobt auf der Straße und in den Kneipen der Bär. Und sogar an St. Severin, dem romanischen Dom der Südstadt, der dem dritten Bischof Kölns um 400 gewidmet ist, finden sich Zeichen des Karnevals in Form eines Clowns im unteren Teil des Fensters an der Westfassade.

FREITREPPE AM RHEINBOULEVARD

Fraglos der Logenplatz für den schönsten Panoramablick auf Köln ist der neue Rheinboulevard mit Freitreppe in Deutz auf der rechtsrheinischen Seite. Auf den Stufen kann man zu jeder Tageszeit relaxen, chillen, picknicken, Sonnenuntergang erleben oder die Köln-Kulisse im abendlichen/nächtlichen Lichterglanz bewundern.

KÖLNTRIANGLE

Wer die über 500 Stufen zur Aussicht vom Domturm nicht geschafft hat, im ultramodernen KölnTriangle-Hochhaustower am

AUSGEHEN

BRAUHAUS SION // In diesem großen Brauhaus wird Tradition großgeschrieben. Mehrere Braustuben laden zu einem kühlen Bier ein.
// www.brauhaus-sion.de

EM STRECKSTRUMP // In Deutschlands ältestem Jazzlokal steht jeden Abend Livemusik auf dem Programm.
// www.papajoes.de/strickstrumpf

LE MOISSONNIER // Legeres Spitzenrestaurant, in dem man ohne Dresscode speisen kann. Auf der Karte stehen Kreationen des französischen Küchenchefs.
// www.lemoissonnier.de

Kennedy-Ufer in Deutz gibt es eine neue und bequemere Chance mit dem Aufzug. Zwar führen dort 556 Stufen hinauf, die darf man aber aus Sicherheitsgründen nicht gehen. Die 5 Euro sind gut angelegt. Natürlich ist der 360°-Ausblick vom 103,5 Meter hohen Triangle spektakulär. Aber auch das klimafreundliche Gebäude mit dreieckigem Grundriss verdient einen längeren Blick.

ÜBERNACHTEN

ART'OTEL COLOGNE // Stylisch und barrierefrei wohnen im neuen art'otel im Rheinauhafen: Die 191 Zimmer mit Stadtblick sind 24, 28 oder 44 Quadratmeter groß und mit Kunst der Koreanerin SEO eingerichtet. art'eat Restaurant mit Rheinblick und Bar im EG.
// www.artotelcologne.de

HOPPER HOTEL ST. JOSEF // Das moderne Designhotel in einem ehemaligen alten Stiftsgebäude liegt in der Südstadt. Die Zimmer sind mit Kunst bestückt. Es gibt eine Bar und einen kleinen Wellnessbereich mit Sauna.
// www.hopper.de

HOTEL VIKTORIA // Das charmante Privathotel garni mit 47 Zimmern, teils mit Rheinblick, residiert im ehemaligen Musikhistorischen Museum in einer herrschaftlichen Villa von 1906. Innen mit Erkern, Marmorwänden, Stuck und Säulennischen ausgestattet, bietet es stilvolles Wohnen mit reichhaltigem Frühstück.
// hotelviktoria.com

SHOPPING

DER KÖLN SHOP
Geschenkideen und große Auswahl an Mitbringseln aus Köln gibt's im Köln Shop am Kardinal-Höfner-Platz – von Kölner Dom, 1.FC-Fanartikel bis Karneval-Souvenirs, T-Shirts, Taschen, Accessoires und Tassen.
// der-koelnshop.de

BELGISCHES VIERTEL
In den kleineren Geschäften im Umfeld der Brüsseler und Maastrichter Straße haben sich junge Designer niedergelassen wie Boutique Belgique, Om Inside, Pippa & Fritz und Blutsgeschwister sowie ungewöhnliche Geschenkeläden wie boutique fraukayser.

DER KARNEVALSWIERTS
Das Fachgeschäft hat alles, was man zum Verkleiden und Schminken braucht. Auch Perücken, Stoffe und Zubehör zum Selbermachen.
// www.karnevalswierts.com/de

AUSFLÜGE

● AHRTAL
Das schöne Ahrtal mit seinen Weinbergen ist nur 90 Kilometer entfernt. Noch sind nicht alle Folgen der Jahrhundertflut von 2021 beseitigt, aber vieles geht wieder und die Gastgeber, vor allem in Hanglagen, sind außerordentlich dankbar für Gäste. Auch viele Wanderwege, Sehenswürdigkeiten und Wellnesseinrichtungen sind unbeschädigt. Von Anfang Dezember bis Ende Januar lockt wieder das märchenhafte Event »Uferlichter und Kurpark on Ice« in Bad Neuenahr mit illuminiertem Kurpark, Eisbahn, Kunsthandwerk und kulinarischen Ständen.

AUF KEINEN FALL VERPASSEN

○ **EIN CHORKONZERT DER KÖLNER DOMMUSIK BESUCHEN**

Der Chor des Domes wurde im Jahr 1322 geweiht, 74 Jahre nach der Grundsteinlegung – er kann also mit einer fast 700-jährigen Geschichte aufwarten. Mit 104 Plätzen ist das Chorgestühl aus dem frühen 14. Jahrhundert das größte in Deutschland. Aufgrund der Umgebung und wegen der Akustik ist ein Konzert im Kölner Dom einzigartig. Zu empfehlen ist die Konzertreihe Geistliche Musik am Dreikönigenschrein mit dem Dom-Ensemble und Gastchören.

○ **IM BRAUHAUS PÄFFGEN EINEN KÖBES BEI DER ARBEIT ERLEBEN**

Das Päffgen ist die Traditionsbrauerei Kölns. Wie in vielen Kneipen der Stadt wird das obergärige Kölsch vom Kellner, Köbes genannt, in großen Mengen und ungefragt herangeschleppt.

○ **EINE AUFFÜHRUNG DER »PUPPENSPIELE DER STADT KÖLN« BESUCHEN**

Seit 1802 gibt es – mit kurzer Unterbrechung – das Hänneschen-Theater. Statt Menschen kommen Stockpuppen auf die Bühne. Das Programm umfasst sogar eine Karnevalssitzung, die »Puppensitzung«. Kenntnisse der Kölner Mundart sind von Vorteil.

○ **»FÖR KLEINE, GROSSE UN DIE JANZE FAMILLICH ENE BESUCH IM ZOO ...«**

Der drittälteste Zoologische Garten wurde 1860 gegründet. Vom ursprünglichen Gedanken der Käfigschau ist man heute weit entfernt. Das Elefantenhaus von 1863 steht unter Denkmalschutz, heute leben die Tiere im 20000 Quadratmeter großen Elefantenpark. Ebenso modern präsentiert sich das Tropenhaus mit frei fliegenden Flughunden.

○ **EINE FÜHRUNG DURCH DIE ARCHÄOLOGISCHE ZONE IM RATHAUSVIERTEL**

In der Archäologischen Zone unter dem Rathausplatz wurden etliche Relikte aus der römischen und mittelalterlichen Vergangenheit Kölns ausgegraben, die im MiQua – LVR Jüdisches Museum im Rahmen von Führungen und Ausstellungen zugänglich sind. Im Mittelalter lag hier eines der ältesten jüdischen Stadtquartiere Europas (www.miqua.lvr.de).

Archäologische Zone unter dem Rathausplatz.

#47 MAINZ

Knapp 210 000 Menschen leben in der Landeshauptstadt von Rheinland-Pfalz. Ihr Herz schlägt zwischen dem Rheinufer, der Zitadelle und dem ehemaligen Kurfürstlichen Schloss. Residenzstadt, Hauptstadt, Festungsstadt – Mainz war und ist lebendig. Ein Spaziergang durch Mainz ist wie eine Wanderung durch die Zeit. Man kann beispielsweise am Dom beginnen, der Anfang des 11. Jahrhunderts fertiggestellt wurde. Vorbei am Marktbrunnen schlendert man nach rechts in Richtung Rhein und stößt auf das Gutenberg-Museum, das der Erfindung des Buchdrucks im 15. Jahrhundert gewidmet ist. Ein kleiner Abstecher führt zum ehemaligen Heiliggeistspital, das 1145 als Domspital gegründet wurde. Dort kann man es sich ruhig eine Weile bequem machen, denn ein Krankenhaus ist der rechteckige Bau mit seinen vier Portalen längst nicht mehr. Inzwischen ist dort ein Gasthaus eingezogen. Den Spaziergang kann man schließlich an dem mit norwegischem Granit verkleideten Rathaus enden lassen. Nach fast 500 Jahren ohne Rathaus bekam die Stadt das moderne Gebäude, das an eine Ziehharmonika erinnert.

Oben: Das Zentrum von Mainz bildet der rötlich schimmernde Dom St. Martin. Er zählt zu den deutschen Kaiserdomen und wurde kurz nach 975 durch den Erzbischof und Kanzler Willigis begonnen. Die groß angelegte doppelchörige Basilika sollte die Bedeutung des Erzbistums Mainz repräsentieren und als »Staatsdom« im Heiligen Römischen Reich fungieren.

Links: Weinhaus Zum Spiegel und Fachwerkhäuser am Kirschgarten in der historischen Altstadt.

ALTSTADT

Vom Kaisertor im Norden über den heutigen Hauptbahnhof bis zur Zitadelle verlief einst der Befestigungsring von Mainz. In seinen Grenzen liegt heute das nach enormen Kriegsschäden liebevoll restaurierte Altstadtareal mit dem Dom, alten Patrizierbauten, dem Kurfürstlichen Schloss, pittoresken Plätzen und verwinkelten Gassen – die mitunter so kuriose Namen tragen wie »Leichenhof« oder »Nasengässchen«. Ganz unspektakulär nach dem Augustinerorden, dessen prachtvolle Barockkirche sich in der Fassadenriege nahezu versteckt, ist die Augustinerstraße benannt. Bis ins 17. Jahrhundert war sie die Hauptgeschäftsstraße der Stadt. Heute finden sich hier neben kleinen Geschäften auch Cafés, Restaurants und urige Weinhäuser. In der Dämmerung kommt die historische Balkenkunst der Gebäude in der Altstadt besonders schön zur Geltung.

● DOM UND DOMPLATZ

Der Domplatz ist eines der wichtigsten Zentren der Stadt. Vor dem Dom plätschert der Marktbrunnen aus der Renaissancezeit auf dem Marktplatz. Der sechstürmige Dom St. Martin bildet einen der Höhepunkte sakraler romanischer Baukunst am Rhein. Er hat St. Peter in Rom als Vorbild und prägt die Stadt noch immer maßgeblich. Er ist das markanteste Bauwerk von Mainz. Im Jahr 1009 wurde der Dom eingeweiht, brannte jedoch am gleichen Tag ab. 1036 war der zweite Bau fertig. Im Laufe der Zeit gab es immer wieder Zerstörungen und Anbauten. Das Ergebnis

MAINZ

WARUM IM WINTER? In einer Stadt, in der selbst der Oberbürgermeister »in die Bütt« steigt, kann der »Fünften Jahreszeit« nur eine ganz herausragende Bedeutung zukommen. Fastnacht – Karneval darf man hier nicht sagen! – bedeutet Ausnahmezustand in Mainz. Natürlich hat die »Meenzer Fassenacht« viele eigene Traditionen hervorgebracht. Einige der ungewöhnlichsten Figuren sind die »Schwellköpp« (geschwollene Köpfe), die seit 1927 im Einsatz sind. Zur Auflockerung turnen diese überdimensionierten Pappmachéköpfe zwischen den Wagen beim Rosenmontagszug herum. Mittlerweile werden sie in zweiter Generation von einem Mainzer Kunsthandwerker gefertigt. Seit einigen Jahren kümmert sich der Schwell-Kopp-Träscher-Club (SKTC) um den Erhalt und die Fortführung der Tradition.

ist ein mächtiges Gotteshaus mit einem Westchor, dem Martinschor, und einem Ostchor, dem Stephanschor.

GUTENBERG-MUSEUM
Ein prunkvolles Bürgerhaus im Stil der Spätrenaissance beherbergt Exponate aus rund 4000 Jahren Schriftkultur. Natürlich geht es auch um den Erfinder des modernen Buchdrucks Johannes Gutenberg. Prachtstücke sind zwei originale Gutenberg-Bibeln. Auch Selbstversuche als Setzer oder Drucker sind möglich.

RATHAUS
Das 1970–1974 erbaute Rathaus bildet von der Rheinbrücke aus gesehen einen modernen Kontrast zu Altstadt und Dom. Die dänischen Architekten und Designer Arne Jacobsen und Otto Weitling entwarfen das sechsstöckige, schlichte und zeitlose Gebäude mit dreieckigem Grundriss. Norwegischer grauer Naturstein kontrastiert mit den bronzefarbenen Rastergittern, und das ganze Gebäude wird von einem Wechsel geschlossener und offener Wände bestimmt. Mainz hatte seit 1462 kein eigentliches Rathaus mehr besessen – seit Adolf von Nassau den Stadtrat auflöste und die Stadt von Vertretern des Erzbischofs und der Kurfürsten regiert wurde.

RHEINGOLDHALLE
Im Jahr 1968 ersetzte der moderne gläserne Gebäudekomplex der Rheingoldhalle am Rheinufer die frühere Stadthalle an dieser Stelle. Geplant hat ihn der Mainzer Architekt Heinz Laubach. Der vielseitige Tagungs- und Veranstaltungsort ist auch Bühne für Musicals, Konzerte und weitere Unterhaltungsevents.

KIRSCHGARTEN
Besonders malerisch zeigen sich hier die Fachwerkhäuschen am Kirschgarten. Hier fühlt sich der Besucher ins Mittelalter versetzt, wenn er entlang der Bauten bummelt. Zur Atmosphäre trägt auch der Brunnen bei, der im Stil eines barocken Laufbrunnens 1932 gebaut wurde. Bereits 1329 wurde dieser Ort als »Kirschgarten« nach der Kirschbornquelle bezeichnet, die am Rochushospital entspringt.

Links: Wie in anderen Hochburgen wird die Fastnachtssaison am 11.11. um 11.11 Uhr eingeläutet; wer das verpasst, wird in Mainz zusätzlich am Neujahrsmorgen noch einmal daran erinnert: Zur Freude aller Partygänger in der Silvesternacht ziehen am 1. Januar am frühen Vormittag lautstarke Fastnachtsbrigaden durch die Innenstadt. Spätestens ein paar Wochen vor den tollen Tagen zwischen Altweiberfastnacht und Aschermittwoch gibt es dann kein Halten mehr.

MAINZ

Rechts: Diese Kombination ist einmalig: Die katholische Pfarrkirche St. Stephan thront bereits seit dem 13. Jahrhundert auf der höchsten Erhebung der Mainzer Altstadt. Neben dem Dom ist die Hallenkirche das bedeutendste Gotteshaus der Stadt. Doch was sie wirklich auszeichnet und Kunstliebhaber anlockt, sind die Buntglasfenster in Chor und Langhaus von Marc Chagall.

ST. STEPHAN
Um 1340 wurde die dreischiffige Hallenkirche im Stil der Gotik fertiggestellt. Sie hat ihren Platz auf einem Hügel oberhalb der Altstadt. Der große Schatz der Kirche sind die neun von Marc Chagall gestalteten Glasfenster, das einzige Werk des Künstlers, das in einem deutschen Gotteshaus zu sehen ist.

SCHILLERPLATZ
Viele Teile der Altstadt wurden im Zweiten Weltkrieg zerstört und im modernen Stil ersetzt. Nur wenige der einstigen Prunkbauten blieben erhalten, einige der schönsten barocken Adelspaläste befinden sich am Schillerplatz. Mehrfach umbenannt seit dem 13. Jahrhundert, erhielt der Platz seinen heutigen Namen, als 1862 das Schillerdenkmal im nördlichen Teil aufgestellt wurde. Ab dem Mittelalter wurde der Platz als Marktplatz genutzt, und auch heute noch gehört er zu den zentralen Plätzen der Stadt. Hier befinden sich Adelshöfe aus dem Barock und Rokoko und einige Denkmäler wie der Mainzer Fastnachtsbrunnen.

LANDESMUSEUM
Der kurfürstliche Marstall, zentral zwischen Bahnhof und Landtag gelegen, ist Teil des Landesmuseums. Die Sammlung beruht auf einer Schenkung Napoleons. Zu sehen gibt es frühgeschichtliche Funde bis hin zu Kunstwerken der Moderne.

KURFÜRSTLICHES SCHLOSS
Das Schloss in Sichtweite des Rheinufers entstand im 18. Jahrhundert. Der eindrucksvolle frühbarocke Bau hebt sich durch die Formen seiner Fassade vom benachbarten Deutschhaus und Neuem Zeughaus ab. Die Geschichte des Schlosses ist ebenso bewegt wie seine Veränderungen, Beschädigungen und vielfältigen Nutzungen im Lauf der Zeit. Auch das Römisch-Germanische Zentralmuseum ist längst wieder aus- und in einen Neubau in der Neutorstraße gezogen, wo es 2024 wiedereröffnen wird. Heute wird das Schloss für Veranstaltungen genutzt, beispielsweise für die bekannte Fastnachtssitzung »Mainz bleibt Mainz, wie es singt und lacht«.

RÖMISCH-GERMANISCHES ZENTRALMUSEUM
Während Schließung und Umzug bis zur voraussichtlichen Wiedereröffnung 2024 läuft das Veranstaltungsprogramm in Ersatzorten wie Museum für Antike Schifffahrt in Mainz und Museum Monrepos in Neuwied weiter.

AUSGEHEN

DICKE LILLI, GUTES KIND // Ideal für eine Kaffeepause oder einen Snack zwischendurch. Liebevolle Einrichtung und sehr gutes Essen.
// www.dickelilliguteskind.de

AM HOLZTOR // In der historischen Gaststube wird gutbürgerliche Küche serviert. Dazu gibt es regionale Weine.
// www.amholztor.de

IL MONDO // Freunde der italienischen Küche und Romantiker werden nicht enttäuscht sein von einem Abend im Il Mondo.
// www.ilmondo-mainz.de

STADTHISTORISCHES MUSEUM

Am Südrand der Stadt liegt eine Wehranlage aus dem 17. Jahrhundert, die Mainzer Zitadelle. Dort hat im Bau D das private Stadtmuseum sein Domizil. Die Ausstellungen führen Besucher auf eine spannende Zeitreise von der Steinzeit bis zur Ankunft der Römer und dem merowingischen, dem mittelalterlichen und dem jüdischen Mainz bis zum Ende des 20. Jahrhunderts. interessant ist auch der Einblick in die Kinderzimmer früherer Jahrhunderte.

SHOPPING

ALTSTADT
Die Augustinerstraße unweit des Doms ist die Hauptstraße zum Bummeln in der Altstadt. Aber auch die Nebenstraßen, oft nur kleine romantische Gassen, machen die Altstadt aus. Zum Beispiel der Kirschgarten mit hübschen Fachwerkhäusern und dem Marienbrunnen.

WOCHENMARKT MIT MARKTFRÜHSTÜCK
Ein Wochenmarkt, wie man ihn andernorts vielleicht auch findet, allerdings hat jener in Mainz etwas Besonderes zu bieten: das Marktfrühstück auf dem Liebfrauenplatz.

BUKAFSKI BUCHHANDLUNG & CAFÉ
Einen augezeichneten Kaffee trinken und dabei in Neuerscheinungen schmökern, das erlaubt die trendige Buchhandlung in der Mainzer Neustadt.

// bukafski.de

ÜBERNACHTEN

HOTEL INNDEPENDENCE // Barrierefreies Reisen ist für das Hotel eine Selbstverständlichkeit, auch ein Teil des Teams lebt mit Behinderung. Ob mit oder ohne Einschränkung, hier darf sich jeder Gast auf besten Service und ein gut geführtes Hotel freuen, die Innenstadt ist gut erreichbar.
// www.inndependence.de

AC HOTEL // Das moderne Design zieht sich wie ein roter Faden durch das gesamte Konzept. Weitere Pluspunkte sind die zentrale Lage nahe dem Hauptbahnhof, das französische Restaurant und ein eigenes kleines Fitness-Center.
// www.marriott.de/hotels/travel/framz-ac-hotel-mainz

ATRIUM HOTEL // Das Atrium ist ein klassisches Hotel mit dem gewissen Extra. Ideal für einen Kurztrip und für alle, die gern etwas mehr Privatsphäre haben möchten.
// www.atrium-mainz.de

AUSFLÜGE

● INGELHEIM
Die als »Rotweinstadt« bekannte Kreisstadt wird überwiegend durch Rebanbauflächen sowie den Obstanbau geprägt. Mit der Ingelheimer Kaiserpfalz, der Burgkirche (ehem. St. Wigbert) und der historischen Ortsbefestigung mit den teilweise erhaltenen Türmen zählt Ingelheim zu den kulturhistorisch bedeutendsten Orten der Region. Sehens- und erlebenswert sind vor allem die Ingelheimer Weinmeile – ein rund 2,4 Kilometer langer Erlebnisweg rund um Wein, Obst, Kultur und Natur – und das alljährlich am letzten Septemberwochenende stattfindende Rotweinfest. Natürlich lohnt auch ein Besuch im Ingelheimer Winzerkeller.

AUF KEINEN FALL VERPASSEN

○ DAS MAINZER FASTNACHTSMUSEUM BESUCHEN

Hier dreht sich alles um die Fastnacht. Närrisches aller Art, vom ersten Mainzer Rosenmontagsumzug im Jahr 1837 bis heute, gibt es auf 400 Quadratmeter zu bestaunen. Auch Nicht-Karnevalisten können Spannendes entdecken. Zu sehen sind Kostüme, Narrenkappen, Orden und Garde-Uniformen, Informatives über die Entstehung von Motivwagen oder Ausschnitte aus legendären Karnevalssitzungen in einem kleinen Kino.

○ ÜBERRESTE EINES ISIS-TEMPELS BESTAUNEN

Bei Bauarbeiten im Jahr 2000 wurden die Fundamente eines Tempels entdeckt, der der altägyptischen Gottheit Isis sowie der römischen Magna Mater gewidmet war. Ein sensationeller Fund nördlich der Alpen! In einem eigens eingerichteten Raum in der modernen Römerpassage (ganz links) sind Statuetten, Opfergaben und auch Öllampen zu bestaunen.

○ DEN WEIHNACHTSMARKT ERLEBEN

Wie überall in ganz Deutschland locken auch am Mittelrhein zahlreiche Weihnachtsmärkte die Besucherscharen an. In Mainz trifft man sich gemütlich-traditionell auf dem Domplatz und dem Schillerplatz. Auch sonst zeigen sich die Altstadtgassen im Advent festlich geschmückt.

○ ZUM FASTNACHTSBRUNNEN PILGERN

Mainz und die Fastnacht gehören einfach zusammen. Um der Fastnacht ein Denkmal zu setzen, hat man 1964 einen Wettbewerb ausgeschrieben. Drei Jahre später war der Brunnen fertig, dessen Herzstück ein aus 200 Bronzefiguren bestehender Narrenturm ist.

○ AUSFLUG ZUR ZITADELLE AUF DEM JAKOBSBERG

Eine Option, um Mainz weiter zu erkunden, ist ein Besuch des Jakobsbergs und eine Besichtigung der Zitadelle. Die Stadt Mainz ist Besitzer der Zitadelle, die seit 1907 unter Denkmalschutz steht. Das Gelände der Zitadelle ist ganzjährig zugänglich, lediglich einige Gebäude sowie die unterirdischen Gänge, in die sich die Bürger während der Bombenangriffe des Zweiten Weltkriegs flüchteten, sind nur im Rahmen von Führungen zugänglich. Auch ökologisch ist die Zitadelle interessant, denn hier kommen über 300 Tier- und Pflanzenarten vor.

Der Dom St. Martin – was für eine großartige Kulisse für den Weihnachtsmarkt!

#48 NÜRNBERG

Christkindlesmarkt, Lebkuchen, Bratwürste, mittelalterliche Kaiserherrlichkeit, Hans Sachs und Albrecht Dürer: Die größte fränkische Stadt hat mit vielen Klischees aufzuwarten, die alle irgendwie stimmen, aber natürlich längst nicht alles sind. Es ist kein Zufall, dass die Frankenmetropole für Mittelalterflair steht. In der frühen deutschen Geschichte war Nürnberg als kaiserlicher Eigenbesitz eine der bedeutendsten Städte des Reiches und vor allem unter Karl IV. der Veranstaltungsort wichtiger Reichstage. Doch zu Nürnbergs Geschichte gehört auch ein erfolgreiches Unternehmertum. Das beginnt bei den reichen Patriziern des Mittelalters, die der Stadt viele ihrer prächtigen Bauwerke bescherten, geht über die industrielle Revolution, als hier die erste deutsche Eisenbahn fuhr und auch Modelleisenbahnen und andere Spielzeugwaren Exportschlager waren, und führt bis in die Wirtschaftswunderzeit.

Oben: Der weltberühmte Christkindlesmarkt gehört wohl auch zu den ältesten. Zum Auftakt am Freitag vor dem ersten Advent wird alljährlich ein Christkind gekürt, das den Markt eröffnet.

Links: Blick in die Altstadt mit der mittelalterlichen St.-Sebaldskirche und der Kaiserburg, Nürnbergs Wahrzeichen, im Hintergrund.

● ALTSTADT

Wer unkompliziert Nürnbergs Sehenswürdigkeiten entdecken möchte, muss nicht notwendig an einer Stadtführung teilnehmen. Dafür hat Nürnberg die »Historische Meile« eingerichtet. Dabei handelt es sich um einen kulturhistorischen Stadtrundgang, der mithilfe entsprechender Beschilderung zu den bedeutendsten Bauwerken in der Altstadt führt. Man braucht dieser Route nur zu folgen, um sich einen Überblick über die bewegte Vergangenheit Nürnbergs zu verschaffen. Die reiche Geschichte der Stadt war stets verbunden mit ihrer verkehrsgünstigen Lage am Wegekreuz der großen Fernstraßen, die vom fränkischen Weinland am Main in Richtung Süden einerseits und von den schwäbischen Märkten hinüber nach Böhmen andererseits führten. Der anregende Bummel führt unter anderem vom Fembohaus (heute Stadtmuseum) zum Rathausplatz mit dem Rathaus von 1622, zur Sebalduskirche (13. Jahrhundert) mit Sebaldusgrab von Peter Vischer sowie zum Hauptmarkt.

SCHÖNER BRUNNEN

Der 19 Meter hohe Brunnen auf dem Hauptmarkt hat die Gestalt einer gotischen Kirchturmspitze. Auf vier Etagen ist er mit farbig bemalten Figuren geschmückt, die die neun guten Helden, die sieben Freien Künste, die sieben Kurfürsten, sieben Propheten, die vier Evangelisten und die vier Kirchenväter darstellen.

NÜRNBERG

WARUM IM WINTER? In Deutschland ist jetzt Einkaufszeit. Überall im Land schießen die Weihnachtsmärkte aus dem Boden; der berühmteste jedoch ist der in Nürnberg, der den Hauptmarkt mit nahezu 200 Ständen füllt. Eröffnet wird er von einem in Gold gekleideten »Christkind« mit einem Prolog, der mit den Worten endet: »Das Christkind lädt zu seinem Markte ein, und wer da kommt, der soll willkommen sein.« Der erste Weihnachtsmarkt soll hier schon im 16. Jahrhundert stattgefunden haben. Dieser als »Städtlein aus Holz und Tuch« bekannte Markt ist eine einzigartige Anlaufstelle für Weihnachtskäufe: Baumschmuck, Krippen, Kerzen, Spielzeug, Lebkuchen, Stollen und Weihnachtsbratwurst. Was es nur auf dem Christkindlesmarkt gibt, sind die Nürnberger »Zwetschgenmännla«, kleine Figuren aus getrockneten Pflaumen, die auch hervorragend helfen, wenn der Weihnachtsbraten mal wieder zu schwer im Magen liegt …

ALTES RATHAUS MIT LOCHGEFÄNGNISSEN
Das Nürnberger Rathaus wurde im frühen 17. Jahrhundert im Stil der Spätrenaissance erbaut. Der kulturhistorisch wertvollste Teil ist jedoch der integrierte gotische Saalbau des vorherigen Rathauses auf der Südseite. Eine Touristenattraktion sind die mittelalterlichen Kerker im Keller, die im Rahmen von Führungen besichtigt werden können.

FRAUENKIRCHE
Die Kathedrale aus dem 14. Jahrhundert weist einen ungewöhnlichen quadratischen Grundriss auf. Sie wurde von Kaiser Karl IV. für die Aufbewahrung der Reichskleinodien konzipiert. Ein Highlight ist das Uhrenspielwerk über dem Hauptportal. Immer um 12 Uhr verneigen sich die sieben Kurfürsten vor dem Kaiser. Im Inneren erinnert ein Davidstern an die durch ein Pogrom zerstörte Synagoge, die einst an dieser Stelle stand.

ST. SEBALD
Die einstige Ratskirche über dem Grab des Stadtpatrons Sebaldus ist ein Meisterwerk der

Oben: Wie in einem gigantischen Säulenwald fühlt man sich angesichts der mächtigen Pfeiler von St. Sebald, die oben scheinbar nahtlos mit der gewölbten Decke verschmelzen.

Links: Bis zum Heiligen Abend kann man auf dem Christkindlesmarkt original Nürnberger Lebkuchen, gebrannte Mandeln und Zwetschgenmännle naschen und sich auf die Festtage einstimmen.

Gotik, das mit vielen mittelalterlichen Kunstwerken ausgestattet ist wie dem Sebaldus-Grabmal von Peter Vischer, Apostelfiguren von Veit Stoß und den teils von Dürer entworfenen farbenprächtigen Glasfenstern.

ALBRECHT-DÜRER-HAUS
Im einstigen Wohn- und Atelierhaus des berühmten Künstlers vermitteln noch nahezu originale beziehungsweise wieder in den Originalzustand versetzte Räume ein lebhaftes Bild seines Wirkens. In der alten Werkstatt werden die historischen Drucktechniken wie Kupferstich und Holzschnitt erläutert. Außerdem sind in Wechselausstellungen Grafiken oder Kopien seiner Gemälde zu sehen.

SPIELZEUGMUSEUM
In einem alten Patrizierhaus in der Karlstraße wird mit einer außergewöhnlichen Sammlung historischen Spielzeugs Nürnbergs Tradition als Spielzeugmacherstadt Rechnung getragen.

KAISERBURG
Die Burg von Nürnberg war im Mittelalter eine der wichtigsten Kaiserpfalzen, die jeder regierende Herrscher regelmäßig aufsuchte. Sie gilt als eine der bedeutendsten Wehranlagen Europas. Die historischen Räume im Palast können einzeln oder in Kombination mit dem Burgmuseum besichtigt werden. Hof und Burggarten sind frei zugänglich.

HENKERSTEG UND WEINSTADEL
Vom malerischen alten Weinstadel, der heute ein Studentenwohnheim ist, führt der Henkersteg zum Henkersturm auf der Trödelmarktinsel in der Pegnitz. Dort musste einst der Henker abseits der gewöhnlichen Leute wohnen. Heute ist die Insel mit ihren kleinen Läden und Restaurants ein idyllisches Ausgehquartier. Turm, Steg und Stadel sind eines der beliebtesten Fotomotive der Stadt.

HEILIG-GEIST-SPITAL
Das Spital wurde im 14. Jahrhundert von einem reichen Nürnberger zur Versorgung der Alten und Kranken gestiftet und dient noch heute als Seniorenheim. Es wurde über einem Arm der Pegnitz errichtet und ist ein beliebtes Fotomotiv.

ST. LORENZ
Etwas später als St. Sebaldus im Süden der Altstadt gebaut, stand die Lorenzkirche von Anfang an etwas im Schatten der großen Schwester, was die reichen Bewohner der Südstadt jedoch dazu antrieb, sie besonders kostbar auszustatten. Erhalten sind etwa ein imposantes Sakramentshaus von Adam Kraft, eine als riesiges, schwebendes Medaillon gefasste Verkündigungsszene von Veit Stoß, viele wertvolle Altäre und alte Glasfenster.

AUSGEHEN

ESSIGBRÄTLEIN // Im ältesten Gasthaus der Stadt wird kreative regionale Spitzenküche zelebriert, bei der Kräuter und Gemüse den Ton angeben.
// www.essigbraetlein.de

ZUM ALBRECHT-DÜRER-HAUS // In dem historischen Fachwerkhaus mit Blick auf das Albrecht-Dürer-Haus befand sich schon vor 1800 eine Gaststätte. Auch heute noch werden hier mit Liebe fränkische Gerichte wie Schäufele mit Kloß und klassische Nürnberger Bratwüste zubereitet.
// www.zum-albrecht-duerer-haus.net

BRATWURSTKÜCHE ZUM GULDEN STERN // Wer original Nürnberger Rostbratwurst oder Saure Zipfel essen mag, »isst« hier goldrichtig. 600 Jahre Tradition – urkundlich erwähnt wurde diese Bratwurstküche schon im Jahr 1419, wie eine Ausstellung zeigt.
// www.bratwurstkueche.de

NÜRNBERG

DB MUSEUM
Die Geschichte der deutschen Eisenbahn vermittelt das Museum anhand zahlreicher Objekte, darunter die älteste erhaltene deutsche Dampflok und ein Nachbau des »Adler«, der ersten Lokomotive. Zu sehen sind außerdem 2000 Zugmodelle und eine große Modellbahn.

HANDWERKERHOF
Das Ensemble pittoresker Fachwerkhäuschen und Buden ist nicht original, sondern wurde zum 500. Geburtstag Albrecht Dürers in einen umbauten Hof am Königstor hineingesetzt. Dort kann man den Handwerkermeistern bei ihrer Arbeit über die Schulter schauen. Mit all den Kunstgewerbeständen, Spielzeugmachern, Lebküchnern, Weinstuben und historischer Bratwurstküche ist der Handwerkerhof zum Touristenmagnet ersten Ranges geworden.

JOHANNISFRIEDHOF
Der malerische Friedhof an der Stadtmauer wird wegen seiner vielen Rosenbüsche auch als Rosenfriedhof bezeichnet. Vor allem die vielen schönen, historisch interessanten Grabmäler machen ihn besuchenswert. Unter anderem sind hier Größen wie Albrecht Dürer, Hans Sachs, Veit Stoß und Anselm Feuerbach begraben.

LEBKUCHEN SCHMIDT
Eine besonders gute von mehreren Quellen für Nürnbergs weltbekannte süße Spezialität – und das das ganz Jahr über.
// www.lebkuchen-schmidt.com

PRAGER KUNSTSALON
Die am Hauptmarkt gelegene Galerie präsentiert internationale Mode, Design und Schmuck sowie ungewöhnliche tschechische Gebrauchs- und Gegenwartskunst.
// Hauptmarkt 16

SHOPPING

GRÜNER MARKT
Bauern aus dem Knoblauchsland bieten auf dem größten Wochenmarkt der Stadt jeden Werktag ihre Erzeugnisse an.

LANDBIERPARADIES
350 Quadratmeter großes Getränkefachgeschäft mit einem Händchen für Biere der fränkischen Kleinbrauereien. Etwa 85 unterschiedliche Gerstensäfte werden angeboten. Biobiere sind der neueste Trend.
// www.landbierparadies.com

ÜBERNACHTEN

DREI RABEN // In Bahnhofsnähe gelegenes Themenhotel mit gutem Standard. Die Zimmer sind erfrischend bunt nach diversen (Nürnberger) Geschichten der drei Raben designt. Weiter geht's mit den Geschichten in der Rabenwein Bar.
// www.hoteldreiraben.de

DÜRER HOTEL // Unterhalb der Kaiserburg gelegenes Spitzenhotel mit 106 Zimmern, Tiefgarage, Bistrobar, Fitnessraum mit Sauna und Dampfbad.
// www.duerer-hotel.de

SCHINDLERHOF // Für Kreativität, Frische und herzliche Gastlichkeit ist der Schindlerhof viele Male ausgezeichnet worden. Es gibt Wohlfühl- und Themenzimmer von Auto bis Ryokan, Denkräume für Tagungen und »Franken-geht-fremd«-Konzept im Restaurant unvergESSlich, auch Kochkurse.
// www.schindlerhof.de

NÜRNBERG

AUF KEINEN FALL VERPASSEN

○ DURCH DAS GERMANISCHE NATIONALMUSEUM STREIFEN

Es gilt als eines der größten kunst- und kulturgeschichtlichen Museen der deutschsprachigen Länder. Die Skulpturen von Adam Kraft und Veit Stoß oder der Globus von Martin Behaim zählen zu den wertvollsten Stücken. Die angeschlossene Bibliothek ist mit 3380 Handschriften, 1000 Inkunabeln und 3000 Drucken des 16. Jahrhunderts ein wertvolles Arbeitsinstrumentarium.

○ SICH IM DOKUMENTATIONSZENTRUM REICHSPARTEITAGSGELÄNDE INFORMIEREN

Auf dem ehemaligen Reichsparteitagsgelände der Nationalsozialisten informieren Tafeln über diesen dunklen Teil der Geschichte. Dazu gibt es im Dokumentationszentrum eine Dauerausstellung, die sich unter dem Titel »Faszination und Gewalt« vor allem den gigantischen Massenveranstaltungen der NS-Propaganda widmet.

○ DEN TIERGARTEN BESUCHEN

Der weitläufige Landschaftszoo verfügt über zahlreiche Huftieranlagen, ein Tropenhaus, einen Wasserpark sowie ein Delphinarium und – einzigartig in Deutschland – ein Manatihaus, in dem Karibische Seekühe leben.

○ DIE FELSENGÄNGE ERKUNDEN

Unter der Stadt diente früher ein Netz von Felsengängen den Brauereien zur Kühlung ihrer Biervorräte. Diese Gänge können heute im Rahmen von Führungen des Vereins »Nürnberger Felsengänge« ebenso besichtigt werden wie die Kasematten der Burg und Bunkeranlagen aus dem Krieg.

○ AUF DEM CHRISTKINDLESMARKT »DREI IM WEGGLA« ESSEN

Ein Muss im November/Dezember! Weltbekannt sind die Nürnberger Rostbratwürste, die es nicht nur zur Weihnachtszeit hier zu kaufen gibt. Seit über 700 Jahren dreht sich in der Stadt alles um die Wurst.

Auf den Spuren deutscher Geschichte im Germanischen Nationalmuseum.

#49 POTSDAM

250 Jahre als Residenzstadt der preußischen Könige haben Potsdam geprägt. Die Hohenzollern beauftragten die berühmtesten Baumeister und Landschaftsarchitekten wie Knobelsdorff, Schinkel, Lenné, Eyerbeck und Fürst von Pückler-Muskau mit dem Bau ihrer Residenzen und Lustgärten. 16 Schlösser, Paläste und Prunkbauten sind so entstanden, das berühmteste von allen: Schloss Sanssouci und sein großartiger Park. Alle zusammen sind sie seit 1990 UNESCO-Welterbe. Die brandenburgische Hauptstadt ist jedoch weit mehr als nur Sanssouci: Ihre Geschichte reicht über 1000 Jahre zurück und trotz starker Zerstörungen im Krieg ist sie als Stadt wieder aufgeblüht. Bei einem Rundgang in der historischen Altstadt gibt es viel zu sehen: klassizistische Bürgerhäuser, der Alte und Neue Markt, Nikolai- und Französische Kirche und das Holländische Viertel sowie der Marstall mit dem Filmmuseum.

● SCHLOSS SANSSOUCI
»Sanssouci«, ohne Sorge, wollte Friedrich der Große in seiner Sommerresidenz in Potsdam leben, das er nach eigenen Entwürfen durch Georg Wenzeslaus von Knobelsdorff bis 1747 errichten ließ. Das prächtige Schloss gilt als Hauptwerk des deutschen Rokoko und zeugt mit seinen Räumen auch von den musischen Interessen seiner Bewohner.

PARK SANSSOUCI
Allein für den weitläufigen Park Sanssouci lohnt es sich schon, nach Potsdam zu kommen. Viele interessante Bauten sind dort inmitten der thematisch angelegten Gärten und Blickachsen zu entdecken wie die Römische Bäder genannte Gruppe von Pavillons an einem See, die Alte Mühle, Skulpturen, Springbrunnen, Säulen, Obelisken, Grotten und weitere Schlösser wie Charlottenhof im südlichen Parkteil und das stattliche Neue Palais mit 300 Sälen am Westrand des Parks. Nicht verpassen sollte man das Chinesische Teehaus, Chinoiserien waren an den Fürstenhöfen im 18. Jahrhundert der letzte Schrei. Natürlich ist der Park zur Frühjahrsblüte oder im Sommer am schönsten, aber auch ein entspannter Winterspaziergang, wenn nur wenig Geräusche oder Besucherscharen die Stille stören, hat seine Reize.

BILDERGALERIE
Die 1764 neben dem Schloss Sanssouci errichtete Bildergalerie erregte im 18. Jahrhundert große Begeisterung. Heute können Besucher dort bekannte Meisterwerke der Hochrenaissance, des Manierismus und des Barock im kostbaren Rahmen der damaligen Zeit erleben.

ALTSTADT
Durch die sehenswerte Altstadt leitet ein »Historischer Parcours« mit über 40 Informationstafeln. Sie führen Besucher an die wichtigsten Sehenswürdigkeiten vom Alten Markt bis zu den Stadttoren heran. Texte und Fotos erläutern die Geschichte der Gebäude oder bedeutender Personen, die hier gewirkt haben. Über den integrierten QR-Code können vertiefende Informationen abgerufen werden.

HOLLÄNDISCHES VIERTEL
Besonders schmuck und aufgeräumt präsentiert sich Potsdam im Holländischen Viertel.

Rechts: 1744 ließ Friedrich der Große von Georg Wenzeslaus von Knobelsdorff eine kleinere Variante der Anlage von Versailles errichten. Der 1747 fertiggestellte Bau erhielt den Namen Sanssouci: »ohne Sorge«.

Links: Das dazugehörige Neue Palais ist nicht minder beeindruckend.

POTSDAM

WARUM IM WINTER?
Russlandfeeling in Potsdam: Auf den Satteldächern der Holzhäuser liegt Schnee, der Zwiebelturm der orthodoxen Kirche hat sich in Weiß gehüllt. Jeden Moment müssten eigentlich Pferdeschlitten um die Ecke gebogen kommen, Bauern mit Pelzmützen durch den Schnee stapfen oder ein Adliger in Begleitung seiner Jagdhunde vorbeiziehen. Direkt aus einer Erzählung Tolstois oder Turgenews scheinen die Häuser der Alexandrowka-Siedlung zu stammen. Doch man befindet sich nicht etwa in einer Bilderbuchversion des alten Russlands, sondern mitten in Potsdam. Die zwölf Blockhäuser und die Alexander-Newski-Gedächtniskirche wurden 1826 auf Geheiß des preußischen Königs Friedrich Wilhelm III. errichtet. Ein Museum führt in die außergewöhnliche Geschichte dieses Fleckens Russlands in Brandenburg ein.

Die Giebelreihenhäuser aus rotem Ziegelstein wurden 1733 vom »Großen Kurfürsten« angelegt, um Handwerker aus dem fortschrittlichen Holland nach Brandenburg zu locken. Heute findet man dort kleine Läden, Galerien, Cafés und Restaurants. Im April findet ein Tulpenfest statt, im September ein Töpfermarkt und im Dezember ein holländischer Weihnachtsmarkt. Sehenswert ist das kleine Museum im Jan-Bouman-Haus, das nach dem Erbauer des Holländischen Viertels benannt ist und den Hintergrund zu niederländischem Leben in Potsdam erhellt.

FRANZÖSISCHE KIRCHE
Die Kirche, die Friedrich der Große für die Hugenottengemeinde von Potsdam errichten ließ, präsentiert sich als ungewöhnlicher Rundbau mit Kuppel und antikem Portikus und ist deutlich vom römischen Pantheon inspiriert. Geplant wurde sie von Sanssouci-Architekt Knobelsdorff.

MUSEUM FLUXUS+
Potsdams Museum für moderne Kunst mit dem etwas ausgefallenen Namen beherbergt eine Ausstellung zur Fluxus-Bewegung, die in den 1960er-Jahren einen Angriff auf die etablierte Kunst startete. Daneben sind weitere

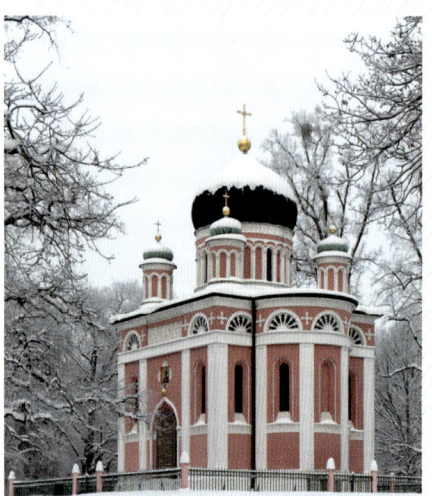

Oben: Potsdams Holländisches Viertel mit den herrlichen Giebelhäusern wird von der Propsteikirche St. Peter und Paul überragt.

Links: Wie eine Filmszene aus »Doktor Schiwago« wirkt die winterliche Alexander-Newski-Gedächtniskirche auf dem Kapellenberg.

Werke von Avantgardekünstlern wie Wolf Vostell, Niki de Saint Phalle, Christo, Joseph Beuys und Yoko Ono zu sehen.

RUSSISCHE KOLONIE ALEXANDROWKA

Zwölf russische Bauernhäuser mit reichen Schnitzereien inmitten von Obstbaumwiesen ließ der preußische König Friedrich Wilhelm III. 1827 für die Mitglieder eines russischen Militärchors errichten. In Haus Nr. 2 sind heute ein Museum und ein Café untergebracht. Mit zum Ensemble gehört die orthodoxe Alexander-Newski-Gedächtniskirche auf dem Kapellenberg.

ALTER MARKT

Der Alte Markt zwischen Havel und Nikolaikirche ist das historische Zentrum der Stadt. Seine prachtvolle Gestaltung geht auf Friedrich den Großen zurück. Das römische Flair unterstreicht der Marmorobelisk in der Mitte. Wiedererrichtet wurde das alte Stadtschloss von Knobelsdorff, in dem heute der Brandenburger Landtag sitzt.

FILMMUSEUM IM MARSTALL AM ALTEN MARKT

Im Gebäude des alten Schlossmarstalles vermittelt das Museum Wissenswertes und Unterhaltsames zur bewegten Geschichte der Babelsberger Filmstudios, die seit der Zeit der Weimarer Republik ganz eigene cineastische Maßstäbe setzten. Dazu gehören das älteste erhaltene Filmstudio der Welt, Originalkostüme, Kulissenmodelle und mehr. Ein Kino führt Filmklassiker vor.

NIKOLAIKIRCHE

Die 1837 von Schinkel errichtete Nikolaikirche hatte das Panthéon in Paris und die St. Paul's Cathedral in London zum Vorbild. Als klassizistischer Kuppelbau stellte sie einen bewussten Gegenentwurf zu den traditionellen katholischen Kirchen dar.

NEUER MARKT

Der von stolzen Bürgerhäusern umschlossene Neue Markt gilt als einer der am besten erhaltenen Barockplätze in Europa. Den Mittelpunkt bildet die alte Malz- und Kornwaage.

HAUS DER BRANDENBURGISCH-PREUSSISCHEN GESCHICHTE

Wie konnte Brandenburg zur europäischen Großmacht aufsteigen? Die Ausstellung am Neuen Markt im Haus der Brandenburgisch-Preußischen Geschichte zeigt ein weitgespanntes Panorama, das auch Sozial- und Alltagsgeschichte einbezieht und über das Ende Preußens hinaus bis ins Brandenburg der Gegenwart reicht.

SCHLOSS CECILIENHOF

Der letzte in der Reihe der Schlossbauten der Hohenzollern (1917) war bis Kriegsende Wohnsitz des letzten Kronprinzenpaares Wilhelm und Cecilie von Preußen. Seine große Bedeutung erlangte das Schloss durch das Gipfeltreffen der drei Siegermächte unter Churchill, Stalin und Truman im Juli-/August 1945, das als »Potsdamer Konferenz« den Grundstein für eine Neuordnung in Deutschland, Europa und der Welt nach dem Zweiten Weltkrieg legte. Heute gehört die Gedenkstätte zum Welterbe und kann besichtigt werden.

AUSGEHEN

CAFÉ ROSENBERG // Das Rosenberg ist ein noch sehr junges Lifestyle-Café in der nördlichen Innenstadt. 100 Prozent veganes Essen und Trinken – aber nicht nur für Veganer empfehlenswert.

// www.rosenberg-potsdam.de

RESTAURANT ANNA AMALIA // Besonders in der kalten Zeit ist das Anna Amalia eine gute Adresse. Feuerschalen im Freien und ein Kaminfeuer sorgen für Wohlfühlambiente am Templiner See. Auf den Teller kommen gediegene regionale Gerichte.

// www.anna-amalia-restaurant.de

SHOPPING

VON KITTEL
Regionalität kann nicht nur Gemüse auszeichnen. Unter dem Label »organic clothing made in Potsdam« sind die stilvollen Modekollektionen selbst entworfen und in Potsdam geschneidert. Beim Material wird auf Qualität und Nachhaltigkeit geachtet.
// www.vonkittel.de

HOLLÄNDISCHES VIERTEL
Wer gern einen gemütlichen Tag mit Stöbern verbringen möchte, kann sich im Holländischen Viertel umschauen. Viele nette kleine Läden wie Tante Paula, Wild Oat oder Chausee Nr. 5 laden zum Bummeln und Kaufen ein.

AUSFLÜGE

● **WERDER**
Vor den Toren Potsdams liegt in der Havel die Inselstadt Werder. Vier Seen befinden sich in direkter Umgebung. Neben dem Reichtum an Gewässern, die zum Baden und Wassersport einladen, ist Werder für zwei Dinge berühmt, die untrennbar zusammengehören: Obst und Blüten. Zisterzienser haben mit dem Anbau von Früchten und Gemüse begonnen. Heute gedeihen in der riesigen Anlage auf der Insel Sanddorn, Erd-, Johannis- und Himbeeren, Äpfel und Birnen, Sauerkirschen und Süßkirschen, darunter auch historische Sorten. Entdecken kann man das Obst auf einem eigens angelegten Panoramaweg, Ende April wird Baumblütenfest gefeiert. Sogar Wein wird hier seit dem 17. Jahrhundert angebaut, eine der weingesetzlich nördlichsten Weinlagen Deutschlands.

● **SPREEWALD**
Das beliebteste Ausflugsziel ist nicht nur für seine sauren Gurken bekannt: Der Spreewald wird von einem 1000 Kilometer langen Netz aus rund 300 Wasserläufen, sogenannten Fließen, durchzogen, selber paddeln oder eine Kahnfahrt gehört zu den beliebtesten Aktivitäten. 1991 wurde das Gebiet von der UNESCO zum Schutz der 18 000 Pflanzenarten und Tiere zum Biosphärenreservat erklärt.

ÜBERNACHTEN

HOTEL VILLA MONTE VINO // Fußläufig zum Schloss Sanssouci und weiteren Sehenswürdigkeiten hat das charmante Haus aus dem 19. Jahrhundert nicht nur eine gute Lage zu bieten. Die Sauna ist inklusive, das Frühstück der beste Start in den Tag.
// www.hotelvillamontevino.de

SCHIFFSPENSION LUISE // Einmal Kapitän sein, ohne einen Bootsführerschein machen zu müssen, kann man in der Schiffspension Luise – wenn auch nur mal für eine Nacht. Fest vertäut liegt das Schiff im Tiefen See.
// www.schiffspension.de

INSELHOTEL // Entspannung und ein Hauch von Luxus bekommt man im Inselhotel auf der Insel Hermannswerder. Ideal für ein romantisches Wochenende zu zweit, mit Sauna, Massagen, Sole-Kammer, Kneippbecken und mehr. Und beim Frühstück genießt man das gute Büfett zum Blick aufs Wasser.
// www.inselhotel-potsdam.de

AUF KEINEN FALL VERPASSEN

○ DIE SCHLÖSSER UND GÄRTEN VON POTSDAM BESTAUNEN

Zwischen 1730 und 1916 legten die preußischen Könige entlang der Havel eine Parklandschaft mit rund 16 Schlössern an. Dazu gehören neben dem Park Sanssouci der Neue Garten, der Park Babelsberg, der Park Lindstedt, die Dorflage Bornstedt, die Kolonie Alexandrowka, der Pfingstberg, die Schloss- und Gartenanlagen in Glienicke, die Pfaueninsel und der Park Sacrow mit seiner Heilandskirche sowie einige kleinere Anlagen. Insgesamt umfasst das Welterbegelände über 2000 Hektar. Trotz dieser Ausdehnung und der langen Entstehungszeit bilden all diese Parks und Gebäude eine Einheit und schaffen so eine Welt für sich, ein luxuriöses, heiteres Gartenidyll.

○ DURCH DIE SCHIFFBAUERGASSE SPAZIEREN

Auf dem alten Industriegelände am Tiefen See in Potsdam ist heute die Kunst- und Kulturszene zu finden. Unter anderem ist hier das Hans-Otto-Theater mit seinen beiden Spielstätten ansässig, des Weiteren ein Theaterschiff, der Veranstaltungsort Waschhaus für diverse Genres, das freie Theater T-Werk sowie das Kunstmuseum FLUXUS+.

○ POTSDAMS WEIHNACHTSMÄRKTE BESUCHEN

Nähert sich das Weihnachtsfest, erstrahlt der Luisenplatz im blauen Licht, selbst der Christbaum wird blau erleuchtet. Es ist nicht der einzige, aber der größte Weihnachtsmarkt in Potsdam und in ganz Brandenburg. Im Krongut Bornstedt stehen die Holzhütten des Romantischen Weihnachtsmarkts, in Babelsberg wird böhmische Weihnacht gefeiert und auf dem Kutschstallhof wartet ein polnischer Sternenmarkt auf Besucher.

○ ZUM AUFWÄRMEN IN DER ALEXANDROWKA-SIEDLUNG EINKEHREN

Im sogenannten Alexandrowka-Haus 1 befindet sich ein kleines Restaurant. Hier werden selbstverständlich russische Spezialitäten und heißer Tee aus dem Samowar serviert. In der urigen Gaststube bullert ein wärmender Ofen. Man fühlt sich wie in eine andere Zeit versetzt!

○ WINTEROPER IN DER FRIEDENSKIRCHE ERLEBEN

Seit 2005 inszeniert die Potsdamer Kammerakademie im historischen Schlosstheater des Neuen Palais jedes Jahr eine höfische Oper.

Typisches Holzhaus der russischen Kolonie Alexandrowka.

#50 ROSTOCK

Die slawische Burg Roztoc gab der späteren Hansestadt ihren Namen. Übertragen bedeutet dies »Breiter werdender Fluss«. Am Ufer der Warnow, genauer gesagt der Unterwarnow, präsentiert sich Rostock als historische Perle der Ostsee. Durch den Handel übers Meer war die See- und Hafenstadt schon früh zu Reichtum und Wohlstand gekommen, was ihre stattlichen Kirchen und Häuser in der historischen Altstadt bezeugen. Mit ihren 200 000 Einwohnern ist die größte Stadt Mecklenburg-Vorpommerns immer noch eine der bedeutendsten Hafenstädte an der Ostsee. Seit der Wende fungiert Rostocks Überseehafen vor allem als Schiffs- und Fährhafen nach Polen und Skandinavien. Auch das Bild von Rostock hat sich gewandelt, zwar sind dort mit der Marienkiche, mittelalterlichen Giebelhäusern, Backsteingotik, Rathaus und Stadttoren noch viele historischen Elemente prägend, die Innenstadt selbst ist aber farbenprächtiger, urbaner, lebendiger geworden, wie man am Stadthafen und im Szeneviertel KTV sehen kann. Dann sind da noch die grüne Rostocker Heide und die Wasserseite von Rostock mit Warnow, Warnemünde und kilometerlangen Sandstränden, deren Lockruf man nur schwer wiederstehen kann.

Oben: Der Möwenbrunnen von Waldemar Otto auf dem Neuen Markt in Rostock. Im Hintergrund steht das Rathaus im Stil der Backsteingotik.

Links: Das mittelalterliche Uhrwerk der astronomischen Uhr der St.-Marien-Kirche funktioniert seit 1472.

ALTSTADT

Sie liegt zwischen Stadthafen und Wallanlagen und lässt sich bestens zu Fuß durchstreifen. In ihrer Mitte steht die wuchtige Marienkirche. Um sie herum scharen sich Petri- und Nikolaikirche, das Rathaus, das Herzogliche Palais und auch die Universität.

ST. MARIEN

Mit ihrem ungewöhnlich langen Querschiff und dem mächtigen Westbau samt Turmmassiv strahlt die dreischiffige Basilika, die nach dem Vorbild der Lübecker Marienkirche erbaut wurde, monumentale Größe aus. Die heutige Hauptkirche von Rostock entstand zwischen 1290 und 1450. Die aufeinanderfolgenden Bauphasen sind am horizontal gestreiften Außenmauerwerk zu erkennen, das aus roten Backsteinen älteren Ursprungs und farbig glasierten Ziegeln neueren Datums besteht. Noch gut erhalten sind der mittelalterliche Rochusaltar, der barocke Hochaltar, die Renaissancekanzel, die Fürstenloge mit Orgel, der um 1290 geweihte Tauffünte (Taufkessel) und die elf Meter hohe astronomische Uhr. Berühmt geworden ist die Marienkirche 1989 durch die Donnerstagsgebete, die der deutschen Wiedervereinigung vorausgingen.

WARUM IM WINTER? Am Neujahrstag erstrahlt das Seebad Warnemünde in hellem Glanz. Das Turmleuchten ist ein gigantisches Lichtspektakel mit Livemusik, das mittlerweile fast 100 000 Besucher anzieht. Mit Scheinwerfern und Lasern wird eine große Lichtshow in den Himmel projiziert, im Mittelpunkt steht der 37 Meter hohe Leuchtturm. Kein Wunder, ist das 1898 erbaute Leuchtfeuer doch auch das Wahrzeichen Warnemündes. Selbstverständlich wird die ganze Show von einem Feuerwerk begleitet. Schwungvoller und leuchtender kann man das neue Jahr wohl nicht feiern. Wem noch vom Silvesterpunsch der Kopf dröhnt, der findet ruhige Erholung bei einem winterlichen Spaziergang am vier Kilometer langen Sandstrand.

ROSTOCK

● NEUER MARKT

Ursprünglich hatte die Hansestadt drei Marktplätze. Schließlich gab es auch drei Zentren, die sich jeweils um mindestens eine Kirche gruppierten. Der Neue Markt gehörte zur Mittelstadt bei der Marienkirche. 1265 wurden die drei Zentren vereint, der Neue Markt wurde zur Hauptschlagader. Damals wurde er komplett von schmucken Giebelhäusern eingerahmt. Viele sind davon nicht mehr übrig, die aber sind umso hübscher anzusehen. Allen voran das Rathaus mit seinen sieben Türmen. Es entstand im 15. Jahrhundert aus drei Giebelhäusern, die man mit einer Schauwand optisch zu einem Gebäude zusammengefasst hat. Später bekam das Rathaus den barocken Vorbau, den man heute bewundern kann. Mitten auf dem Marktplatz steht seit 2002 der Möwenbrunnen, der aus einer Säule mit Möwe und vier modern gestalteten Meeresgöttern aus Bronze besteht.

MARIENKIRCHE

St. Marien (1230) ist Rostocks Hauptbasilika und zählt mit ihrer typischen Backsteingotik zu den schönsten Kirchen der Stadt. Sehenswert sind die astronomische Uhr im Chorumgang, das gotische Bronze-Taufbecken und die Kanzel im Renaissancestil.

KERKHOFHAUS

Berthold Kerkhof, Ratsherr und Bürgermeister der Stadt, ließ sich 1470 ein Giebelhaus bauen, das seinen Reichtum zeigen sollte. Der Terrakotta-Schmuck am Stufengiebel wurde im 16. Jahrhundert zugefügt. Das Kerkhofhaus ist Sitz des Stadtarchivs und des Standesamtes.

HAUSBAUMHAUS

Ungefähr 20 Jahre jünger als das Kerkhofhaus ist das Hausbaumhaus. Sein eigenartiger Name erklärt sich so: Die Holzkonstruktion, die das Gebäude stützt, ist wie ein Baum aufgebaut. Unten sitzt ein mächtiger Stamm, der das Gewicht trägt und viel Raum lässt, nach oben werden die Balken immer feiner und mehr.

MITTELALTERLICHE STADTTORE

Das Steintor war das imposanteste der Stadttore. Johann Albrecht I. von Mecklenburg ließ

Links: Der Warnemünder Leuchtturm hat heutzutage fast nur noch touristische Bedeutung, vor allem beim großen Silvester-Feuerwerksspektakel. Der Leuchtturm zeigt an, dass Rostocks nördlichster Stadtteil Warnemünde an der Mündung der Warnow direkt an der Ostsee liegt und ein populäres Seebad ist. Das Turmleuchten fand zum ersten Mal anlässlich des Milleniums statt.

Rechts: Vom Wasser aus hat man den schönsten Blick auf die Altstadt von Rostock vor allem in der Abenddämmerung.

AUSGEHEN

BORWIN // Das gemütliche Hafenrestaurant ist berühmt für seine Fischspezialitäten, die mediterran angehaucht sind.

// www.borwin-hafenrestaurant.de

PETRIKELLER // Erlebnisgastronomie: Mittelalterlich zünftig tafeln kann man hier im Ambiente eines uralten Gewölbes. Freitags und samstags findet dazu ein üppiges Rittergelage statt.

// www.petrikeller.de

TEEPOTT // Berliner mögen sich beim Anblick des »Teepotts« an ihre Kongresshalle erinnert fühlen. Und das nicht zu Unrecht: Der geschwungene Bau lehnt sich an die »Schwangere Auster« in Berlin an. 1968 wurde das Gebäude anstelle eines Teepavillons am Leuchtturm errichtet. Heute beherbergt es Restaurants und Cafés.

// www.teepott-restaurant.de

im 16. Jahrhundert den Vorgängerbau samt der gesamten Stadtbefestigung schleifen, da die Rostocker ihm nicht die gewünschte Ehrerbietung entgegenbrachten. Erhalten geblieben ist auch das benachbarte Kuhtor.

STADTHAFEN

Nur wenige Schritte vom Neuen Markt entfernt, an der Unterwarnow direkt in der Innenstadt, liegt der Stadthafen. Rote Backsteinfassaden bestimmen das Bild, wenn man mal vom Blau des Wassers absieht. Das Areal ist eine Flaniermeile geworden, ein Viertel, in dem Einheimische wie Gäste essen, trinken, klönen. Das war nicht immer so. Früher wurde hier körperlich hart gearbeitet. Waren wurden aus den Bäuchen der Schiffe geholt oder an Bord gehievt. Zwischen Cafés und Kneipen sind glücklicherweise auch Zeugen aus dieser Zeit geblieben. Zum Beispiel der Tretkran – zumindest ein Nachbau davon. Oder das Mönchentor, das einzige Stadttor, das es am Hafen noch gibt. Am zweiten Augustwochenende steht der Stadthafen jedes Jahr im Zeichen der Hanse Sail. Dann schippern Dampfschiffe, Haikutter und Traditionssegler nach Warnemünde und zurück.

KUNSTHALLE

Das schlichte Gebäude, das die Kunsthalle beheimatet, ist als einziges Kunsthaus in der DDR entstanden und war ein Prestigeprojekt. Schwerpunkte sind Werke der Ostdeutschen

Moderne und regionale Kunst. Ein kleiner Schatz sind Handzeichnungen des Dresdener Spätexpressionismus.

ÜBERSEEHAFEN

Bei einer Hafenrundfahrt bekommt man auch den Überseehafen zu sehen. Dieser wurde in den 1950er-Jahren gebaut, um den zunehmenden Warenverkehr der DDR zu bewältigen. Nach der Wende wurde er als Güterhafen nicht mehr gebraucht und stattdessen umgewandelt in den Fährhafen Rostock. Von hier aus fahren täglich Linienschiffe und Autofähren nach Travemünde, Dänemark, Polen, Schweden und Litauen. Auch RoRo-Schiffe für den Güterverkehr nach Skandinavien und Kreuzfahrtschiffe legen hier an.

WARNEMÜNDE

Warnemünde – Rostocks attraktivster Stadtteil liegt 14 Kilometer nördlich von der Innenstadt und ist ein prominentes Seebad mit herrlich langen Sandstränden, die im Winter, gut eingepackt, auch für lange Strandwanderungen gut sind. Am Alten Strom, der Fahrrinne und Schiffszufahrt von der Ostsee in den Hafen von Rostock, haben sich in den schönen Giebelhäusern Geschäfte, Pensionen, Cafés und Restaurants angesiedelt, sodass eine richtige Flaniermeile entstanden ist. Beliebter Treffpunkt ist das Ende der Promenade, wo Leuchtturm, Westmole und Hafeneinfahrt nicht weit sind. Wahrzeichen ist der Teepott, der den Namen einem Teepavillon verdankt.

HEIMATMUSEUM WARNEMÜNDE

Schon das Äußere des 1767 erbauten Fischerhäuschens macht Lust auf Regionalgeschichte. Seit mehr als 80 Jahren ist das Heimatmuseum darin untergebracht. Man kann eine Küche, Schlafstube und eine Diele besichtigen. Dazu gibt es Informatives über Fischer, Seefahrer, Lotsen und die ersten Badegäste sowie einen kleinen Museumsladen.

ÜBERNACHTEN

WARNEMÜNDE: HOTEL NEPTUN // Aus jedem einzelnen Zimmer hat man im ehemaligen Prestigehotel der DDR Meerblick. Im Winter ersetzt das auf 30° erwärmte Meerwasserschwimmbecken das Bad in der Ostsee. Spa und Wellness sind der Renner im Neptun.
// www.hotel-neptun.de

HOTEL VERDI // Wer seine Unterkunft nicht gern mit 600 anderen Gästen teilen möchte, sollte im Hotel Verdi einchecken. Familiäre Atmosphäre, zentrale Lage und mit allem Nötigen ausgestattet.
// www.hotel-verdi.de

MOTEL ONE // Nahe der Fußgängerzone und Kröpeliner Tor bietet das moderne Hotel hohen Komfort und stylisches Ambiente in den Zimmern, in der Lounge und in der Bar. Hoteleigenes Sicherheits-Hygienekonzept.
// www.motel-one.com

SHOPPING

KRÖPELINER STRASSE

Die Fußgängerzone ist nicht nur die angesagte Shoppingmeile Rostocks, sondern mit ihren farbenfrohen Giebelhäusern aus verschiedenen Epochen auch schön anzuschauen.

WARNEMÜNDE: MECKLENBURGER BIOHOF

Die Produkte des Mecklenburger Biohofs – von Schokolade über Wein bis zu Fruchtaufstrichen und Tee – sind prima Mitbringsel.
// www.mecklenburger-biomarkt.de

ROSTOCK

AUF KEINEN FALL VERPASSEN

○ **AM ALTEN STROM IN WARNE-MÜNDE FLANIEREN**

Der Alte Strom wurde 1423 angelegt und hat Hunderte Jahre Rostocks Anschluss an die Ostsee garantiert. 1903 wurde der Neue Strom in Betrieb genommen, durch den seither die großen Pötte, die Fähren und – während der Hanse Sail – auch die alten Großsegler pflügen. Am Alten Strom ist der Fischereihafen geblieben. Hinzugekommen sind gemütliche Pensionen, Hotels und Restaurants. Die Straße »Am Strom« hat sich zur Flaniermeile gemausert. Hier kann man bis zur Spitze wandern, wo der Alte Strom auf die Seepromenade trifft. Leuchtturm, Westmole und Warnemündes Wahrzeichen, der Teepott, liegen hier beieinander.

○ **DEN PREISTRÄGER DES ROSTOCKER KABARETTPREISES MITWÄHLEN**

Zum Wettbewerb um den »Rostocker Koggenzieher« treten im Februar Kabarettisten und Komiker aus ganz Deutschland an. Von Donnerstag bis Samstag müssen sich die Bewerber dem Urteil des Publikums stellen, um die Finalisten zu ermitteln, die dann am Sonntag mit Witz und Wortfertigkeit, Satire und schwarzem Humor um die Trophäe streiten.

○ **SCHIFFBAU- UND SCHIFFFAHRTSMUSEUM BESUCHEN**

Das Museum befindet sich passenderweise auf einem Schiff, auf dem Frachter »Dresden«. Die Geschichte des Schiffbaus an der Ostsee steht im Mittelpunkt der umfangreichen Ausstellung. Dazu gibt es eine historische Bootswerft, ein Offshore-Infocenter, ein Modellbootbecken und über 90 Objekte – vom Schwimmkran über eine Slipanlage bis zum Dampfschlepper.

○ **BEI DER HANSE SAIL MITFEIERN UND DIE SCHIFFE BEWUNDERN**

Die Rostocker Hanse Sail, die fünf Tage dauert und stets am zweiten Sonntag im August endet, ist eine der größten maritimen Veranstaltungen im Ostseeraum und Mecklenburg-Vorpommerns größtes Volksfest. Erstmals wurde sie im Juli 1991 gefeiert. Traditionell beginnt sie am Mittwoch um 10 Uhr an der Ostmole von Warnemünde, wo die Schützengesellschaft »Concordia« alle einlaufenden Gastschiffe mit Salut begrüßt. Am Donnerstag ab 10 Uhr ist dann sowohl in Warnemünde als auch am Rostocker Stadthafen entlang der Kais, an denen die Segler liegen, Festtreiben angesagt mit Fahrgeschäften, Schaustellern und einem vielfältigen Angebot an Imbissständen.

○ **STROMERWACHEN IN WARNEMÜNDE MITERLEBEN**

Der Beginn der Saison wird in Warnemünde am Alten Strom mit dem Stromerwachen gefeiert. Höhepunkt ist, wenn die Drehbrücke für die vielen Kutter und anderen Boote geöffnet wird. Dazu gibt es Trachtenumzüge, ein Handwerkerdorf, in den geraden Jahren auch das internationale Drehorgeltreffen und natürlich viel Partyspaß. Das Saisonende wird dann Anfang September mit dem Stromfest gefeiert.

Im Schiffbau- und Schifffahrtsmuseum sind auch viele Schiffsmodelle zu sehen.

#51 THÜRINGER WALD

Für seine Stille ist der Thüringer Wald von den Deutschland-Reisenden aller Epochen immer wieder gerühmt worden, und für sein magisches Licht, das manchmal nicht von dieser Erde zu sein scheint. Der Kamm des waldreichen Mittelgebirges, das durchschnittlich 650 bis 850 Meter hoch ist, zieht sich auf einer Länge von 120 Kilometer und einer Breite von bis zu 35 Kilometer durch den gesamten Süden Thüringens. Eine touristische Attraktion ist der 168 Kilometer lange Rennsteig, der bekannte Fernwanderweg auf den Höhen des Thüringer Waldes von der Werra im Westen bis zur Saale im Osten.

Links: Zu sehen gibt es viel in der Region Thüringer Wald, angefangen bei malerischen Dörfern und hübschen Kleinstädten über interessante Schaubergwerke und Museen bis zu stolzen Schlössern und Burgen. Auch die Landschaft hat eine Ursprünglichkeit bewahrt, die es kaum sonst noch in Deutschland gibt.

Rechts: Auch die wunderschöne historische Fachwerkstadt Schmalkalden südwestlich vom Thüringer Wald betreibt einen romantischen Adventsmarkt.

● NATURPARK THÜRINGER WALD

Rund um den Rennsteig zwischen Eisenach und Sonneberg liegt der Naturpark Thüringer Wald. Charakteristisch für die Landschaft dieses Kammgebirges sind die extremen Höhenunterschiede. Das enorme Gefälle zwischen Tal und Berggipfel zeigt sich vor allem im Herzen des Naturparks, beispielsweise im Tal des Schneetiegels. Zu den höchsten Erhebungen der Region zählen der Große Inselsberg, der Große Beerberg, der Schneekopf, der Große Finsterberg, der Ruppberg und der Kickelhahn. Die ausgedehnten Waldgebiete des Parks werden vor allem durch Buchen geprägt, die durch ihre üppigen Kronen, das dichte Blattwerk und Höhlen in den Stämmen ideale Lebensbedingungen für eine Vielzahl von Vogelarten schaffen. Zu den typischen Baumhöhlenbewohnern zählen Schwarzspecht, Raufußkauz und die sehr heimlich lebende Hohltaube sowie verschiedene Fledermausarten. Als weitere Charakterart des Gebiets gilt das Birkhuhn. Die Insektenfresser unter den Vögeln, zum Beispiel der filigrane Waldlaubsänger, finden im Thüringer Wald ebenfalls ein gutes Auskommen. Über 208 verschiedene Insektenarten haben Biologen hier bestimmt.

DREI GLEICHEN

Die Burg Gleichen, die Mühlburg und die Wachsenburg thronen auf drei nah beieinanderliegenden Erhebungen im Landkreis Gotha und Ilm-Kreis. Dass dieses Trio den Namen »Drei Gleichen« trägt, obwohl alle Burgen unterschiedlich aussehen, liegt der Sage nach daran, dass sie nach einem Blitzeinschlag 1231 alle in gleicher Weise gebrannt haben. Umbau- und Restaurierungsarbeiten haben ihren Erhalt gesichert und damit die natur- und kulturgeschichtlichen Monumente heute zu einem Besuchermagneten gemacht.

DRACHENSCHLUCHT

Die Drachenschlucht bei Eisenach gilt als eines der bedeutendsten Geotope der Region und ist ein geologisches Naturdenkmal. Die schmale Klamm trägt ihren Namen wegen der sagenhaften Kämpfe zwischen Rittern und Drachen, die hier früher angeblich stattgefunden haben sollen. Die Schlucht ist etwa drei Kilometer lang, teilweise nur 86 Zentimeter breit und wird von imposanten Felsen umsäumt – ein beeindruckendes Erlebnis!

SCHMALKALDEN

Den Namen des romantischen Fachwerkstädtchens kennt man aus dem Geschichtsunterricht: 1531 schlossen die protestantischen

THÜRINGER WALD

> **WARUM IM WINTER?** Der Rennsteig im Thüringer Wald ist, sobald die ersten Schneeflocken auf den Boden rieseln, fest in der Hand der Wintersportler. Mittelpunkt ist dabei Oberhof, das vor allem für seine Bob- und Rodelbahn bekannt ist und in dem eines der Biathlon-Weltcuprennen ausgetragen wird. Doch wo Wintersport propagiert wird, ist Langlauf nicht weit. Herrlich ist es, unter den verschneiten Baumwipfeln und über die weißen Hügel zu gleiten. Egal, ob man nun skatet oder den klassischen Stil bevorzugt: Jeder findet im Thüringer Wald seine Loipe. Rund um den Volkmarskopf bei Schmiedefeld geht es leicht zu, die Adlersbergloipe bei Suhl ist dann schon etwas für Fortgeschrittene. Ganz ambitionierte Langläufer machen sich auf den 140 Kilometer langen Skifernwanderweg Rennsteig.

Fürsten den Schmalkaldischen Bund gegen den katholischen Kaiser. Bedeutendste Sehenswürdigkeit von Schmalkalden ist das über dem Ort gelegene Schloss Wilhelmsburg, ein nobler Renaissancebau (1589) mit prächtiger Schlosskapelle und Prunksälen. Heute wird es als Museum genutzt. Einen Besuch wert ist auch das technische Denkmal »Neue Hütte«, eine spätklassizistische Hochofenanlage.

WASUNGEN

Die traditionsreiche Karnevalshochburg gibt sich mit Stadtmauer und viel Fachwerk ganz altertümlich. Höhepunkte sind das Rathaus (1533) und das Amtshaus sowie der Pfaffenburg-Turm (14. Jahrhundert). In der Renaissance-Stadtkirche (16. Jahrhundert) ist Schnitzkunst zu bewundern.

MEININGEN

Die Theaterstadt gilt als Geburtsstätte des modernen Regietheaters. In der zweiten Hälfte des 19. Jahrhunderts haben die Meininger, das Theaterensemble des Herzogs von Sachsen-Meiningen, Theatergeschichte geschrieben. Auch heute ist diese Tradition im Stadttheater und im Theatermuseum noch lebendig. Das Museum ist neben anderen Sammlungen in den Prunkräumen des Ende des 17. Jahrhunderts errichteten Barockschlosses Elisabethenburg untergebracht.

SUHL

Südlich von Zella-Mehlis liegt an der alten Passstraße von Schleusingen nach Gotha die größte Stadt Südthüringens, eingerahmt vom Domberg im Westen und dem Ringberg im Osten. Das schönste Bauwerk ist das um 1650 im hennebergisch-fränkischen Stil errichtete Malzhaus, in dem ein Waffenmuseum untergebracht ist. Die Herstellung von Handfeuerwaffen hat in Suhl eine 400-jährige Tradition. Das Stadtzentrum bildet der Marktplatz mit dem neugotischen Rathaus, dem Waffenschmied-Brunnen und der Hauptkirche St. Marien. Ein Bummel vom Markt über den Steinweg zur Kreuzkirche macht mit schönen Fassaden aus verschiedenen Jahrhunderten, vor allem aus Barock und Rokoko, bekannt.

Links: Einsam zieht ein Langläufer seine Spur durch den Schnee im Rennsteig bei Neustadt.

THÜRINGER WALD

Rechts: Das Rathaus am Marktplatz von Suhl.

OBERHOF
Auf dem Kamm des Thüringer Waldes ist Oberhof ein bekannter Wintersportort mit Ski- und Snowboardschulen, Snowpark, Gästebob, Skiliften, Loipen und Winterwanderwegen, neuerdings auch mit einem Winterfahrradrundweg. Bekannt ist Oberhof auch als Austragungsort von internationalen Wettbewerben im Rennrodeln und Biathlon.

ZELLA-MEHLIS
Den bedeutendsten spätbarocken Saalbau Thüringens findet man in der Doppelstadt in einem engen Tal des Thüringer Waldes. Besuchermagnet ist aber vor allem der Erlebnispark Meeresaquarium, in dem man eintauchen kann in die faszinierende Unterwasserwelt tropischer Ozeane mit farbenprächtigen Fischen, Korallen, Seeanemonen, außerdem gibt es ein großes 1-Million-Liter- und ein kleines Haibecken.

ILMENAU
Mit Goethe untrennbar verbunden ist die Kreisstadt am Fuße des Thüringer Walds. Der Dichterfürst schätzte sie wegen ihrer »Berg- und Waldnatur« als Erholungsort, war aber auch, als er den Bergbau – erfolglos – wiederzubeleben versuchte, Vorsitzender der hiesigen Bergwerkskommission. In dieser Funktion residierte er im Amtshaus von 1616, das zu einer Gedenkstätte umgewandelt wurde. Die Universitätsstadt ist auch durch den Bob- und Rodelsport international bekannt. Sogar im Sommer ist Rodeln auf der 460 Meter langen Rennschlittenbahn möglich.

SCHLEUSINGEN
Der Ort liegt am Südhang des Thüringer Waldes am Zusammenfluss von Schleuse, Nahe und Erle und hat sich rund um die Burganlage Schloss Bertholdsburg von 1232 entwickelt. Den Marktplatz von Schleusingen umgeben historische Häuser aus dem 17. bis 19. Jahrhundert, das Renaissancerathaus stammt von 1550.

RÖMHILD
Auf dem Kleinen Gleichsberg bei Römhild findet sich das größte archäologische Bodendenk-

AUSGEHEN

ZELLA-MEHLIS: STERNGRUND // Die Gaststätte Sterngrund ist vor allem bei Wanderern und Motorradfahrern ein beliebter Stopp. Die Highlights hier sind die gutbürgerliche thüringische Küche und die riesengroßen Windbeutel.
// www.hotel-sterngrund-oberhof.de

MEININGEN: TURMCAFÉ IM HESSENSAAL // Im Turmzimmer des Schlosses Elisabethenburg kann man sich durch köstliche Kuchen schlemmen und dabei die historische Stuckdecke bewundern.
// Schlossplatz 1, Meiningen

SUHL: NATURHEILGARTEN // Das Gasthaus bietet regionale Küche auf gutem Niveau und ist besonders bekannt für seine vielfältige Schnitzel-Auswahl – da ist für jeden Geschmack etwas dabei.
// www.naturheilgarten.de

mal Thüringens, eine weitläufige keltische Burganlage (5. bis 1. Jahrhundert v. Chr.), von der in den Wäldern noch kilometerlange Ringwälle auszumachen sind. Funde daraus sind im Steinsburg-Museum ausgestellt.

HILDBURGHAUSEN
Mit seinen spitzen Türmen fällt das Rathaus der Werra-Stadt direkt in den Blick. Der von einem hohen Volutengiebel geschmückte Renaissancebau wurde 1595 errichtet. Dem Barock sind das ehemalige herzogliche Amtshaus sowie die Stadtkirche verpflichtet.

EISFELD
Ebenfalls an der Werra liegt diese altfränkische Siedlung. Aus der Spätgotik stammt die Stadtkirche St. Nikolai. Das Langhaus hat man während der Renaissance umgebaut. Prachtvoll zeigen sich das benachbarte Fachwerkpfarrhaus, das seinen letzten Schliff 1632 erhielt, und das Schulhaus von 1653. Über Stadt und Werratal thront das Schloss und Wahrzeichen von Eisfeld.

SONNEBERG
Im südlichen Thüringer Wald liegt die traditionsreiche Spielzeugstadt, in der sich bereits im Jahr 1413 ein »Dockenmacher« (Spielzeugmacher) aus Nürnberg niederließ. Die einzigartige Sammlung des Deutschen Spielzeugmuseums bringt nicht nur Kinderaugen zum Leuchten. Sonneberg ist auch bekannt für seine Werksverkäufe der örtlichen Spielwarenproduzenten und als größtes, schneesicheres alpines Skigebiet im Thüringer Wald.

LAUSCHA
Was Sonneberg für Spielzeug, ist Lauscha für Glas: Der hübsche schiefergraue Ort inmitten des Schiefergebirges im südlichen Thüringer Wald hat sich schon im Mittelalter als Glasmacherort hervorgetan, ebenso als Wiege des gläsernen Christbaumschmucks, der erstmals 1847 erzeugt wurde. Wie in Sonneberg gibt es auch hier Werksverkäufe von Glasbläserkunst und kunstvollem Christbaumschmuck. Einblick in die Tradition der Glasbläserei gibt das Museum für Glaskunst.

AUSFLÜGE

● EISENACH
Eisenach ist das Tor zum Thüringer Wald, bekannt aber vor allem für seine geschichtsträchtige Wartburg, die sich hoch über der Stadt erhebt. Luther und Goethe haben hier ihre Spuren hinterlassen. Auch prominente Namen der Musik wie Bach, Telemann, Wagner oder Liszt werden mit der Stadt in Verbindung gebracht. Erste urkundliche Erwähnungen Eisenachs stammen von 1189. Die Lage an mehreren Fernhandelsstraßen begünstigte die Entwicklung. Eine Stadtbefestigung schützte die Bewohner seit Mitte des 12. Jahrhunderts.

ÜBERNACHTEN

SCHMALKALDEN: HOTEL VILLA CASAMIA // Am Stadtrand von Schmalkalden gelegen, ist das familiengeführte Vier-Sterne-Hotel ein guter Ausgangspunkt für Ausflüge. Gastfreundlichkeit steht hier an erster Stelle.
// www.hotel-casamia.de

SUHL: GOLDENER HIRSCH // Auf eine 400 Jahre lange Tradition darf das Hotel schon zurückblicken, das Fachwerkhaus erstrahlt dennoch in neuem Glanz. Der Gast hat die Wahl zwischen Gästezimmern, Appartements und Suiten, auch barrierefreie Zimmer werden geboten. Für hungrige Mägen empfiehlt sich auch die eigene Gaststube.
// www.goldener-hirsch-suhl.de

THÜRINGER WALD

AUF KEINEN FALL VERPASSEN

○ IN DER GLITZERNDEN HÖHLE DAS FUNKELN BESTAUNEN

Man fühlt sich, als wäre man in einem Zimmer voller Diamanten. In der Marienglashöhle glitzern bis zu knapp einem Meter große, klare Kristalle. Besucher gelangen über einen langen Eingangsstollen in diese natürlich entstandene Grotte. Die »Stars« des unterirdischen Reichs sind eindeutig die bis zu 90 Zentimeter langen Gipskristalle, doch auch ein echter Höhlensee sorgt für staunende Bewunderung. Neben Führungen finden in der Höhle hin und wieder Konzerte statt, die von der besonderen Akustik der Grotte profitieren.

○ DEUTSCHES BURGENMUSEUM VESTE HELDBURG BESUCHEN

Wegen ihrer landschaftlichen Dominanz ist sie als »fränkische Leuchte« bekannt. Die Veste Heldburg ist ein Schloss, wie man es sonst nur aus Märchen kennt. Für Besucher steht die Anlage ganzjährig zur Verfügung. Besonders das Burgenmuseum ist sehenswert.

○ AUF DER WARTBURG AUF LUTHERS SPUREN WANDELN

Das Wahrzeichen der Region thront über der Stadt Eisenach, ist mehr als 900 Jahre alt und eng mit der deutschen Geschichte verbunden. Reformator Martin Luther hielt sich hier versteckt, Goethe weilte hier – wer mehr über die Bedeutung der Burg wissen möchte, besucht die Wartburg am besten selbst. Sie ist 365 Tage im Jahr geöffnet.

○ SNOWTUBING IN OBERHOF AUSPROBIEREN

Auch im Wintersportort Oberhof im Thüringer Wald, der vor allen Dingen wegen seiner Rennrodelbahn für Bobfahrer Weltruhm genießt, hat man den Trendsport Snowtubing entdeckt. Auf der Alten Golfwiese geht es 250 Meter mit bis zu 30 Prozent Gefälle auf dicken Reifen hinab; ein Skilift bringt die Snowtuber wieder nach oben. Helm und Reifen können vor Ort ausgeliehen werden.

○ SCHÖNE GLASKUNST IN LAUSCHA BEWUNDERN

Nicht nur Murano kann Glaskunst, auch Thüringens Glasbläser verstehen sich auf wundervolle Formen und Farbschöpfungen, wie das Museum für Glaskunst in Lauscha zeigt. Auch für Christbaumschmuck aus Glas war Thüringen bekannt. Das Museum vermittelt Wissenswertes über die Thüringer Glaskunst.

Die Wartburg über Eisenach ist eng verknüpft mit der deutschen Geschichte.

PISTENGAUDI FÜR GROSS UND KLEIN

Draufsetzen und hui – los geht's. Über Buckel oder geradeaus, manchmal auch in die falsche Richtung, weil das mit dem Lenken nicht so ganz geklappt hat. Rechtskurve wieder mal mit dem linken Fuß genommen? Kein Problem, dann einfach mal bremsen, das wirbelt so schön den Schnee auf. Rodeln!

Es ist einfach eine Riesengaudi im Winter im Thüringer Wald. Besonders schön ist es, sich einen guten Rodelhang zu suchen, wie etwa die Bahn vom Rondell in Oberhof hinab zum Bahnhof. Mit ihren zwei Kilometern ist sie die längste Naturrodelbahn ganz Thüringens, wer keinen Po-Rutscher oder einen eigenen Schlitten mitbringt, der leiht sich einen aus.

Anschließend gibt's heißen Punsch für die Kids, Glühwein für die Großen und eine Stärkung auf die Hand, denn Schneeluft macht nicht nur rote Wangen, sondern auch hungrig.

🌐 Infos: www.thueringer-wald.com

RODELN IN OBERHOF

#52 ZUGSPITZLAND

Höher hinaus geht es in Deutschland nirgendwo: Fast 3000 Meter ragt das mächtige Zugspitzmassiv in den Himmel und bietet von seinen Gipfeln einen atemberaubenden Fernblick über die Bergketten der Alpen. An seinen Flanken finden sich tollkühne Schluchten, imposante Wasserfälle und verträumte Alpenseen. Wunderschön ist auch der Blick von den Voralpengipfeln Richtung Zugspitze. Nicht zuletzt lockt mit Garmisch-Partenkirchen ein Ferienort mit mondänem Flair und großer Tradition.

Links: Dieses Panorama der Zugspitze mit Gipfelkreuz ist berühmt. Der Berggipfel fordert vor allem Kletterbegeisterte heraus.

Rechts: Zwei frei schwebende Arme, die mit Gitterrosten ausgelegt sind, ragen weit über den Abgrund und geben einmalige Aus- und Tiefblicke in das 1000 Meter darunter liegende Höllental.

WETTERSTEINGEBIRGE

Das Wettersteingebirge gehört zu den Nördlichen Kalkalpen und liegt zwischen Garmisch-Partenkirchen im Norden und Seefeld in Tirol im Süden. Der Gebirgsstock ist sehr kompakt und hat schroff abfallende Gipfel, die weit über 2500 Meter hinaufragen, darunter mit der Zugspitze (2962 Meter) den höchsten Gipfel Deutschlands. Das Gebirge ist durch mehrere Seilbahnen und eine Zahnradbahn sehr gut erschlossen. Der Deutsche Alpenverein unterhält hier mehrere Hütten. Am bekanntesten sind das »Münchner Haus« auf der Zugspitze, die »Knorrhütte«, die »Meilerhütte«, die »Höllentalangerhütte« und die »Reintalangerhütte«, die alle zu Fuß erreichbar sind. Trotz der intensiven Almwirtschaft gibt es abseits des Touristenstroms noch Möglichkeiten, die Ruhe und Abgeschiedenheit der Berge zu genießen. Hier haben sich viele Tierarten ihren ursprünglichen Lebensraum bewahrt. So kann man Steinadler, Alpensalamander, Murmeltiere und Gämsen beobachten. Selbst ein seit Jahren ausgestorben geglaubter Schmetterling wurde kürzlich auf der Zugspitze wiederentdeckt.

ZUGSPITZE

Gleich ob zu Fuß mit oder ohne Aufstiegshilfen oder mit der neuen, 2017 eröffneten Superlativ-Bergbahn oder etwas gemütlicher mit der Zahnradbahn, das alpine Gipfelerlebnis auf 2962 Meter hoch oben auf dem Top of Germany ist überwältigend. Selbst wer im Winter nicht zu den diversen Skipisten am Berg unterwegs ist, wird sich an dem faszinierenden Rundumpanorama mit 400 schneebedeckten Alpengipfeln berauschen können. Vom Gipfel kommen Skifahrer dann mit der Gletscherbahn schnell ins Gletscherskigebiet, während »Fußgänger« vom Gipfelrestaurant Panorama 2962 noch eine ganze Weile die Aussicht und alpine Schmankerl genießen können. In verschiedenen Höhenlagen der Zugspitze locken neben Klettern, Wandern und Wintersport noch weitere spannende Abenteuer wie das Igludorf auf dem Zugspitzplatt, Gletschererlebnisweg, Alpinpark, die atemraubende Aussichtsplattform AlpspiX an der Bergstation der Alpspitzbahn und viele weitere.

ALPSPITZE

Die Alpspitze thront über Garmisch-Partenkirchen und ist mit ihrer markanten Pyramidenform der inoffizielle Hausberg der Einwohner. Der Berg ist ein beliebtes Ausflugsziel, das durch die Alpspitzbahn erschlossen ist. Vor allem Klettersteigfans kommen hier auf ihre Kosten. Die Nordwand-Ferrata ist für Anfänger ein beliebter Einstieg in die Welt des Klet-

ZUGSPITZLAND

WARUM IM WINTER? Zum Skifahren, Snowboarden und Schneeschuhwandern: Unterhalb des Zugspitzgipfels liegt das höchste Skigebiet Deutschlands. 20 Kilometer bestens präparierte Pisten bieten fast das halbe Jahr über leichte bis mittelschwere Abfahrten. Aber auch für Nicht-Skifahrer zaubert der Winter herrliche Landschaften, in denen man durch knirschenden Schnee spazieren gehen, bei Hunde- und Hornschlittenrennen zuschauen oder atemberaubende Bergpanoramen einsaugen kann.

terns. Und wer unter der Woche früh genug aufsteigt, wird sogar mit dem Anblick von ein paar Gämsen belohnt.

EIBSEE

Der See liegt auf 1000 Meter direkt unterhalb der Zugspitze. Er entstand, als sich der Loisachgletscher zurückzog. Die heutige Form bekam der See durch einen gewaltigen Felssturz vor ca. 3000 Jahren. Noch heute sind Überreste dieses Felssturzes als acht kleine Inseln im See zu sehen. Das Gewässer ist komplett von Wald umgeben und schimmert in einem satten Grünton. Bei der zweistündigen Wanderung um den See hat man herrliche Ausblicke auf die Zugspitze.

GRAINAU

Relativ ruhig geht es winters wie sommers in Grainau zu, das sich an die Zugspitze schmiegt. Das Dorf ist umgeben von einer traumhaften Landschaft und ist ein guter Ausgangspunkt für Touren in die wildromantische Höllentalklamm. Von Grainau fährt auch die Zahnradbahn auf die Zugspitze. Die neobarocke Pfarrkirche St. Johannes in Obergrainau ist dank ihres schlanken Turms mit schmucker Zwiebelhaube und ihrer Hanglage vor prächtiger Alpenkulisse das beliebteste Fotomotiv von Grainau. Zu Beginn des 19. Jahrhunderts wurde sie um einen achteckigen Kirchenraum erweitert.

● GARMISCH-PARTENKIRCHEN

Eingerahmt von der großartigen Bergkulisse des Ammer-, Wetterstein- und Estergebirges, zogen die beiden Orte Garmisch und Partenkirchen schon früh Urlauber an, sodass sie auch als Fremdenverkehrsorte nostalgisches Flair vorweisen können. Doch selbst bevor die Urlauber kamen, waren die Ortschaften im Loisachkessel keine armen Bauerndörfer. Partenkirchen hat seine Wurzeln in einer alten Römerstation an der Via Raetia, die von Verona über den Brenner und Seefeld nach Augsburg führte. Im Mittelalter waren alle Kaufleute, die nach Italien wollten, gezwungen, Zoll zu entrichten und ihre Waren von heimischen Fuhrleuten durch das Werdenfelser Land transportieren zu lassen. Mitte des 19. Jahrhunderts

Links: Elegant nimmt der Skifahrer seine Kurven auf der Piste, der Schnee knackt leise unter den gut gewachsten Brettern, die für ihn die Welt bedeuten. In der Skibrille spiegelt sich das weiße Bergpanorama. Kommen bei einem Skiläufer solche Erinnerungen an den letzten Winterurlaub hoch, kann der Sommer nicht schnell genug vorbeigehen.

Rechts: Garmisch-Partenkirchen punktet mit urbaner Oberbayern-Romantik. Ein Stadtbummel führt an schicken Geschäften und Spitzenrestaurants vorbei, aber auch an schönen Lüftlmalereien und traditionellen Häusern.

entdeckten dann erste Maler die Orte, und mit dem Anschluss an die Eisenbahn kamen um 1900 auch reiche Touristen. Garmisch und Partenkirchen entwickelten sich zum mondänen Ferienziel, mit internationaler Prominenz wie Cosima Wagner, Richard Strauss und Heinrich Mann. »GaPa« vereint tatsächlich alles, was es für einen Ferienort braucht: Bergkulisse, Sport, Aktivität, Abenteuer, Kultur und Gastlichkeit.

LUDWIGSTRASSE
Die Häuser entlang der Hauptstraße wurden im 19. Jahrhundert mit traditionellen Wandmalereien herausgeputzt. Heute sind sie ein schönes Fotomotiv.

WANK
Der südlichste Gipfel des Estergebirges gilt als der Sonnenbalkon und eigentliche Hausberg von Garmisch-Partenkirchen und ist als einziger der Estergebirgs-Berge über eine Seilbahn erschlossen. Daneben gibt es diverse schöne Aufstiege auf den 1780 Meter hohen Panoramaberg, zum Beispiel über die Schalmeischlucht. Auch bei Gleitschirmfliegern ist der Gipfel sehr beliebt. Das über 100 Jahre alte Wankhaus bietet nahezu ganzjährig Stärkung und Schlafplätze. Ein alpines Skigebiet am Wank wurde jedoch 2004 rückgebaut.

PARTNACHKLAMM
Die Partnachklamm ist eines der beeindruckendsten Naturschauspiele im Werdenfelser Land. Über Millionen von Jahren hat sich die Partnach, die vom Schneeferner auf dem Zugspitzblatt gespeist wird, im Reintal tief in den harten Muschelkalk gegraben und eine faszinierende Landschaft geschaffen. An vielen Stellen sind die bis zu 80 Meter hohen Wände der Klamm nur wenige Meter voneinander getrennt. Vom 19. Jahrhundert bis weit in die 1960er-Jahre hinein wurde unter Einsatz von Leib und Leben Holz durch die Klamm getriftet. Schon im Jahr 1912 begann man auch mit der touristischen Nutzung der Schlucht. Der bestehende Triftsteig wurde ausgebaut und an vielen Stellen wurden Tunnel durch den Fels getrieben, um die Klamm auf voller Länge begehbar zu machen. Durch die Tunnelbau-

AUSGEHEN

GARMISCH-PARTENKIRCHEN: ZUM WILDSCHÜTZ // Neben typisch bayerischen Schmankerln gibt es hervorragende Wild-Spezialitäten.
// www.wildschuetz-gap.de

GARMISCH-PARTENKIRCHEN: KAFFEE-BÖRSE // Immer einen Tipp wert – für selbst gerösteten Kaffee, gutes Frühstück, Gratins am Mittag, hausgebackenen Kuchen und vieles mehr aus der Eigenproduktion.
// www.kaffee-boerse.de

GRAINAU, EIBSEE: EIBSEE ALM // Kaiserschmarrn, Brotzeit, Flammkuchen und mehr bekommt man in der urigen Alm. Das prasselnde Kaminfeuer sorgt für Stimmung. Nicht nur als Belohnung nach einer Wanderung geeignet.
// Seeweg 1, Grainau

Eine schöne Wanderung führt zu den Überresten von Burg Werdenfels.

weise ist die Klamm weitgehend unverbaut und bietet immer wieder eine Vielzahl von atemberaubenden neuen Fotomotiven.

HÖLLENTAL
Auch das Höllental beherbergt eine beeindruckende Klamm. Sie wurde vor über 100 Jahren touristisch erschlossen und ist heute mit ihren bis zu 150 Meter tiefen Schluchten, Wasserfällen und verschlungenen Stegen ein unvergleichliches Naturerlebnis. Im Gegensatz zur Partnachklamm ist die Höllentalklamm allerdings nur im Sommer zu besichtigen. Eine beliebte Route ist, mit der Alpspitzbahn hinauf zur Bergstation zu fahren und über das Höllental nach Grainau abzusteigen.

BURGRUINE WERDENFELS
Von Burgrain zwischen Garmisch und Farchant führt ein kurzer Spaziergang zu den malerischen Überresten der Burg Werdenfels. Wann und von wem diese erbaut wurde, ist unbekannt. Im 13. Jahrhundert installierten die Stiftsherren von Freising hier jedoch Amtspfleger, die die Rechte des Stiftes vertraten. Das Werdenfelser Land, wie es bald genannt wurde, galt damals als »das beste Stuckh« des Freisinger Besitzes. Im 17. Jahrhundert bauten sich die Bevollmächtigten des Bischofs einen neuen Amtssitz und die Burg begann zu zerfallen. Geblieben ist, außer einer sehenswerten Ruine, der schöne Ausblick, den man über das Loisachtal und die umliegenden Berge hat.

ÜBERNACHTEN

HOTEL STAUDACHERHOF // Ideal für ein Wellnesswochenende – das Hotel im Zentrum von Garmisch-Partenkirchen bietet alles, was man dazu braucht: großes Spa, Wellnessanwendungen, behaglich komfortable Zimmer in verschiedenen Stiltypen von alpin bis mediterran und Bauernhaus.
// www.staudacherhof.de

HOTEL VIER JAHRESZEITEN // Nach außen präsentiert sich das Hotel architektonisch als weltläufiger Klassiker. Die Zimmer dagegen sind dezent im alpenländischen Stil eingerichtet.
// www.vierjahreszeiten.cc

SHOPPING

TRACHTEN- UND MODEHAUS GRASEGGER
Hier bekommt man Trachten und Dirndl aus hauseigener Fertigung. Dazu Knöpfe aus Horn und Silber, Spitzen und Applikationen.
// www.grasegger.de

GLÜCKSMEISE
Auf Papier gezeichnet, auf Stoff gedruckt und zu Taschen oder Kleidung vernäht: Die Produkte von Elisabeth Peter leben von kreativen, liebevoll künstlerischen und witzigen Einfällen mit viel Liebe zur Heimat.
// www.gluecksmeise.de

LUDWIGSTRASSE
Viele kleine Läden locken mit einem bunten Angebot aus Mode und Souvenirs.

AUF KEINEN FALL VERPASSEN

○ ÜBERNACHTEN IM IGLU-DORF AUF DER ZUGSPITZE

Ein Erlebnis im Winter ist eine Übernachtung im Iglu-Dorf auf dem Zugspitzplatt. Hier entsteht jeden Winter eine Siedlung mit rund 20 Schneehäusern, einer Bar und zwei Whirlpools. Dank warmen Expeditionsschlafsäcken und kuscheligen Schaffellen wird es nicht kalt. Nachts genießt man einen Sternenhimmel, den man nie mehr vergisst.

○ DEN AUFSTIEG ZUR ZUGSPITZE MEISTERN

Auf die Zugspitze gibt es eine Vielzahl von Aufstiegsmöglichkeiten. Die bequemste ist natürlich mit der Zugspitzbahn. Wer es noch schneller mag, kann die Seilbahn vom Eibsee nehmen. In atemberaubenden zehn Minuten überwindet man 2000 Meter Höhenunterschied – fast zu wenig Zeit, um die Aussicht zu genießen. Für alle, die den höchsten Berg Deutschlands zu Fuß erklimmen möchten, gibt es zwei Hauptrouten. Für ambitionierte Wanderer ist der Aufstieg durch das Reintal zu empfehlen. Die zweite Route führt durchs Höllental über einen rasanten Klettersteig direkt zum Gipfel. Auch hier wird eine Übernachtung auf der Höllentalangerhütte dringend empfohlen.

○ DEN »ADLERN« BEIM NEUJAHRSSPRINGEN ZUJUBELN

Der Jahresauftakt steht in Garmisch-Partenkirchen ganz im Zeichen des Skispringens. Jedes Jahr sind rund 10 000 Zuschauer live dabei, wenn das zweite Springen der Vierschanzentournee stattfindet. Karten für die Qualifikation am 31. Dezember und den Wettkampf am 1. Januar sind ab Mitte September zu haben.

○ EIN HORNSCHLITTENRENNEN MITERLEBEN

Früher war der Hornschlitten ein Fuhrwerk, mit dem die Bergbauern Heu oder Holz von den Weiden und Wäldern zu Tal brachten. Doch längst ist er mit seinen nach oben geschwungenen Kufen ein Spaß- und Sportgerät. An jedem Dreikönigstag (6. Januar) stürzen sich Viererteams bei Geschwindigkeiten von bis zu 100 Stundenkilometer von der Partnachalm nach Partenkirchen hinunter, um die Meisterschaft auszutragen.

○ FACKELWANDERN IN DER PARTNACHKLAMM

Wie Tropfsteine wirken die langen Eiszapfen, die von den Schluchtwänden hängen, im Fackellicht scheinen sie besonders bizarr. Unter den Nachtwanderern rumort die Partnach im Dunkeln. Seit Äonen von Jahren fräst sie sich in den Muschelkalk des Reintals bei Garmisch-Partenkirchen. Das zeigt sich nicht nur bei einer Erkundung der Partnachklamm am helllichten Tag, sondern auch bei Nacht. Verschiedene Tourenanbieter führen dann kleine Gruppen bei Fackellicht durch die faszinierende Eiswelt der Klamm. Dabei wird auch das leibliche Wohl der Wandernden berücksichtigt: Am oberen Ende der Schlucht gibt es eine kleine Stärkung, nach dem Rückweg kann man die Winterwanderung bei einer Brotzeit oder einem Fondue ausklingen lassen.

Wenn draußen ein kalter Wind weht, ist die Eisbar im Iglu-Dorf schon fast heimelig.

// REGISTER

REGISTER

A
Adenau 33
Ahlbeck 167, 170
Ahlenmoor 19
Ahrenshoop 219
Ahrtal 326
Allgäu 193ff.
Alpspitze 361
Altenahr 34
Altenberg 312
Altes Land 46, 17ff.
Amelinghausen 140
Amrum 182, 268
Annweiler am Trifels 215
Aschau im Chiemgau 121

B
Baabe 165
Bad Bederkesa 19
Bad Bergzabern 216
Bad Bertrich 34
Bad Dürkheim 214
Bad Harzburg 51
Bad Reichenhall 23
Bad Schandau 81
Bad Wörishofen 193
Baltrum 180
Bamberg 105ff.
Bansin 167
Basedow 145
Bautzen 241
Bayreuth 38
Belchen 85
Berchtesgaden 24, 28
Berchtesgadener Land 23ff.
Bergisch Gladbach 204
Bergisches Land 201ff.
Berlin 281ff.
Bernau am Chiemsee 121
Bernkastel-Kues 100
Bielatal 81
Binz 165
Bischofswerda 243
Bispingen 140
Blankenberg 204
Blankenburg 52
Blaues Land 207ff.
Bochum 249
Bockenheim 213
Bodensee 111ff.
Borkum 179
Bottrop 249
Breisach am Rhein 318
Bremen 289ff.
Bremerhaven 292
Burglengenfeld 68
Büsum 181
Buxtehude 17

C
Celle 140
Chemnitz 312

Chiemgau 119ff.
Chieming am Chiemsee 121
Chiemsee 119
Cuxhaven 181

D
Darß 221
Deidesheim 214
Deutsche Weinstraße 213ff.
Dinslaken 160
Dortmund 250
Dresden 295ff.
Duisburg 249
Düsseldorf 162, 303ff.

E
Edenkoben 215
Egertal 37
Eibsee 362
Eichsee 209
Eifel 31ff.
Eisenach 356
Eisfeld 356
Eisleben 54
Elbetal 81
Emmerich 162
Erzgebirge 309ff.
Essen 247

F
Feldberg 85
Feldberger Seenlandschaft 147
Feldsee 85
Feuchtwangen 76
Fichtelberg 309
Fichtelgebirge 37ff.
Fischland-Darß-Zingst 219ff.
Föhr 182
Frankfurt am Main 227ff.
Frauenstein 311
Freiberg 311
Freiburg im Breisgau 85, 315ff.
Freinsheim 214
Friedrichshafen 114
Fürstenberg/Havel 255
Füssen 195

G
Garmisch-Partenkirchen 362
Gelsenkirchen 249
Gifhorn 140
Goch 161
Görlitz 243
Goslar 51
Grainau 362
Grünstadt 213
Gstadt 120

H
Halberstadt 53
Hamburg 43ff.
Hamm 250
Harz 51ff.

Heidelberg 125ff.
Heringsdorf 167, 170
Herxheim am Berg 213
Hiddensee 222
Hildburghausen 356
Höglwörth 23
Höllental 364
Hörnum-Odde 267
Husum 181

I/J
Ilmenau 355
Immenstadt im Allgäu 195
Ingelheim 332
Inzell 122
Isny im Allgäu 194
Jork 17
Juist 179

K
Kalkar 161
Kallstadt 214
Kamp-Lintfort 160
Kap Arkona 166
Karlsruhe 88
Kaufbeuren 193
Keitum 267
Kempten 194
Kevelaer 161
Kitzingen 276
Kleve 161
Kochelsee 209
Köln 323ff.
Königssee 25
Konstanz 111
Koserow 167
Kyllburg 33
Kyritz 255

L
Landau in der Pfalz 215
Langeoog 180
Lauenstein 312
Lauscha 356
Leipzig 131ff.
Leutkirch im Allgäu 193
Lilienstein 80
Lindau 114
Linum 255
Lübeck 59ff.
Ludwigsburg 176
Lüneburg 139
Lüneburger Heide 137ff.

M
Mainz 329ff.
Malchin 145
Malchow 146
Maria Laach 33
Marktoberdorf 193
Marl 249
Mecklenburgische Seenplatte 145ff.
Meersburg 113

Meiningen 354
Memmingen 193
Mindelheim 193
Mirow 146
Moers 161
Morsum-Kliff 267
Mülheim an der Ruhr 247
Mummelsee 87
München 233ff.
Münster 151ff.
Murnau 207

N
Neckargemünd 262
Neubrandenburg 148
Neuleiningen 213
Neuruppin 253
Neustadt an der Weinstraße 215
Neustrelitz 147
Niederrhein 159ff.
Norden-Norddeich 180
Norderney 179
Nordfriesische Inseln 182
Nürnberg 335ff.

O
Oberhausen 248
Oberhof 355, 359
Oberlausitz 241ff.
Oberstaufen 194
Oberstdorf 195
Ochsenkopf 37
Ohlstadt 209
Oranienburg 256
Osterholz-Scharmbeck 20
Ostfriesische Inseln 179
Ottenhöfen 87
Otterndorf 18
Oybin 243

P/Q
Peenemünde 168
Pellworm 182
Pfaffenstein 80
Pirna 82
Plau am See 146
Potsdam 341ff.
Prien am Chiemsee 119
Quedlinburg 53

R
Radolfzell 112
Rastatt 87
Rathen 80
Ravensburg 114
Recklinghausen 249
Regensburg 65ff.
Reit im Winkl 122
Remscheid 203
Rheinsberg 253
Riegsee 209
Röbel/Müritz 146
Römhild 355

366

REGISTER

Rostock	347ff.	Seehausen am Staffelsee	207	Thüringer Wald	353ff.	Weil der Stadt	88
Rothenburg/Tauber	73ff.	Seiffen	311	Titisee	85	Werder	344
Rügen	165ff.	Sellin	165	Traunstein	121	Wernigerode	52
Ruhpolding	122	Solingen	203	Travemünde	62	Wesel	159
Ruhrgebiet	247ff.	Sonneberg	356	Triberg	87	Westerland	266
Ruppiner Land	253ff.	Sonthofen	195	Trier	97ff.	Wettersteingebirge	361
		Speyer	259ff.			Wiesbaden	185ff.

S

		Spiekeroog	180	**U**		Wilhelmshaven	181
Sächsische Schweiz	79ff.	Spreewald	344	Überlingen	112	Wissembourg	216
Sankt Martin	215	St. Emmeram	67	Uelzen	140	Wittlich	33
Sassnitz	166	St. Peter Ording	181	Uffing	208	Worms	216
Schleusingen	355	Stade	17	Uhldingen	113	Worpswede	20
Schmalkalden	353	Staffelsee	207	Usedom	165ff., 168	Wuppertal	201
Schneeberg	311	Steinernes Meer	25			Würzburg	273ff.
Schwangau	196	Stolberg	53	**V/W**			
Schwarzenberg	311	Stuttgart	173ff.	Velburg	68	**X/Z**	
Schwarzwald	85ff.	Suhl	354	Wangen	194	Xanten	159
Schweigen-Rechtenbach	216	Sylt	265ff.	Wangerooge	180	Zella-Mehlis	355
Schwerin	91ff.			Waren/Müritz	148	Zingst	222
Schwetzingen	262	**T**		Warnemünde	350	Zinnowitz	167
Sebnitz	82	Telgte	154	Wasungen	354	Zittau	243
Seebruck	121	Teterow	145	Wattenmeer	179ff.	Zugspitzland	361ff.

BILDNACHWEIS

C = Corbis, G = Getty, M = Mauritius

Cover: Vorderseite: Creative Travel Projects/Shutterstock.com (Sächsische Schweiz), Boris Stroujko/Shutterstock.com (Miltenberg), AlexWolff68/Shutterstock.com (Leuchtturm, Nordsee), Tomas Marek/Shutterstock.com (Snowboarder, Zugspitze), Frank Wasserfuehrer/Shutterstock.com (Usedom), FooTToo/Shutterstock.com (Mariensäule, München); Rückseite: DaLiu/Shutterstock.com (Rakotzbrücke)

S. 2-3 Look/Andreas Strauß, S. 4-5 G/Westend61, S. 6-7 Look/Thomas Rng, S. 8-9 M/Harald Schön, S. 10 Look/Hauke Dressler, S. 11 Look/Bethel Fath, S. 11 Look/Michael Neumann, S. 12-013 Look/Travel Collection, S. 14-015 Andrew Mayovskyy/Shutterstock.com, S. 16 M/Novarc, S. 18 M/Westend61, S. 18 M/Movementway, S. 21 M/Torsten Krüger, S. 22 Look/Andreas Strauß, S. 23 Look/Heinz Wohner, S. 24 C/Reinhard Hölzl, S. 25 Look/Thomas Stankiewicz, S. 26 canadastock/Shutterstock.com, S. 27 Look/Jan Greune, S. 28-029 Michael Thaler/Shutterstock.com, S. 30 Juan Carlos Munoz/Shutterstock.com, S. 31 M/Imagebroker, S. 32 Look/Heinz Wohner, S. 32 Look/Heinz Wohner, S. 32 H. & D. Zielske, S. 35 M/Natalie Thill, S. 36 M/Stephan Morris Photography, S. 38 G/Andreas Zerndl, S. 38 M/Juergen Sack, S. 39 Peter Stein/Shutterstock.com, S. 40 H. & D. Zielske, S. 41 M/Imagebroker, S. 42 felixlukas/Shutterstock.com, S. 44 M/Thomas Ebelt, S. 44 C/Fabian Bimmer, S. 44 M/Westend61, S. 45 C/Robert Mandel, S. 47 M/Ingo Boelter, S. 48-049 H. & D. Zielske, S. 50 Look/Heinz Wohner, S. 51 Pani Garmyder/Shutterstock.com, S. 52 Animaflora PicSTock/Shutterstock.com, S. 52 Look/Karl Johaentges, S. 54 M/Fotosol, S. 55 M/Andreas Werth, S. 56-057 Look/Ernst Wrba, S. 58 G/Fhm, S. 60 Look/Natalie Kriwy, S. 60 G/Klug-photo, S. 60 M/Witold Skrypczak, S. 63 canadastock/Shutterstock.com, S. 64 Look/Thomas Peter Widmann, S. 65 H. & D. Zielske, S. 66 G/StGrafix, S. 66 G/Val Thoermer, S. 69 M/Norbert Eisele-Hein, S. 70-071 M/John Warburton-Lee&Doug Pearson, S. 72 Look/Robertharding, S. 73 H. & D. Zielske, S. 74 Look/age fotostock, S. 74 Wolfilser/Shutterstock.com, S. 74 G/Dennis K. Johnson, S. 74 canadastock/Shutterstock.com, S. 77 G/FooTToo, S. 78 Nyokki/Shutterstock.com, S. 79 Ugis Riba/Shutterstock.com, S. 80 Look/Heinz Wohner, S. 80 Look/Bernard van Dierendonck, S. 81 MichalSen/Shutterstock.com, S. 82 Look/Heinz Wohner, S. 83 Look/TerraVista, S. 84 Look/Heinz Wohner, S. 85 M/Imagebroker, S. 86 G/Rotofrank, S. 86 M/Robert Knöll, S. 86 Kuzmalo/Shutterstock.com, S. 89 Look/Daniel Schoenen, S. 90 G/Rainer Mirau, S. 91 M/Julie Woodhouse, S. 91 G/Westend61, S. 92 M/Alamy, S. 92 G/Westend62, S. 92 powell'sPoint/Shutterstock.com, S. 95 Look/Thomas Roetting, S. 96 LianeM/Shutterstock.com, S. 98 G/Hans-Peter Merten, S. 98 M/Alamy, S. 99 Petair/Shutterstock.com, S. 101 Heinz und Brummel/Shutterstock.com, S. 102-103 G/Westend61, S. 104 G/Harald Nachtmann, S. 105 H. & D. Zielske, S. 106 G/Juergen Richter, S. 106 M/Imagebroker , S. 107 PRILL/shutterstock.com , S. 109 G/Danita Delimont, S. 110 Look/Daniel Schoenen, S. 111 M/Lena Wurm, S. 112 G/Kerstin Bittner, S. 115 Sina Ettmer Photography/Shutterstock.com, S. 116-117 C/Damiano Benedetto, S. 118 Look/N. Eisele-Hein, S. 119 H. & D. Zielske, S. 120 Look/Florian Werner, S. 123 C/Robert Niedring, S. 124 G/Iain Masterton, S. 125 DaLiu/Shutterstock.com, S. 126 G/Rudy Balasko, S. 126 M/Roeder Photography, S. 126 G/Juergen Sack, S. 127 M/Markus Lange, S. 129 Tobias Arhelger/Shutterstock.com, S. 130 Henryk Sadura/Shutterstock.com, S. 132 GagliardPhotography/Shutterstock.com, S. 132 Gaid/Kornsilapa/Shutterstock.com , S. 133 travelview/Shutterstock.com, S. 135 M/Josef Beck, S. 136 Look/Heinz Wohner, S. 137 M/Hubertus Blume, S. 137 Look/Lukas Wernicke, S. 138 Look/age fotostock, S. 138 M/Helmut Meyer zur Capellen, S. 138 Look/TerraVista, S. 141 M/Alamy, S. 142-143 Lapa Smile/Shutterstock.com, S. 144 Look/Thomas Grundner, S. 146 G/Hans Blossey, S. 147 Look/Brigitte Merz, S. 149 M/Torsten Krüger, S. 150 Paolo Bigliardi/Shutterstock.com, S. 151 M/Merle M., S. 152 Coffee18/Shutterstock.com, S. 152 M/Bildarchiv Monheim GmbH, S. 154 M/Blickwinkel, S. 155 Look/Brigitte Merz, S. 156-157 M/Werner Otto, S. 158 peaceful_hunter/Shutterstock.com, S. 159 Look/Heinz Wohner, S. 160 M/Hans Blossey, S. 160 Look/Brigitte Merz, S. 163 Look/Daniel Schoenen, S. 164 Look/Heinz Wohner, S. 165 H. & D. Zielske, S. 166 M/Stefan Espenhahn, S. 169 M/Udo Siebig, S. 170-171 C/PA, S. 172 maddinstgt/Shutterstock.com, S. 173 H. & D. Zielske, S. 174 JackKPhoto/Shutterstock.com, S. 174 M/Silwen Randebrock, S. 174 M/Silwen Randebrock, S. 174 Look/Arthur F. Selbach, S. 177 H. & D. Zielske, S. 178 Look/Karl Johaentges, S. 179 Irina Wilhauk/Shutterstock.com, S. 180 G/Jorg Greuel, S. 182 G/Sabine Lubenow, S. 183 M/Christian Bäck, S. 184 M/Udo Siebig, S. 185 H. & D. Zielske, S. 186 EWY Media/Shutterstock.com, S. 186 M/Ernst Wrba, S. 186 G/S Lubenow, S. 189 M/Rainer Waldkirch, S. 190-191 M/Kerstin Bittner, S. 192 M/Stefan Hefele, S. 194 M/Martin Siepmann, S. 195 G/Achim Thomae, S. 197 G/Alex Saberi, S. 198-199 DAV Sektion Allgäu-Immenstadt, S. 200 G/Dukas, S. 201 M/Imagebroker, S. 202 M/Stefan Ziese, S. 202 M/Hackenberg-Photo-Cologne, S. 202 M/Werner Otto, S. 205 G/Kacege Photography, S. 206 FooToo/Shutterstock.com, S. 208 M/Bernd Römmelt, S. 208 Huber/Schmid Reinhard, S. 208 C/Michael Dalder, S. 209 C/Markus Lange, S. 210 Look/Daniel Schoenen, S. 211 M/Bernd Römmelt, S. 212 nnattalli/Shutterstock.com, S. 213 M/Friedel Gierth, S. 214 Rico Markus/Shutterstock.com, S. 214 Tracy Burge/Shutterstock.com, S. 217 M/Alamy, S. 218 M/Dietmar Najak, S. 219 Look/Thomas Grundner, S. 220 Lukas Stark/Shutterstock.com, S. 220 Agenturfotografin/Shutterstock.com , S. 220 Look/Heinz Wohner, S. 221 M/Rainer Mirau,

IMPRESSUM

S. 223 Look/Christoph Olesinski, S. 224-225 M/Radius Images, S. 226 G/Andreas Mechmann, S. 228 M/Pacific Press, S. 228 M/Signumlux, S. 229 A. Aleksandravicius/Shutterstock.com, S. 231 G/Wecand, S. 232 Look/Rainer Martini, S. 234 G/Karlheinz Irlmeier, S. 236 G/Etien Jones, S. 237 Look/Michael Zegers, S. 238-239 M/Martin Siepmann, S. 240 M/Patrick Eichler, S. 241 M/G_Hanke, S. 242 G/LianeM, S. 242 Ugis Riba/Shutterstock.com, S. 242 H. & D. Zielske, S. 242 H. & D. Zielske, S. 243 M/Bernd Bieder, S. 245 M/Alamy, S. 246 M/Stefan Ziese, S. 247 G/Michael Utech, S. 248 G/Lars Baron, S. 248 G/Soccrates Images, S. 249 M/Michael Szönyi, S. 251 Look/Jörn Sackermann, S. 252 H. & D. Zielske, S. 254 Falk Herrmann/Shutterstock.com, S. 254 M/Hans Blossey, S. 254 ArTono/Shutterstock.com, S. 254 G/Sykadelx, S. 256 H. & D. Zielske, S. 257 M/Julie Woodhouse, S. 258 Look/Günther Bayerl, S. 259 H. & D. Zielske, S. 260 RudiErnst/Shutterstock.com , S. 260 G/Albert L. Ortega, S. 260 G/Sergey Dzyuba, S. 261 M/Werner Dieterich , S. 262 H. & D. Zielske, S. 263 M/Walter Bibikow, S. 264 G/Alexander Schnurer, S. 265 M/Uwe Steffens, S. 266 M/Ingo Schulz, S. 266 M/Alamy, S. 266 Look/Heinz Wohner, S. 268 G/RicoK69, S. 269 G/Sabine Lubenow, S. 270-271 M/Christian Bäck, S. 272 Alamy/Valmy Images, S. 274 Frank Bach/Shutterstock.com, S. 274 M/Martin Siepmann, S. 274 M/Martin Siepmann, S. 277 G/Walter Bibikow, S. 279 G/Matthias Haker , S. 280 Roman Babakin/Shutterstock.com, S. 281 G/Badahos, S. 282 Regine Poirier/Shutterstock.com, S. 282 M/Jürgen Henkelmann, S. 283 M/Travelstock44, S. 285 H. & D. Zielske, S. 286-287 anyaivanova/Shutterstock.com, S. 288 M/Thomas Robbin, S. 289 Look/age fotostock, S. 290 M/Torsten Krüger, S. 290 H. & D. Zielske, S. 290 M/Torsten Krüger, S. 290 H. & D. Zielske, S. 291 M/Bildagentur Geduldig, S. 293 H. & D. Zielske, S. 294 H. & D. Zielske, S. 295 mije_shots/Shutterstock.com , S. 296 H. & D. Zielske, S. 296 Look/Robertharding, S. 299 H. & D. Zielske, S. 300-301 GreenArt/Shutterstock.com, S. 302 M/P. Kaczynski, S. 303 Thomas Quack/Shutterstock.com , S. 304 M/Karl F. Schöfmann, S. 304 Sorbis/Shutterstock.com , S. 307 M/Imagebroker, S. 308 M/Johann Scheibner, S. 309 M/Andreas Vitting, S. 310 M/Erich Teister, S. 310 Look/Franz Marc Frei, S. 310 LianeM/Shutterstock.com, S. 312 M/United Archives, S. 313 Look/Heinz Wohner, S. 314 M/Daniel Schoenen, S. 315 M/Daniel Schoenen, S. 316 Dennis Wegewijs/Shutterstock.com, S. 316 M/Alamy, S. 316 H. & D. Zielske, S. 316 M/Daniel Schoenen, S. 319 Uellue/Shutterstock.com, S. 320-321 Look/Daniel Schoenen, S. 322 G/Harald Nachtmann, S. 323 G/Lukas Bischoff, S. 324 G/Patrik Stollarz, S. 324 G/We-Ge, S. 327 M/Barbara Boensch, S. 328 G/Sack, S. 329 M/Pure.passion.photography, S. 330 M/Peter Molz, S. 331 Look/Travel Collection, S. 333 G/Sack, S. 334 G/Harald Nachtmann, S. 335 G/Sack, S. 336 Look/Heinz Wohner, S. 336 MikeNG/Shutterstock.com , S. 339 M/Alamy, S. 340 H. & D. Zielske, S. 341 H. & D. Zielske, S. 342 Look/Ulf Böttcher, S. 342 SergeyPhoto7/Shutterstock.com, S. 345 Look/Ulf Böttcher, S. 346 M/Thomas Born, S. 347 M/Hans Zaglitsch, S. 348 M/Thomas Ebelt, S. 349 ricok/Shutterstock.com , S. 351 M/Sabine Lubenow, S. 352 G/Raimund Linke, S. 353 M/Hans P. Szyszka, S. 354 M/Harald Schön, S. 355 M/Novarc, S. 357 M/Novarc, S. 358-359 G/Daniel Schoenen, S. 360 G/Florian Werner, S. 361 Look/Daniel Schoenen, S. 362 G/Sebastian Rothe, S. 362 M/Franz Faltermaier, S. 363 M/Christian Bäck, S. 364 M/Dr. Wilfried Bahnmüller, S. 365 M/Bavariaimage

IMPRESSUM

© 2022 Kunth Verlag, München
MAIRDUMONT GmbH & Co. KG, Ostfildern
St.-Cajetan-Straße 41
81669 München
Tel. +49.89.45 80 20-0
Fax +49.89.45 80 20-21
www.kunth-verlag.de
info@kunth-verlag.de

ISBN 978-3-96965-038-7
1. Auflage

Printed in Italy

Verlagsleitung: Grit Müller
Redaktion: Stefanie Schuhmacher
Lektorat: Heide-Ilka Weber
Gestaltung: Ute Weber, Patrick Tümmers, Melanie Beutel

Alle Rechte vorbehalten. Reproduktionen, Speicherung in Datenverarbeitungsanlagen, Wiedergabe auf elektronischen, fotomechanischen oder ähnlichen Wegen nur mit der ausdrücklichen Genehmigung des Copyrightinhabers.
Alle Fakten wurden nach bestem Wissen und Gewissen mit der größtmöglichen Sorgfalt recherchiert. Redaktion und Verlag können jedoch für die absolute Richtigkeit und Vollständigkeit der Angaben keine Gewähr leisten. Der Verlag ist für alle Hinweise und Verbesserungsvorschläge jederzeit dankbar.